文 / 白 / 对 / 照

群書治要

二

〔唐〕魏徵 褚亮 虞世南 蕭德言 撰

刘余莉 萧祥剑 主编

团结出版社

目 录

卷十一　史记(上) ……………682
卷十二　史记(下) ……………736
　　　　吴越春秋 ……………786
卷十三　汉书(一)补 …………790
卷十四　汉书(二) ……………838
卷十五　汉书(三) ……………890
卷十六　汉书(四) ……………938
卷十七　汉书(五) ……………990
卷十八　汉书(六) ……………1048
卷十九　汉书(七) ……………1090
卷二十　汉书(八)补 …………1136

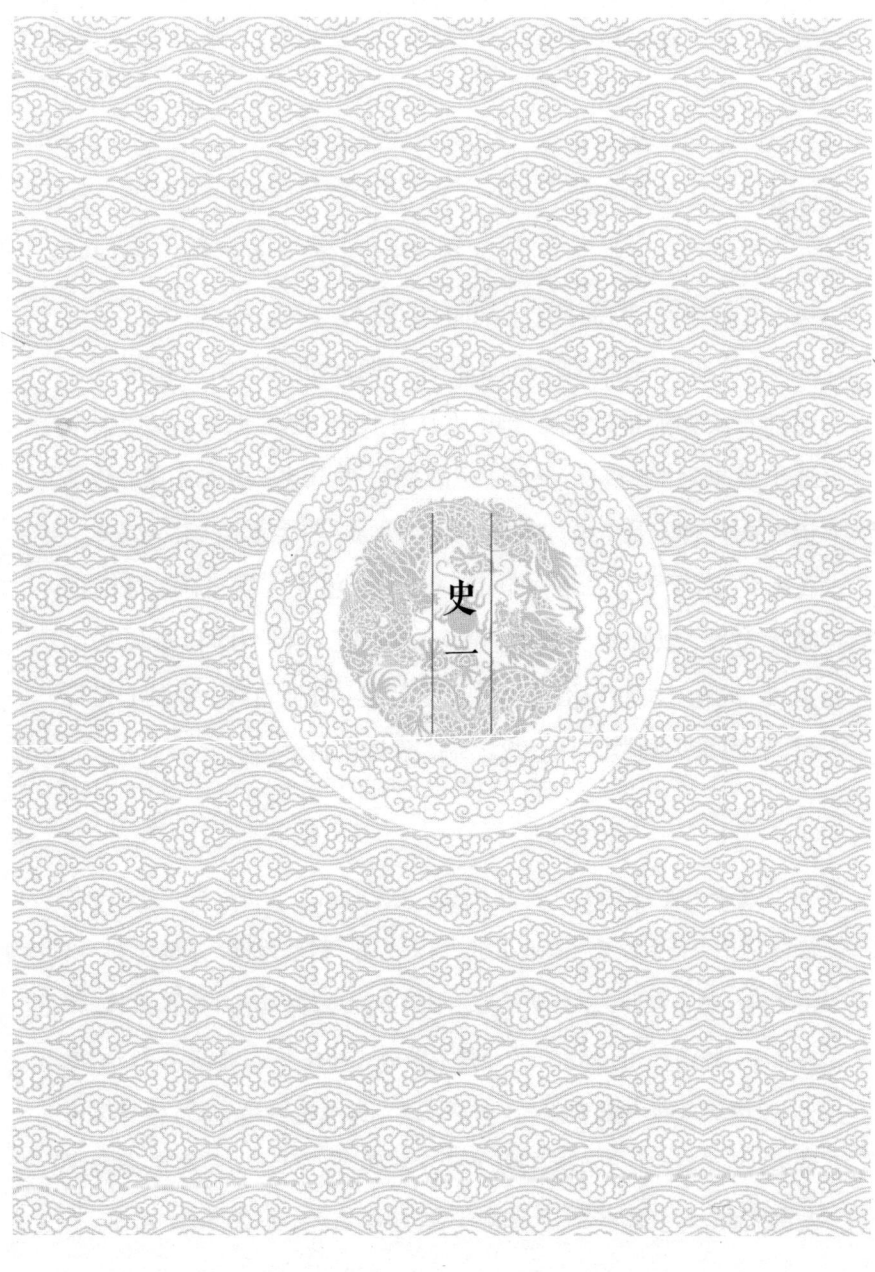
史一

卷十一　史记（上）

本纪

　　黄帝者，少典之子，姓公孙，有熊国君，少典之子也。名曰轩辕。生而神灵，弱而能言，幼而徇齐，徇，疾也。齐，速也。言圣德幼而疾速也。长而敦敏，成而聪明。神农氏世衰，诸侯相侵伐，而神农氏弗能征。于是轩辕乃习用干戈，修德振兵，以与炎帝战于阪泉之野，阪泉，地名。三战然后得其志。蚩尤作乱，乃杀蚩尤而代神农氏，是为黄帝。东至于海，西至于空桐，山名也，在陇右。南至于江，北逐荤粥，猃狁也。邑于涿鹿之阿。迁徙往来无常处，以师兵为营卫。置左右大监，监于万国；举风后、力牧、常先、大鸿以治民；顺天地之纪，时播百谷；劳勤心力耳目，节用水火材物。有土德之瑞，故号黄帝。

　　《帝王世纪》曰："神农氏衰，蚩尤氏叛，不用帝命。黄帝于是修德抚民。始垂衣裳，以班上下。刳木为舟，剡木为楫，舟楫之利，以济不通。服牛乘马，以引重致远。重门击柝，以待暴客。断木为杵，掘地为臼，杵臼之用，以利万人。弦木为弧，剡木为矢，弧矢之利，以威天下。诸侯咸叛神农而归之。讨蚩尤氏，禽之于涿鹿之野。诸侯有不服者，从而征之。凡五十二战，而天下大服。俯仰天地，置众官，故以风后配上台、天老配中台、五圣配下台，谓之三公。其余地典、力牧、常

本纪

　　黄帝是少典之子，姓公孙，名轩辕。从生下来就显示出与众不同的神奇灵异，几个月便会说话，年幼时思惟就很敏捷，反应很快，少年时代非常笃实敏捷，成年以后识辨力很强。当时神农氏的统治逐渐衰弱，诸侯国之间相互侵伐，而神农氏却无力征讨。于是轩辕氏便频频演练士兵、修养德行、整顿部队。后来在阪泉之野跟炎帝经过三次交战，取得最后胜利。但蚩尤仍经常叛乱，于是（轩辕）就杀掉蚩尤，代替了神农氏，这就是黄帝。黄帝向东到达大海，向西到空桐，向南到长江，向北驱逐了荤粥，在涿鹿山下建立都城。他率领部队经常到处迁移，没有固定的地方，让军队做好防卫措施。黄帝设置左大监、右大监，监督各天下诸国。他提拔了风后、力牧、常先、大鸿四位大臣，让他们治理百姓。遵循着天地运行的规律，适时地播种谷物，身心耳目，饱受辛劳。按时节利用水、火、材木等物品，（人们认为）这是"土德"的瑞兆，因此称轩辕为黄帝。

　　《帝王世纪》说：神农氏衰微，蚩尤叛变，不听黄帝命令。黄帝因此修养德行，治理人民。开始制定穿着的制度，来区分尊卑上下。（他还）剖空木头，制成舟船，削割木板，做成船桨。以身船带来的方便，来调剂交通的阻塞。（黄帝还教人们）役使牛马驾车，从而可以载运重物到很远的地方。黄帝在城中设置几重大门，设立敲击木梆巡夜的制度，以防止盗贼袭击洗劫。他砍木制成棒槌，把地挖成凹形，用来做舂米器，利益了千万人。用木条做成弓弧，削木做箭，用强弓来威震天下。诸侯都背叛神农氏归附了黄帝。黄帝讨伐蚩尤，在涿鹿之野将其擒拿。诸侯若还有不服从黄

先、大鸿等，或以为师，或以为将，分掌四方，各如己视，故号曰黄帝四目。又使岐伯尝味草木，典医疾，今经方本草之书咸出焉。其史仓颉，又象鸟迹，始作文字。自黄帝以上，穴居而野处，死则厚衣以薪，葬之中野，结绳以治。及至黄帝，为筑宫室，上栋下宇，以待风雨，而易以棺椁，制以书契。百官以序，万民以察，神而化之，使民不倦。后作《云门》《咸池》之乐，《周礼》所谓大咸者也，于是人事毕具。黄帝在位百年而崩，年百一十岁矣。或传以为仙，或言寿三百年，故宰我疑以问孔子，孔子曰：'民赖其利，百年而崩；民畏其神，百年而亡；民用其教，百年而移。故曰三百年。'"

帝颛顼高阳者，黄帝之孙、昌意之子也。养材以任地，载时以象天，依鬼神以制义，治气以教化，洁诚以祭祀。北至于幽陵，南至于交趾，西至于流沙，东至于蟠木。东海中有山焉，名度索。上有大桃树，屈蟠三千里也。动静之物，大小之神，日月所照，莫不砥属。砥，平也，四远皆平而来服属也。《帝王世纪》曰："帝颛顼平九黎之乱，使南正重司天以属神，火正黎司地以属民。于

帝的,他就开始着手征伐,共计经历了五十二场战争,然后天下才归顺、信服。黄帝俯仰天地(之象),根据天道规律设置百官,因此任风后为上台,任天老为中台,任五圣为下台,称为三公。其余的人如地典、力牧、常先、大鸿等,有的被任命为老师,有的被任命为将领,分别掌管天下,让各地也如同有黄帝亲自在那里治理一样。所以这四位派驻地方的官员被称为黄帝的四只眼睛。黄帝还让岐伯尝草木的味道,负责用草药来医治疾病,现在的药方、本草之类的书籍,都出自于岐伯。其中史官仓颉,模仿鸟的行迹,开始创造文字。自黄帝以前,人们住在山洞里,生活在野外,死后就用厚厚的薪柴覆盖尸体,葬在原野中;记事也要靠在绳子上打结。到了黄帝的时候,就建筑了房屋,上面有正梁,下面有屋檐,来防备风雨。死后则用棺椁敛尸替代柴薪,还创造出了文字以方便治理记事。百官都有了分工次序,民情都可以巡察,他以神的名义加以感化,统治国家人民,孜孜不倦。后来作乐曲"云门"和"咸池"(以祭祀天神和地神),这就是《周礼》中所说的"大咸"乐曲啊!当时,人、事都已经完全具备了。黄帝在位一百年后去世,享年一百一十岁。有传言说他成仙了,还有说他活了三百岁的。所以宰我问孔子,黄帝真的活到三百岁了吗?孔子说:百姓获得利益是他在位的一百年;人民敬畏他的神灵,又有一百年才消失;人民秉承他的教化,又延续一百年。所以说黄帝寿命三百岁啊!"

颛顼高阳,是黄帝的孙子,昌意的儿子。他能因地制宜种植谷物,依据四时季节办事以效法天道,依照鬼神尽心敬事之行来制定尊卑之义,通过修养自身的气质来感化教育人民,洁身诚意地来参加祀神供祖的仪式。他曾北至幽州,南至交趾,西至流沙,东至蟠木(东方古国名,后亦代称日本)。所有的动物与植物、各处的大小神明,凡是日月能照到的地方,没有不归顺、臣服他的。砥,平的意思,表示四方地区的人民都来臣服于(颛顼)。《帝王世纪》说,"帝颛顼平定了九

是民神不杂,万物有序。"

　　帝喾高辛者,高阳、高辛,皆所兴地名也。颛顼与喾,以字为号,上古质故也,黄帝之曾孙也。生而神灵,聪以知远,明以察微。仁而威,惠而信,修身而天下服。取地之财而节用之,抚教万民而利诲之,历日月而迎送之,明鬼神而敬事之。其色郁郁,其德嶷嶷。其动也时,其服也士。日月所照,风雨所至,莫弗从服。《帝王世纪》曰:"帝喾以人事纪官,故以句芒为木正、祝融为火正、蓐收为金正、玄冥为水正、后土为土正,是五行之官,分职而治。"

　　帝尧放勋,其仁如天,其智如神。就之如日,望之如云。富而不骄,贵而不舒。《帝王世纪》曰:"帝尧置欲谏之鼓,命羲和四子羲仲。羲叔、和仲、和叔,分掌四时方岳之职,故名征。天下大和,百姓无事。有五老人,击壤于道,观者叹曰:"大哉尧之德也!老人曰:'日出而作,日入而息,凿井而饮,耕田而食,帝力何有于我哉!'墨子以为尧堂高三尺,土阶三等;茅茨不翦,采椽不斲;夏服葛衣,冬服鹿裘。"

　　虞舜,名曰重华。父瞽叟顽,母嚚,弟象傲,皆与杀舜。舜

个黎氏部落的叛乱,使南正(官职名)重负责会聚天上的诸位神灵,掌管火的官员负责聚集地上的民众,这样人民和诸神就不会混杂,万物就会井井有条。"

帝喾高辛,是黄帝的曾孙。生下来就很神异,他耳聪目明,能了解到远方的情况,能明察细微的征兆,仁慈而又威严,宽厚而又有信义,他修身立德能令天下诚服。他能按照节令使用大地所生的材物,能不失时机地抚育教养百姓。他制定立法推算日月的运行,按季节举行迎送礼仪,他能分辨鬼神从而慎重地加以事奉。他神色端庄肃穆,德行高尚。他行动合乎时宜,穿着如同士人。凡是日月照耀,风雨润泽的地方,没有不顺从归服的。《帝王世纪》说:帝喾能够知人善任。因此他以句芒为"木正"官,以祝融为"火正"官,以蓐收为"金正"官,以玄冥为"水正"官,以后土为"土正"官。这就是五行官,他们各司其职来治理天下。

尧帝名放勋。他的仁德像天一样(广阔),智慧如同神灵。人们对他的倾心归附,如同葵花向阳;人们对他的企盼,有如大旱的百谷仰望云雨一样。他富有而不骄奢,地位尊贵却不傲慢。《帝王世纪》说:尧帝为那些有话要说的人准备了劝谏鼓。命羲氏与和氏的四个儿子羲仲、羲叔、和仲、和叔,分别掌管四时及四岳的政事,因而帝王圣名得以(在四方)建立,天下非常和谐,百姓相安无事。有五位老人在道路上娱乐游戏。观看的人感叹地说:"尧帝的圣德真是宏大!"老人说:"我们日出就工作,日落就休息,喝水靠凿井,吃饭靠耕田,哪里能感受帝王的统治呢?"墨子说尧帝的朝堂,高不过三尺而已,夯土做的土台阶只有三级,茅草屋也不加以修饰,以普通的木头为屋椽,完全不加雕饰,夏天穿葛布衣,冬天穿鹿皮做的大衣。

虞舜名叫重华。舜的父亲瞽叟生性愚顽,后母暴虐,弟弟象傲慢

顺适不失，以孝闻。于是尧乃以二女妻舜，以观其内；使九男与处，以观其外。二女不敢以贵骄，九男皆益笃。舜耕历山，历山之人皆让畔，渔雷泽，雷泽上人皆让居；陶河滨，河滨器皆不苦窳。窳，病也。一年而所居成聚，二年成邑，三年成都。于是尧乃试舜五典，百官皆治，以揆百事，莫不时序。流四凶族，以御螭魅。尧乃使舜摄行天子政，尧崩，天下归舜。

《帝王世纪》曰："舜立诽谤之木。论曰：孔子称古者三皇五帝，设防而不犯，故无陷刑之民。是以或结绳而治，或象画而化，自庖牺至于尧舜，神道设教，可谓至政，无所用刑矣。夫三载考绩，黜陟幽明，善无微不着，恶无隐不章，任自然以诛赏，委群心以就制，故能造御乎无为，运道于至和，百姓日用而不知，含德若自有者也。《诗》云：'上天之载，无声无臭。'其斯之谓乎？"

夏禹，名曰文命。当尧之时，洪水滔天。舜登用，乃命禹

狂妄,他们都想杀舜。(即便如此)舜还总是恭顺地行事,不失为人子应尽的道。舜因为孝顺而闻名,于是尧帝便把两个女儿嫁给了舜,来观察他在家里的表现,又派九个儿子和他相处,来观察他在外面处世如何。尧的两个女儿不敢因为自己出身高贵而对舜的家人生骄慢之心,尧的九个儿子也更加忠厚谨敬。舜在历山耕种的时候,历山人都互让田地边界;他在雷泽捕鱼的时候,雷泽的人都能互让(他们捕鱼的)居所;舜在黄河边制作陶器,那里所生产的陶器没有粗糙破损的。一年的时间,舜住的地方便成为一个村落,两年便成为一个集镇,三年便成为一个都城了。于是尧开始试着让舜制定并推行五典(五伦教育),结果百官得以治理。他总管各种事物,没有不合乎时令秩序的。舜流放了四个与之敌对的部落,让他们去抵御远方的妖魔鬼怪。于是尧就让舜代替他行天子的政务。尧去世后,舜登上帝位,天下人都归服舜。

《帝王世纪》说:"舜设立了供百姓书写政治缺失的表木(以便大家发表谏言)。评论说:孔子称古时候的三皇五帝,建立了军队守卫却用不上,是因为没有犯法(而被判刑)的百姓。因此不管是用结绳记事来治理,还是用象刑来加以教化,从伏羲到尧、舜,都是以神明之理来教化管理人民的,可以说已经达到极清明的政治,不需要用刑律来管理国家了。这样三年考核一次政绩,黜退昏愚的官员,晋升贤明的官员,使善行不论大小都能得到彰显,使恶行无论大小都无处隐藏,处处显扬,全由天地自然规律来赏罚,随顺人民大众的意愿来管理,所以能够成就无为而治的大治局面。运用道德的教育使天下和谐、安顺,以至于老百姓在生活中依道德做事自己却不知道,怀藏道德好像是自己本身具有的一样。(正如)《诗经》上说:上天承载的道义,没有声音没有味道,就是讲的这个意思啊。"

夏禹,名叫文命。尧帝在位的时候,洪水滔天。舜被进用,命禹

平水土。劳身焦思,居外十三年,过家门不敢入。薄衣食,致孝于鬼神;卑宫室,致费于沟洫。以开九州,通九道,陂九泽,度九山,行相地宜所有以贡。东渐于海,西被于流沙,朔南暨,朔,北方也。声教讫于四海。于是帝锡禹玄圭,以告成功于天下。于是大平治,帝舜荐禹于天。舜崩,遂即天子位,国号曰夏后。十七世,帝履癸立,是为桀,不务德而武伤百姓,百姓弗堪。汤修德,诸侯皆归汤。汤遂伐桀,桀走鸣条,南夷地名。遂放而死。

汤始居亳,征诸侯。为夏方伯,得专征伐。葛伯不祀,汤始伐之。汤曰:"予有言:人视水视形,视民知治不。"伊尹曰:"明哉言!能听,道乃进。君国子民,为善者在王官。勉哉,勉哉!汤出见野张网四面,祝曰:"自天下四方,皆入吾网。"汤曰:"嘻,尽之矣!"乃去其三面,祝曰:"欲左,左;欲右,右;不用命。乃入吾网。"诸侯闻之,曰:"汤德至矣,及禽兽。"当是时,夏桀为虐政淫荒,汤乃伐桀,践天子位。

帝太戊立,伊陟为相。伊陟,伊尹子也。亳有祥,桑谷共生于朝,一暮大拱。祥,妖怪也。二木合生,不恭之罚。太戊惧,问

去治理水土。禹不顾劳累,尽心费神的治理洪水,居住在外十三年,几次经过家门口都不曾进去看看。他节衣缩食,可是用于祭祀鬼神的祭品却很丰厚;他居室简陋,可是用于开沟修渠、疏通河道的钱却很舍得花。他开辟了九州的土地,疏通了九条河道,筑堤修治了九州的湖泊,丈量了九州的大山。禹推行按土地所宜生产之物来向中央缴纳贡赋之令。东临近大海,西至沙漠,从北到南,天子的声威、政令和教化达至四海边陲。于是舜帝赐与他一块黑色的圭玉,并诏告天下大禹治水已经成功。天下从此得到很好的治理。舜帝向上天推荐禹做继承人。舜帝去世后,禹就登上了天子之位,国号为夏后。帝位传到十七世,履癸帝登位,就是夏桀帝。桀不修养德行而滥用武力伤害百姓,百姓不堪忍受。商汤立德修身,诸侯都归附汤。汤于是率兵讨伐桀,桀逃到鸣条,终被流放而死。

　　成汤当初居住在亳城,征讨诸侯国,葛伯不祭祀天地祖先,成汤于是征讨他。汤说:"人看水便可看出自己的形貌,看民众的情况就可以知道国家是否安宁。"伊尹说:"真英明啊!能听进别人的意见,道德才会有长进。行善举的人都在王室的官位上。努力吧,努力吧!"成汤出外,看见郊野有猎人四面张着罗网,还祷告说:"愿从天下四方来的禽兽,都落入我的罗网!"成汤听了说:"唉,这不是(把禽兽)一网打尽了吗!"于是让人把罗网撤去三面,并将祷告词改为:"想往左走的就往左,想往右走的就往右。不听命令的,才进我的罗网。"诸侯听到这件事,都说:"汤真是仁德到极点了,就连禽兽都受到了他的恩惠。"就在这个时候,夏桀施行暴政,荒淫无道。于是成汤举兵讨伐夏桀,登上了天子之位。

　　太戊即位,任用伊陟为相。当时亳都出现了桑树和谷树合生在一起的怪异现象,一夜之间长得如同两手合围那么大。太戊帝很恐

伊陟,曰:"臣闻妖不胜德。帝之政,其有阙与?帝其修德。"太戊从之,而祥桑枯死。殷复兴,故称中宗。

帝辛立,天下谓之纣。帝纣资辨捷疾,闻见甚敏;材力过人,手格猛兽。智足以拒谏,饰是非之端;矜人臣以声,以为皆出己之下。好酒淫乐,嬖于妇人。爱妲己,有苏氏美女也。妲己之言是从。于是使师涓作新淫声,北里之舞,靡靡之乐。厚赋税,以实鹿台之钱。鹿台,在朝歌城中也。而盈巨桥之粟。巨桥,鹿水之大桥也,有漕粟。益收狗马奇物,充仞宫室。益广沙丘苑台,沙丘,在巨鹿东北。多取野兽飞鸟置其中。慢于鬼神。以酒为池,悬肉为林,使男女倮,相逐其间,为长夜之饮。百姓怨望,而诸侯有叛者,于是纣乃重辟刑,有炮烙之法。膏铜柱,加之炭上,令有罪者行焉,辄堕炭中,妲己笑,名曰炮烙之刑也。

以西伯昌、九侯、邺县有九侯城。鄂侯为三公。九侯有好女,入之纣。九侯女不憙淫,纣怒,杀,而醢九侯。鄂侯争之强。并脯鄂侯。西伯昌闻之窃叹,纣囚西伯羑里。河内汤阴有羑里城。西伯之臣闳夭之徒,求美女,奇物,善马以献纣,纣乃赦西伯,用费中为政,费中善谀,好利,殷人弗亲。又用恶来,善毁谗,诸侯以此益疏,多叛纣。微子数谏不听,乃遂去。比干强谏,纣怒,剖比干,观其心。箕子惧,乃佯狂为奴,纣又囚之。周武王于是遂率诸侯伐纣,纣走,衣其宝玉衣,赴火而

惧，就去向伊陟询问。伊陟说："我听说，妖怪不能战胜有德行的人。难道是君王的政务有什么失误？请天子修养德行。"太戊听从了伊陟的规谏，怪异的桑树就随之枯萎死去了，殷朝再度兴盛。因此太戊帝死后谥号为中宗。

帝辛立，天下人称他为纣。纣利口善辩，行动迅速，博闻强记，力气超过平常人，能空手与猛兽格斗。他的才智足够用来拒绝臣下的劝告；他的言辞足够用来掩饰自己的错误。他向群臣夸耀自己的才能，在天下抬高声威，认为别人都不如自己。他嗜好喝酒，沉迷音乐，宠爱女人。特别宠爱妲己，只听从妲己的话。当时，他命令涓乐师创作新奇淫荡的音乐。以鄙俗的舞蹈配上颓废的乐曲。他又加重赋税，来充实鹿台的钱库和巨桥的粮仓。他多方搜集狗马和奇特的玩物，充塞宫室；进一步扩建沙丘的园林楼台，大量捕捉野兽飞鸟放养其中。他从来不尊敬鬼神。用酒灌成池沼，把肉悬挂成林，命令男女赤身裸体在其中追赶戏耍，通宵狂欢。百姓中有对此表示怨恨的，诸侯中甚至有背叛他的。纣王就对其施以重刑，其中有一种酷刑叫做炮烙。

他命西伯昌、九侯、鄂侯担任三公。九侯有一个美丽的女儿，献给了纣王。此女厌恶淫荡，纣王发怒，将其处死，并将九侯剁成肉酱。鄂侯来劝阻，态度强硬，争辩激烈，纣就将其做成了人肉干。西伯侯姬昌听到此事，私下叹气，纣便将其关押在羑里。西伯侯的臣子闳夭等人，找到一些美丽的女子、奇异的物品、善跑的良马，拿去献给纣，纣王才赦免了西伯侯。于是，纣王任用费仲管理国家政事。费仲善于奉承，贪图财利，殷国人不愿亲近他。纣又重用恶来，恶来善于毁谤诸侯，（诸侯）为此与纣王更加疏远了，诸侯中有很多都背叛了纣王。微子屡次劝诫纣王，他都不听从，微子便离开殷国。比干极力诤谏纣

死,武王遂斩纣头,悬之白旗,杀妲己,殷民大悦。

周后稷,名弃,好耕农,天下得其利,有功,封于邰。曾孙公刘修后稷之业,民赖其庆。古公复修后稷、公刘之业,积德行义,国人皆戴之。古公卒,季历立。季历卒,子昌立,是为西伯。西伯遵后稷、公刘之业,则古公之法,敬老慈少,礼下贤者,日中不暇食以待士,士以此多归之,诸侯皆来决平。于是虞、芮之人有狱不能决,乃如周,入界。耕者皆让畔,民俗皆让长。虞、芮皆惭,俱让而去。诸侯闻之,曰:"西伯盖受命之君也。"

武王即位,太公望为师,周公旦为辅,召公、毕公之徒左右王师,修文王绪业。闻纣昏乱暴虐滋甚,于是伐纣。纣师皆倒兵以战,武王遂入斩纣。散鹿台之钱,发巨桥之粟,以振贫弱,封诸侯,班赐殷之器物;纵马于华山之阳,放牛于桃林之墟;偃干戈,振兵释旅,入曰振旅也。示天下不复用。

王,纣王发怒,剖开比干的胸膛,取出他的心脏来观看。箕子见了很害怕,便假装颠狂,扮成奴隶,纣王知道后还是将他关了起来。周武王(认为时机已到)就率领诸侯讨伐纣王。纣王败走,穿上他的宝玉衣服,投火自焚而死。周武王便砍下纣的头,悬挂在太白旗上,并杀了妲己。殷国的百姓非常高兴。

  周的始祖后稷,名叫弃,喜欢耕田种谷,天下人都因此而得到利益,他的功劳很大,舜就把弃封到了邰地。弃的曾孙公刘继续遵循弃的事业,人民得益于他的善政而过上了好日子。古公也继续遵循后稷、公刘的大业,积累德行,施行仁义,国人都拥戴他。古公去世后,季历登位。季历去世后,儿子昌登位,就是西伯。他遵循后稷、公刘的事业,仿效古公、公季的法则,敬重老人,慈爱晚辈,谦恭对下,尊重贤才。白天为了接待士人忙得连吃饭都没有时间,因而士人大多都归附他。诸侯有了纷争,也都来找他裁决。当时,虞、芮两国人民发生了争端不能解决,便来到周国。(他们)进入周国境后,见种田的人都互让田界,人们都习惯于尊重长者。虞、芮两国人见此情形都感觉很惭愧,互相谦让着离开了。诸侯听到这件事,说:"西伯大概就是那位承受天命的君王吧。"

  周武王即位后,任命姜太公为太师,周公旦为宰辅,召公、毕公等人则辅佐天子的军事,以此来继承周文王的事业。听说纣王昏庸无道、凶狠残酷更加严重了,于是决定讨伐纣。纣的军队都倒戈攻击己方,武王进入商都斩下纣王首级。将鹿台中所藏的钱财以及巨桥仓库里的粮食都散发出去,来救济贫困的百姓。武王分封诸侯,把殷商的祭祀用具部分赐给受封的诸侯,把战马放养在华山的南面,把牛放养在华山北面的桃林原野上,停止战争,收缴兵器,解散军队,向天下表明不再用兵打仗了。

成、康之际，天下安宁。刑措四十余年不用。措者，置也。民不犯法，无所置刑也。穆王即位，将征犬戎。祭公谋父谏。祭，畿内之国，为王卿士；谋父，字也。曰："不可。先王耀德不观兵。戢而时动，动则威；观则玩，玩则无震。震，惧也。先王之于民也，茂正其德，而厚其性，阜其财求，而利其器用。明利害之乡，乡，方也。以文修之，使务利而避害，怀德而畏威，故能保世以滋大。

　　"昔我先王世后稷，以服事虞、夏。奕世载德，不忝前人。至于文王、武王，昭前之光明，而加之以慈和，事神保民，无不欣喜。商王帝辛，大恶于民，庶民不忍，欣戴武王，以致戎于商牧。非务武也，勤恤民隐，而除其害也。夫先王之制，邦内甸服，邦外侯服，侯卫宾服。此总言之也。侯，侯圻。卫，卫圻。夷蛮要服，戎狄荒服。甸服者祭，供日祭也。侯服者祀，供月祀也。宾服者享，供时享也。要服者贡，供岁贡也。荒服者王。《诗》云："莫敢不来王也。"日祭，月祀，时享，岁贡，终王。先王之顺祀。《外传》云："先王之训也。"有不祭则修意，先修志意，以自责也。有不祀则修言。言，号令也。有不享则修文，文，典法也。有不贡则修名，名，谓尊卑职贡之名号也。有不王则修德，远人不服，则修文德以来之也。序成而有不至则修刑。序成，谓上五者次序已成，不至，则有刑罚也。于是有刑不祭、伐不祀、征不享、让不贡、告不王。于是有刑罚之辟，有攻伐之兵，有征讨之备，有威让之命，有文告之辞。布令陈辞，而有不至，则增修于

成王、康王的时代，天下安宁，刑法搁置四十多年没有使用。穆王继位后，想要攻打犬戎，祭公谋父劝阻说："不能讨伐。先王只对天下显扬自己的德化，却不炫耀自己的武力。兵力平时蓄积着，等待时机行动，一旦出兵就要有威慑力。炫耀武力会令人对它产生轻慢；一旦让人家轻慢，那么军队就没有威慑力了。先王对待民众，努力劝勉民众修正自己的品德，使他们的性情更加敦厚；并增加他们的财富，改进他们的生产工具；还要让民众懂得利和害的趋向，用礼法来教化他们，使他们趋利避害。民众心中感念天子的恩德而同时又畏惧天子的声威，所以才能保住先王的事业得以世代相承、日益壮大。

从前我们的祖先世代做'后稷'的农官，服侍虞和夏两朝，后来累世继承这种美德，没有辱没祖先。到了文王、武王时代，他们将祖宗盛德之光再次发扬光大，再加上慈爱和善，敬重神明，爱护民众，神、民没有不欢喜的。商纣王辛对民众犯下了很大的罪恶，民众不能忍受，都欣悦拥戴武王，因此才发动了在商郊牧野讨伐纣王的战争，先王并非崇尚武力，而是关怀体恤民众的疾苦才用武力为民除害的。先王的制度，国都近郊五百里内的地区称甸服，甸服以外的五百里的地区称侯服，侯服以外五百里的区域称为宾服，在向外蛮夷之族居住地区称为要服，戎狄之族居住的地区为荒服。甸服地区的官吏要参与祭祀天子祖父、父亲；侯服地区的君长要参与祭祀天子的高祖、曾祖；宾服地区的君长要献上祭祀天子先祖的祭品；要服地区的君长要按时纳贡；荒服地区君长要来朝拜周王朝。按日祭祀祖父、父亲；按月祭祀高祖、曾祖；按四季献上祭祀先王的祭品；按年纳贡；终生朝拜周王朝。先王推行以上制度时，有不按规定参加祭祀祖父、父亲的，就要修正自己的思想；有不来参加祭祀高祖、曾祖的，就修正自己的号令；有不进献祭品的，便修改自己的典章制度；有不

德，无勤民于远。是以近无不听，远无不服。今犬戎氏以其职来王，天子曰：'予必以不享征之，且观之兵。'无乃废先王之训而几顿乎！"王遂征之，得四白狼、四白鹿以归。自是荒服者不至，诸侯有不睦者。

宣王即位，修政，法文、武、成、康遗风，诸侯复宗周。

厉王即位，好利，近荣夷公。芮良夫谏曰："王室其将卑乎？夫荣公好专利，而不知大难。夫利，百物之所生也，天地之所载也，而有专之，其害多矣。天地百物皆将取焉，何可专也？所怒甚多，而不备大难，以是教王，王其能久乎？夫王人者，将道利而布之上下者也。使神人百物无不得极，极，中也。犹日怵惕，惧怨之来。今王学专利，其可乎？匹夫专利，犹谓之盗，王而行之，其归鲜矣。荣公若用，周必败。"王不听，卒以荣公为卿士，用事。

纳贡的，就修正尊卑职贡的称名；有不来朝见周王的，就要修养自己的德行。以上五点都做到了，仍然有不来进献朝见的，才动用刑罚。于是依法惩治不祭者，派兵攻打不祀者，征讨不献祭礼者，谴责不纳贡的，警告不朝见的，于是也就有了施以刑罚的法律，攻伐的军队，征讨的装备，严厉谴责的政令，还有以文德告谕的王令。如果布告、命令都发出了，仍有不来敬献朝贡的，就进一步修养自己的德行，而不轻易地劳民远征。因此近处没有不听从的，远处没有不归顺的。如今犬戎各族带着他们应纳的贡物前来朝见，而您却说'我一定要按不进献祭品的罪名征伐他们，而且要向他们显示武力'。这岂不是违背先王的教诲，而您也将面对失败的危险吗？"穆王竟然还是去征伐犬戎了，结果只带回四只白狼和四只白鹿。从此以后，荒服地区就不来朝见天子了，诸侯之间也出现了不和睦的现象。

周宣王登位，整顿政事，效法文王、武王、成王、康王的遗风，诸侯重新以周王室为宗主。

厉王实行暴虐政治，奢侈傲慢，国人都指责他的过失。召公劝谏说："人民忍受不了您的政令了！"厉王发怒，找来一个卫国的巫师，让他监视指责自己的人，发现了就报告厉王便杀掉他。于是指责的人少了，诸侯也不来朝见了。厉王更加严厉，国人不敢开口说话，路上相遇时，只能互相用眼色示意。厉王高兴了，告诉召公说："我能止息人民对我的指责了，他们都不敢说话了。"召公说："这只是堵塞了百姓的口，堵住百姓的口要比堵住河流的后果更加严重。河水堵塞蓄积，一旦决口，伤害的人一定会很多；堵塞了百姓的口也是一样道理。所以，治水的人要疏通水道，使水流通畅；治理百姓的人，要开导他们，让他们讲话。因此百姓有嘴巴，正像大地有山河一样，于是人类的财物就从这里生产；又犹如大地有平洼高低各种不同的地形

王行暴虐侈傲，国人谤王。召公谏召穆公也。曰："民不堪命矣！"王怒，得卫巫，卫国之巫。使监谤者，以告则杀之。其谤鲜矣，诸侯不朝。王益严，国人莫敢言，道路以目。以目相眄而已。王喜，告召公曰："吾能弭谤矣，乃不敢言。"召公曰："是鄣之也。防民之口，甚于防水。水壅而溃，伤人必多，民亦如之。是故为水者，决之使导；为民者，宣之使言。故民之有口，犹土之有山川也，财用于是乎出；犹其有原隰衍沃也，衣食于是乎生。口之宣言也，善败于是乎兴。夫民虑之心，而宣之口，成而行之。若壅其口，其与能几何？"王不听，于是国莫敢出言。三年，乃相与叛，袭王，王出奔于彘。

幽王嬖爱褒姒，欲废后，并去太子，用褒姒为后，以其子伯服为太子。褒姒不好笑，幽王欲其笑，万方，故不笑。幽王为举烽火，诸侯悉至，至而无寇，褒姒乃大笑。幽王欲悦之，为数举烽火，其后不信，益不至。王之废后去太子也，申侯怒，乃与缯、西夷犬戎共攻王，王举烽火征兵，兵莫至，遂杀幽王骊山下。

一样,于是人类的衣食资料就从这里产生。能让百姓尽情说话,于是(国家政事的)善恶才会产生。百姓把心里想的公开说出来,成熟的意见就可以实施。若堵塞他们的嘴巴,那支持您的人能有几个呢?"厉王不听劝阻。因此,国人都不敢说话,过了三年,国人共同背叛,袭击厉王。厉王逃到"彘"地。

厉王登位,贪图财利,亲近荣夷公。大夫芮良夫劝谏说:"王室大概要衰微了!荣夷公只喜欢独占资源,而不知会有大祸。资源是众多物类所产生的,是大自然赐予的,如果有人独占了它们,那祸患自然就多了。天地之间各种各样的资源,人人都可以获取,怎么可以独占呢?(独占资源)必然要招来很多愤怒,不去防备大的灾难,却用这样的思想来教唆君王,王位怎能持久呢?做为一位君王,应该将资源推及上上下下各个层面,使神明与人民没有不适得其所的。即便如此还要每日诚惶诚恐,唯恐有怨言产生。现在您却要学着独占资源,难道可以这样吗?平民若想要独占资源,还会被称为强盗。如果大王您真的要这样做的话,恐怕归附您的人就会很少了。荣公如果被重用,周朝必定会衰败。"厉王不听,还是用荣公为卿士,主管国事。

幽王宠爱褒姒,想废掉申后,同时把太子宜臼也一同废掉,立褒姒当王后,立褒姒的儿子伯服做太子。褒姒不爱笑,幽王用了各种办法想让她笑,褒姒仍然不笑。幽王为她点燃了烽火,诸侯(见到烽火)全都赶来了,却不见有敌寇,褒姒看了便哈哈大笑。幽王为了取悦褒姒,因而又多次点燃烽火。后来诸侯们都不相信,也就渐渐不来了。幽王废掉了申后和太子,申侯(申后之父)发怒,联合缯国和犬戎一起攻打幽王。幽王点燃烽火召集诸侯的救兵,但是诸侯的援兵却都没有来。于是幽王被杀死在骊山脚下。

秦缪公与晋惠公合战，为晋军所围，于是岐下食善马者三百人，驰冒晋军解围，遂脱缪公，而反生得晋君。初，缪公亡善马，岐下野人共得而食之者三百余人。吏逐得，欲法之，缪公曰："君子不以畜产害人。吾闻食善马肉不饮酒，伤人。"乃皆赐酒而赦之。三百人者，闻秦击晋，皆求从。从而见缪公窘，亦皆推锋争死，以报食马之德。于是缪公虏晋君以归。

戎王使由余于秦，缪公示以宫室、积聚。由余曰："使鬼为之，则劳神矣；使人为之，则苦民矣。"缪公怪之，问曰："中国以诗书礼乐法度为政，然尚时乱，今戎夷无此，何以为治，不亦难乎！"由余笑曰："此乃中国所以乱也。夫自上圣黄帝，作为礼乐法度，身以先之，仅以小治。及其后世，日以骄淫，阻法度之威，以责督于下。下疲极，则以仁义怨望于上。上下交争怨，而相篡弑，至于灭宗，皆以此类也。夫戎夷不然，上含淳德以遇其下，下怀忠信以事其上。一国之政，犹一身之治。不知所以治，此真圣人之治也。"于是缪公退而问内史廖曰："孤闻邻国有圣人，敌国之忧也。今由余贤，寡人之害，将奈何？"廖曰："戎王处僻匿，未闻中国之声。君试遗其女乐，以夺其志；为由余请，以疏其间。君臣有间，乃可虏也。"缪公曰："善。"因以女乐二八遗戎王，戎王受而悦之。于是秦乃归由余。由余数谏不听，遂去降秦，缪公以客礼礼之。用由余谋伐戎王，益国十二，开地千里，遂霸西戎。

秦缪公与晋惠公会战,被晋军包围。这时,曾在岐山下偷吃缪公良马的三百多个乡下人(不顾危险)驰马冲向晋军,解除了晋军的包围,使缪公得以脱险,并活捉了晋惠公。当初,缪公丢失了好马,岐山下的三百多个乡下人一块儿把好马偷来吃掉了,官吏捉到了他们,想要加以法办。缪公说:"君子不能因为牲畜的事而伤害人。我听说,吃了好马肉不喝酒,会使人生病。"于是赐酒给他们,还赦免了他们。这次,三百多人听说秦国攻打晋国,都请求跟随参战。(他们)赶到战场,发现缪公被包围,都个个不避刀枪,争先死战,以报答偷吃好马不被惩罚的恩德。于是缪公俘虏了晋君,凯旋而归。

　　戎王派由余出使秦国。秦缪公让由余观看秦国华美的宫殿和聚藏的财宝,由余说:"这些如果让鬼神造出来,那么会使鬼神很辛劳;如果是让百姓去建造,那么也太劳苦百姓了啊!"缪公对他的回答感到惊讶,问道:"中原各国用诗、书、礼、乐和法律制度来治理国家,还时常会有祸乱,现在戎族没有这些,你们靠什么来治理国家呢,恐怕也太困难了吧!"由余笑着说:"这正是中原各国发生祸乱的根源所在。自上古圣人黄帝创立了礼乐法度以后,他以身作则,率先奉行,也仅仅达到了小治的地步。到了后代,君主一天比一天骄奢淫逸,倚仗着法度的威力,来责罚百姓,百姓在极度疲困之中,就怨恨上层不施行仁义。上下互相怨恨,彼此篡权杀戮,以至于灭族,都是由于这类原因啊。而戎夷却不是这样,在上的人以淳厚的仁德来对待下面的臣民,而臣民也忠诚地侍奉君上,治理一个国家就如同治理自己的身体一样,虽然不知道怎么治理但却治理得很好。这才是真正圣人治理的国家啊。"缪公返回宫中就问内史王廖说:"我听说邻国有圣人,是敌对国家的忧患。现在由余贤能,是我的忧患,应该怎么对付他呢?"内史王廖说:"戎王地处偏僻,不曾听过中原各国的

秦始皇帝，庄襄王子也，名政。二十六年，初并天下，自号曰"皇帝"。事皆决于法。刻削无仁恩。收天下兵。聚之咸阳。销以为钟鐻，金人十二，置廷宫中。每破诸侯，写放其宫室，作之咸阳北坂上，在长安西北，别名渭城。南临渭，自雍门在高陵县以东至泾、渭，殿屋、复道、周阁相属。所得诸侯美人、钟鼓，以充入之。三十二年，燕人卢生奏录图书，曰："亡秦者胡也。"胡，胡亥，秦二世名也。秦见图书，不知此为人名，反备北胡。始皇乃使将军蒙恬发兵三十万人，北击胡。

三十四年，始皇置酒咸阳宫，仆射周青臣曰："他时秦地不过千里，赖陛下神灵明圣，平定海内，日月所照，莫不宾服。以诸侯为郡县，人人自安乐，无战争之患，传之万世。自上古不及陛下威德。"始皇悦。博士齐人淳于越进曰："臣闻殷周王千余岁，封子弟功臣，自为枝辅。今陛下有海内，而子弟为匹夫，卒有田常、六卿之臣，无辅弼，何以相救哉？事不师古，而能长久者，非所闻也。今青臣又面谀，以重陛下之过，非忠臣

音乐。您试着赠送他一批歌舞伎女,借以消磨他的心志。并且为由余向戎王请求延期返戎,以此来疏远他们君臣之间的关系。他们君臣之间有了隔阂,戎王就可以俘获了。"缪公说:"好。"于是缪公送给戎王十六位歌舞伎女。戎王欣然接受而且非常喜欢。这时,秦国才让由余回国。由余回去后屡次劝谏,戎王都不听,于是由余离开戎国,投降了秦国。缪公用接待宾客的礼节对待由余。秦国采用由余的计谋攻打戎王,增加了十二个属国,开拓了千里的疆土,于是秦国开始称霸西戎。

秦始皇是秦庄襄王之子,名政。秦王二十六年,统一天下,自称为"皇帝"。凡事都以法律来决断,苛刻严酷,没有仁爱恩德。他搜集天下的兵器集中在咸阳,销毁熔化后用来铸造大钟、钟架和十二个铜人,放置在宫廷中。每消灭一个诸侯,便摹仿该国宫室,建造在咸阳北面的山坡上,南临渭水,从雍门以东直到泾、渭二水,宫殿之间天桥和回廊相连。从诸侯手中得到的美人、钟鼓乐器,都充实到这里。三十二年,燕人卢生向始皇献上一本有关谶语的书籍,上面写着"使秦朝灭亡的是胡。"于是,秦始皇派将军蒙恬率军三十万北上攻击胡人。

三十四年,秦始皇在咸阳宫设宴,仆射周青臣说:"以前,秦国疆域不过千里,全靠陛下的明达圣哲平定了天下,日月照耀之地,没有不臣服的。改诸侯国为郡县,人人安居乐业,没有战争的祸患,江山可传至万代。上古以来的君主,都赶不上陛下的威德。"秦始皇很高兴。博士齐国人淳于越进言说:"臣听说殷朝、周朝统治天下一千多年,大封子弟功臣,做为辅翼。今天,陛下拥有天下,但子弟却都是平民百姓,一旦出现像田常、晋国六卿之类的臣子,没有辅翼,怎么挽救危局呢?处事不以古人为师而能长治久安的,我从来没有听说

也。"始皇下其议。丞相斯曰:"五帝不相复,三代不相袭,各以治,非其相反,时变异也。今陛下创大业,建万世之功,固非愚儒所知也。且越言,乃三代之事,何足法也?"今诸生不师今而学古,以非当世,惑乱黔首。闻令下,则各以其学议之。入则心非,出则巷议,率群下以造谤。如此弗禁,则主势降于上,党与成乎下。禁之便。臣请史官非秦记皆烧之。天下敢有藏《诗》《书》、百家语者,悉诣守、尉杂烧之;有敢偶语《诗》《书》,弃市;禁民聚语,畏其谤也。以古非今者,族;吏见知不举,与同罪;令下三十日不烧,黥为城旦。若欲有学法令,以吏为师。

三十五年,作前殿阿房,东西五百步,南北五十丈,上可以坐万人,下可以建五丈旗。周驰为阁道,自殿下直抵南山。表南山之颠以为阙,为复道,自阿房渡渭,属之咸阳,以象天极阁道绝汉抵营室也。隐宫徒刑者七十余万人,分作阿房宫,或作骊山。发北山石椁,乃写蜀、荆地材,皆至关中。计宫三百,关外四百余。于是立石东海上,以为秦东门。因徙三万家骊邑,五万家云阳,皆复不事十岁。

过。刚才,周青臣又当面奉承想让您错上加错,这样的人绝不是一个忠臣。"秦始皇将这些意见交给群臣们讨论。丞相李斯说:"五帝的制度各不相同,夏、商、周三代也不是先后沿袭,但他们都治理好了各自的国家,并非后代一定要改变前代的章程,而是时势已经发生变化了。当今陛下开创大业,建立了万世之功,本不是愚蠢儒生所能理解的。况且淳于越所说的是三代的事,有什么值得效法的呢?现在,儒生们不学当今而学习古代,以此否定当世制度,惑乱民众。一有命令下来,就各以其所学来妄加评议,进入朝堂就心存不满,走出朝堂就街谈巷议,率领臣民制造谣言。如果这种行为不加以禁止,君威就会从上而下减弱,朋党就会在下边形成,须禁止这些才好。我请求让史官将非秦国记载的史书一律烧毁。天下敢有收藏《诗经》《尚书》诸子百家著作,统统送交郡守和郡尉一并烧毁。臣民有敢相聚议论《诗经》《尚书》者皆处死,借古讽今者灭族。官吏知情而不检举者与之同罪。命令下达三十天不烧书者,处以黥刑,充军边境,修筑长城。若要学习法令,可以拜官吏为师。"

秦始皇三十五年,建造了前殿阿房宫,此殿东西长五百步,南北宽五十丈,殿上可以容纳上万人,殿下面可以竖立五丈高的大旗。四周架有空中通道可供马车行走,此道从宫殿之下一直通到南山。在南山的顶峰修建门阙做为标志。又修造空中通道,从阿房跨过渭水,与咸阳连接起来,以此象征天上北极星、阁道星横跨银河而抵达营室星的样子。当时那些受过宫刑和徒刑者有七十多万人,分别安排去建筑阿房宫或骊山。开采北山山石,从蜀地、荆地运来木料。关中总共建造宫殿三百所,关东还有四百多处。于是在东海边的朐山上竖立大石,做为秦朝的东门。让三万家迁徙到骊邑,五万家到云阳,免除他们十年的徭役赋税。

卢生说始皇曰："臣等求芝、奇药、仙者。常弗遇。类物有害之者，人主所居，而人臣知之，则害于神。愿上所居宫，无令人知，然后不死之药，殆可得也。"于是始皇乃令咸阳之旁二百里内宫观二百七十，复道、甬道相连，帷帐钟鼓美人充之，案署不移徙。行所幸，有言其处者罪死。自是后，莫知行所在。侯生、卢生相与谋曰："始皇为人，天性刚戾，以为自古莫及己。专任狱吏，狱吏得亲幸。博士虽七十人，特备员弗用。乐以刑杀为威，天下畏罪持禄，莫敢尽忠。上不闻过而日骄，下慑伏谩欺以取容。天下之事，无小大，皆决于上，贪于权势至如此，未可为求仙药。"于是乃亡去。始皇闻亡，乃大怒曰："卢生等，吾尊赐之甚厚，今乃诽谤我也。诸生在咸阳者，或为訞言，以乱黔首。"于是使御史悉案问诸生，诸生传相告引。犯禁者四百六十余人，皆坑之咸阳，使天下知之，以惩后。长子扶苏谏，始皇怒，使扶苏北监蒙恬于上郡。

三十六年，荧惑守心。有坠星下东郡，至地为石，黔首或刻其石曰："始皇帝死而地分。"始皇闻之，遣御史逐问，莫服，尽取石旁居人诛之。三十七年，始皇出游，丞相斯、少子胡亥从，至平原津而病。病益甚，乃为玺书，赐公子扶苏，曰：

卢生劝说始皇道:"臣寻找灵芝、奇药和仙人,一直找不到,好像有什么东西妨害着它们。皇上住的地方如果让臣子们知道,就会得罪神明。希望皇上所住的宫室不要让别人知道,这样,不死之药或许能够得到。"于是始皇命令咸阳周围二百里内的二百七十座宫观都用空中通道、甬道相互连接起来,把帷帐、钟鼓和美人都安置在里边,全部登记好所处的地方,各就各位不相移动。皇帝走到哪里(谁都不能说),如果有人说出去,处以死罪。从此以后再没有人知道皇帝的行踪。侯生、卢生共同商量说:"始皇为人刚愎暴戾。认为自古以来无人能与他相媲美。他专门任用治狱的官吏,因此狱吏们都受到亲近和宠幸。虽然置有博士七十人,也只是充充人数罢了,不曾重用。皇上喜欢用重刑、杀戮来显示自己的威严,官员们畏惧罪刑,只想保持住禄位,所以没有人敢尽忠直谏。皇上听不到有人说自己的过错,因而一天比一天骄横。臣子们担心害怕,敷衍欺骗,屈从讨好,苟且安身。天下的事无论大小都由皇上决定,贪于权势到了如此地步,我们绝不可以再去为他求神仙之药。"于是就逃走了。始皇听说二人逃走,就大发雷霆说:"我尊重卢生等人,赏赐十分优厚,如今竟然敢毁谤我。居住在咸阳的一些儒生,其中有人专门制造妖言,迷惑百姓。"于是派御使去一一巡查并审讯这些儒生,儒生门互相检举揭发、相互牵引,最后判决违反禁令的一共有四百六十多人,全部被活埋在咸阳,并公告天下,以儆效尤。始皇的大儿子扶苏进谏,始皇听了很生气,就派扶苏到北方上郡蒙恬那里去做监军。

三十六年,火星侵入心宿。有颗陨星坠落在东郡,落地后变为石块,有老百姓在那块陨石上刻字,写道:"始皇帝死亡而土地分。"始皇听到后,就派御史前去挨家查问,无人认罪,于是把居住在那块石头附近的居民全部杀掉。三十七年,始皇外出巡游。丞相李斯、少子

"与丧会咸阳而葬。"始皇崩，赵高乃与胡亥、李斯阴谋，更诈为始皇遗诏，立子胡亥为太子，赐扶苏、蒙恬死。

二世皇帝元年，赵高为郎中令，掌宫殿门户。任用事。二世与高谋曰："先帝巡行郡县以示强，威服海内。今晏然不巡行，即见弱，无以臣畜天下。"二世东行郡县，尊用赵高，乃阴与高谋曰："大臣不服，官吏尚强，及诸公子必与我争，为之奈何？"高曰："臣固愿言，而未敢也。先帝之大臣，皆天下累世名贵人也，积功劳，世以相传久矣。今高素小贱，陛下幸称举，令在上位，管中事。大臣鞅鞅，特以貌从臣，其心实不服也。今上出，不因此时案郡县守尉有罪者诛之，上以振威天下，下以除上生平所不可者。今时不师文，而决于武力，愿陛下遂从时无疑，即群臣不及谋矣，明主收举余民，贱者贵之，贫者富之，远者近之，则上下集而国安矣。二世曰："善。"乃行诛大臣，及诸公子，以罪过连逮。，无得立者，而六公子戮死于杜。群臣谏者，以为诽谤。大吏持禄取容，黔首振恐。

戍卒陈胜等反，山东郡县，皆杀其守尉令丞，反以应陈涉。不可胜数也。谒者使东方来。以反者闻。二世怒。下吏。后

胡亥跟随着。到达平原津时秦始皇生了病,并且病势一天天加重,就写了一封盖上御印的诏书给公子扶苏说:"回咸阳来参加丧事,在咸阳安葬。"不久,始皇驾崩。赵高与公子胡亥、丞相李斯秘密商量,篡改假造始皇遗诏,立胡亥为太子,赐公子扶苏、蒙恬自杀。

秦二世皇帝元年,赵高担任郎中令,执掌大权。二世跟赵高商议说:"先帝当年常以巡行天下郡县来显示(中央朝廷的)强大,威势震服海内。现在我安然(住在皇宫)不出去巡游,就会表现得软弱,没有办法让天下臣服"。二世东行巡视郡县,重用赵高。(秦二世)暗中与赵高谋划说:"朝中大臣们心里不服,官吏的势力还很强大,还有那些皇兄弟们必定要跟我争权,该怎么办呢?"赵高说:"这些话我本来就想说却没敢说。先帝的大臣,都是国内世代有名望的权贵。他们积累功劳,世代相传已经很久了。而我赵高素来微小卑贱,幸蒙陛下抬举,让我身居高位,掌管朝廷事务。大臣们心怀不满,只是表面上服从我,心里却实在不服气。现在陛下出巡,何不借此机会查办郡县守尉中有罪的,把他们杀掉,这样,从大处说可以威震天下,从小处说也可以除掉不听陛下使唤的人。现在不能师法文治而是要取决于武力,希望陛下顺从时宜,切勿迟疑,让那些群臣也来不及想对策。英明的君主任用遗民,让卑贱的显贵起来,贫穷的富裕起来,疏远的变得亲近,这样就能让上下归附,国家便安定了。"二世说:"好!"于是就开始诛杀大臣和皇室兄弟,又编造罪名连带拘捕这些(大臣公子)身边的臣僚,没有一个得以免罪,又把六个皇兄在杜地残暴地杀死。这时大臣们的劝谏被认为是诽谤朝廷。大臣们为保住禄位祇好屈从讨好,百姓们为之震惊恐惧。

戍守边疆的士兵陈胜等造反,关东各郡县也都有造反者杀掉了他们的郡守、郡尉、县令、县丞,来响应陈胜:造反的人数多得数

使者至。上问。对曰。群盗。郡守尉方逐捕。今尽得。不足忧。上悦。

三年,章邯等围巨鹿,邯等数却,二世使人让邯,邯使长史欣请事。赵高弗见,又弗信。欣恐,亡去。欣见邯曰:"赵高用事于中,将军有功亦诛。"邯等遂以兵降诸侯。

赵高欲为乱,恐群臣不听,乃先设验,持鹿献于二世曰:"马也。"二世笑曰:"丞相误耶?谓鹿为马。"问左右,左右或言马,以阿顺赵高;或言鹿,高因阴中以法。后群臣畏高。

高前数言"关东盗无能为",及项羽虏将王离等,自关以东,大氐尽叛。高恐二世怒,诛及其身,乃谢病不朝见。二世梦白虎啮其骖马杀之,心不乐,怪问占梦,卜泾水为祟。二世乃齐望夷宫,欲祠泾,沈四白马,使使责让高以盗贼事。高惧,乃阴与其婿咸阳令阎乐、其弟赵成谋,使郎中令为内应,诈为有大贼,令乐召发吏卒追。乐将吏卒千余人至望夷宫,前即二世,数曰:"足下骄恣,诛杀无道,天下叛足下,足下其自为计。"二世曰:"丞相可得见否?"乐曰:"不可。"二世曰:"吾愿得一郡为王。"弗许。又曰:"愿为万户侯。"弗许。曰:"愿与妻子为黔首,比诸公子。"阎乐曰:"臣受命于丞相,为天下

不清。二世的谒者从东方出使回来,告诉秦二世东方造反的事情。二世皇帝愤怒,便将谒者交付司法官审讯治罪。以后再有使者回来,二世询问,应答说:"只是聚在一起的盗贼,郡县的太守丞尉一起去追捕,如今全部抓到了,不值得担心。"二世很高兴。

秦二世三年,章邯等率兵围攻巨鹿,战斗中多次战败退却,二世派使者责问他,章邯恐惧,就派长史司马欣回咸阳述职请示。赵高既不接见,也不相信他的话。司马欣恐惧,逃离京城,见到章邯说:"赵高在朝廷中当权,将军您有功也会被杀。"于是章邯等人带兵投降了诸侯。

赵高想要作乱,担心群臣不听从他,就先设法试验一下。他牵了一只鹿献给二世,说:"这是一匹马。"二世笑着说:"丞相错了,称鹿为马。"赵高便问左右大臣,大臣们有的说是马以阿谀赵高,有的说是鹿,赵高就在暗中陷害了那些说是鹿的人。从此以后,群臣们都惧怕赵高。

赵高以前多次说过:"关东的盗贼不会有什么作为。"后来项羽在巨鹿城下俘虏了王离等人。从函谷关往东,大抵全部背叛了秦朝廷。赵高害怕二世发怒,遭到杀身之祸,就谎称有病不去朝见。二世梦见一只白虎咬死了为他驾车的边马,心中很不高兴,觉得奇怪,就去问解梦的人,解梦的人占卜后说泾河水神在作怪。二世就在望夷宫斋戒,想要祭祀泾河水神,把四匹白马沉入河中。二世派人谴责赵高有关盗贼的事。赵高恐惧不安,就暗中跟他的女婿咸阳县令阎乐和他的弟弟赵成商量。让郎中令作内应,谎称有大盗,命令阎乐召集官吏发兵追捕。阎乐带领官兵一千多人到望夷宫,阎乐走到(二世面前)说:"你骄横放纵,肆意诛杀,不讲道理,天下的人都背叛了你,你自己想想该怎么办吧!"二世说:"我可以见丞相吗?"阎乐说:

诛足下，足下虽多言，臣不敢报。"二世自杀。

赵高乃立二世之兄子公子婴为秦王。令子婴斋，当庙见，受玉玺。斋五日，子婴称病不行，高自往曰："宗庙重事，王奈何不行？"子婴遂刺杀高于斋宫，三族高家，以徇咸阳。

子婴为秦王四十六日，沛公破秦军至霸上，子婴奉天子玺，符降轵道旁。诸侯兵至，项籍杀子婴及秦诸公子宗族，遂屠咸阳，烧其宫室，虏其子女，收其珍宝货财，诸侯共分之。

太史公曰：秦自穆公以来，稍蚕食诸侯，竟成始皇。始皇自以为功过五帝，地广三王，而羞与之侔。足已不问，遂过而不变。二世受之，因而不改，暴虐以重祸。子婴孤立无亲，危弱无辅。三主惑，而终身不悟，亡不亦宜乎？当此时也。，世非无深虑知化之士也，然所以不敢尽忠拂过者，秦俗多忌讳之禁，忠言未卒于口，而身为戮没矣。故使天下之士，倾耳而听，重足而立，钳口而不言。是以三主失道，忠臣不敢谏，智士不敢谋，天下已乱，奸不上闻，岂不哀哉！先王知雍蔽之伤国也，故置公、卿、大夫、士，以饬法设刑，而天下治。其强也，禁暴诛乱，而天下服。其弱也，五伯征而诸侯从。其削也，内

"不行。"二世说:"我希望得到一个郡做个郡王。"阎乐不答应。二世又说:"我希望做个万户侯。"阎乐还是不答应。二世又说:"我愿意和妻子儿女去做普通百姓,跟我其他的兄弟们一样。"阎乐说:"我是奉丞相之命,为天下人来诛杀你,你的请求虽然说得多,我也不敢替你回报。"于是二世自杀。

　　赵高于是立二世兄长的儿子子婴为秦王。让子婴斋戒,到祖庙里去接受皇帝的玉玺。斋戒五天后,子婴推说生病不能前去,赵高亲自去请(子婴),说:"祭祀这么重大的事,为什么不去呢?"于是子婴趁机动手在斋宫杀了赵高,并灭了赵高的三族,在咸阳城里游行示众。

　　子婴做皇帝的四十六天,沛公打败秦军,进驻霸上,子婴捧着天子的玉玺符节,在轵道亭旁迎降。各路诸侯的军队也到了,项羽杀了子婴和秦朝众皇子、皇族,接着在咸阳城大肆屠杀,焚烧其宫室,虏掠京城子女,收缴秦宫的珍宝财物,与各路诸侯一起分享。

　　太史公说:"秦朝自穆公以来,逐渐侵占诸侯,最后成就秦始皇(统一天下大业)。始皇自以为功德超过五帝,疆土辽阔超过三王,因此耻于与五帝、三王相提并论。始皇自以为是,不征询别人的意见,掩饰自己的过失而不改变。二世继承他的作风,因循不改,仍残暴苛虐以致加重祸患。子婴孤立而没有亲信的人,畏惧脆弱而没有贤臣辅佐。三位君主迷惑终身而不觉悟,导致秦朝灭亡,这不是应该的吗?当时,世上并非没有深谋远虑懂得形势变化的人士,然而他们之所以不敢竭诚尽忠,纠正主上之过,就是由于秦朝的风气多有忌讳的禁规,忠言还没说完自己却已遭杀戮了。所以使得各界之士只能侧耳倾听,叠足而立,闭口不言。正因如此,三位君主违背道义,忠臣不敢进谏,智士不敢为国谋划,全国已经大乱,而外乱又不敢向朝

守外附，而社稷存。故秦之盛也，繁法严刑而天下振；及其衰也，百姓怨而海内叛矣。故周得其道，千余岁不绝。秦本末并失，故不长久。由此观之，安危之统，相去远矣。野谚曰："前事之不忘，后事之师。"是以君子为国，观之上古，验之当世，参以人事，察盛衰之理，审权势之宜，去就有序，变化应时，故旷日长久，而社稷安矣。

秦孝公据崤、函之固，拥雍州之地，君臣固守，而窥周室，有席卷天下，包举宇内，囊括四海之意，并吞八荒之心。当是时，商君佐之，内立法度，务耕织，修守战之备，外连衡而斗诸侯，于是秦人拱手而取西河之外，惠王、武王蒙故业，因遗册，南兼汉中，西举巴蜀，东割膏腴之地，收要害之郡。诸侯恐惧，会盟而谋弱秦，不爱珍器重宝肥美之地，以致天下之士，合从缔交，缔，结也。相与为一。

当是时，齐有孟尝，赵有平原，楚有春申，魏有信陵。此四君者，皆明智而忠信，宽厚而爱人，尊贤而重士，约从离衡，并韩、魏、燕、赵、宋、卫、中山之众。于是六国之士，有宁越、徐尚、苏秦、杜赫之属为之谋，陈轸、楼缓、苏厉、乐毅之徒通其

廷呈报，难道不可悲吗？先王知道被蒙蔽会损害国家，所以设置公卿、大夫及其官员，用以修订法制，完备刑律，天下因而得到治理。强盛的时候，可以禁止残暴诛伐乱贼，从而威服天下；衰弱的时候，有五霸去征讨，诸侯们也能归附；被削弱时，在内有守备，在外有依靠，国家也可得以存而不亡。因而秦朝强盛时律令繁杂、刑罚严厉，天下震惊；等到它衰微时，百姓怨恨，天下背叛。周朝有合宜的制度和策略，所以传国一千多年而不断绝。而秦朝既不实行仁义又滥用法律，本末兼失，所以不能长久。由此看来，使国家安定或危亡的基本准则相距很远啊！俗话说'前事不忘，后事之师'。因此君子治国，详观上古（以古为镜），用以指导当前的实践，还要通过人事加以检验，从而了解兴盛衰亡的道理，审视当前形式适宜做什么，注意取舍有序，变化顺应时势，因此国家就能历时长久而永久安定。"

秦孝公凭借殽山和函谷关的险固地势，拥有雍州的土地，君臣牢固防守，窥伺着周朝政权。有着席卷、包揽天下之意，囊括、并吞四海之心。此时，商鞅辅佐他，对内建立法令制度，致力于农耕和纺织，做好防守与进攻的准备；对外连衡，使诸侯相互争斗，于是秦国人不费吹灰之力就取得了黄河西岸的土地。惠王、武王继承祖宗之业，遵循遗策，向南兼并了汉中；向西夺得了巴、蜀；向东割取了肥沃的土地，占据了重要的郡县。诸侯感到恐惧了，联合起来商议削弱秦国，不吝惜珍奇的器物、贵重的财宝和肥美的土地，用来招请天下贤士，采用合纵策略，缔结连盟，互相联合结成一体。

这时的东方，齐国有孟尝君，赵国有平原君，楚国有春申君，魏国有信陵君。这四位公子都明智而忠信，宽厚惜才，尊贤重士，他们结约合纵，折散连横，聚合起韩、魏、燕、楚、齐、赵、宋、卫、中山等国的军队。于是六国的谋士有宁越、徐尚、苏秦、杜赫联盟谋划，

意,吴起、孙膑、田忌、廉颇之朋制其兵。常以十倍之地,百万之众。叩关而攻秦,秦人开关延敌,九国之师逡巡而不敢进。秦无亡矢遗镞之费,而天下诸侯已困矣。于是从散约解,争割地而奉秦。秦有余力,而制其弊,因利乘便,宰割天下,分裂河山,强国请服,弱国入朝。

及至秦王,续六世之余烈,孝公、惠文王、武王、昭王、孝文王、庄襄王。振长策而御宇内,吞二周而亡诸侯,履至尊而制六合,执棰拊拊,拍也。一作槁朴。以鞭笞天下。,威振四海。南取百越之地,北筑长城。胡人不敢南下而牧马,士不敢弯弓而报怨。于是废先王之道,焚百家之言,以愚百姓。隳名城,杀豪俊,收天下之兵,聚之咸阳,销锋铸鐻,以为金人十二,以弱黔首之民。然后斩华为城,断华山为城也。因河为津,据亿丈之城,临不测之溪,以为固。良将劲弩守要害之处,信臣精卒。陈利兵而谁何。何,犹问也。秦王之心,自以为关中之固,金城千里,子孙帝王万世之业也。秦王既没,余威振殊俗。

陈涉,瓮牖绳枢之子,以绳系户枢,瓦瓮为窗也。甿隶之人,甿,民。才能不及中人,非有仲尼、墨翟之贤,陶朱、猗顿之富,蹑足行伍之间,而倔起什佰之中,首出十长、佰长中也。率疲散之卒,将数百之众,斩木为兵,揭竿为旗,天下云集响应,赢粮

有陈轸、楼缓、苏厉、乐毅这些人沟通各国的意见，有吴起、孙膑、田忌、廉颇这些人为他们统率军队。他们曾经用十倍于秦国的土地，用上百万的军队，闯过关隘攻打秦国。秦国开关迎击敌人，九国的军队却犹豫畏惧，徘徊不敢进。秦国没有耗费一箭一镞，各国诸侯就已经疲困不堪了。因此合纵散了，盟约解除了，争着割地侍奉秦国。这就使得秦国绰然有余力乘各国窘困的时机制服他们，秦国凭借有利的形势，分割各国，分裂诸侯土地，使得强国愿意顺服，弱国入秦朝拜。

到了秦始皇，继承了六代先人遗留的功业，如同挥动长鞭赶马一样驾驭各国，吞并东西二周与各国诸侯，登上皇帝宝位，统一了整个天下，用刑罚残酷统治天下，声威震动四海。又向南夺取了百越的土地，在北方修筑了长城。匈奴人不敢南下放牧，六国之士不敢张弓报仇。于是废弃了古代先王的治国之道，焚毁了战国以来诸子百家的书籍著作，想以此愚弄百姓。毁坏东方各地的名城，杀戮才智杰出的人，收缴天下兵器，集中到咸阳，销毁兵刃，熔化后做成了编钟乐器以及十二尊铜人，借此削弱百姓的反抗力量。然后开辟华山作城墙，凭借黄河作渡口，上据万丈高城，下临不见底的沟渠，以此作为坚固的屏障。派善战的将领、强劲的弓弩手把守要害，可靠的官员、精锐的士卒拿着锋利的兵器，盘问过往行人。秦始皇自以为关中坚固，有如千里长的铜铸城墙，是子孙万世作帝王的基业。直到始皇死后，他的余威仍然震慑着风俗各异的边远地区。

陈涉是贫穷人家的儿子，是个耕田卖力的贱役，才能不及常人，没有仲尼、墨翟的贤能，没有陶朱、猗顿的财富，立身于行伍之间，起事于士卒之中，带着疲劳涣散的士兵，领着几百人的徒众；砍断树枝做武器，举起竹竿当旗帜，天下的人像云彩一样聚集成群，像回声

而景从，山东豪俊遂并起而亡秦族矣。

且夫天下非小弱也，雍州之地、殽函之固自若。陈涉之位，非尊于齐、楚、韩、魏之君；锄櫌棘矜，以锄柄及棘作矛矜也。櫌，椎块椎也。非铦于长铩矛戟；长刃矛也。适戍之众，非抗于九国之师；深谋远虑，行军用兵之道，非及向时之士也。然而成败异变，功业相反。试使山东之国与陈涉度长絜大，絜束之絜。比权量力，则不可同年而语矣。然秦以区区之地，千乘之权，招八州而朝同列，百有余年矣。然后以六合为家，殽函为宫，一夫作难，而七庙堕，身死人手，为天下笑者，仁义不施，而攻守之势异也。

秦兼诸侯，南面称帝，天下之士，斐然向风。元元之民，冀得安其性命，莫不虚心而仰上。当此之时，守威定功，安危之本，在于此矣。秦王怀贪鄙之心，行自奋之智，不信功臣，不亲士民，废王道，立私权，禁文书而酷刑法，先诈力而后仁义，以暴虐为天下始。孤独而有之，故其亡可立而待。借使秦王计上世之事，并殷周之迹，以制御其政，后虽有淫骄之主，而未有倾危之患也。故三王之建天下，名号显美，功业长久。

一样响应起义，(人们)背着干粮，如影随形地跟随他，崤山以东地区的豪杰俊士同时起义，消灭了秦王朝。

当时秦朝的天下并非缩小削弱，雍州的土地、崤山和函谷关的坚固，仍然如故。陈涉的地位，比不上齐、楚、燕、赵、韩、魏、宋、卫、中山各国的国君那么尊贵，锄把和木棍，不如钩戟、长矛锋利；流放守边的农夫苦役，不如九国(训练有素)的军队；深谋远虑、行军用兵的策略，不如先前六国的谋士。但是成败却不相同，功业成就完全相反。假使让崤山以东各国跟陈涉比比长短大小，衡量权势实力，就不能相提并论了。然而秦国凭借雍州那狭小的地盘，一方诸侯的权力，控制了八州，并使地位相同的六国诸侯都朝拜进贡，已有一百多年了。然后秦统一了天下成为一家，以崤山和函谷关为宫墙，却因一个普通人带头发难，就使七座宗庙被毁，国君被杀，让天下人讥笑，其原因就是秦王朝不施行仁义，不懂得打天下与守天下的形势是不同的啊！

秦兼并诸侯，统一天下，正式称帝，天下的士人翩然闻风归向。善良的百姓希望能够安身立命，没有人不一心向往依赖皇上，在这种情况之下，秦王朝理应运用他的权威，巩固他们的成果，这才是国家安定和危败的关键。而秦王却怀着贪婪卑鄙之心，只实行个人专断的智谋，不信任功臣，不亲近士民，弃仁政王道，树立个人权威。禁止诗书古籍，执行酷刑法律，将欺诈与暴力放在首位，将仁德信义放在后头，以暴虐做为治理天下的开始，自己孤立无援，没有贤才辅助却拥有天下，所以他的灭亡很快就来到了。假使秦王能够考虑上古君主治国的做法，沿着商、周的治国之路，来控制实行自己的政策，后代即使有骄奢淫逸的君主，也不会出现倾覆危亡的祸患。所以三王建立的国家显耀而美好，功业长久不衰。

今秦二世立，天下莫不引领而观其政。夫寒者利短褐，褐，襦也。而饥者甘糟糠，天下之嗷嗷，斯新主之资也。此言劳民之易为仁也。向使二世有庸主之行，而任忠贤，臣主一心，而忧海内之患，缟素而正先帝之过，裂地分民以封功臣之后，建国立君以礼天下，虚囹圄而免刑戮，除去收孥污秽之罪，使各反其乡里，发仓廪，散财币，以振孤独穷困之士，轻赋少事，以佐百姓之急，约法省刑，以持其后，使天下之人，皆得自新，更节修行，各慎其身，塞万民之望，而以威德与天下，天下集矣。即四海之内，皆欢然各自安乐其处，唯恐有变，虽有狡猾之民，无离上之心，则不轨之臣，无以饰其智，而暴乱之奸止矣。二世不行此术，而重之以无道，更始作阿房之宫，繁刑严诛，赋敛无度，天下多事，百姓困穷，然后奸伪并起，而上下相遁，蒙罪者众，而天下苦之。自君卿以下，至于众庶，人怀自危之心，咸不安其位，故易动也。是以陈涉不用汤武之贤，不借公侯之尊，奋臂于大泽，而天下响应者，其民危也。故先王见始终之变，知存亡之机，是以牧民之道，务在安之而已。天下虽有逆行之臣，必无响应之助矣。故曰："安民可与行义，而危民易与为非。"此之谓也。贵为天子，富有天下，身不免于戮杀者，正倾非也。是二世之过也。

后来秦二世胡亥继位,天下人无不伸长脖子观望他的政策。受冻的人穿上粗布短袄就觉得温暖,挨饿的人吃上糟糠也觉得香甜。天下人为饥寒交迫而呼号,这正是新国君施政的良机。也就是说在饥苦的人民面前很容易做到仁爱。如果二世有一般君主的德行,只要能任用忠贞贤能的人,君臣一心共同承担天下的忧患,丧服期间就改正先帝的过失。划分土地,赏赐功臣的后代;封立诸侯国,扶立新国君,以礼对待天下之人;空出牢狱,免去刑戮,废除连坐妻子儿女为官家奴婢之类的杂乱刑罚,使罪犯各自返回家乡。打开仓库,散发钱财,以赈济孤独穷困的士人;减轻赋税,减少劳役,以此来帮助百姓解除急困;简化法律,减少刑罚,让他们把握以后的机会,从而能让犯罪者有可以重新做人的机会。改变节操,修养德行,谨慎自身,满足天下人民的期望。以威信仁德对待天下人,这样天下(民心)就归附了。如此便能令四海之内的人民都欢欢喜喜安居乐业,唯恐发生变乱,即使有诡诈刁钻的臣民,但民众没有背叛君主之心,那么越轨叛乱的臣子也就无法掩饰他的奸诈,从而暴乱的行动也就止息了。二世不实行这种办法,却比始皇更加暴虐无道,重新修建阿房宫,使刑罚更加繁多,杀戮更加严酷,征税敛财没有限度,天下多劳役,百姓穷困已极。于是外乱欺诈纷纷出现,上下互相欺骗,蒙受罪罚的人很多,天下的人都陷入了苦难。从君卿以下直到百姓,人人心中自危,都不能安分守己,所以容易动乱。因此陈涉没有使用像商汤、周武王时的贤能之人,没有凭借公侯那样的尊贵,在大泽乡振臂一呼而天下响应,其原因就在于人民正处于危难之中。所以古代圣君能洞察事物演变的规律,知道生存与灭亡的关键;因此治理人民的方法,就是要致力于使他们的心安定而已。这样,天下即使出现叛逆的臣子,也必然没有人参与,得不到响应的力量。所谓"处于安定状

世家

齐釐公同母弟夷仲年死。其子曰公孙无知,釐公爱之,令其秩服奉养比太子。襄公立,绌无知秩服,无知怨。数欺大臣群弟。子纠奔鲁,管仲、召忽傅之;小白奔莒,鲍叔傅之。及雍林人杀无知,高、国先阴召小白于莒。鲁亦发兵送子纠,而使管仲将兵遮莒道,射中小白带钩。小白已立,欲杀管仲。鲍叔曰:"君将治齐,则高傒与叔牙足矣。君且欲霸王,非管夷吾不可。"于是桓公厚礼以为大夫,任政,齐人皆悦。于是始霸焉。

管仲病,桓公问曰:"群臣谁可相者?"管仲曰:"知臣莫如君。"公曰:"易牙何如?"对曰:"杀其子以适君,非人情也,不可。"公曰:"开方何如?"对曰:"背亲以适君,非人情也,难近。"卫公子开方也。公曰:"竖刁何如?"对曰:"自宫以

态的人民可以共同行仁义，处于危难之中的人民容易一起做坏事"，就是说的这种情况。秦二世贵为天子，富足到可以拥有天下，而自身却不能免于被杀的原因，就是由于正邪颠倒，善恶错位了。这就是二世的错误。

世家

  齐釐公的同母弟弟夷仲年死了。夷仲年的儿子名叫公孙无知，釐公宠爱他，给他的爵禄、服饰的等级以及生活的待遇都和太子一样。齐襄公即位后，废除了无知的俸禄、服饰等待遇，因此无知非常怨恨他，襄公还屡次欺骗大臣。所以他的弟弟公子纠逃到鲁国，管仲、召忽辅佐他；次弟小白逃亡莒国，鲍叔牙辅佐他（此时，无知已杀掉襄公篡位，自立为齐君）。到了雍林，其地有人杀死了无知（商议另立新国君）。高氏、国氏两姓大族便暗中派人到莒国召请公子小白回国。鲁国也派兵护送公子纠（回国与小白争位），并派遣管仲另带军队拦住莒国通道（阻止小白回国）。（管仲的箭）射中小白的衣带钩（小白趁势装死，公子纠得知小白已死便放慢了回国的步伐，殊不知小白早已进宫）。公子小白被立为齐桓公后，打算杀死管仲。鲍叔牙说："您如果只想治理齐国，有高傒和我也就够了。您如果想成就霸王之业，那就非得管仲不可。"于是桓公赏管仲以厚礼，并拜管仲为大夫，主持政务，齐国人人欢悦。于是齐桓公很快成为诸侯的霸主。

  管仲病了，齐桓公问他："群臣之中谁可做相国？"管仲说："了解臣子的没有比得上君主您的了。"桓公说："易牙怎么样？"管仲回答说："他杀死自己的儿子来顺从国君，不合人之常情，不可任用。"桓公问："开方怎么样？"回答说："他背弃自己的父母来顺从国君，

适君，非人情也，难亲。"管仲死，而桓公不用管仲言，卒近用三子，三子专权。桓公卒，易牙与竖刁，因内宠杀群吏，群吏，诸大夫也。内宠，内官之有权宠者。而立公子无诡为君。太子昭奔宋，桓公病，五公子各树党争立。及桓公卒，宫中空，莫敢棺。桓公尸在床上六十七日，尸虫出于户。

周公旦者，周武王弟也，封于鲁。成王使其子伯禽代就封于鲁，周公戒伯禽曰："我文王之子、武王之弟、成王之叔父，我于天下，亦不贱矣。然我一沐三捉发，一饭三吐哺，起以待士，犹恐失天下之贤人。子之鲁，慎无以国骄人。"

武公与长子括、少子戏朝宣王。宣王爱戏，欲立为鲁大子。仲山父谏曰："废长立少，不顺；不顺，必犯王命；犯王命，必诛之。故出令不可不顺也。令之不行，政之不立。令不行，则政不立也。今天子建诸侯，立其少，是教民逆也。若鲁从之，诸侯效之，王命将有所壅。言先王立长之命，将壅塞不行也。若弗从而诛之，是自诛王命也。先王之命立长，今鲁亦立长，若诛之，是自诛王命也。诛之亦失，不诛亦失，诛之诛王命，不诛则王命废也。王其图之。"弗听，卒立戏为太子，是为懿公。括之子伯御，攻弑懿公，宣王伐鲁，杀伯御。自是后，诸侯多叛王命。

不合人情，不可亲近。"桓公说："竖刁怎么样？"回答说："阉割自己来顺从国君，不合人情，不可宠信。"管仲死后，桓公不采纳管仲的话，最后还是亲近任用这三人，于是三人包揽大权。桓公死后，易牙与竖刁借助宫内有权势的人杀死诸位大夫，立公子无诡为齐国国君。太子昭逃亡到宋国。此前，桓公病时，五位公子各自结党争夺君位。桓公死后，（诸公子互相攻战）宫中无人主事，也没人敢去把桓公尸体装殓入棺。桓公尸体丢在床上六十七天，尸体腐烂，所生的蛆虫（竟）爬出门外。

周公旦是周武王的弟弟，武王把鲁地封给周公做领地。成王便命令周公的儿子伯禽代替周公到鲁国受封。周公告诫伯禽说："我是文王之子，武王之弟，成王之叔父，在全天下人中我的地位不算低了。但我却洗一次头要三次握起头发，吃一顿饭要三次停下来，起身接待贤士；即便如此，依然害怕失掉天下的贤人。你到鲁国之后，千万不要因拥有诸侯国土而骄慢待人。"

武公与大儿子姬括、小儿子姬戏前往西周朝拜周宣王。宣王喜爱姬戏，想立姬戏做鲁国的太子。周王室的仲山父劝谏宣王道："废掉长子，另立少子，不合乎礼制；不合乎礼制，必然会触犯王命；触犯王命，一定会受到惩处。因此发布命令不可不合于礼制。命令不能执行，政权的威信就不能建立。现在天子封立诸侯，（不立长）却立他的小儿子，这是教百姓去做违逆（不合秩序）之事。如果鲁君服从立少子的命令，各国诸侯都仿效鲁国，先王的命令将会阻滞而难以执行；如果鲁君不服从天子之命而受到惩罚，就等于您自己违背先王的命令。到那时，惩罚鲁国是错的，不惩罚也是错的。君王应该慎重考虑这件事。"宣王不听，终于立姬戏做鲁国的太子，（武公去世后，姬戏即位）就是懿公。懿公的哥哥姬括的儿子姬伯御，攻打并杀了懿

燕昭王于破燕之后即位，卑身厚币，以招贤者。谓郭隗曰："齐因孤之国乱，而袭破燕。孤极知燕小力少，不足报。然得贤士与共国，以雪先王之耻，孤之愿也。先生视可者，得身事之。"郭隗曰："王必欲致士，先从隗始。况贤于隗者，岂远千里哉！"于是昭王为隗改筑宫而师事之。乐毅自魏往，邹衍自齐往，剧辛自赵往，士争趋燕。燕王遂以乐毅为上将军，与秦、楚、三晋合谋以伐齐。齐兵败，愍王出亡于外。燕兵独追北，入至临淄，尽取齐宝，烧其宫室宗庙。齐城之不下者，唯独聊、莒、即墨，其余皆属燕。昭王卒。惠王为太子时，与乐毅有隙，及即位，疑毅，使骑劫代将。乐毅亡走赵。齐田单以即墨击败燕军，骑劫死，燕兵引归，齐悉复得其故城。

微子开者，纣之庶兄也。纣既立，不明，淫乱于政，微子数谏。箕子者，纣亲戚也。纣为象箸，箕子叹曰："彼为象箸，必为玉杯；为玉杯，则必思远方珍怪之物而御之矣。舆马宫室之渐自此始，不可振也。"纣为淫泆，箕子谏，不听，乃被发详狂。王子比干见箕子谏不听，乃直言谏纣，纣怒曰："吾闻圣人之心有七窍，信有诸乎？"乃遂杀王子比干，刳视其心。微子

公。周宣王于是下令征讨鲁国,杀死姬伯御。从此以后,诸侯中多有违抗天子命令的。

燕昭王是在燕国被攻破之后登上王位的,他以谦恭的态度和丰厚的礼物来招揽贤才。他对郭隗说:"齐国趁我国内混乱,攻破了燕国,我深知燕国小、力量弱,不能够报仇。如果能得到贤士一起来治理国家,洗雪先王的耻辱,这是我的心愿啊。先生见到有这样的贤士可以共同治国,(就推荐给我),我会亲自侍奉他的。"郭隗说:"君王一定要招引贤士,那就先从我开始。(像我这样的都被重用,)何况那些比我更贤能的人,难道还会以千里为远而不来投奔吗?"于是,昭王重新给郭隗修建住宅,当作老师侍奉。随后,乐毅从魏国前来,邹衍从齐国前来,剧辛从赵国前来,贤士们争着奔赴燕国。于是燕昭王任命乐毅为上将军,与秦、楚以及赵、魏、韩等国共同谋划,征讨齐国。齐军战败,齐愍王逃到外地。燕军单独追击败逃的齐军,攻入齐国都城临淄,夺走了齐国所有的宝物,焚烧了齐国的宗庙宫室。齐国的城池没有被攻下的,只有聊、莒和即墨三处,其余都归了燕国。昭王去世,他儿子惠王即位。惠王在做太子的时候,就和乐毅有嫌隙,即位以后,不信任乐毅,让骑劫代替乐毅做将军。乐毅逃亡到了赵国。齐国将军田单凭借即墨一城的兵力,打败了燕军,骑劫战死,燕军撤退回国,齐国又全部收复了其原有的城池。

微子,是纣王的同母兄。纣王即位后,昏暗无道,政事荒唐混乱,微子多次进谏。箕子是纣王的亲叔父。纣王开始制作象牙筷子的时候,箕子感叹道:"他现在制作象牙筷子,将来就一定还要制作玉杯;制作玉杯后,就一定会享用远方珍贵奇异的食物。从此开始就会追求车马宫室的奢侈豪华,国家将无法挽救。"结果纣王真的恣纵逸乐起来,箕子进谏,纣王不听,于是箕子披头散发、假装疯癫。

曰:"人臣三谏不听,则其义可以去矣。"于是遂行。周公诛武庚,乃命微子代殷后,奉其先祀曰宋。

唐叔虞者,周成王弟也。成王与叔虞戏,削桐叶为珪以与叔虞,曰:"以此封若。"史佚因请择日立叔虞。成王曰:"吾与之戏耳。"史佚曰:"天子无戏言,言则史书之、礼成之、乐歌之。"于是遂封叔虞于唐。

赵烈侯好音,谓相国公仲连曰:"寡人有爱,可以贵之乎?"公仲曰:"富之可,贵之则否。"烈侯曰:"然。夫郑歌者枪、石二人,吾赐之田,人万亩。"公仲曰:"诺。"不与。居一月,烈侯从代来,问歌者田,公仲曰:"求,未有可者。"有顷,烈侯复问,公仲终不与,乃称疾不朝。番吾君常山有番吾县。自代来,谓公仲曰:"君实好善,未知所持。今公仲相赵,于今四年,亦有进士乎?"公仲曰:"未也。"番吾君曰:"牛畜、荀欣、徐越皆可。"公仲乃进三人。及朝,烈侯复问:"歌者田何如?"公仲曰:"方使择其善者。"牛畜侍烈侯以仁义,约以王道。明日,荀欣侍以选练举贤、任官使能。明日,徐越侍以节财俭用、察度功德。所与无不充,君悦。烈侯使使谓相国曰:"歌者之田且止。"官牛畜为师,荀欣为中尉,徐越为内史,赐相国衣二袭。单复具为一袭也。

王子比干看到箕子进谏君主不听,于是就直言劝谏纣王。纣王怒道:"我听说圣人的心有七个洞孔,真是这样吗?"于是,纣王杀死比干,剖开胸膛验看他的心脏。微子说:"臣子如果屡次规劝,君主不听,那么依据君臣之义,臣子就可以离开了。"于是微子便远走他乡。(周公执政时期,管叔、蔡叔与武庚作乱)周公诛杀武庚,让微子来代替武庚,为殷朝的后裔,继承殷朝的祭祀,国名为宋。

唐叔虞,是周成王的弟弟。一天,成王和叔虞开玩笑,成王把一片桐树叶削成珪状送给叔虞,说:"把这个封给你。"史佚因此请求选择吉日以封叔虞。周成王说:"我和他开玩笑呢!"史佚说:"天子无玩笑话。话一说,史官就会如实记载下来,按礼仪完成它,并奏乐章歌咏它。"于是周成王就封叔虞为唐国之侯。

赵烈侯爱好音乐,对相国公仲连说:"我喜爱的人,可以让他显贵吗?"公仲说:"使他富有可以,让他显贵就不可以了。"烈侯说:"对。郑国来的歌者枪和石两个人,我要赐给他们田地,每人一万亩。"公仲说:"好吧。"可是没有给。过了一个月,烈侯从代地回来,询问赏给歌者田地的事,公仲说:"正在找,还没找到合适的地方。"时过不久,烈侯又问,公仲还是不愿给,于是就称病不上朝了。番吾县的封君从代地来,对公仲说:"你的确是想做好事,但不知道如何做。您任赵的相国,至今四年了,可曾举荐过贤士吗?"公仲说:"没有。"番吾君说:"牛畜、荀欣、徐越都可以。"公仲就把这三个人推荐给了烈侯。到上朝的时候,烈侯又问:"歌手田地的事怎么样了?"公仲说:"正派人挑选好的地方。"这时牛畜以仁义侍奉赵烈侯,劝他用王道约束自己,使烈侯的态度变得宽和。又过一天,荀欣向他建议需要精选起用贤才,任命官吏要选用能人。又过一天,徐越向列侯进言需要节约财物,俭省用度,考察衡量臣下的功绩德行,

魏文侯受子夏经艺，客段干木，过其闾，未尝不轼也。秦尝欲伐魏，或曰："魏君贤人是礼，国人称仁，上下和合，未可图也。"文侯由此得誉于诸侯。文侯谓李克曰："先生尝教寡人曰：'家贫则思良妻，国乱则思良相。'今所置非成则璜，文侯弟名成也。二子何如？"对曰："君不察故也。居视其所亲，富视其所与，达视其所举，穷视其所不为，贫视其所不取，五者足以定之矣，何待克哉？"文侯曰："寡人相定矣。"李克曰："魏成子为相矣。"翟璜忿然作色曰："以耳目之所睹记，臣何负于魏成子？西河之守，臣之所进也。君内以邺为忧，臣进西门豹。君谋欲伐中山，臣进乐羊。中山已拔，无使守之，臣进先生。君之子无傅，臣进屈侯鲋。臣何以负于魏成子！李克曰："且子之言克于子之君者，岂将比周以求大官哉？且子安得与魏成子比乎？魏成子以食录千钟，什九在外，什一在内，是以东得卜子夏、田子方、段干木。此三人者，君皆师之。子所进五人者，君皆臣之。子恶得与魏成子比也？翟璜逡巡再拜曰："璜，鄙人也，失对，愿卒为弟子矣。"

要让被任用的人,没有一个不是人尽其才。赵烈侯很高兴,烈侯就派役使去对相国说:"给歌者赐田的事暂且停止。"于是烈侯任命牛畜为师,荀欣为中尉,徐越为内史,赐给相国公仲衣服两套(以示嘉奖)。

魏文侯向子夏学习经书,以宾客的礼节对待段干木,每次经过段干木的里门时,没有一次不凭轼敬礼的。秦国曾想进攻魏国。有人说:"魏君对贤人特别敬重,魏国人都称赞文侯的仁德,上下和谐同心,不能对他有什么企图。"文侯由此得到诸侯的赞誉。魏文侯对李克说:"先王曾经教导寡人说:'家贫就需要娶贤妻,国乱就需选贤相。'如今要选择宰相,不是成子就是翟璜,这两个人怎么样?"李克回答说:"(您之所以拿不定主意)是因为您没有留心观察他们。平时考察他亲近的人,富贵时看他结交的人,显贵时看他推举的人,窘迫时考察他不做的事,贫贱时考察他不要的东西,有这五条就足能决定谁当宰相了,何需问我李克呢!"文侯说:"我的宰相人选已经决定了。"(翟璜问李克相国的人选是谁)李克说:"魏成子当宰相了。"翟璜气得变了脸色,说:"凭我的耳闻目见,哪一点比不上魏成子?西河的守将是我举荐的。君主对内地最忧虑的是邺郡,我举荐了西门豹。君主计画要攻伐中山,我举荐了乐羊。中山攻灭以后,找不出人去镇守,我举荐了先生。君主的儿子没有师傅,我举荐了屈侯鲋。我哪一点比魏成子差!"李克说:"您向君主推荐我的目的,难道是为了结党营私来谋求做大官吗?您怎么能跟魏成子相比呢?魏成子有千钟俸禄,十分之九用在外边,只有十分之一用在家里。因此从东方聘来了卜子夏、田子方、段干木。这三个人,君主尊为老师。您所推荐的那五个人,君主都任他们为臣。您怎么能跟魏成子相比呢?"翟璜醒悟,恭敬地向李克拜了又拜说:"我是个浅薄的人,说话很不得

齐威王初即位，九年之间，诸侯并伐，国人不治。于是威王召即墨大夫，语之曰："自子之居即墨也，毁言日至。然吾使人视即墨，田野开，民人给，官无留事，东方以宁。是子不事吾左右以求誉也。"封之万家。召阿大夫，语之曰："自子之守阿，誉言日闻，然使使视阿，田野不开，民贫苦。昔日赵攻甄，子弗能救；卫取薛陵，而子弗知。是子以币厚吾左右以求誉也。"是日，烹阿大夫，及左右尝誉者，皆并烹之。遂起兵西击赵、卫，败魏于浊泽。于是齐国震惧，人人不敢饰非，务尽其诚，齐国大治。诸侯闻之，莫敢致兵于齐。

二十四年，与魏王会田于郊。魏王问曰："王亦有宝乎？"威王曰："无有。"梁王曰："若寡人国小也，尚有径寸之珠。照车前后各十二乘者十枚，奈何以万乘之国而无宝乎？"威王曰："寡人之所以为宝与王异。吾臣有檀子者，使守南城，则楚人不敢为寇东取，泗上十二诸侯皆来朝。吾臣有盼子者，使守高唐，则赵人不敢东渔于河。吾吏有黔夫者，使守徐州，则燕人祭北门，赵人祭西门，齐之北门，西门也，言燕、赵之人，畏见侵伐，故祭以求福也。徙而从者七千余家。吾臣有种首者，使备盗贼，则道不拾遗。将以照千里，岂特十二乘哉！"梁惠王惭，不怿而去。

当,愿终身做您的弟子。"

威王即位之初,九年之间,诸侯都来讨伐,齐国人不得太平。于是威王召见即墨县的大夫,对他说:"自从您治理即墨以来,诽谤的话每天传来。我派人到即墨视察,田地都已开垦,百姓生活富足,公事没有积压,东方因此得以安宁。可见先生不奉承我的左右以求得赞扬啊!"于是封给他食邑一万户。又召见阿城县大夫对他说:"自从你治理阿城,赞扬你的话每天都能传来。可是我派人到阿城视察,田野一片荒芜,百姓贫苦。从前赵军进攻甄城时,你未能援救。卫国攻占薛陵,你又不知道。你是用财物贿赂我的左右来求得的赞扬吧!"当天就煮杀了阿城大夫,并把自己身边称赞阿城大夫的人也都一起烹杀了。于是发兵往西边进攻赵、卫两国,在浊泽打败了魏军。于是齐国全国震惊,人人都不敢文过饰非,一切力求老实忠诚。齐国因而得到很好的治理。诸侯听到以后,都不敢对齐国用兵。

齐威王二十四年,齐王与魏惠王在郊外相会打猎。魏惠王问道:"大王您有宝物吗?"威王说:"没有。"魏惠王说:"像寡人这样的小国,还有十颗直径一寸,能照亮前后十二辆车的珠子,齐国这样的万乘之国怎能没有宝物呢?"威王说:"我所认为的宝物与大王的不同。我有个叫檀子的大臣,派他镇守南城,楚国人就不敢侵犯掠夺,东方泗水之滨的十二诸侯都来朝拜;我有个叫盼子的大臣,派他守高唐,赵国人就不敢到东边的黄河里去捕鱼;我有个叫黔夫的官吏,派他镇守徐州,燕国人到徐州的北门祭祀,赵国人到西门去祭祀祈福,(燕、赵之人)搬家去追随他的就有七千多家;我有个叫种首的大臣,派他戒备盗贼,于是齐国路不拾遗。这样的珠子(指这些大臣)能帮我照耀千里,又何止是十二辆车呢!"魏惠王心生惭愧,不高兴地离去。

卷十二　史记（下）

史记列传

　　管仲夷吾者，颍上人也。少时常与鲍叔牙游，鲍叔知其贤。管仲贫困，常欺鲍叔，鲍叔终善遇之。已而鲍叔事齐公子小白，管仲事公子纠。及小白立，公子纠死，管仲囚焉，鲍叔遂进管仲。管仲既用。任政于齐。桓公以霸。九合诸侯，壹匡天下。管仲之谋也。鲍叔既进管仲，以身下之，子孙世禄于齐，常为名大夫。世不多管仲之贤，而多鲍叔能知人也。

　　晏平仲婴者，莱人也。莱者，今东莱地也。事齐灵公、庄公、景公，以节俭力行重于齐。其在朝，君语及之则危言，语不及则危行；国有道则顺命，无道则衡命。以此三世显名于诸侯。太史公曰："吾读《晏子春秋》，详哉其言之也。至其谏说，犯君之颜，此所谓'进思尽忠。退思补过'者哉。！"

　　韩非者，韩之诸公子也。作《孤愤》、《五蠹》、《内外储》，《说林》、《说难》十余万言。人或传其书至秦，秦王见

史记列传

　　管仲，名夷吾，是颍上人。年轻时经常和鲍叔牙交往，鲍叔牙知道他有才德。管仲家境贫困，经常占鲍叔牙的便宜，但鲍叔牙始终友好地对待他。后来，鲍叔牙侍奉齐公子小白，管仲侍奉齐公子纠。等到小白（齐桓公）即位后，公子纠被处死，管仲也被囚禁。鲍叔牙于是推荐管仲。管仲被任用，在齐国执掌政事，齐桓公因此称霸天下，与诸侯多次会盟，肃清了当时混乱的局面，使天下得到匡正而安定，这都是管仲的计谋。鲍叔牙推荐管仲之后，将自己置身于管仲之下，子孙世世代代都在齐国享受俸禄，大多成为著名的大夫。天下人不称赞管仲的才德，而称赞鲍叔牙能够辨识人才。

　　晏平仲，名婴，齐国东莱人。曾辅佐齐灵公、齐庄公、齐景公，因为节约俭朴又能尽力办事，在齐国受到敬重。他在朝廷处理政务时，如果国君说到他，他就谦让着不说自己有功劳；若是国君没提到他（不知己时），他就谨慎地做事，修养自己的德行。国君政令合乎正道时，他就服从命令去做；国君政令不合乎正道时，他就不受其命而隐居起来。因此，他经历了灵公、庄公和景公三代朝政，在各诸侯国中，名声显扬。太史公说："我读《晏子春秋》，书中对他的言行说得很详细。晏子直言进谏，敢于冒犯国君的威严。《孝经》中说：'在朝谋虑国事，就竭忠尽力；退朝而归，则常念自己的职责本分，常思弥补君王的过失。'晏子就是这样的人。"

　　韩非是韩国的公子，撰写了《孤愤》《五蠹》《内外储》《说林》《说难》等著作，有十多万字。有人将他的书传到秦国，秦王读过之

之曰："嗟乎，寡人得见此人与之游，死不恨矣！"秦因急攻韩，韩王乃遣非使秦。秦王悦之，未信用。李斯、姚贾害之，毁之曰："韩非，韩之诸公子也。今王欲并诸侯，非终为韩不为秦，此人情也。今王不用，久留而归之，此自遗患也，不如以过法诛之。"秦王以为然，下吏治非。李斯使人遗非药，使早自杀。韩非欲自陈，不得见。王后悔。使人赦之。非已死矣。

司马穰苴者，田完之苗裔也。齐景公时，晋伐阿、甄，而燕侵河上，齐师败绩，景公患之。晏婴乃荐田穰苴，景公以为将军，将兵捍燕晋之师。穰苴曰："臣素卑贱，君擢之闾伍之中，加之大夫之上，士卒未附，百姓不信。愿得君之宠臣、国之所尊以监军，乃可。"于是景公使庄贾往。穰苴既辞，与庄贾约曰："且日日中会于军门。"穰苴先驰至军，立表下漏待贾。

贾素骄贵，亲戚左右送之，留饮，夕时乃至。穰苴曰："何后期为？"贾谢曰："大夫亲戚送之，故留。"穰苴曰："将受命之日，则忘其家；临军约束，则忘其亲；援枹鼓之急，则忘其身。今敌深侵，邦内骚动，士卒暴露于境，君寝不安席，食不甘味，百姓之命皆悬于君，何谓相送乎？"于是遂斩庄贾以徇。三军之士皆振栗，然后行。士卒次舍、井灶、饮食、问疾、医药，

后感叹说："好啊！我如果能见到此人并且和他结交，就死而无憾了。"秦国（为得到韩非）因此马上进攻韩国。于是韩王就派韩非出使秦国。秦王非常喜欢韩非，但没有立即信任起用。李斯、姚贾非常嫉妒他，二人在秦王面前毁谤韩非说："韩非是韩王室的公子，现在大王想吞并诸侯，他最终只会为韩国着想，不会为秦国效力的，这是人之常情。如今大王不任用他，久留秦国然后让他回去，这是给自己留下祸患啊！不如给他加个罪名，然后将他处死。"秦王认为他们说得对，便令下官治韩非的罪。李斯派人送毒药给韩非，让他早点自杀。韩非本想当面向秦王陈述，但始终没能见到秦王。后来秦王悔悟了，派人去赦免他，但韩非已经死了。

司马穰苴是田完的后世子孙。齐景公时，晋国攻打齐国的东阿和甄城，燕国侵犯齐国黄河南岸的领土，齐国军队大败，齐景公非常忧虑。此时，晏婴向他推荐田穰苴，景公就任命田穰苴为将军，领兵抵御晋、燕两国的军队。穰苴说："我本来地位卑微，君王把我从平民中提拔起来，位居大夫之上。然而，士卒还不会服从我，百姓亦不会信任我。因此，我希望派一位君王所宠爱、国人所尊重的大臣来做监军，这样才可以。"于是，齐景公派庄贾担任监军。穰苴辞别景公后，跟庄贾约定说："明天中午，我们在军营门前会合。"第二天，穰苴先赶到军门，安置好计时的木表和漏壶，等待庄贾。

庄贾向来因地位显贵而骄慢无礼，亲戚朋友为他送行，留他喝酒，以致傍晚时分才到达军门。穰苴问他："为什么迟到？"庄贾表示歉意地说："大臣、亲戚都来给我送行，所以耽搁了。"穰苴回答说："身为将领，从接受任命起，就应当忘掉自己的家庭。即将出战，要遵守军中法令，就应当忘掉自己的亲人。擂鼓进军的紧急时刻，就应当忘记自己的生命。现在，敌人已侵入我国，国内人心动荡不安，士兵

身自拊循之。悉取将军之资粮享士卒，平分粮食，冣比其羸弱者。三日而后勒兵，病者求行，争奋赴战。晋师闻之，为罢去；燕师闻之，渡易水而解。于是追击之，遂取所亡故境而归，立为大司马。

孙武者，齐人也，以兵法见于吴王阖庐。阖庐曰："子之十三篇，吾尽观之矣，可小试勒兵乎？"对曰："可。"阖庐曰："可试以妇人乎？"曰："可。"于是许之，出宫中美人，得百八十人。孙子分为二队，以王之宠姬二人各为队长，令之曰："汝知而心与左右手背乎？"妇人曰："知之。"孙子曰："前，则视心；左，则视左手；右，则视右手；后，则视背。"妇人曰："诺。"乃设鈇钺，三令而五申之。于是鼓之右，妇人大笑。孙子曰："约束不明，申令不熟，将之罪也。"复三令而五申之。鼓之左，妇人复大笑。孙子曰："约束不明，申令不熟，将之罪也。既已明而不如法者，吏士之罪也。"乃欲斩左、右队长。吴王从台上观，见且斩爱姬，大骇，趣使下令曰："寡人已知将军能用兵矣。寡人非此二姬，食不甘味，愿勿斩也！"孙子曰："臣已受命将，将在军，君命有所不受。"遂斩队长二人以徇。用其次为队长，于是复鼓之。妇人左右前后跪起皆中规

在边境上风餐露宿,君王睡不安稳、吃不香甜,百姓的生命安危都系在你手中,还谈什么送行呢?"于是将庄贾斩首示众。全军将士都吓得发抖,然后出发。行军期间,对于士兵安营、掘井、立灶、饮水、伙食、探问疾病、安排医药,穰苴都亲自过问并抚慰他们。此外,还把自己的将军专用物资全部拿出来款待士兵,同士兵平分粮食,而且是和那些瘦弱有病者吃得一样。三天后整训军队,准备出战。病弱的士兵都要求同行,争先奋勇地要奔赴战场。晋国军队听到这个消息,就把军队撤回去了。燕国军队听到这个消息,就渡黄河向北撤退。齐国的军队趁势追击,收复了所有沦陷的领土而凯旋。后来,他被齐景公尊奉为大司马。

孙武,齐国人,因为精通兵法而受到吴王阖庐的接见。阖庐说:"您的兵法十三篇,我全都读过。您能演示一下排兵布阵吗?"孙武回答说:"可以。"阖庐问:"可用妇女来试试吗?"孙武回话说:"可以。"于是阖庐允许他试试,叫出宫中美女一百八十人,孙武把她们分为两队,让吴王的两个宠姬分别担任队长。孙武命令她们说:"你们知道自己的心口、左右手和后背吗?"妇人们回答说:"知道。"孙子又强调:"向前,就看你们心口所对的方向;向左,就看左手所在的方向;向右,就看右手所在的方向;向后,就朝后背所对的方向转。"妇人们回答:"是。"孙武就在一旁设立了鈇钺等刑具,又将已经宣布的口令再三交待和告诫。于是击鼓传令,让她们向右。妇人们随即大笑起来。孙子说:"对纪律不清楚、号令不熟悉,这是将领的过错。"于是,又反复交待好几遍,然后击鼓传令,让她们向左,妇人们又大笑。孙武说:"对纪律不清楚、号令不熟悉,是将领的过失。现在,你们既然已明白而不依照号令去做,就是军官和士兵的过错。"孙武说完,就要斩杀左、右队长。吴王在台上观看,见到要斩杀自己

矩绳墨，无敢出声者。于是孙子使使报曰："兵已整，唯王所欲用之，虽赴水火犹可也。"吴王曰："将军罢休就舍，寡人不愿下观。"孙子曰："王徒好其言，不能用其实。"于是阖庐知孙子能用兵也，卒以为将。西破楚入郢，北威齐、晋，显名诸侯。

吴起者，卫人也。魏文侯以为将，与士卒最下者同衣食。卧不设席，行不骑乘，亲裹粮与士卒分劳。卒有病疽者，吴起为吮之。卒母哭之，人曰："子卒也，而将军自吮其疽，何哭为？"母曰："不然也。往年吴公吮其父，其父战不旋踵，而遂死于敌。今又吮此子，妾不知其死处矣，是以哭之。"文侯既卒，事武侯。武侯浮西河而下，中流顾而谓起曰："美哉山河之固，此魏国之宝也！"起对曰："在德不在险。昔三苗氏，左洞庭而右彭蠡，德义不修，而禹灭之。夏桀之居，左河济，右太华，伊阙在其南，羊肠在其北，羊肠阪，在大原。修政不仁，而汤放之。殷纣之国，左孟门，右太行，常山在其北，大河经其南，修政不德，武王杀之。由此观之，在德不在险。若君不修德，船中之人，尽敌国也。"武侯曰："善。"

的爱姬,大吃一惊,急忙派使者传下命令说:"我已知道将军善于用兵了。我如果失去这两位爱妾,吃起东西来都不香,还是不要杀她们吧!"孙子回答:"我既然奉命做了将领,将领在领军时,可以不接受国君的命令。"于是将左、右队长斩首示众,然后命令排在次位的两个妃嫔为队长。再击鼓发令,妇人们不论是向左、向右、向前、向后、跪倒、站起都符合号令的要求,再没有人敢吭声了。这时孙武便派人向吴王报告说:"队伍已训练整齐,任凭君王您调遣,即使令她们赴汤蹈火也可以办到。"吴王说:"将军赶快回营休息去吧,我不想再往下看了。"孙武感叹地说:"吴王只是喜欢我的兵书理论,却不能让它付诸实践。"于是,阖庐才真正知道孙武善于用兵,最终任他做了将军。后来孙武带兵向西打败了强大的楚国,攻占了郢都,威震北边的齐国和晋国,在诸侯中英名显扬。

  吴起是卫国人,魏文侯任用他为将领。他领兵时,与最下等的士兵穿一样的衣服、吃一样的饭菜,睡觉不铺垫褥,行军不骑马乘车,亲自背负粮食和士兵们同甘共苦。有个士兵生了毒疮,吴起亲自用嘴替他吸吮脓血,士兵的母亲听到此事后哭了起来。有人问她:"你儿子只是一名士兵,将军却亲自为他吸吮疮脓,你为什么还哭呢?"她回答说:"不是为此而哭啊!过去吴将军也曾替孩子的父亲吸吮疮脓,他父亲便勇往直前,战死于敌军中。如今,吴将军又为我儿子吸吮毒疮,不知道他又会死在哪里,所以我才哭啊!"魏文侯死后,吴起事奉他的儿子魏武侯。有一次,魏武侯乘船沿黄河顺流而下,船行到中途,武侯回过头来对吴起说:"太好了!山河为防,如此险要坚固,实在是魏国的宝地呀!"吴起回答说:"国家的强盛在于君王的仁德,而不在于山河的险要。过去,三苗氏左有洞庭湖,右有彭蠡泽,但是他不修德行,所以被大禹所灭。夏桀的领地,左临黄

甘茂者，下蔡人也。秦武王以为左丞相，谓茂曰："寡人欲容车通三川以窥周室，而寡人死不朽矣。"茂曰："请之魏，约以伐韩，而令向寿辅行。"茂谓向寿："子归言之于王曰：'魏听臣矣，然愿王勿伐也。'"寿归以告王，王迎茂于息壤。茂至，王问其故。对曰："宜阳，大县也，虽名曰县，其实郡也。今王倍数险、行千里，攻之难。昔曾参之处费，鲁人有与曾参同姓名杀人，人告其母曰：'曾参杀人。'其母织自若也。顷然，一人又告，其母尚织自若也。顷然，（然作之）一人又告之，其母投杼下机，逾墙而走。夫以曾参之贤，与其母信之也，三人疑之，其母惧焉。今臣之贤，不若曾参，王之信臣，又不如曾参之母信曾参也，疑臣者非特三人，臣恐大王之投杼也。始张仪西并巴蜀之地，北开西河之外，南取上庸，天下不以多张子，而贤先王。魏文侯令乐羊将而攻中山，三年而拔之。乐羊返而论功，文侯示之谤书一箧。乐羊再拜稽首曰：'此非臣功，主君之力也。'今臣羁旅之臣，樗里子、公孙奭二人者，挟韩而议，王必听之。王欺魏，而臣受公仲侈之怨也。"王曰：

河、济水,右靠泰山、华山,伊阙山在它南边,险峻的羊肠阪在它的北面。但他不施仁政,最后被商汤放逐。商代殷纣的国土,左有孟门山,右有太行山,北有巍峨的恒山,又有黄河流经它的南面。但纣王治理国家没有仁德,而被周武王所杀。由此可见,国家的强盛在于国君推行德政,不在于地形的险峻。假若国君不施行德政,即使是和您同乘一条船的人,全都会成为您的仇敌啊!"武侯赞同说:"说得好!"

甘茂,楚国下蔡人。秦武王任他为左丞相。武王对甘茂说:"我想乘着容车去三川郡地区,看一看周朝都城,这样,就是死也心满意足了。"甘茂说:"请允许我到魏国,与魏国相约去攻打韩国,请您派向寿辅助我一同前行。"甘茂(到魏国后)对向寿说:"你回去告诉大王,魏国已经听从我的建议,但是我希望大王不要进攻韩国。"向寿回去把甘茂的话转告给了秦武王。后来秦武王到息壤迎接甘茂。甘茂一到达,秦武王就问他不攻打韩国的原因。他回答说:"宜阳是韩国的一个大县,名义上是县,实际上是一个郡。如今大王冒着很大的危险,行军千里去攻打它,实在难以取胜。以前曾参住在费邑,鲁国有一个与他同姓名的人杀了人,有人告诉他的母亲说'曾参杀了人',他的母亲若无其事地继续织布。一会儿,又有一个人告诉他母亲说'曾参杀了人',他的母亲仍然神情自如地织布。又过了一会儿,一个人又来告诉说'曾参杀了人',他的母亲随即扔下织布的梭子,翻墙逃走了。凭着曾参的贤德及其母亲对他的信任,当有三个人都怀疑他时,他的母亲也会害怕他真的杀人了。现在,我的贤德比不上曾参,大王对我的信任也不如曾母对曾参的信任,而且会怀疑我的人不止三人,我担心大王也会中途像曾参母亲扔掉梭子一样,不再信任我。当初,张仪向西吞并了巴蜀,向北开拓西河以外的疆土,向南

"寡人不听也,请与子盟。"卒使茂将兵伐宜阳,五月而不拔,樗里子、公孙奭果争之。武王召茂,欲罢兵。茂曰:"息壤在彼。"王曰:"有之。"因大悉起兵,使茂击之,遂拔宜阳。韩襄王使公仲侈入谢。

白起者,郿人也,善用兵,事秦昭王。昭王使白起为上将军,前后斩首虏四十五万人。赵人大震,使苏代厚币说秦相应侯曰:"武安君所为秦战胜攻取者七十余城,南定鄢、郢、汉中,北禽赵括之军,虽周、召、吕望之功,不益于此矣。今赵亡,秦王王,则武安君必为三公,君能为之下乎?虽无欲为之下,固不得已矣。秦尝攻韩,围邢丘,困上党,上党之人皆反为赵,天下不乐为秦民之日久矣。今亡赵,北地入燕,东地入齐,南地入韩、魏,则君之所得民,亡几何人。故不如因而割之,无以为武安君功也。"于是应侯言秦王曰:"秦兵劳,请许韩赵之割地以和,且休士卒。"王听之,皆罢兵。武安君由是与应侯有隙。

夺取上庸。天下人并不因此而赞赏张仪，而是因此尊崇先王。魏文侯派乐羊领兵攻打中山，三年时间，才攻取了中山。乐羊回国后论功请赏，魏文侯把一小箱子诽谤乐羊的文书给他看。乐羊吓得连连叩头拜谢说：'这不是我的功劳，全靠君王的威力啊。'而现在，我甘茂只是一个寄居秦国的下臣，樗里子和公孙奭二人，必定会借口韩国强大而对我的攻韩计划有所非议，大王一定会听信他们。这样一来，大王您欺骗了魏王，而我也要遭到韩相公仲侈的怨恨。"秦王说："我不会听信他们，请让我和你立约为誓。"最终还是派甘茂领军进攻宜阳。过了五个月还没攻取下来，樗里子和公孙奭果然出来反对这件事。秦武王召甘茂回国，想要退兵不攻了。甘茂说："我们的息壤之誓还在那儿。"秦武王说："是这样。"于是秦武王大规模地出动军队，让甘茂率领进攻宜阳。终于攻取了宜阳，韩襄王派公仲侈到秦国谢罪讲和。

白起，郿邑人，善于用兵。事奉秦昭王，昭王任命白起为上将军（攻打赵国），前后斩杀、俘虏了四十五万人。赵国人十分震惊，派苏代带了重礼去游说秦国丞相应侯范雎："武安君（白起）替秦国攻占夺取了七十多个城邑，南边平定了鄢、郢都和汉中，北边俘虏了赵括的军队，即使是周公、召公和吕望的功勋也不能超过这些。今天，如果赵国灭亡，秦王统治天下，那么武安君一定位列三公，您甘愿处于他的下位么？不过，即使您不愿处于他的下位，面对已成的事实，也无可奈何了。秦国曾经进攻韩国，包围邢丘，围困上党，上党的百姓都反而归附了赵国，天下人不愿做秦国的百姓已经很久了。现在灭亡赵国，它北方的土地将会落入燕国，东方的土地将会落入齐国，南方的土地将会落入韩国和魏国，那么您能得到的百姓就没有多少了。所以不如趁此机会让韩、赵两国割让土地，不要再让武安君建立更大的功

秦复发兵，使王陵攻赵。陵战少利。秦王欲使武安君代陵将，武安君言曰："秦虽破长平军，而秦卒死者亦过半，国内空。遂远绝河山而争人国都，赵应其内，诸侯攻其外，破秦军必矣。不可。"秦王强起武安君，武安君遂称病笃。应侯请之，不起。于是免为士伍，迁之阴密。属安定。武安君病，未能行。秦王乃使人遣白起，不得留咸阳中。武安君既行，出咸阳西门十里，至杜邮。秦昭王与应侯群臣议，曰："白起之迁，其意尚怏怏不服，有余言。"秦王乃使使者赐之剑自裁，武安君遂自杀。秦人怜之，乡邑皆祭祀焉。

乐毅闻燕昭王屈身下士，先礼郭隗，以招贤者。毅为魏使燕，遂委质为臣，昭王以为亚卿。时齐愍王强自矜，百姓弗堪。于是昭王使毅约赵、楚、魏以伐齐。昭王悉起兵，使毅为上将军，并护赵、楚、韩、魏、燕之兵以伐齐，破之济西。诸侯兵罢归，而毅独追入临灾，尽取齐宝财物输之燕。昭王大悦，封乐毅于昌国。齐七十余城皆为郡县以属燕，唯独莒、即墨未服。会燕昭王卒。惠王自为太子时尝不快于毅，及即位，齐之田单闻之，乃纵反间于燕曰："齐城不下者两城耳。然所以不早下者，闻乐毅与燕新王有隙，欲连兵且留齐，南面而王齐。齐之

勋了。"于是应侯向秦王说:"秦国的军队疲劳了,请允许韩、赵两国割地讲和,暂且让士兵们休息一下。"秦王听从了应侯的话,双方都停止了军事行动。武安君从此与应侯有了嫌隙。

后来秦国再次发兵,派王陵进攻赵国。可是王陵作战收获不大。秦王想派武安君代替王陵统兵,武安君说:"现在秦国虽然歼灭了长平的赵军,但秦国士兵死亡也超过半数,国内空虚,跋山涉水去夺取别人的国都,赵军在里边接应,各国诸侯从外面进攻,打败秦军是必然之事,不能这样做。"秦王强令武安君就职,武安君就声称病情加重了。应侯去请他,他始终不肯就任。于是秦王免去武安君的官爵,降为士兵,让他迁往阴密去居住。武安君病重不能动身。秦王便派人去驱逐白起(武安君),下令不准他留在咸阳城中。武安君动身,走出咸阳城西门十里,到达了杜邮。秦昭王跟应侯及大臣们商议道:"白起被驱逐,他的内心还是郁郁不乐,很不甘心,有未说出的(不满意的)话。"秦王便派使者赐给他一把剑,让他自杀。武安君就自杀了。秦国人非常怜悯他,无论城乡都祭祀他。

乐毅听说燕昭王降低身分,礼贤下士,首先尊敬郭隗,以此招来天下的贤能之人。一次魏昭王派乐毅出使燕国,乐毅就归顺燕国做了臣子,燕昭王任他为亚卿。当时,齐愍王强悍、自负,百姓不能忍受。于是燕昭王派乐毅联合赵国、楚国和魏国共同攻打齐国。燕昭王出动全部军队,派乐毅担任上将军,并总领赵、楚、韩、魏、燕五国的军队进攻齐国。在济西打败了齐军。各国军队撤兵回国,而乐毅又统率燕军独自追击,一直到达临淄,将齐国的财宝全部掠取运回燕国。燕昭王十分高兴,封乐毅为昌国君。乐毅攻占齐国的七十多座城邑,全部设置郡县,隶属燕国,只有莒邑和即墨两座城邑没有降服。恰逢燕昭王去世,新即位的惠王在当太子时曾对乐毅不满,即位后,齐国

所患,唯恐他将之来。惠王固已疑毅,得齐间,乃使骑劫代将而召毅。毅知惠王之弗善代之,遂西降赵。齐田单遂破骑劫,尽复得齐城。

廉颇者,赵之良将也。蔺相如者,赵人也。赵王与秦王会渑池。秦王饮酒酣,曰:"寡人窃闻赵王好音,请奏瑟。"赵王鼓瑟。秦御史前书曰:"某年某月,秦王与赵王会饮,令赵王鼓瑟。"相如前曰:"赵王窃闻秦王善为秦声,请奉盆缻以相乐。"秦王怒,不许。于是相如前进缻,因跪请。秦王不肯击缻。相如曰:"五步之内,相如请得以颈血溅大王矣!"左右欲刃相如,相如张目叱之,左右皆靡。于是秦王不怿,为壹击缻。相如顾召赵御史书曰:"某月秦王为赵王击缻。"秦之群臣曰:"请以赵十五城为秦王寿。"相如亦曰:"请以秦之咸阳为赵王寿。"秦王竟酒,终不能加胜于赵。

既罢归国,以相如功大,拜为上卿,位在廉颇之右。颇曰:"我为赵将,有攻城野战之功,而蔺相如徒以口舌为劳,而位居我上,且相如素贱人,吾羞,不忍为之下。"宣言曰:"我见相如,必辱之。"相如闻,每朝常称病。已而相如出,望见

田单听说了这个情况，就派人到燕国施行反间计，说道："齐国城邑没有攻克的只有两座了。然而它们之所以还没有被攻占，据说是乐毅与燕国新国君有隔阂，他想集结军队，将来留在齐国，做齐国的君主。齐国现在唯恐燕国另派其他将军来。"燕惠王本来就怀疑乐毅，听到齐国挑拨离间的话，就派将领骑劫代替统兵并召回乐毅。乐毅知道燕惠王派人代替自己是不怀好意，（害怕被杀）就西去投降了赵国。齐国大将田单后来打败了骑劫，全部收复了齐国的城邑。

廉颇是赵国的杰出将领，蔺相如也是赵国人。赵惠文王与秦昭王在渑池相会结盟，当秦昭王酒兴正浓时，就微带醉意地说："我私下听说赵王喜爱音乐，那就请您弹瑟助个兴吧！"赵王便弹起瑟来。秦国的御史大夫走上前来，写道："某年某月，秦王与赵王一起饮酒，秦王让赵王弹瑟。"蔺相如也上前说："赵王私下听说秦王擅长秦地音乐，请允许我献上瓦缶，（请秦王敲一敲，）来共同娱乐。"秦王大怒，不答应。于是蔺相如就向前递上一个奏乐用的瓦缶，并跪下请秦王演奏。秦王还是不肯敲。蔺相如说："大王如果不敲，在这五步之内，我就拿我颈项里的血溅大王的身！"这时秦王的侍从想要杀他，相如愤怒地瞪大眼睛，大声呵斥，侍从们都吓得后退。于是秦王极不情愿地敲了一下瓦缶。蔺相如回头招呼赵国御史写道："某年某月，秦王为赵王击缶。"秦国的大臣们说："请拿赵国十五座城池给秦王贺寿！"蔺相如也回敬道："请拿秦国的咸阳城为赵王祝寿！"就这样直到酒宴完毕，秦王始终都不能压倒赵王。

渑池会盟结束回国，赵王因为蔺相如功劳卓著，便任命他为上卿，职位在廉颇之上。廉颇不满地说："我身为赵国大将，有攻城掠地、旷野奋战的功劳，而蔺相如只凭三寸之舌立了点功，职位反而比我高，况且他蔺相如本是卑贱之人，却让我在他之下，这是对我极大

廉颇，引车避匿。于是舍人相与谏曰："臣所以去亲戚而事君者，徒慕君之高义也。今君与廉君同列，廉君宣恶言，而君畏匿之，恐惧殊甚，且庸人尚羞之，况于将相乎！臣等不肖，请辞去。"相如固止之，曰："公之视廉将军，孰与秦王？"曰："不若也。"相如曰："夫以秦王之威，而相如廷叱之，辱其群臣，相如虽驽，独何畏廉将军哉？顾吾念之，强秦之所以不敢加兵于赵者，徒以吾两人在也。今两虎斗，其势不俱生。吾所以为此，先公家之急，而后私雠也。"颇闻之，肉袒负荆，因宾客至相如门，谢罪曰："鄙贱之人，不知将军宽之至此也。"卒相与欢，为刎颈之交。

赵奢者，赵之田部吏也。收税，而平原君家不肯出，奢以法治之，杀平原君用事者九人。平原君怒，将杀奢，因说曰："君于赵为贵公子，今纵君家而不奉公，则法削，法削则国弱，国弱则诸侯加兵，诸侯加兵，是无赵也，君安得有此富乎？以君之贵，奉公如法，则上下平，上下平则国强，国强则赵固，而君为贵戚，岂轻于天下邪？"平原君以为贤，言之王。王用之治国赋，国赋大治，民富而府库实。

的羞辱！"并扬言道："我如果碰到蔺相如，一定要羞辱他。"相如听到后，每到上朝时，常常推说有病不去。过了不久，蔺相如外出，远远望见廉颇，连忙指引车子躲避让开。于是相如的家臣就一起进谏说："我们之所以离开亲人来事奉您，是仰慕您高尚的节义。如今，您与廉将军地位相同，廉将军口出狂言，可您怕他、躲他，也害怕得太过分了，就算是普通人尚且感到羞耻，更何况您身为将相呢！我们没有才德，请允许我们走吧！"相如因此挽留他们说："廉将军与秦王相比，你们看谁更厉害？"回答说："廉将军比不上秦王。"相如继续说："就算是秦王那样的威严，我也敢于当堂呵斥他，羞辱他的大臣们，我虽愚笨无能，为何会单单害怕廉将军呢？只不过我考虑的是，强秦之所以不敢对赵国用兵，就是因为有我们两人在呀，如今若两虎相斗，势必不能共存。我之所以这样忍让，无非是把国家的急难摆在前面，而把个人的怨仇放在后面。"廉颇听说后，非常惭愧，就袒露着上身，背着荆条，由宾客带引来到蔺相如的门前请罪，对相如说道："我这个粗鄙浅薄之人，想不到将军胸怀宽大到如此程度！"二人终归于好，成为生死与共的好朋友。

赵奢是赵国征收田赋的官吏。有次在收取租税时，平原君家不肯缴纳，赵奢依法办理，杀了平原君家九个管事的人。平原君大怒，要杀死赵奢。赵奢趁机劝说道："您在赵国是贵公子，现在要是纵容您的家臣而不遵守国家法令，就会削弱法令的权威，法令的权威削弱了就会使国家衰弱，国家衰弱了诸侯各国就要出兵来侵犯，诸侯出兵侵犯，赵国就会灭亡，您还怎样保有这些财富呢？像您这样地位高贵的人，能够奉公守法，就会使大家都奉公守法，大家都奉公守法，就能使国家强盛，国家强盛了赵国就会稳固，而您身为赵国皇亲，难道还会被天下人轻视吗？"平原君认为赵奢贤能，把他推荐给

秦伐韩，军阏与。王乃令奢将，救之，大破秦军。惠文王赐奢爵号为马服君。孝成王立，秦与赵兵相距长平，使廉颇将，固壁不战。秦之间言曰："秦之所恶，独畏赵奢之子赵括为将耳。"赵王因以括为将，代廉颇。括自少时学兵法，言兵事，以天下莫能当。尝与其父奢言兵事，奢不能难，然不谓之善。括母问其故，奢曰："兵，死地也，而括易言之。使赵不将括则已，若必将之，破赵军者必括也。"

及括将行，其母上书曰："括不可使将。"王曰："何以？"对曰："始妾事其父，时为将，身所奉饭而进食者以十数，所友者以百数，大王及宗室所赏赐者，尽以与军吏士大夫，受命之日，不问家事。今括一旦为将，东向而朝，军吏无仰视之者，王所赐金帛，归藏家，而日视便利田宅可买者。王以为何如其父？父子异心，愿王勿遣。"王曰："母置之，吾已决矣。"终遣之。括既代廉颇，悉更约束，易置军吏。秦将白起闻之，纵奇兵，射杀括。数十万之众遂降秦，秦悉坑之。

赵王。赵王于是任用他管理全国赋税,国家赋税管理得很好,百姓富裕,国库充实。

后来秦国攻打韩国,军队驻扎在阏与。赵王便派赵奢为将,去援救韩国,结果大败秦军。赵惠文王赐赵奢封号为马服君。后来,赵孝成王即位。秦国和赵国的军队在长平对峙。赵王派遣廉颇带兵对阵,赵军坚守营垒不应战。秦国的间谍散布谣言说:"秦国最担心的,就是怕赵奢的儿子赵括担任将军。"赵王因此用赵括为将,替代廉颇。赵括从小就学习兵法,谈论军事,认为天下没有谁能比得上自己。他曾经和父亲赵奢谈论用兵作战,赵奢也难不倒他,但并不认为他是将帅之才。赵括的母亲问其中的缘故,赵奢说:"用兵打仗是敌我双方处于生死之地的大事,而他却夸夸其谈。赵国不用他为将也就罢了,要是一定让他为将,使赵军失败的人一定就是他。"

等到赵括将要领军出发,他母亲上书给赵王,说道:"赵括不能派做将军。"赵王说:"为什么?"回答说:"当初我侍奉他父亲赵奢,那时他父亲做将军,亲自捧着饭菜侍奉几十人用餐,所结交的朋友有几百人;大王和王族所赏赐的东西,全部分给下属将领;从接受命令的那天起,就不过问家里的事。现在赵括刚做将军,就面向东方接受部下的参见,军吏没有敢抬头看他的;大王赏赐的金银绸缎,全都拿回家收藏起来,而且天天打听哪里有便宜合适、可以买下的田地房屋。大王觉得这哪一点像他父亲?父亲与儿子的心地截然不同,希望大王不要派他领兵。"赵王说:"老人家您就别管这件事了,我已经决定了。"赵王最终还是派遣赵括为将。赵括代替廉颇以后,全部更改了军纪制度,撤换了军官。秦国大将白起听到这些以后,派出奇兵射死了赵括。于是赵国几十万大军投降了秦军,秦军将他们全部活埋了。

李牧者，赵之北边良将也，常居代、鴈门，备匈奴。日飨士，习骑射，谨烽火，多间谍，厚遇战士。为约曰："匈奴即入盗，急入收保，有敢捕虏者斩。"如是数岁，亦不亡失。然匈奴以李牧为怯，虽赵边兵亦以为吾将怯。赵王让牧，牧如故。赵王怒，召之，使他人代将。岁余，匈奴每来，出战，战数不利，失亡多，边不得田畜。复请牧，牧固称疾。赵王乃复强起，使将兵。牧曰："王必用臣，如前乃敢奉令。"王许之。牧至如故约，匈奴数岁无所得，终以为怯。边士日得赐而不用，皆愿得一战。于是悉勒习战。大纵畜牧，人民满野，匈奴小入，佯北不胜，以数千人委之。单于闻之，大率众来入。牧多为奇陈，张左右翼击之，大破杀匈奴十余万骑。破东胡。单于奔走，匈奴不敢近赵边。

屈原者，名平，楚之同姓也，为楚怀王左徒。博闻强志，明于治乱，娴于辞令。入则与王图议国事，以出号令；出则接遇宾客，应对诸侯。王甚任之。上官大夫与之同列，而心害其能。怀王使平造为宪令，平属草藁未定，上官大夫见而欲夺之，平不与，因谗之曰："王使屈平为令，众莫弗知，每一令出，屈平伐其功，以为'非我莫能为'也。"王怒而疏平。平疾

李牧是赵国镇守北方边境的优秀将领。他经常驻扎在雁门，防备匈奴，每天用丰厚的酒食犒劳将士，带领他们练习骑马、射箭，小心地把守烽火台，增加侦察人员，优待战士。李牧做出规定说："匈奴如果侵入边境来抢掠，应立即退入营垒坚守，有敢擅自捕捉俘虏的要斩首。"这样一连好几年，赵军也没有什么伤亡和损失。然而匈奴认为李牧胆怯，即使是赵国边境上的士兵也认为自己的将军胆怯。赵王责备李牧，李牧依然如故。赵王大怒，将其召回，派另外的人代他为将。这一年多，匈奴每次来侵犯，新任将军便领兵出战。每次出战，多是失利，损失伤亡惨重，边境不能耕种、放牧。于是赵王又请李牧为将。李牧一再说自己有病。赵王于是就强令他出来率军守边。李牧说："大王一定要任用臣下的话，必须依我以前的做法，我才敢接受任命。"赵王答应了他。李牧到了边境，按照原来的规定办事。匈奴好几年都一无所获，却始终认为李牧胆怯。守边的士兵每天得到犒赏却感觉自己无用武之地，都希望与匈奴打一仗。于是李牧部署将士习练战法，又让百姓把大批牲畜赶出去四处放牧，百姓漫山遍野。匈奴先派小股兵力入侵，李牧假装败走，丢下几千人给匈奴。单于听到此事，率领大批军队入侵。李牧布置许多奇阵，张开军阵的左右两翼包围伏击匈奴，大破其军，斩杀匈奴骑兵十余万。接着又打败东胡，单于远逃。从此匈奴不敢接近赵国边境。

　　屈原，名平，是楚王的同族人，担任楚怀王的左徒。他见闻广博，记忆力强，通晓国家保持安定、避免动乱的道理，擅长言语应对。在朝中就和楚王商讨国家大事，制定政令；对外就接待他国使者，处理与诸侯国的外交事务。楚怀王对他十分信任。上官大夫和屈原职位相等，却嫉妒屈原的才能。有一次，怀王让屈原制订法令。屈原写好草稿，还未最后修定完成。上官大夫看到后欲强占为己有，屈

王听之不聪也,谗谄之蔽明也,邪曲之害公也,方正之不容也,故忧愁幽思而作《离骚》。平既绌,其后秦大破楚师,怀王入秦而不反。平虽放流,睠顾楚国,冀幸君之一悟、俗之一改也。令尹子兰卒使上官大夫短原于顷襄王,顷襄王怒而迁之,迁于江南。遂自投汨罗以死。汨水在罗,故曰汨罗。原既死之后,楚日以削,竟为秦所灭。

豫让者,晋人也。故尝事范氏及中行氏,而无所知名。去而事智伯,智伯甚尊宠之。及智伯伐赵,赵襄子与韩、魏合谋灭智伯,三分其地,襄子漆智伯头以为饮器。豫让遁逃山中,变名易姓,为刑人,入宫涂厕,欲以刺襄子。襄子如厕,心动,执问涂厕之刑人,豫让内持刀兵,曰:"欲为智伯报雠!"左右欲诛之。襄子曰:"彼义人也,吾谨避之耳。"释去之。居顷之,豫让又漆身为厉,吞炭为哑,行乞于市,其妻不识。行见其友,其友识之,曰:"以子之材,委质而臣事襄子,襄子必近幸子。近幸子,乃为所欲,顾不易邪?何乃残身苦形,欲以求报襄子,不亦难乎!"豫让曰:"既已委质臣事人而杀之,是怀二心以事君也。且吾所为者,极难耳!然所以为此者,将以愧天下后世之为人臣怀二心以事其君也。"顷之,襄之当出,豫让伏于所当过之桥下。襄子至桥马惊,曰:"此必是豫让也。"使人问之,果豫让也。于是赵襄子数豫让曰:"子不尝事范、中行氏

原不肯给他。他就向楚怀王进谗言说:"大王让屈原制订法令,上上下下无人不知。每颁布一项法令,屈原就夸耀是自己的功劳,说'除了我之外没有人能够做得出来!'"楚怀王听后很生气,就渐渐疏远了屈原。屈原痛心楚怀王听信人言而不明察真相,被谗谄谄媚的人蒙蔽而不明事理,致使邪恶者伤害公道,正直的人不能为朝廷所容,所以忧愁沉思而写成《离骚》。屈原遭贬黜之后,秦国大败楚兵,怀王被困于秦国而不得生还。屈原虽然身遭流放,还是眷恋楚国,期望怀王能悔悟过来,习俗能得到改正。令尹子兰指使上官大夫向顷襄王说屈原的坏话,顷襄王听后发怒,将屈原放逐远地。最终屈原投汨罗江而死。屈原死后,楚国一天天削弱,终被秦国所灭。

豫让是晋国人,过去曾经事奉过范氏和中行氏,没有什么名声。后离开范氏、中行氏而去事奉智伯,智伯非常尊重宠信他。等到智伯攻伐赵国,赵襄子与韩、魏合谋消灭了智伯,三家瓜分了他的封地。赵襄子把智伯头骨涂上油漆作为饮酒的器皿。豫让则逃到山中,改名易姓。装扮成被判刑做苦役的人,潜入赵襄子的宫中粉刷厕所,准备刺杀赵襄子。襄子上厕所时,心里突感不安,便拘留询问正在粉刷厕所的刑人。豫让衣内夹着凶器,见事已败露,便说:"我要给智伯报仇!"赵襄子的随从要杀掉他,襄子说:"他是深明大义的人,我小心地躲着他就是了!"于是放了豫让。过了不久,豫让又将全身涂满油漆,使皮肤过敏长满癞疮,吞炭使嗓子变得沙哑,在街上讨饭,连他的妻子都不认识他。走在路上遇见朋友,朋友认出他后,问道:"以您的才能,委身去侍奉赵襄子,襄子一定会宠信您。有赵襄子的宠信,到那时您要干您想干的事(刺杀赵襄子),岂不是更容易吗?何苦摧残自己的身体、丑化自己的形象!用这样的办法想要达到报复襄子的目的,不是很困难吗?"豫让说:"既然委身事奉别

乎？智伯尽灭之，而子不为报雠，反委质臣于智伯。智伯亦已死矣，而子独何以为之报雠之深也？"豫让曰："臣事范、中行氏，范、中行氏皆众人遇我，我故众人报之。至于智伯。国士遇我，我故国士报之。"

李斯者，楚上蔡人也。为丞相。始皇出游会稽，斯及中车府令赵高皆从。始皇有二十余子，长子扶苏以数直谏，使监兵上郡，蒙恬为将，少子胡亥从。始皇帝至沙丘，疾甚，令赵高为书赐公子扶苏曰："以兵属蒙恬，与丧会咸阳而葬。"书已封，未授使者，始皇崩。于是斯、高相与谋，诈为受始皇诏，立子胡亥为太子，更为书赐扶苏剑以自裁，将军恬赐死。至咸阳发丧，太子立为二世皇帝，以赵高为郎中令，常侍中用事。

二世燕居，乃召高与谋，谓高曰："夫人生世间也，譬犹骋六骥过决隙也。吾既已临天下矣，欲悉耳目之所好，穷心志之所乐，以安宗庙而乐万姓，长有天下，终吾年寿，其道可乎？"高曰："此贤主之所能行，而昏乱主之所禁也。臣请言

人,又想杀他,这是怀着二心事奉他的君主。如此做法对我来说更艰难,我之所以这样做,是为了使天下后世怀着二心去事奉君主的人感到羞愧。"过不多久,襄子要外出,豫让潜伏在他将要经过的桥下。襄子来到桥上,马忽然受惊。襄子说:"一定是豫让在这里。"派人查问,果然是豫让。这时襄子责问豫让道:"你过去不也事奉过范氏、中行氏吗?智伯把他们都消灭了,而你不为他们报仇,反而委身做智伯的臣子。现在智伯死了,你为什么唯独要为他这样三番五次地报仇呢?"豫让说:"我事奉过范氏、中行氏,他们只把我当一般人看,所以我只像一般人那样报答他们。至于智伯,他把我当国家杰出之士对待,所以我要以一个杰出人物那样的道义来回报他。"

李斯是楚国上蔡人,任秦国丞相。秦始皇出游到会稽,李斯及中车府令赵高一同跟随。始皇有二十多个子女,长子扶苏因为多次向始皇直言进谏,被始皇派到上郡监督军队,蒙恬在那里担任将军。始皇的小儿子胡亥也随同出行。秦始皇游历到沙丘,病得很严重,就命令赵高替他写诏书给公子扶苏说:"把军队交给蒙恬,再到咸阳会合,主持葬礼把我安葬。"诏书已密封好,还没有交给使者送出,始皇就去世了。于是,李斯与赵高密谋,假装接受秦始皇诏命,立胡亥为太子。另外他们又伪造了一封遗诏给扶苏,赐与宝剑令他自杀,同时也把将军蒙恬赐死。回到咸阳为秦始皇办理丧事,太子被立为二世皇帝,即秦二世,赵高则被任命为郎中令,常常在宫中侍奉秦二世,掌握了实权。

二世胡亥闲居宫中,召见赵高来商议事情,说:"人生在世,就像驾着六匹骏马飞奔跃过缝隙一样短促。我既然已经君临天下了,就想尽享世间一切声色之欢,穷极心中梦寐以求的一切欢娱。还要使国家安定,百姓安乐,国运永存,直到我的寿命终结。这些想法可

之，愿陛下少留意焉。夫沙丘谋，诸公子至大臣皆疑焉，而诸公子尽帝兄，大臣又先帝之所置也。今陛下初立，此其属意怏怏，皆不服，恐为变。且蒙恬已死，蒙毅将兵居外，臣战战栗栗，唯恐不终。且陛下安得为此乐乎？"二世曰："为之奈何？"赵高曰："严法而刻刑，令有罪者相坐，诛至收族；灭大臣而远骨肉，贫者富之，贱者贵之；尽除去先帝之故臣，更置陛下之所亲信者近之。此则阴德归陛下，害除而奸谋塞，群臣莫不被润泽、蒙厚德，陛下则高枕肆志宠乐矣。计莫出于此。"二世然高之言，乃更为法律。群臣、诸公子有罪，辄下高，令治之。诛杀大臣蒙毅等。公子十二人，戮死咸阳市，十公主矺死于杜。相连坐者，不可胜数。

公子高欲奔，恐收族，乃上书曰："先帝无恙时，臣入则赐食，出则乘舆。御府之衣，臣得赐之；中厩之宝马，臣得赐之。臣请从死，愿葬骊山之足。"书上，胡亥大悦，召赵高而示之，曰："此可谓急乎？"高曰："人臣当忧死不暇，何变之得谋？"胡亥可其书，赐钱十万以葬。法令诛罚，日益刻深，群臣人人自危，欲叛者众。又作阿房之宫，治直道、驰道，赋敛愈重，戍徭无已。于是楚戍卒陈胜、吴广等乃作乱。

行吗?"赵高回答说:"这是贤明的君主所能办到的,是昏庸的君主绝对行不通的!恕臣多言,请陛下稍加留意。沙丘的密谋,各位公子及大臣都怀疑此事,但公子们又都是陛下您的兄长,大臣又都是先帝生前所任用的。如今陛下刚刚登基,这一班人心里都怨恨不服,恐怕日后会出乱子。况且蒙恬已死,但其弟蒙毅还在外带兵,为此我整天心惊胆战,唯恐不得善终。这样陛下又怎么能得到这些享乐呢?"秦二世说:"那该怎么办?"赵高说:"只有制定严酷的刑法,让罪犯的家属亲友邻里连带受罚,杀至灭族;还要诛灭这些大臣,疏远自己的兄弟姊妹,让贫穷的人富起来,让地位低下的人显贵起来;全部除去先帝生前所用的旧臣,更换成陛下亲信的人在身边任职。这样,陛下不知不觉中就做了很多有德之事,也因此而除掉了祸患的根源,堵塞了奸邪作乱的途径,大臣们没有谁不能得到您的深恩厚德。到那时,陛下您就可以高枕无忧、随心所欲地尽享尊荣了。除此之外,没有比这更好的计谋了。"秦二世觉得赵高所言极是,于是重新制定法律。众大臣和诸公子有违犯者,都交由赵高来审讯治罪。就这样诛杀了蒙毅等大臣,十二位公子被杀后陈尸咸阳街头示众,十位公主在杜县受车裂酷刑而死,至于连坐被杀的人则数不胜数。

公子高本想逃亡,又怕连累家人,只好上书说:"先帝健在时,进宫赐我食物,出宫赐我车乘,皇帝内府的衣服我得到过赏赐,宫中马房里的宝马我也得到过赏赐。我请求跟随先帝而去,死后希望能葬在骊山脚下。"奏书呈上去,胡亥非常高兴,召见赵高给他看此书,说道:"这可以叫做走投无路吗?"赵高说:"当臣子们连担心死亡都来不及时,又怎么会谋划造反呢?"胡亥批准了公子高的奏书,赏钱十万给他安葬。当时的法令刑罚日益严厉苛刻,朝中大臣人人自危,想反叛的人很多。秦二世又继续建造阿房宫,修筑直道、驰道,赋税

斯数欲请间谏，二世不许。而二世责问斯曰："吾有私议，而有所闻于韩子也，曰：'尧之有天下，堂高三尺，茅茨不翦，虽逆旅之宿，不勤于此矣；粢粝之食，藜藿之羹，饭土匦，啜土铏，虽监门之养，不觳于此矣。禹凿龙门，疏九河，手足胼胝，面目黎黑，臣虏之劳，不烈于此矣。'然则夫所贵于有天下者，岂欲苦形劳神，身处逆旅之宿，口食监门之养，手持臣虏之作哉？此不肖人之所勉也，非贤者之所务也。夫所谓贤人者，必将能安天下而治万民也。今身且弗能利，将恶能治天下哉！故吾愿肆志广欲，长享天下而无害，为之奈何？"

斯子由为三川守，群盗吴广等西略地，过去弗能禁。李斯恐惧，不知所出，乃阿二世意，欲求容，以书对曰："夫贤主者，必且能全道，而行督责之术者。督责之，则臣不敢不竭能以徇其主矣。臣主之分定，上下之义明，则天下贤不肖，莫敢不尽力竭任，以徇其君矣。是故主独制于天下，而无所制也，能穷乐之极矣。贤明之主也，可不察邪！故申子曰'有天下而不恣睢，命之曰以天下为桎梏'者。无他焉，不能督责，而顾以其身劳于天下之民，若尧、禹然，故谓之'桎梏'也。

也愈来愈繁重，兵役劳役没完没了。于是从楚地征来戍边的士卒陈胜、吴广等人就开始起来造反了。

李斯多次想找机会劝谏二世，但二世不答应。二世反而责问李斯说："我有个看法是从韩非子那里听来的。他说：'尧统治天下，殿堂不过三尺高，茅屋顶不加修剪，即使是住在旅店里也不会比这更艰苦了；粗米作饭，野菜煮汤，用土罐吃饭，用土钵喝汤，即使是看门小吏的生活也不会比这更清寒的了。夏禹凿开龙门，疏通九州河流，手脚长满了老茧，面孔黝黑，即使是奴隶的劳苦也不会比这更厉害的了。'如此说来，享有天下的天子之所以尊贵，难道就是要劳苦自己的身心，栖身旅店一样的住所，吃看门人那样的食物，干奴隶所干的活计吗？这些都是才能低下的人才努力从事的，并不是贤能的人所致力追求的。所谓贤能之人，一定能安定天下，治理万民。现在连自身都没有得到好处，怎么能治理天下呢！所以我希望能够随心所欲，永享天下而没有祸害，这该怎么办呢？"

李斯的儿子李由担任三川郡守，群起造反的吴广等人向西攻占土地，李由无法防禁。李斯很害怕，不知如何是好，就曲从迎合二世的心意以求取悦二世，便上书答覆说："贤明的君主，一定是能够全面掌握为君之道而且行使督责之法的人。实行督察责罚，臣子们就不敢不竭尽所能为君主效命。这样，君主和臣子的尊卑名分就可以确定，上下职责义务就可以分明，那么天下之人不论有无才德，都不敢不尽心竭力为君主效命了。因此君主才能专制天下而不受任何约束，能享尽人间无穷的乐趣。贤明的君主，怎么能不明白这一点呢？所以申不害先生说：'有了天下而不能逍遥自在，这就叫把天下当成自己的镣铐。'之所以这样，没有别的原因，就是不能督察责罚臣下，反而亲自辛辛苦苦为天下百姓操劳，像尧和禹那样，所以说天下是他们

"夫不能修申、韩之明术,行督责之道,专以天下自适也,而徒务苦形劳神,以身徇百姓,则是黔首之役,非畜天下者也,何足贵哉!夫以人徇己,则己贵而人贱;以己徇人,则己贱而人贵。故徇人者贱,而所徇者贵,自古及今,未有不然者也。凡古之所谓尊贤者,为其贵也,而所为恶不肖者,为其贱也。夫尧、禹以身徇天下者也,可谓大缪矣,谓之为'桎梏',不亦宜乎?不知督责之过也。故韩子曰:'慈母有败子,而严家无格虏者',何也?则能罚之加焉必也。故商君之法,刑弃灰于道者。夫弃灰,薄罪也,而被刑,重罚也。彼唯明主为能深督轻罪。夫轻罪且督深,而况有重罪乎?故民弗敢犯也。明主圣王之所以能久处尊位,长执重势,而独擅天下之利者,非有异道也,能独断而审督责,必深罚,故天下弗敢犯也。今不务所以不犯,而事慈母之所以败子也,则亦不察于圣人之论矣。

凡贤主者,必将能拂世摩俗,而废其所恶,立其所欲,故生则有尊重之势,死则有贤明之益也。是以明君独断,故权不在臣也。然后能灭仁义之涂,掩驰说之口,困烈士之行,塞聪掩明,内独视听。故外不可倾以仁义烈士之行,而内不可夺以谏说忿争之辨。故能荦然独行恣睢之心,而莫敢逆。若此,然后可谓能明申、韩之术,而修商君之法。法修术明,而天下乱

的'镣铐'。"

"如果不能实行申不害、韩非的高明策略,实施督责手段,专享天下悠然自得,而只是白白地劳神辛苦自己,为了百姓而不惜性命,那就成了百姓的奴仆,而不是统治天下的帝王,这有什么值得尊贵的呢!让他人为自己效命,则自己尊贵而别人卑贱;让自己为他人效命,则自己卑贱而他人尊贵。所以为别人效命的人卑贱,而让别人效命于己的人尊贵,从古到今,没有不是这样的。大凡自古以来之所以尊重贤人,是因为他们高贵;之所以讨厌不贤之人,是因为他们卑贱。而尧、禹以自身为天下人效命,可以说是荒谬到极点了。说尧、禹把天下当作自己的'镣铐',不也是很合适的吗?这是不能督责的过错。所以韩非先生说:'慈爱的母亲会养出败家的儿子,而严厉的人家没有不顺从的奴仆。'是什么道理呢?这是由于能严加惩罚的结果。所以商鞅的法令规定,在道路上倒灰烬的人都要被判刑。弃灰于道路是轻罪,而判刑却是重罪。他认为只有贤明的君主才能严厉地督责轻罪。轻罪尚且严办,何况犯有重罪呢?所以百姓就不敢犯法。明君圣王之所以能久居尊位,长掌大权,独自拥有天下利益,不是有特殊的办法,而是他们能够专断独行并细察督责,对犯法者一定严加惩处,所以天下人不敢违犯。如今不大力采取杜绝犯罪的措施,却效仿慈母养成败家子的做法,那就是不明白圣人的理论了。"

"凡是贤明君主,都必将扭转世俗偏见,废弃他所厌恶的法令,订立他所喜欢的法令。所以他在生前才有至尊的权势,死后才得到贤明的谥号。因此,贤明的君主才懂得独断专裁,使大权不会旁落臣下手中。然后才能斩断仁义之路,堵住奔走劝谏者的嘴巴,阻碍刚勇之士的行为,闭目塞听,由自己独断专行。这样外面就不会被仁义之士的举动所动摇,内心也不会被劝谏争论的言语所迷惑。因此才

者,未之有也。故督责之术设,则所欲无不得矣。群臣百姓,救过不给,何变之敢图?若此则帝道备,而可谓能明君臣之术矣。虽申、韩复生,弗能加也。"书奏,二世悦。於是行督责益严,税民深者为明吏。二世曰:"若此则可谓能责矣。"刑者相半於道,而死人日成积于市,杀人众者为忠臣。二世曰:"若此则可谓能督矣。"

初,赵高为郎中令,所杀及报私怨众多,恐大臣入朝奏事毁恶之,乃说二世曰:"天子所以贵者,但以闻声,群臣莫得见其面,故号曰'朕'。且陛下富于春秋,未必尽通诸事,今坐朝廷,谴举有不当者。则见短于大臣。非所以示神明于天下。且陛下深拱禁中,与臣及侍中习法者待事,事来有以揆之。如此则大臣不敢奏疑事,天下称圣主矣。"二世用其计,乃不坐廷见大臣,居禁中。赵高常侍中用事,事皆决于高。

高闻斯以为言,乃见丞相曰:"关东群盗多,今上急益发繇治阿房,聚狗马无用之物。臣欲谏,为位贱。此真君侯之事,君何不谏?"斯曰:"固也,吾欲言之久矣。今时上不坐朝廷,上居深宫,吾所欲言者,不可传也,欲见无间。"高谓曰:"君诚能谏,请为君候上间语君。"于是赵高待二世方宴乐,

能称心如意地随欲而为，而没有人敢反抗。像这样，才算明了申不害、韩非的权术，学会了商鞅的法制。法制权术精通了，天下还会大乱，从来没有过。所以督察责罚之法一经实施，那么所有的愿望就没有达不到的。群臣百姓整日补救自己的过错都来不及，哪里还敢想着谋反呢？像这样，帝王的统治之道才完备，也可以说懂得了驾驭群臣的方法。即使申、韩复生，也不能超过了。"奏书呈上去，二世很高兴，于是愈加严厉实行督察责罚。向百姓征税愈重愈算是好官。二世说："像这样才可称得上真正负责啊！"路上的行人有半数是受刑的犯人，死囚的尸体每天都堆积于街市，杀人多的是忠臣。二世说："像这样才可称得上监督到位了。"

起初，赵高担任郎中令，被他杀害和为报私仇而被他陷害的人很多，他害怕大臣们入朝向皇帝报告政事时揭发他，于是劝二世说："天子之所以尊贵，就在于群臣只能听到他的声音，而不能看他的尊容，所以才称为'朕'。况且陛下年轻，未必对一切事情都通晓。现在您坐在朝堂上，赏罚有不当之处，就会把自己的短处暴露给大臣，这就不能向天下人显示您的圣明了。不如陛下拱手深居宫中，允许我和熟悉法令的内侍一起等待大臣奏事，有事可以共同研究处理。这样，大臣们就不敢把疑难之事报上来，天下人就会称您为圣主了。"二世采纳了赵高的意见，不再坐朝接见大臣，深居宫中。赵高常侍奉左右，掌握着大权，一切事情都由赵高决定。

赵高听说李斯有意见要进言，就去见丞相说："关东地区盗贼纷纷闹事，而今皇上却加紧征发徭役去修建阿房宫，搜集犬马等没用的玩物。我想劝谏，但我的地位卑贱。这可是丞相您的事，您为什么不劝谏呢？"李斯说："确实如此，我想进言已经很久了。可现在皇上不临朝听政，一直深居宫中，我想说的话不能传达进去，想进见又

妇女居前，使人告丞相："上方间，可奏事。"丞相至宫门上谒，如此者三。二世怒曰："吾常多闲日，丞相不来，吾方宴私，丞相辄来请事。丞相岂少我？且固我哉？赵高因曰："此殆矣！夫沙丘之谋，丞相与焉。今陛下已立为帝，而丞相贵不益，此其意亦望裂地而王矣。且陛下不问臣，臣不敢言。丞相长男由为三川守，楚盗陈胜等，皆丞相傍县之子，以故楚盗公行，过三川，城守不肯击。高闻其文书相往来，未得其审，故未敢以闻。且丞相居外，权重于陛下。"二世以为然。欲案丞相，恐其不审，乃使人案验三川守与盗通状。

斯闻之，因上书言高短曰："臣闻之，臣疑其君，无不危国；妾疑其夫，无不危家。今高有邪佚之志，危反之行，陛下不图，臣恐其为变也。"二世曰："何哉？夫高故宦人也，然不为安肆志，不以危易心，洁行循善，自使至此。以忠得进，以信守位，朕实贤之，而君疑之，何也？且朕少失先人，无识不习治，而君又老。恐与天下绝矣。朕非属赵君，当谁任哉？且赵君为人精廉强力，下知民情，上能适朕，君其勿疑。"李斯曰："不然！夫高故贱人也，无识于理，贪欲无餍，求利不止，烈势次主，求欲无穷，臣故曰殆。"

没有机会。"赵高说:"您若真能劝谏,请允许我趁皇上有空的时候通知您。"(一天),秦二世让宫女坐在其前面,饮酒玩乐。赵高趁二世玩得正高兴时,派人告诉丞相说:"皇上正有空,可以进宫奏事。"丞相就到宫门求见,如此一连三次。二世发怒说:"我平时空闲的日子很多,丞相不来。我刚私下宴欢,丞相就来请奏。丞相是轻视我呢,还是存心让我出丑呢?"赵高乘机说:"这太危险了!沙丘密谋,丞相参与其中。现在陛下您已经即位为皇帝,而丞相的地位却没有提高,他的意思是想割地封王啊。而且陛下您不问我,我也不敢说。丞相的长子李由担任三川郡守,楚地强盗陈胜等都是丞相邻县的人,因此他们敢于公开横行,经过三川郡时,守城者不肯出击。我听说他们互相有书信来往,但没有了解清楚,所以没敢报告陛下。况且丞相在外,权势比陛下还大。"二世认为他的话没错,想要查办丞相,但又担心情况不实,就派人去调查三川郡守与盗贼勾结的情况。

　　李斯听说了这件事,就上书揭发赵高的短处说:"我听说,臣子怀疑揣测君王,没有不危害国家的;妻妾怀疑丈夫,没有不危害家庭的。如今赵高有奸邪之心和狡诈叛逆的行为,陛下您不提早打算,我担心他会发动叛乱啊!"二世说:"怎么会呢?赵高只是个宦官,但他不因处境安逸就肆意妄为,也不因处境危难就改变忠心,他廉洁向善,所以得到今天的地位。他因忠心而得到提拔,因讲信义而保住禄位,我确实认为他是贤才,而您却怀疑他,这是为什么呢?而且我年轻时就失去了父亲,没有什么见识,也不熟悉怎样治理百姓,而您年纪又大了,我担心会失去天下。我如果不依托赵高,又当用谁呢?况且赵高为人精明廉洁,坚韧不拔,下能了解民情,上能顺从我的心意,请您不要怀疑。"李斯说:"并非如此。赵高本是卑贱之人,并不了解治理天下之理,而且贪得无厌;不停地追求利益,地位

二世乃私告赵高，高曰："丞相所患者独高，高已死，丞相欲为田常所为。"于是二世责斯与子由谋反状，皆收捕宗族宾客。高治斯，榜掠千余，不胜痛，自诬服。斯所以不死者，自负有功，实无反心，上书自陈，幸二世之寤。高使吏弃去弗奏，曰："囚安得上书！"使其客十余辈，诈为御史、谒者、侍中，更往覆讯斯。斯更以其实对，辄使人复榜之。后二世使人验斯，斯以为如前，终不敢更言。辞服，奏当上，二世喜曰："微赵君，几为丞相所卖。"具斯五刑，论腰斩咸阳市，遂夷三族。李斯已死，二世拜高为中丞相，事无大小，辄决于高。

高自知权重，乃献鹿谓之马。二世问左右："此乃鹿也？"左右曰："马也。"二世惊，自以为惑，乃召太卜令卦之。太卜曰："陛下春秋郊祀，奉宗庙鬼神，斋戒不明，故至于此，可依盛德而明斋戒。"于是乃入上林斋戒。日游弋猎，有行人，二世自射杀之。高乃谏二世，天子无故贼杀不辜人，此上帝之禁，天且降殃，当远避宫以禳之。二世乃出居望夷之宫。留三日，高劫令自杀也。

田叔者，赵人也，赵王张敖以为郎中。高祖过赵，贯高等

权势可与陛下相比,但他贪求地位和权势的欲望没有边际,所以我才说这样太危险了。"

二世暗中把李斯所言告诉了赵高。赵高说:"丞相所忧虑的只有我赵高。我死之后,丞相就要做出如田常谋反专权之事了。"于是二世惩处李斯和其子李由谋反的罪状,将其门客和家族全部逮捕。赵高审讯李斯,拷打他一千多下,李斯不能忍受痛苦,只好委屈地招供。李斯之所以没有自杀,是他自认为对秦国有大功,也确实没有反叛之心,于是上书为自己辩护,希望二世能醒悟。赵高让狱吏把奏书丢弃而不上呈,说:"囚犯怎能上书!"赵高派他的门客十多人假扮御史、谒者、侍中,轮流审讯李斯。李斯翻供以实情对答,赵高就让人再拷打他。后来二世派人去验证李斯的口供,李斯以为还和以前一样会被拷打,终不敢再改口供,承认了自己的罪状。赵高把判决书呈上,二世高兴地说:"没有赵君,我几乎被丞相出卖了。"于是李斯被判处五刑之罪,腰斩于咸阳街市,三族同时被诛杀。李斯死后,二世任命赵高为中丞相,朝中无论大事小事都由赵高决定。

赵高自知权势很大,于是献上一只鹿,说是马。二世问左右侍从说:"这是鹿吧?"左右侍从都说:"是马。"二世大为惊慌,以为自己糊涂了,便召来太卜叫他占上一卦。太卜说:"陛下春秋两季到郊外祭祀,供奉祖先鬼神,斋戒不虔诚,所以才会这样。可效仿圣明君主再虔诚地斋戒一次。"于是二世就到上林苑中斋戒,整天在上林苑中游玩射猎。一次有个路人走进上林苑,二世亲手把他射死。赵高就劝谏二世说:"天子无故杀死无罪的人,这是上苍所禁止的,上天将会降下灾祸,应该远远地离开皇宫去祈祷消灾。"二世就离开皇宫住到望夷宫。二世在望夷宫住了三天,赵高乘机胁迫二世自杀了。

田叔是赵国人。赵王张敖任命他为郎中。汉高祖经过赵国时,

谋弑上，发觉，诏捕赵王，赵有敢随王者罪三族。唯孟舒、田叔等，自髡钳，随王至长安。敖得出，叔为汉中守。文帝召叔问曰："公知天下长者乎？"叔曰："故云中守孟舒长者。"上曰："先帝置舒云中十余年矣，虏曾一入，舒不能坚守，无故士卒战死者数百人。长者固杀人乎？"叔曰："是乃孟舒所以为长者也。汉与楚相距，士卒疲弊。匈奴冒顿新服北夷，来为边害，孟舒知士卒疲弊，不忍出言，士争临城死敌，如子为父、弟为兄，以故死者数百人。孟舒岂故驱战之哉！是乃孟舒所以为长者也。"于是上曰："贤哉孟舒！"复以为云中守。景帝以田叔为鲁相。鲁王好猎，相常从入苑中，王辄休相就馆舍，相出常暴坐，待王苑外。王数使人请相曰："休。"终不休，曰："我王暴露苑中，我独何为就舍！"鲁王以故不大出游。

循吏传

太史公曰，法令所以导民也，刑罚所以禁奸也。文武不备，良民惧，然身修者，官未尝乱也。奉职循理，亦可以为治，何必威严哉！

贯高等人图谋行刺皇上,被发现之后,高祖下令缉捕赵王张敖,明令赵国如有人胆敢跟随赵王,便要罪及他的三族。结果,只有孟舒、田叔等人自己剃去头发,用铁圈等刑具束颈,追随赵王来到长安。事情查明后,赵王张敖获释,田叔被任命为汉中郡守。文帝召见田叔问他说:"你知道天下有哪些德高望重的人吗?"田叔回答说:"以前云中郡守孟舒就是。"文帝再问:"先帝任用孟舒为云中郡郡守已有十多年,匈奴曾经有一次进犯,他不能坚守,无端让自己的士兵战死了数百人,厚德之人难道也会让人无辜死去吗?"田叔回答说:"这正是孟舒忠厚有德行的原因。汉朝曾与楚国长期对峙,士兵都非常疲乏。而匈奴单于冒顿刚刚征服北方的夷族,又入侵我国边疆,危害百姓。孟舒知道士兵疲乏,不忍心对他们发令作战,但士兵争着登城死战。像儿子帮助父亲、弟弟帮助兄长一般,所以战死数百人。孟舒哪里是故意驱使士兵作战呢?这就是孟舒德高望重的缘故。"文帝听后说:"孟舒真是贤德啊!"于是重新任命孟舒为云中郡郡守。后来,景帝任命田叔为鲁国丞相。鲁王喜欢打猎,丞相田叔就经常随鲁王出入猎苑。鲁王每次总是让丞相田叔返回馆舍休息,田叔从猎苑出来后,常常露天坐在猎苑外等待鲁王。鲁王多次派人传话请丞相休息,但田叔始终不肯,他说:"我们大王都暴晒在猎苑中,我又岂能独自躲到馆舍去?"鲁王因此就不常外出狩猎了。

循吏传

太史公说:"法令是用来引导百姓的,刑罚是用来惩治奸邪的。国家虽文德与武功不完备,而良民百姓还能谨慎地修身养性遵纪守法,那是官员不曾违礼乱法的缘故。奉公守职,依照道义,遵循规律,也可以治理好国家,何必非要使用严厉的手段呢!"

公仪休为鲁相，奉法循理，无所变更，百官自正。使食禄者不得与下民争利，受大者不得取小。客有遗相鱼者，不受也。客曰："闻君嗜鱼，遗君鱼，何故不受也？"相曰："以嗜鱼，故不受也。今为相，能自给鱼；今受鱼而免，谁复给我鱼者？吾故不受也。"食茹而美，拔其园葵而弃之；见其家织布好，而疾出其家妇，燔其机。云："欲令农士工女、安所雠其货乎？"

酷吏传

孔子曰："导之以政，齐之以刑。民免而无耻。导之以德，齐之以礼，有耻且格。"格，正。老氏称："法令滋章，盗贼多有。"太史公曰："信哉是言也！法令者，治之具，而非制治清浊之源也。昔天下之网尝密矣，然奸伪萌起，其极也，上下相遁，至于不振。当是之时，吏治若救火扬沸，非武健严酷，恶能胜其任而愉快乎！言道德者溺于职矣。故曰：'听讼吾犹人也，必也使无讼乎？''下士闻道大笑之。'非虚言也。汉兴，破觚而为圆，觚，方。斫雕而为朴，网漏于吞舟之鱼，而吏治烝烝，不至于奸，黎民艾安。由是观之，在彼不在此。"在道德，不在严酷也。

公仪休担任鲁国宰相时,奉公守法,循理办事,不随便更改法令制度,大小官员都能保持正直自律。他规定享受朝廷俸禄的官员不能与百姓争利益,既然已受朝廷之大恩,眼里就不能盯着小利。有一次,有客人向公仪休馈赠一尾鱼,但公仪休不肯接受。客人说:"我听说您很爱吃鱼,所以特意给您送来,为何您不接受呢?"公仪休回答说:"正因为我爱吃鱼,所以不能接受。我现在身为宰相有这个能力,想吃鱼可以自己买。但我如果接受你送的鱼而被朝廷免职,日后谁给我鱼呢!所以我不能接受。"又有一次,公仪休吃了自己园子里种的蔬菜,觉得味道鲜美,就把家里菜园所种的葵菜全都拔了扔掉。他看到家里织出的布很好,就马上把家里的织女打发走,并烧掉那些织布机。他说:"咱们种的菜、织的布这样好,让那些农夫和织女们去哪里卖他们的货物呢?"

酷吏传

孔子说:"国家用政令来引导人民,用刑罚来控制人的言行,百姓就会设法免于惩罚却没有羞耻之心。若国家用道德来引导人民,用礼仪来教化百姓,百姓不但有羞耻之心,而且能端正自身的行为。"老子说:"法令条文愈多、处罚愈严厉,盗贼就愈多。"太史公说:"圣人的话太正确了!法令是治理天下的一种工具,而不是造就政治清明、治理社会混乱的根本。往昔,国家的法律曾非常严密,可是邪恶欺诈的现象不断发生,到了最严重的时候,上下互相欺瞒,最终天下大乱无法挽回。这时候,官场的风气犹如抱薪救火、扬汤止沸一样,管理者如果不勇武刚健、采用严酷的手段,怎能担此重任而舒心愉快呢?这实际上是道德教化的人失职啊。所以孔子才说:'审理诉讼案件,我与他人一样并没有什么不同,只是我一定会想方设法

滑稽传

优孟者，楚优人也。庄王之时，有爱马，衣以文绣，置之华屋之下，席以露床，啖以枣脯。马病肥死，使以大夫礼葬之。下令，有谏者死。优孟入门大哭曰："马者，王之所爱也，以楚国堂堂之大，何求不得，而以大夫礼葬之薄，请以人君礼葬之。以雕玉为棺，文梓为椁，发卒穿圹，老弱负土，庙食太牢，奉以万户。诸侯闻之，皆知大王贱人而贵马。"王曰："寡人过一至此乎！为之奈何？"孟曰："请为大王六畜葬之人腹肠。"于是王乃使以马属大官，无令天下久闻也。

楚相孙叔敖死，其子穷困负薪。孟即为敖衣冠，抵掌谈语。抵掌，谈说之容则也。岁余，像孙叔敖。王大惊，以为叔敖复生也，欲以为相。孟曰："楚相不足为也。如孙叔敖之为楚

使他们不再诉讼。''浅陋的人（不懂道德感化的力量），听到这些道理，便会大声嘲笑。'可这不是假话。汉朝兴起的时候，曾去掉严刑峻法而从简易，就如同削去棱角而求圆融，削去雕饰而提倡质朴一样。法网宽疏，甚至可以漏掉能吞噬船只的大鱼；而官场的风气纯朴宽厚，国家外乱不起，民生安定，天下太平。由此可见，治理国家取决于道德教化，而不在于严法惩治啊！"

滑稽传

优孟是楚国的艺人。楚庄王时，非常宠爱他的一匹马，给它穿绣花纹的衣服，养在华丽的房舍内，睡在除去帷帐的床上，用蜜渍的枣干喂养它，最终导致马长得太肥而死。楚庄王要用大夫的礼节安葬它，下令说："有谁敢因葬马的事劝谏阻止就要处死。"优孟听到这件事，走进楚庄王殿堂门大哭说道："这匹马是大王心爱的，以我们这样伟大的楚国，有什么事情办不到呢？如今，大王用大夫之礼来葬马，实在太轻了，恳请大王按国君的礼仪安葬它，要用精雕细琢的宝玉做棺材，用文梓木做外棺；派士兵挖掘坟墓，让老人和孩子背土筑坟；更要为它立庙，用牛、羊、猪拜祭；还要以万户之地来供奉祭祀它，让各诸侯听闻这事之后，都知道大王轻视人而重视马。"楚庄王回答说："寡人的过错，竟然到了这个地步！该怎么办呢？"优孟说："请大王让我用对待普通畜牲的办法对待这匹马，葬在人们的肚子里。"于是，楚庄王便把肥马交给宫中主理膳食的太官处理，不让天下人再传播这件事了。

楚国宰相孙叔敖死后，他的儿子生活穷困，靠卖柴度日。优孟知道后就穿戴起孙叔敖生前的衣服和帽子，模仿其举止及言谈神情。一年多后，活似孙叔敖。楚庄王见到后大惊，以为宰相孙叔敖复活

相,尽忠为廉以治楚。楚得以霸。今死,其子无立锥之地,贫困负薪,以自饮食。楚相不足为也。"于是庄王谢优孟,乃召叔敖子,封之寝丘。

优旃者,秦倡侏儒也。善为笑言,然合大道。秦始皇帝议欲大苑囿,东至函谷关,西至雍、陈仓。优旃曰:"善。多纵禽兽于其中,寇从东方来,令麋鹿触之足矣。"始皇以故辍止。二世立,又欲漆其城。优旃曰:"善。漆城虽于百姓愁费,然佳哉!漆城荡荡,寇来不能上。即欲就之,易为漆耳,顾难为荫室。"于是二世笑之,以其故止。

魏文侯时,西门豹为邺令。邺三老、廷掾,常岁赋敛百姓,收取其钱,得数百万,用其二三十万为河伯娶妇,与祝巫共分其余钱。人家有好女者,持女逃亡。以故城中益空无人,又困贫。俗曰:"不为河伯娶妇,水来漂没。"至为河伯娶妇,送女河上。豹往会之,曰:"是女不好,烦大巫妪,入报。更求好女,后日送之。"即使吏卒共抱大巫妪投之河中。有顷曰:"巫妪何久也?弟子趣之!"复以弟子一人投河中。有顷曰:"弟子何久也?"复使投之。凡投三弟子也。豹曰:"巫妪、弟子,女子也,不能白事,烦三老为入白之。"复投三老。豹曰:"巫妪三老不来奈何?"欲复使掾趣之。皆叩头,破额血流。豹曰:

了,就想让他任宰相。优孟说:"楚国宰相不值得去做,您看以前的宰相孙叔敖,尽忠职守,清廉治理楚国,楚国才得以称霸诸侯。如今死了,他的儿子却无立锥之地,穷困潦倒靠背柴来维持自己的生计。所以,楚国宰相真的不值得去做呀!"于是,楚庄王向优孟道歉,并召见了孙叔敖的儿子,把寝丘封赐给他。

优旃是个身材矮小的秦国艺人。擅长讲笑话,然而却都合乎正道。秦始皇曾经计议要扩建皇家园林,东边划到函谷关,西边划到雍县和陈仓。优旃说:"好啊!多放些飞禽走兽在园内,有敌人从东方来犯时,让麋鹿用角去顶他们就够了。"秦始皇因此停止了这项扩建计划。到秦二世继位,又想用漆涂饰城墙。优旃又说:"好啊!漆城墙虽然要百姓耗费,可是很美呀!城墙漆得明亮光滑,敌人来犯也爬不上来。如果要完成这项工程,涂漆倒不难,而难的是阴干城墙要造一所遮盖整个城墙的大房子。"秦二世听后笑了起来,因此而停止了涂漆城墙的计划。

魏文侯在位时,西门豹任邺县县令。以前邺地的三老、廷掾常年都向老百姓征收赋税,收取的款额达几百万之多,他们从中用掉二、三十万为河神娶妻,然后就与主祭者、巫婆一同分掉剩余款项。这种风俗导致本地有漂亮女儿的人家,都带着女儿逃到外地去了。因此,城内人口愈来愈少,百姓生活日益贫困。当地风俗传说:"如果不为河神娶妻,河水就会冲没村庄。"等到为河神娶妻的日子,选好的女子被送到河边。西门豹也前往参与此次盛会。他说:"这个女子不漂亮,烦请大巫婆到河神那里禀报一下,就说要另找一个漂亮女子,后天再把她送来。"当即让随行的吏卒抬起大巫婆投入河中。过了一会儿,西门豹说道:"巫婆怎么去了这么久还不回来,派其弟子去催促一下吧。"于是,就把巫婆的一名弟子投进河中。又等了一会儿,

"若皆罢归去。"吏民大惊恐,从是已后,不敢言为河伯娶妇。豹发民凿十二渠,引河水灌田。民烦苦不欲,豹曰:"民可与乐成,不可与虑始。今虽患苦,然期令子孙思我。"至今皆得水利,民人以给足。故豹为邺令,泽流后世,无绝已时。

　　子产治郑,民不能欺;子贱治单父,人不忍欺;西门豹治邺,人不敢欺。三子之才能谁最贤哉?辨治者当能别之。魏文帝问群臣:"三不欺于君德孰优?"大尉钟繇、司徒华歆、司空王朗对曰:"臣以为君任德,则臣感义而不忍欺;君任察,则臣畏觉而不能欺;君任刑,则臣畏罪而不敢欺。任德感义,与夫导德齐礼,有耻且格,等同归者也。孔子曰:'为政以德,譬如北辰,居其所而众星拱之。'考以斯言,论以斯义,臣等以为不忍欺、不能欺。优劣之县在权衡,非徒低昂之差,乃钧铢之觉也。且前志称:仁者安仁,智者利仁,畏罪者强仁。校其仁者,功则无以殊。核其为仁者,则不得不异。安仁者,性善者也;利仁者,力行者也;强仁者,不得已者也。三仁相比,则安者优矣。《易》称:神而化,使民宜之。若君化然也,然则安

西门豹说:"弟子怎么又去了那么久?"再将一个弟子投进河中,一共投下三个弟子。后来西门豹说:"巫婆及她的弟子全是女人,不能向河神禀报明白,烦请三老下去禀报。"于是,把三老投进河中。(等了一段时间)西门豹说:"巫婆、三老都不回来,怎么办?"要派三老的下属去催促,他们都吓得跪地叩头求饶,磕得头破血流。西门豹说:"既然你们都不想继续为河神娶妻,那就回去吧!"当地的官员和百姓都非常惊慌害怕,从此之后,再没有人敢提出要为河神娶妻。西门豹在当地发动民众开凿十二条渠道,引河水灌溉农田。(起初)老百姓怨嫌劳苦,都不愿去干。西门豹说:"普通百姓,只可以和他们分享成功后的利益,而不能在事情开始时与他们做长远的谋划。今天他们虽然嫌苦(不想凿渠),但期望他们的子孙今后能想起我。"直到现在,邺地的百姓都能享受治水的好处,生活能够自给自足。因此,西门豹担任邺县县令,恩泽流传到后世,没有穷尽。

　　子产治理郑国,百姓不能欺骗他。子贱治理单父,百姓不忍欺骗他。西门豹治理邺县,百姓不敢欺骗他。这三个人的才能,谁最为优胜呢?明察治国之道的人自会分辨。魏文帝问群臣,三种不欺君的情况,哪一种德行上更优?大尉钟繇、司徒华歆、司空王朗回答说:"臣认为君主施行德政,臣下受道义的感化而不忍欺;君主能够明察,臣下就会担心被察觉而不能欺;君主多用刑罚,臣下就会畏惧有罪而不敢欺。施行德政,臣下受道义的感化,这与孔老夫子所说的'导之以德,齐之以礼,有耻且格'(以道德引导人的思想,以礼仪规范人的行为,人们就会因明理而知耻,从而自觉地约束自己的言行举止),都属于同一类。孔子说:'为政以德,譬如北辰。居其所,而众星拱之。'(用德行治理国家的人,就像北极星一样,自己虽安住不动,而自然为众星所环绕。)从夫子这番话的意思来看,臣等以为,不忍欺、不能欺,其优劣的悬殊就像称重量一样,并非仅仅是秤杆的

仁之化,与夫强仁之化,优劣亦不得不相悬绝也。然则三臣之不欺虽同,所以不欺异,则纯以恩义崇不欺,与以威察成不欺,既不得同概而比量,又不得错综而易处。

高与低的差别,而是有着钧铢般极大的差异。而且古人还说过:真正的仁者能够安于行善(以行善为自己的本份,一心为善不会有任何动摇);有些聪明的人因为看到了为善的好处,是为了利益才去行善;还有一种人是因为害怕为恶会受到惩罚和治罪,所以才勉强地努力去行善。对比这三种人行善的结果,似乎没有什么差别。若仔细审察这三种人存心的厚道,就不能说没有区别了。安于行善的人,那是他本性本善的自然流露;为了利益而行善的人,那是正在努力向善的人;而那些勉强行善的人,则是不得已而为之。将这三种行善的人进行比较,还是能够'安于行善'的人为优啊。《易经》说:'神而化,使民宜之'(国家得到治理,人民都受到教化,各种劳役不违农时而又缓急适宜),这说的就是君王的教化啊。那么使百姓安于行善的教化和迫使百姓勉强行善的教化,其优劣就不能不说有着天壤之别了。而三种臣不欺君虽然相同,究其为何不欺的原因却是不一样的,那么纯粹以恩义所感,臣下则尊崇不欺的行为,和以权势苛察而导致的不欺相比,既不能一概混同而相提并论,也不能前后错乱而颠倒了次序。"

吴越春秋

吴王夫差闻孔子与子贡游于吴,出求观其形,变服而行,为或人所戏而伤其指。夫差还,发兵索于国中,欲诛或人。子胥谏曰:"臣闻昔上帝之少子,下游青泠之渊,化为鲤鱼,随流而戏,渔者豫沮射而中之。上诉天帝。天帝曰:'汝方游之时,何衣而行?'少子曰:'我为鲤鱼。'上帝曰:'汝乃白龙也,而变为鱼,渔者射汝,是其宜也,又何怨焉!'今夫大王弃万乘之服,而从匹夫之礼,而为或人所刑,亦其宜也。"于是,吴王默然不言。

吴王夫差兴兵伐齐,掘为渔沟,通于商、鲁之间,北属之沂,西属之济,欲以会晋。恐群臣之谏也,乃令于邦中曰:"寡人伐齐,敢有谏者死。"太子友乃风谏,以发激吴王之心。以清朝时,怀丸挟弹,从后园而来,衣洽履濡。吴王怪而问之曰:"何为如此也?"友曰:"游于后园,闻秋蝉之鸣,往而观之。夫秋蝉,登高树,饮清露,其鸣悲吟,自以为安,不知螳螂超枝缘条,申要举刃,繄其刑也。夫螳螂,禽心而进,志在利蝉,不知黄雀徘徊枝叶,欲啄之也。夫黄雀但知伺螳螂,不知臣飞丸之集其背也。但臣知虚心,念在黄雀,不知阱埳在于前,掩忽陷坠于深井也。"王曰:"天下之愚,莫过于斯。知贪前之利,不睹其后之患也。"对曰:"天下之愚,非但直于是也,复有甚

吴王夫差听说孔子和子贡来吴国游览，想看看他俩的模样，就穿着便服出宫，不料被街上的一个人戏弄，而且伤了手指。夫差回宫后，立刻派兵在都城内搜查，要杀掉这个人。伍子胥劝他说："我听说从前天帝的小儿子下界到一个青碧清凉的深潭中，变成一条鲤鱼，顺着水流嬉戏，被一个叫豫沮的打渔人射中。他回到天宫向天帝诉说自己的遭遇。天帝说：'你在游玩之时穿什么衣服？'小儿子说：'我变成了鲤鱼。'天帝说：'你本来是条白龙，却变成鲤鱼，打渔人射到你，是合情合理的事，有什么好埋怨的呢？'现在大王不穿帝王之服，而按平常人的礼俗行事，才被国人所伤，这也是合情合理的。"于是吴王沉默无言。

　　吴王夫差起兵攻打齐国，在商、鲁两国之间暗暗地挖掘壕沟，北接沂水，西接济水，欲同晋国在黄池附近会合。他担心大臣们会来劝谏，就在国内发布命令说："寡人要攻打齐国，有谁敢来劝阻，一律处死。"太子友于是采用委婉的方式去劝谏，希望打动吴王的心。清晨，他手握弹弓从后花园来到宫中，衣服鞋子都打湿了。吴王奇怪地问他说："你干什么了，搞成这副模样？"太子友说："刚才在后花园游玩，听见秋蝉的鸣叫声，就去观看。那秋蝉登上高高的树梢，喝着清澈的露水，其鸣叫的声音凄切如吟，自以为很安全，却不知螳螂越过树枝，沿着枝条，伸直细腰，高举前爪，形成了捕捉秋蝉的态势。螳螂小心翼翼的向前爬，眼里只有秋蝉，却看不到身后有黄雀徘徊于枝叶之中，准备啄食螳螂。那黄雀也只知道伺机捕啄螳螂，不知道我将要射出的弹丸正瞄准其脊背。我的心思都放在了黄

者。"王曰:"岂复有甚于是者乎?"友曰:"夫鲁守文抱德,无欲于邻国,而齐伐之。齐徒知举兵伐鲁,不知吴悉境内之士、尽府库之财,暴师千里而攻之也。吴徒知逾境贪敌往伐齐,不知越王将选其死士,出三江之口,入五湖之中,屠灭吴国也。臣窃观祸之端,天下之危,莫过于斯也。"王喟然而叹,默无所言,遂往伐齐,不用太子之谏。越王勾践闻吴王北伐,乃帅军沂江以袭吴,遂入吴国,焚其姑苏之台。

雀身上，却不知道陷阱就在眼前，一不留神，忽然掉进了深坑。"吴王说："天下没有比这更愚蠢的了，只贪图眼前的利益，而看不到身后的祸患。"太子友说："天下愚蠢之事不只这些，还有比这更严重的。"吴王说："难道还有比这更愚蠢的吗？"太子友说："鲁国遵守礼制，心怀道德，对邻国没有任何贪心，但齐国却起兵攻打它。齐国只顾举兵攻打鲁国，不知道吴国尽数动用国内之兵，竭尽府库中的资财，军队不顾风吹日晒，奔波千里去攻打它。而吴国只知道越过国境攻打齐国，不知道越国即将挑选不怕死的勇士从三江口出发，进入太湖之中，想灭掉吴国。臣儿我暗自观察，灾难的征兆、国家的危亡，没有比这个更严重的了。"吴王长叹一声，沉默无语，随即执意北上伐齐，不接受太子友的劝告。越王勾践听说吴王向北攻打齐国，就率领军队，沿江而上，袭击吴国。越军进入吴国境内，烧掉了吴国的姑苏台。

卷十三　汉书（一）补

萧祥剑　补辑

纪

高祖，沛丰邑中阳里人也，姓刘氏，二月，沛公西过高阳，郦食其为里监门，曰："诸将过此者多，吾视沛公大度。"乃求见沛公。沛公方踞床，使两女子洗。郦生不拜，长揖曰："足下必欲诛无道秦，不宜踞见长者。"于是沛公起，摄衣谢之，延上坐。

帝置酒洛阳南宫。上曰："通侯诸将毋敢隐朕，皆言其情。吾所以有天下者何？项氏之所以失天下者何？"高起、王陵对曰："陛下嫚而侮人，项羽仁而敬人。然陛下使人攻城略地，所降下者，因以与之，与天下同利也。项羽妒贤嫉能，有功者害之，贤者疑之，战胜而不与人功，得地而不与人利，此其所以失天下也。"上曰："公知其一，未知其二。夫运筹帷幄之中，决胜千里之外，吾不如子房；填国家，抚百姓，给饷馈，不绝粮道，吾不如萧何；连百万之众，战必胜，攻必取，吾不如韩信。三者皆人杰，吾能用之，此吾所以取天下者也。项羽有一范增而不能用，此所以为我禽也。"群臣说服。

初，高祖不修文学，而性明达，好谋，能听，自监门戍卒，见之如旧。初顺民心作三章之约。天下既定，命萧何次律令，韩信申军法，张苍定章程，叔孙通制礼仪，陆贾造《新语》。又

纪

汉高祖,沛县丰邑中阳里人,姓刘。二月,沛公向西经过高阳邑,郦食其为里门卒,说:"诸将路过此地的很多,我看沛公度量大。"便来求见沛公。沛公正坐在床上,让两个女子洗脚。郦食其不叩拜,作个长揖说道:"您如果一定想要诛杀无道的暴秦,不应该坐着接见长者。"于是沛公起身,整饬衣装,向他道歉,并请至上坐。

高皇帝设宴洛阳南宫,高祖说:"通侯各将不要隐瞒我,都要讲实情。我所以能得天下的原因是什么?项羽之所以失去天下的原因是什么?"高起、王陵对答说:"陛下轻慢而对人不尊重,项羽仁爱而敬重人。然而陛下派人攻城掠地,所降服的土地就赐予(将领),这是与天下人同利。项羽妒贤嫉能,对有功的人就妒忌,对贤能的人就怀疑,战胜的不计功劳,夺得地盘的不给赏赐,这是他所以丢失天下的原因。"高祖说:"你们只知其一,不知其二。运筹帷幄之中,决胜千里之外,我不如张良;镇守国家,安抚百姓,供给粮饷,不绝于道,我不如萧何;统领百万大军,战必胜,攻必克,我不如韩信。他们三人都是人杰,我能任用,这是我所以取得天下的原因。项羽有一个谋士范增,然而却不能重用,这是他被我擒获的原因。"群臣心悦诚服。

原先,高祖不习文学,而性情明达,善于谋划,能博采众议,从看门人到戍卒,见面都如老朋友。入关之初为顺民心,与百姓约定三条法令,大卜平定之后,命萧何编纂法令,命韩信申述兵法,命张苍制定历法,令叔孙通制定礼仪,令陆贾作《新语》。又与各功臣剖符

与功臣剖符作誓，丹书铁契，金匮石室，藏之宗庙。虽日不暇给。规摹弘远矣。

孝文皇帝，高祖中子也，母曰薄姬。高祖十一年，诛陈豨，定代地，立为代王，都中都。十七年秋，高后崩，诸吕谋为乱，欲危刘氏。丞相陈平、太尉周勃、朱虚侯刘章等共诛之，立代王。

三月，诏曰："方春和时，草木群生之物皆有以自乐，而吾百姓鳏、寡、孤、独、穷困之人或阽于死亡，而莫之省忧。为民父母将何如？其议所以振贷之。"

十一月癸卯晦，日有食之。诏曰："朕闻之，天生民，为之置君以养治之。人主不德，布政不均，则天示之灾以戒不治。乃十一月晦，日有食之，适见于天，灾孰大焉！朕获保宗庙，以微眇之身托于士民君王之上，天下治乱，在予一人，唯二三执政犹吾股肱也。朕下不能治育群生，上以累三光之明，其不德大矣。令至，其悉思朕之过失，及知见之所不及，丐以启告朕。及举贤良方正能直言极谏者，以匡朕之不逮。因各敕以职任，务省繇费以便民。"

五月，诏曰："古之治天下，朝有进善之旌，诽谤之木，所以通治道而来谏者也。今法有诽谤訞言之罪，是使众臣不敢尽情，而上无由闻过失也。将何以来远方之贤良？其除之，民

作誓，丹书铁契，存入金匮石室之中，保藏于宗庙之内。高祖虽然事务繁多，但可以立制垂范传之久远。

孝文皇帝是高祖排行居中的儿子，母亲是薄姬。汉高祖十一年春天，杀陈豨，平定代地，被封为代王，建都中都。他做代王的第十七年秋天，吕后去世了，以吕产为首的吕氏家族企图发动叛乱，夺取刘氏天下，丞相陈平、太尉周勃、朱虚侯刘章等共同联合诛杀吕氏，迎立代王。

三月，文帝下诏说："正值春日和暖的时节，草木群生之物都有各自的乐趣，而百姓中鳏寡孤独穷困之人有的频临死亡，却没有省视疾苦，作为人民的父母要怎么办？应该商议如何赈济他们。"

十一月癸卯为月末日，发生日食。文帝说："我听说上天生下万民，为他们设置君主来抚养治理他们。如果君主不贤明，施行政令不公平，那么上天就会显示灾象，来警告他治理不当。十一月末出现日食，已被上天谴责，哪有比这更大的灾象啊！我有幸得以保全宗庙，凭我这样渺小的一个人依托在万民和诸侯之上，天下的治与乱，责任全在于我一人，只有两三个执政大臣好比是我的左右手。我下不能治理和抚育好众生，上有损于日、月、星辰的光明，我的失德真是太大了。各地接到我的诏令后，大家都想想我的过失，以及我所知所见所思的不足之处，要求大家告诉我。并推荐贤良方正、能直言极谏的人来补正我的不足，也希望各级官吏认真整顿好自己本职工作，尽量减少徭役和开支费用，以便利民众。"

五月，文帝下诏说："古代圣明的君主治理天下，朝廷专门设有进言献策的旌旗和批评朝政的谤木，用来疏通治政的渠道，招致进谏的臣民。如今的法律规定批评朝政和传播妖言的人要治罪，这就使得群臣不敢畅所欲言，做皇帝的无从知道自己的过失，这怎么能招

或祝诅上,以相约而后相谩,吏以为大逆。其有他言,吏又以为诽谤。此细民之愚,无知抵死。朕甚不取。自今以来,有犯此者勿听治。"

九月,诏曰:"农,天下之大本也,民所恃以生也。而民或不务本而事末,故生不遂。朕忧其然。故今兹亲率群臣农以劝之,其赐天下民今年田租之半。"

十二年三月,诏曰:"道民之路,在于务本。朕亲率天下农,十年于今,而野不加辟,岁一不登,民有饥色。是从事焉尚寡,而吏未加务也。吾诏书数下,岁劝民种树,而功未兴,是吏奉吾诏不勤,而劝民不明也。且吾农民甚苦,而吏莫之省,将何以劝焉?其赐农民今年租税之半。"

又曰:"孝悌,天下之大顺也;力田,为生之本也;三老,众民之师也;廉吏,民之表也。朕甚嘉此二三大夫之行。今万家之县,云无应令,岂实人情?是吏举贤之道未备也。其遣谒者劳赐三老、孝者帛,人五匹;悌者、力田二匹;廉吏二百石以上率百石者三匹。及问民所不便安,而以户口率置三老、孝、悌、力田常员,令各率其意以道民焉。"

致远方的贤能之士到朝廷来呢？应该废除这些法令。百姓中有人背后诅咒皇帝，发誓相约互相隐瞒，后来又互相告发，官吏就认为这是大逆不道；如果再说些不服的话，官员又认为是诽谤朝廷。其实不过是由于小民们愚昧无知，以至于判处死刑，我认为很不可取。从今以后，凡是触犯了这条法令的，一律不加处理。"

九月，文帝下诏说："农业是天下的根本，是百姓赖以生存的基础，有的百姓不专心务农而去经商，因此衣食困乏。我忧虑这种情况，因此现在亲自率领群臣耕田来鼓励农业。免除百姓今年应纳田租的一半作为奖励。"

十二年三月，下诏说："引导百姓的途径，在于抓住农业这个根本。我亲自耕作以劝勉农耕，已经十年了，而田野尚未得到充分开垦，每逢年景不好，百姓就处于饥饿状态，这是因为从事农业的人尚不足，而各地官吏未能认真重视农业的缘故。我多次下诏，每年劝百姓多植树，而功效甚微，这也是地方官吏执行我的诏令不认真、对百姓的劝勉没有明确的措施所致。加之农民负担重，而地方官吏又漠不关心，这怎能提高农民的生产积极性？为此今年免除农民应交赋税的一半。"

文帝又说："孝敬父母，爱护兄弟，是天下最顺乎伦常大道的；努力耕作，是生存之本；三老，是人民的老师；廉吏，是人民的表率。我特别赞赏孝悌、力田、三老与廉吏的操行。如今万家之县，却说无人响应察举之令，是真实情况吗？原因是官吏举贤之道尚未具备。现派谒者慰劳赏赐三老、孝者帛每人五匹，悌者、力田者每人二匹，廉吏二百石以上者每一百石加赏三匹。还要慰问百姓不能便利安适之处，按户口计算设置三老、孝悌、力田常任乡官，让他们深刻领会诏书的意义而教化百姓。"

十四年,春,诏曰:"昔先王远施不求其报,望祀不祈其福,右贤左戚,先民后己,至明之极也。今吾闻祠官祝厘,皆归福于朕躬,不为百姓,朕甚愧之。夫以朕之不德,而专乡独美其福,百姓不与焉,是重吾不德也。其令祠官致敬,无有所祈。"

十六年,诏曰:"间者数年比不登,又有水旱疾疫之灾,朕甚忧之。愚而不明,未达其咎。意者朕之政有所失而行有过与?乃天道有不顺,地利或不得,人事多失和,鬼神废不享与?何以致此?将百官之奉养或费,无用之事或多与?何其民食之寡乏也!夫度田非益寡,而计民未加益,以口量地,其于古犹有余,而食之甚不足者,其咎安在?无乃百姓之从事于末以害农者蕃,为酒醪以靡谷者多,六畜之食焉者众与?细大之义,吾未能得其中。其与丞相、列侯、吏二千石、博士议之,有可以佐百姓者,率意远思,无有所隐。"

六年,夏四月,大旱,蝗。令诸侯无入贡,弛山泽,减诸服御,损郎吏员,发仓庾以振民,民得卖爵。

七年夏,六月己亥,帝崩于未央宫。遗诏曰:"朕闻之:'盖天下万物之萌生,靡不有死。死者天地之理,物之自然,奚可甚哀!'当今之世,咸嘉生而恶死,厚葬以破业,重服以伤生,吾甚不取。且朕既不德,无以佐百姓。今崩,又使重服久临,以罹寒暑之数,哀人父子;伤长老之志,损其饮食,绝

十四年春天，文帝下诏说："昔日先王远施恩泽而不求他人报答，虔诚祭祀而不祈个人福祉，尊重贤才，抑制亲戚，先民众后自己，实在是英明至极。现在我听说祠官祝福，都希望福祉集于我一身，而不为百姓祈祷，这使朕更为惭愧。以我这无德之人，却独享神灵所降的幸福，而不与百姓同享，这就加重了我的失德。现在命令祠官向神祇致祭，切不可为我个人祈福。"

十六年，下诏说："近来连年歉收，又有水旱疾疫之灾，朕很担忧。我愚笨而没有明察，不知罪在何处。或许是我的政事有所失且行为有缺点呢？还是天道有不顺，地利难以得，人事多失和，鬼神不愿享受祭祀呢？为什么会这样？是百官的俸禄过高与劳民伤财的事办得过多吗？为什么粮食竟如此的缺乏呀？度量耕地并未减少，统计人口增加的也不多，按人口平均计算地亩，比之于古代还要有余，而粮食却极为不足，失误的根源何在？莫非是由于百姓从事商业而伤害农业的人多起来，如造酒耗费谷物多了，六畜的饲养大量增加了呢？从小与大各方面来探讨我还未能找出症结所在。现愿与丞相、列侯、吏二千石及博士来集思广益，凡是能对百姓有所帮助，都要悉心尽意从长远考虑，不要有所隐瞒。"

六年夏四月，大旱，蝗虫成灾。诏令诸侯不得向朝廷纳贡，取消禁止民众开发山林湖泊的法令，减省服饰、车马、器用之类，精简朝廷冗员，打开粮仓赈济灾民，允许民间买卖爵位。

七年夏，六月初一日，文帝在未央宫驾崩。留下遗诏说："朕听说：大凡天下万物从萌生以后，没有不死亡的。死亡是天地间的常理、事物的自然规律，何必为此而恸哀？现今之世，世人都爱生而恶死，（人死后）花钱厚葬，以致倾家荡产；服丧过度，以致损伤了身体。我极不赞同这种做法。何况朕德行浅薄，对百姓无所帮助，现

鬼神之祭祀，以重吾不德，谓天下何！朕获保宗庙，以眇眇之身托于天下君王之上，二十有余年矣。赖天之灵，社稷之福，方内安宁，靡有兵革。朕既不敏，常畏过行，以羞先帝之遗德；惟年之久长，惧于不终。今乃幸以天年得复供养于高庙，朕之不明与嘉之，其奚哀念之有？"

赞曰：孝文皇帝即位二十三年，宫室、苑囿车骑、服御无所增益。有不便，辄弛以利民。尝欲作露台，召匠计之，直百金。上曰："百金，中人十家之产也。吾奉先帝宫室，常恐羞之，何以台为！"身衣弋绨，所幸慎夫人衣不曳地，帷帐无文绣，以示敦朴，为天下先。治霸陵，皆瓦器，不得以金、银、铜、锡为饰，因其山，不起坟。南越尉佗自立为帝，召贵佗兄弟，以德怀之，佗遂称臣。与匈奴结和亲，后而背约入盗，令边备守，不发兵深入，恐烦百姓。吴王诈病不朝，赐以几杖。群臣爰盎等谏说虽切，常假借纳用焉。张武等受赂金钱，觉，更加赏赐，以愧其心。专务以德化民，是以海内殷富，兴于礼义，断狱数百，几致刑措。呜呼，仁哉！

孝景皇帝，文帝太子也。后七年六月，文帝崩。丁未，太子即皇帝位。九月，诏曰："法令度量，所以禁暴止邪也。狱，人

在死了，又让人们长久地为我服丧哭吊，遭受寒冬酷暑的折磨，使天下父子悲哀不已，损伤了老幼的心灵，减少他们的饮食，中断了对鬼神的祭祀，这些都会加重我的失德，这叫我如何向天下交代！我有幸获得保护宗庙的权利，以渺小的一人依托在天下诸侯之上，已经二十多年了。依赖于上天的威灵，托国家的洪福，四海安宁，未有战乱。朕秉性愚钝，常常担心自己有什么错误的行为，以致玷辱先帝遗留下来的美德。而在位时间愈久，更恐不能善始善终。今日我有幸寿终正寝供养于高庙之中，也许是我的见识不高明吧，却喜欢这样的归宿，哪里还有什么值得悲哀的呢？"

班固评论说：孝文皇帝在位二十三年，宫殿、御苑、车骑、服御没有增加。有不便民之事，立即废除以有利于民。他曾想造一座露台，召来工匠预算，造价需百金。文帝说："百金是中等人家十户的产业。我继守先帝的宫室，常常担心愧对先帝，何必要筑露台！"身穿黑色绨衣，所宠爱的慎夫人衣不拖地，帷帐不绣花，以表示自己的朴素，做天下的表率。修造霸陵（陵墓），都用瓦器，不准以金银铜锡装饰，沿着山势起陵，不起高坟。南越尉佗自立为帝，文帝贵封尉佗兄弟，以德义进行安抚，尉佗又重新称臣。与匈奴结为友好，不久匈奴背约入盗，文帝只令边兵加强防守，不发兵反攻其地，恐怕增加百姓负担。吴王（刘濞）诈称有病不上朝，文帝赏赐他几杖进行慰问。群臣爰盎等切直谏说，常常是采纳实行。张武等贿赂金钱，发觉后，更加赏赐，使其惭愧自省。文帝注重以德教化百姓，所以天下富裕，大兴礼义之风，断狱判死罪的人仅数百，几乎不使用刑罚。唉，真是有仁德的君主啊！

汉景帝是汉文帝的太子。后元七年（公元前157年）六月，文帝去世。六月九日，太子继承帝位。景帝五年九月，下诏说："法令与

之大命,死者不可复生。吏或不奉法令,以货赂为市,朋党比周,以苛为察,以刻为明,令亡罪者失职,朕甚怜之。有罪者不伏罪,奸法为暴,甚亡谓也。诸狱疑,若虽文致于法而于人心不厌者,辄谳之。"

二年,夏四月,诏曰:"雕文刻镂,伤农事者也;锦绣纂组,害女红者也。农事伤则饥之本也,女红害则寒之原也。夫饥寒并至,而能亡为非者寡矣。朕亲耕,后亲桑,以奉宗庙粢盛、祭服,为天下先;不受献,减太官,省繇赋,欲天下务农蚕,素有畜积,以备灾害。强毋攘弱,众毋暴寡;老耆以寿终,幼孤得遂长。今,岁或不登,民食颇寡,其咎安在?或诈伪为吏,吏以货赂为市,渔夺百姓,侵牟万民。县丞,长吏也,奸法与盗盗,甚无谓也。其令二千石各修其职;不事官职、耗乱者,丞相以闻,请其罪。布告天下,使明知朕意。"

五月,诏曰:"人不患其不知,患其为诈也;不患其不勇,患其为暴也;不患其不富,患其亡厌也。其唯廉士,寡欲易足。亡令廉士久失职,贪夫长利。"

三年春正月,诏曰:"农。,天下之本也。黄金、珠玉,饥不可食,寒不可衣,以为币用,不识其终始。间岁或不登,意为末者众,农民寡也。其令郡国务劝农桑,益种树,可得衣食物。吏发民若取庸采黄金、珠玉者,坐臧为盗。二千石听者,与同罪。"

度量,是用以禁暴止邪的。刑狱,关系到人的生命,人死是不可复生的。有的官吏不遵守法令,把受贿钱财当做交易,结党营私,排斥异己,以苛刻为明察,让无罪的人失职,我深为怜惜。有罪的人不认罪,因法作奸,为非作歹,不以为然。而对于疑狱,即使可以引用律条进行判处而人心有不服的,就给予复审与合议。"

后二年夏四月,景帝下诏说:"雕花纹刻文铸造,伤害农事;锦绣绶带,伤害女功。伤害农事就会导致粮荒而饥,妨害女功就会影响纺织生产而受寒。饥寒交迫,而没有为非作歹者是罕见的。朕亲自耕种,皇后亲自蚕桑,用亲自耕种的祭米、穿上亲自纺织的祭服来奉祀宗庙,为天下做出榜样。朕不收奉献,减少太官,轻徭薄赋,是希望天下重视农桑,平时有积蓄,以备灾荒。强不取弱,众不欺寡,让老者得以寿终,幼者顺利成长。今年有的地方粮食歉收,民食不足,问题出在哪里?有些弄虚作假的官吏,以贿赂做交易,掠取百姓,侵害掠夺民脂民膏。县丞,本是地方主要官员,知法犯法,与盗贼共同为盗,习以为常。现命令二千石各履行其职责,凡疏于职守昏乱处事者,丞相都应进行追究,并予以惩处。特布告天下,使官民尽知朕意。"

五月,下诏书说:"人不必担心不智,最怕的是欺诈;不必担心不勇,最怕的是暴虐;不必担心不富,最怕的是不知满足。只有廉洁之人,少欲望而易满足。不要让廉洁之士不得其职,而让贪婪的人久据其位。"

后三年春正月,景帝下诏说:"农业,是天下的根本。黄金珠玉,饥不可食,寒不可衣,作为货币使用,看不到它的终结与开始。近年来有时粮食收成不好,有人说是因为从事商业的人过多、从事农业的人过少的缘故。现特令郡国要劝勉农民从事农桑,多植树,可以丰衣足食。如有官吏征发百姓或是雇佣民力开采黄金珠玉的,与盗赃

赞曰：孔子称"斯民三代之所以直道而行也"，信哉！周、秦之敝，罔密文峻，而奸轨不胜。汉兴，扫除烦苛，与民休息。至于孝文，加之以恭俭，孝景遵业，五六十载之间，至于移风易俗，黎民醇厚。周云成、康，汉言文、景，美矣！

孝武皇帝，景帝中子也。十六岁，后三年正月，景帝崩。甲子，太子即皇帝位。建元元年冬十月，诏丞相、御史、列侯、中二千石、二千石、诸侯相举贤良方正直言极谏之士。丞相绾奏："所举贤良，或治申、商、韩非、苏秦、张仪之言，乱国政，请皆罢。"奏可。

夏四月己巳，诏曰："古之立教，乡里以齿，朝廷以爵，扶世导民，莫善于德。然则于乡里先耆艾，奉高年，古之道也。今天下孝子、顺孙愿自竭尽以承其亲，外迫公事，内乏资财，是以孝心阙焉，朕甚哀之。民年九十以上，已有受鬻法，为复子若孙，令得身帅妻妾遂其供养之事。"

元光元年，五月，诏贤良曰："朕闻昔在唐、虞，画象而民不犯，日月所烛，莫不率俾。周之成、康，刑错不用，德及鸟兽，教通四海，海外肃眘，北发渠搜，氐羌来服；星辰不孛，日月不蚀，山陵不崩，川谷不塞；麟凤在郊薮，河洛出图书。呜呼，何施而臻此与！今朕获奉宗庙，夙兴以求，夜寐以思，若

同罪论处。俸禄为二千石的郡守听任不管的,与之同罪。"

(班固)评论说:孔子曾说"这些百姓,在夏、商、周三代淳厚的教化下,能够按正道行事",这是可信的。周末秦朝的弊端,是法网严密而律令苛峻,但触法犯罪的仍不胜其多。汉朝兴起,扫除繁苛,与民休养生息。到了汉文帝,加之以恭谨俭约,景帝遵循前业,五六十年之间,达到了移风易俗、百姓敦厚朴实的境地。周朝有成康盛世,汉代有文景之治,美好啊!

孝武皇帝刘彻,是景帝的次子。十六岁时,景帝后三年正月,景帝驾崩。正月二十七日,太子继皇帝位。建元元年(公元前140年)冬十月,诏令丞相、御史、列侯、中二千石、二千石、诸侯相国推举贤良方正直言极谏之人。丞相卫绾上奏:"所推举贤良,若是陈说申不害、商鞅、韩非、苏秦、张仪的言论,淆乱国政,请一律罢去。"皇上同意。

建元元年夏四月初九日,下诏说:"古代立的规矩,乡里以年为尊,朝廷以爵为重,治国教民,要把德行置于显著地位。可以说在乡里中尊重长者,奉养高年,是古之遗教。今日天下的孝子顺孙愿意尽心尽力以赡养自己的长辈,然而,外迫于公事,内乏于资财,是以心有余而力不足,朕深为同情。人民年届九旬以上,朝廷已有给米粟以为糜粥之法。现增加免除其子或孙的征役之法,要他们率领妻子履行其供养老人之责。"

元光元年(公元前134年)五月,诏贤良说:"朕听说昔日唐虞之世,只用罪衣以象征五刑而民不能犯法律,日月所照,莫不臣服。周朝成王、康王时代,刑律放置不用,盛德及于鸟兽,教化通行四海。海外肃慎来朝,北方渠搜供役,氐羌归服;星辰无彗,日月不蚀,山陵不崩,川谷不塞;麒麟凤凰游于郊野,黄河洛水涌现图书。呵!普

涉渊水,未知所济。猗与伟与!何行而可以章先帝之洪业休德,上参尧、舜,下配三王!朕之不敏,不能远德,此子大夫之所睹闻也,贤良明于古今王事之体,受策察问,咸以书对,著之于篇,朕亲览焉。"于是董仲舒、公孙弘等出焉。

元朔元年冬十一月,诏曰:"公卿大夫,所使总方略,壹统类,广教化,美风俗也。夫本仁祖义,襃德禄贤,劝善刑暴,五帝、三王所繇昌也。朕夙兴夜寐,嘉与宇内之士臻于斯路。故旅耆老,复孝敬,选豪俊,讲文学,稽参政事,祈进民心,深诏执事,兴廉举孝,庶几成风,绍休圣绪。夫十室之邑,必有忠信;三人并行,厥有我师。今或至阖郡而不荐一人,是化不下究,而积行之君子雍于上闻也。二千石官长纪纲人伦,将何以佐朕烛幽隐,劝元元,厉蒸庶,崇乡党之训哉?且进贤受上赏,蔽贤蒙显戮,古之道也。其与中二千石、礼官、博士议不举者罪。"有司奏议曰:"古者,诸侯贡士,壹适谓之好德,再适谓之贤贤,三适谓之有功,乃加九锡;不贡士,壹则黜爵,再则黜地,三而黜爵地毕矣。夫附下罔上者死,附上罔下者刑;与闻国政而无益于民者斥;在上位而不能进贤者退,此所以劝善黜恶也。今诏书昭先帝圣绪,令二千石举孝廉,所以化元元,移风易俗也。不举孝,不奉诏,当以不敬论。不察廉,不胜任也,当免。"奏可。

施德泽才能出现如此的盛世啊!今朕有幸继承大统,早起以求,静夜以思,若望洋兴叹,不知怎样才能达到彼岸。美好啊!伟大啊!通过哪些行动可发扬光大先帝的大业与美德,以上参尧舜,下配三王呢?朕禀性愚钝,德不能及远,这是各位大夫所熟知的。贤良之士明了古今王事的兴衰,受策察问,都请用文字写好,编辑成册,让朕阅览。"于是董仲舒、公孙弘等脱颖而出了。

元朔元年(公元前128年)冬十一月,下诏说:"公卿大夫,其任务是制定方针战略,统一行动措施,宣传朝廷德政,转变社会风气。而以仁义为基准,来褒扬有德之士,启用贤良之材,激扬从善之风,惩治不法之徒,这是五帝三王之所以昌盛的经验。朕朝思暮想希望和天下有志之士共同走上这条康庄大道。所以加惠耆老,优待孝弟,选拔豪俊,讲习文学,共商建国大计,祈求能符民望,多次诏令主事官员,提倡并推举孝廉,以至蔚为风气,以继承五帝三王的美业。在十室之邑,必有忠信之人;三人并行,必有我师。而今日全郡之中竟无一贤良上荐于朝廷,这是朝廷的教化没有进行深入地贯彻,而具有孝廉之贤的君子行谊就被埋没了。二千石官是主管诏令推行与人才推举的,如此将何以辅佐朕以了解下情,关心百姓,激励众民,树立尊老重贤的社会风气呢?何况进贤受上赏,蔽贤受惩罚,这是古代的原则。我请中二千石、礼官、博士讨论对不举贤良的郡县官吏应治以何罪。"专司官吏奏议说:"在古代,诸侯贡人才于朝,首次举得其人称为好德,二次举得其人称为贤明,三次举得其人称为有功,朝廷对他进行崇高的奖赏;诸侯不向朝廷贡才,第一次贬爵,第二次削地,第三次爵地俱削。勾结于下而欺罔君上的处死,谗媚于上而欺罔臣民的加刑,参与国政而不能造福于民的弃逐,身居要职而不能进荐贤才的退位,这就是劝善而贬恶的措施。今日诏书要求发扬先代

春三月甲子，诏曰："朕闻天地不变，不成施化；阴阳不变，物不畅茂。易曰'通其变，使民不倦'。《诗》云'九变复贯，知言之选'。朕嘉唐虞而乐殷周，据旧以鉴新。其赦天下，与民更始。诸逋贷及辞讼在孝景后三年以前，皆勿听治。"

五年春，大旱。夏六月，诏曰："盖闻导民以礼，风之以乐。今礼坏乐崩，朕甚闵焉。故详延天下方闻之士，咸荐诸朝。其令礼官劝学，讲议洽闻。举遗兴礼。以为天下先。太常其议予博士弟子，崇乡党之化，以厉贤材焉。"丞相弘请为博士置弟子员，学者益广。

六年，六月，诏曰："朕闻五帝不相复礼，三代不同法，所繇殊路而建德一也。盖孔子对定公以来远，哀公以论臣，景公以节用，非期不同，所急异务也。"

元狩元年，诏曰："朕闻咎繇对禹，曰在知人，知人则哲，惟帝难之。盖君者，心也，民犹支体，支体伤则心憯怛。《诗》云：'忧心惨惨，念国之为虐。'"

帝王的举贤选能的传统，令郡守县令推举孝廉贤才，是为了教化人民、移风易俗。对于那些对举贤诏令置若罔闻的官吏，当以不遵朝命论。不能培养与发现贤才，就是不能胜任其职，应该罢免。"此奏被采纳。

春季三月十三日，下诏说："朕听说天地不变，施化不成；阴阳不变，物不畅茂。《易》说：'因势变通，人民的精神才会振作。'《诗》说：'通天地之变而不失道，择善而从。'朕欣赏唐虞而乐观殷周，愿汲取历史的经验教训以为借鉴。现在大赦天下，与民更始。有的犯了罪，畏罪逃亡及久欠官物而被起诉，事出在孝景帝三年以前，都免予处理。"

五年春，发生大旱灾。夏六月，下诏说："曾闻教导人民以礼，陶冶人民以乐，当今礼坏乐崩，朕甚为惋惜。所以广引博闻有道之士，集会于京都，由礼官主持讲学，广征博引，举遗漏之文，兴被坏之礼，以为天下榜样。太常官应考虑将参加此次学礼的有道之士置为博士弟子，这既可以崇教化于乡里，又可以奖励贤才。"丞相公孙弘奏请为博士设置弟子生员，学礼的人愈多了。

元狩六年六月，下诏说："朕听说五帝不沿用过去的陈规，三代不相袭前代的法度，他们所处的历史时代发生了变化而建立的德政却是一致的。昔日孔子以'招来远方之人'回答鲁定公，以'政在选贤'回答鲁哀公，以'政在节财'回答齐景公，这不是要求不同，而是具体情况决定当务之急。"

元狩元年（公元前122年）。下诏说："朕闻皋陶回答禹，首在知人，能知人的才是贤哲，圣如尧帝还认为知人甚难。大凡君王是心脏，人民如同肢体，肢体受伤则心脏痛悼。《诗》说：'忧心惨惨，悼念国家发生灾难。'"

二年，秋九月，诏曰："仁不异远，义不辞难，今京师虽未为丰年，山林、池泽之饶与民共之。今水潦移于江南，迫隆冬至，朕惧其饥寒不活。江南之地，火耕水耨，方下巴、蜀之粟致之江陵，遣博士中等分循行，谕告所抵，无令重困。吏民有振救饥民免其厄者，具举以闻。"

五年，十一月辛巳朔旦，冬至。立泰畤于甘泉，天子亲郊见，朝日夕月。诏曰："朕以眇身托于王侯之上，德未能绥民，民或饥寒，故巡祭后土以祈丰年。冀州雎壤乃显文鼎，获荐于庙。渥洼水出马，朕其御焉。战战兢兢，惧不克任，思昭天地，内惟自新。《诗》云：'四牡翼翼，以征不服。'亲省边垂，用事所极。望见泰一，修天文禅。辛卯夜，若景光十有二明。《易》曰：'先甲三日，后甲三日。'朕甚念年岁未咸登，饬躬斋戒，丁酉，拜况于郊。"

元封五年，初置刺史部十三州。名臣文武欲尽，诏曰："盖有非常之功，必待非常之人，故马或奔踶而致千里，士或有负俗之累而立功名。夫泛驾之马，跅弛之士，亦在御之而已。其令州、郡察吏、民有茂材、异等可为将、相及使绝国者。"

赞曰：汉承百王之弊，高祖拨乱反正，文、景务在养民，至于稽古礼文之事，犹多阙焉。孝武初立，卓然罢黜百家，表章《六经》。遂畴咨海内，举其俊茂，与之立功。兴太学，修郊祀，改正朔，定历数，协音律，作诗乐，建封禅，礼百神，绍

元鼎二年（公元前113年）秋九月，下诏说："远近如一为仁，不惮艰险为义。今日京师虽不是丰收之年，而山林池泽的财富资源应与人民共同开采。当前水涝之灾移向江南，隆冬即至，朕担忧江南人民饥寒交迫。江南地区，火耕水耨，即时调巴蜀粮食集于江陵，派博士中等分别到各地检查，告知灾民蜀粮已到，以宽解他们的愁困。凡吏民在赈饥救灾有突出成绩的，要将其事迹详报朝廷。"

元鼎五年，十一月初一日，冬至，立泰畤于甘泉宫所在地。天子亲自祭祀，早晨向东拜日，晚上向西南拜月。下诏说："朕以细末之身托于王侯之上，德未能安民，百姓有的未能免于饥寒，所以巡查祭祀后土以祈求丰年。在冀州后土祠旁发现文鼎，得献于祖庙。渥洼水出马，为朕所御用。战战兢兢，深恐力不胜任，要想昭明天地之德，必须不断自省更新。《诗》说："四马并驾齐驱，以征不服之地！"我在巡狩边陲时，所到之处也必行祭礼。望见泰一，修天文坛。十一月十一夜，祥光好像有白日十分之二的光明。《易》说："先甲三日应自新，后甲三日自叮咛。"朕甚念今年没有全面丰收，就严肃斋戒，在后甲三日丁酉（十一月十七日），举行郊祭以感谢天赐光明。"

元封五年，开始设置刺史管辖十三州。名臣文武青黄不继，皇上下征贤诏说："大凡要建立非常之功的，必须等待非常之人，所以好踢踏的马有的可日行千里，被世俗讥论的人有的可能建功立业。那些难驯之马与不羁之士，只要制御得当就可以让其有所作为。现在命令州郡考察吏民中有超群才华、可以为将相及出使异国的人选。"

（班固）评论说：汉朝始建于群雄逐鹿的动乱时期，汉高祖拨乱反正，文帝、景帝把休养生息作为首务，对于稽古礼文的文治事业，还缺乏建树。汉武帝初期，毅然罢黜百家，独崇儒术，兼谋众人，举荐贤才，给他们以立功建业之机。兴太学，修郊祀，改正朔，

周后,号令文章,焕焉可述。后嗣得遵洪业,而有三代之风。如武帝之雄材大略,不改文、景之恭俭以济斯民,虽《诗》、《书》所称,何有加焉!

孝昭皇帝,武帝少子也。后元二年二月上疾病,遂立昭帝为太子,年八岁。以侍中奉车都尉霍光为大司马大将军,受遗诏辅少主。明日,武帝崩。戊辰,太子即皇帝位,谒高庙。五年,诏曰:"朕以眇身获保宗庙,战战栗栗,夙兴夜寐,修古帝王之事,诵《保傅传》、《孝经》、《论语》、《尚书》,未云有明。其令三辅、太常举贤良各二人,郡国文学高第各一人。赐中二千石以下至吏、民爵,各有差。"

元凤元年,三月,赐郡国所选有行义者涿郡韩福等五人帛,人五十匹,遣归。诏曰:"朕闵劳以官职之事,其务修孝、弟以教乡里。令郡、县常以正月赐羊、酒。有不幸者赐衣被一袭,祠以中牢。"六年,夏,赦天下。诏曰:"夫谷贱伤农,今三辅、太常谷减贱,其令以叔粟当今年赋。"元平元年春二月,诏曰:"天下以农、桑为本。日者省用,罢不急官,减外繇,耕、桑者益众,而百姓未能家给,朕甚愍焉。其减口赋钱。"有司奏请减什三,上许之。

定历数,协音律,作诗乐,建封禅,礼百神,继承周朝之后,号令文章,焕然可述。后嗣得遵洪业,而有夏商周三代之风。以汉武帝这样的雄才大略,如不改文景的恭俭以置苍生于衽席之上,就是《诗》《书》上所称道的帝王也是不能超过他的。

汉昭帝是武帝的少子,后元二年二月武帝患了重病,于是就立昭帝为太子,年仅八岁。任命侍中奉车都尉霍光为大司马大将军,受武帝的遗诏负责辅佐少主。次日,武帝驾崩。二月十五日,太子继承皇位,拜祭高祖祠庙。始元五年,昭帝下诏书说:"朕以微末之身而继承皇位,掌管天下,每一天都战战兢兢,早起晚睡,学习古代圣帝贤王治理天下的教诲,诵读《保傅传》《论语》《尚书》《孝经》等经典,但对其中的义理尚未能完全通达明了。现令三辅、太常推举贤良各二人、郡国文学高第各一人。赐中二千石以下至吏民爵级,有所差等(让其教导朕学习这些经典)。"

元凤元年,三月,赏赐郡国所选躬行仁义之士涿郡的韩福等五人帛,每人五十匹,并让他们回到自己家中。昭帝下诏说:"朕不忍心以官职之事劳役韩福等人,希望他们回到家乡谨修孝悌,为乡里做一个模范。通知各郡县在每年正月赐他们羊酒,以表对他们的慰问。对其中去世的人,要赐给衣、被各一套,并以猪羊进行祭奠。"元凤六年,夏季,昭帝大赦天下。下诏说:"大凡粮食的价格低贱就会伤害农事,如今三辅、太常各地的粮价下跌,特令各地可以用交纳粮食充抵今年的赋钱。"元平元年春二月,昭帝下诏书说:"天下以农桑为根本。前段时间曾经节省开支,罢除了不必要的官员,减少了戍边士兵,于是从事农业生产的人数增加,但百姓仍然不能够自给自足,朕为此深感不安,现决定减去口赋钱。"有司奏请减免十分之三,昭帝同意了。

赞曰：昔周成以孺子继统，而有管蔡四国流言之变。孝昭幼年即位，亦有燕、盖、上官逆乱之谋。成王不疑周公，孝昭委任霍光，各因其时以成名，大矣哉！承孝武奢侈余敝师旅之后，海内虚耗，户口减半，光知时务之要，轻繇薄赋，与民休息。至始元、元凤之间，匈奴和亲，百姓充实。举贤良、文学，问民所疾苦，议盐、铁而罢榷酤，尊号曰"昭"，不亦宜乎！

孝宣皇帝，武帝曾孙。元平元年，秋七月。光奏议曰："礼，人道亲亲故尊祖，尊祖故敬宗。大宗毋嗣，择支子孙贤者为嗣。孝武皇帝曾孙病已，有诏掖庭养视，至今年十八，师受《诗》、《论语》、《孝经》，操行节俭，慈仁爱人，可以嗣孝昭皇帝后，奉承祖宗，子万姓。"奏可。四年春正月，诏曰："盖闻农者兴德之本也，今岁不登，已遣使者振贷困乏。其令太官损膳省宰，乐府减乐人，使归就农业。丞相以下至都官令、丞上书入谷，输长安仓，助贷贫民。民以车船载谷入关者，得毋用传。"

夏四月壬寅，郡国四十九地震，或山崩水出。诏曰："盖灾异者，天地之戒也。朕承洪业，奉宗庙，托于士民之上，未能和群生。乃者地震北海、琅邪，坏祖宗庙，朕甚惧焉。丞相、御史其与列侯、中二千石博问经学之士，有以应变，辅朕之不

（班固）评论说：以前周成王在年少时继承皇位，而有管、蔡四国的流言，诬蔑摄政辅助幼主的周公有异心。昭帝幼年继帝位，同样有燕王、盖长公主、上官桀谋逆，诋毁摄政辅助幼主的霍光。成王不疑周公，昭帝信任霍光。君臣都能在各自的时代而成就名位，真了不起啊！昭帝继承武帝晚年好大喜功、穷兵黩武的政策之后，国内经济萧条，人口减少一半，而霍光能明了当时国家的当务之急，轻徭薄赋，与民休息。到始元、元凤年间，外与匈奴和亲，内使百姓充实。并推举贤良文学之士，询问民间的疾苦，罢除盐铁酒类专卖，不与百姓争利。因此尊称他的谥号为"昭"，不是很合宜吗？

　　孝宣皇帝是汉武帝的曾孙。元平元年秋七月，霍光向皇太后上奏说："按照礼制，为人之道能爱自己的亲属所以才会尊重祖辈，尊重祖辈所以才会敬奉祖宗。嫡系长房没有子嗣，可选择旁宗子孙中的贤德者作为继承人。孝武皇帝的曾孙刘病已，曾有诏令由掖庭抚养照顾，至今已十八岁。从师学习《诗经》《论语》《孝经》，操行节俭，仁慈而爱人，可以在昭帝之后继承君位，奉祀祖宗，作为天下万民之主。"奏议得到皇太后的准许。本始四年春正月，宣帝下诏说："朕闻知农业是振兴道德的根本。今年粮食歉收，已派遣使者去赈济贫困之人。今令太官减少膳食、少宰牲畜，乐府裁减乐工，让他们去从事农业。丞相以下至京城各官署的令丞都要上报捐助谷物的数额，交到长安仓，以帮助朝廷赈济贫民。百姓有用车船运载谷物入关的，勿须检查凭证。"

　　夏四月壬寅日，有四十九个郡、国发生地震，有的山体崩塌，有的地裂出水。宣帝下诏说："大凡灾变和异常现象，是天地发出的告诫。朕继承大业，奉祀宗庙，位居士民之上，未能使百姓和睦。近来北海、琅邪等郡发生地震，毁坏了祖宗的宗庙，朕非常恐惧。丞相、

逮,毋有所讳。令三辅、太常、内郡国举贤良方正各一人。律令有可蠲除以安百姓,条奏。被地震坏败甚者,勿收租赋。"大赦天下。上以宗庙堕,素服,避正殿五日。

冬十月,诏曰:"乃者九月壬申地震,朕甚惧焉。有能箴朕过失,及贤良方正直言极谏之士以匡朕之不逮,毋讳有司。朕既不德,不能附远,是以边境屯戍未息。今复饬兵重屯,久劳百姓,非所以绥天下也。其罢车骑将军、右将军屯兵。"又诏:"池籞未御幸者,假与贫民。郡国宫、馆。勿复修治。流民还归者,假公田,贷种、食,且勿算事。"

十一月,诏曰:"朕既不逮,导民不明,反侧晨兴,念虑万方,不忘元元。唯恐羞先帝圣德,故并举贤良方正以亲万姓,历载臻兹,然而俗化阙焉。传曰:'孝弟也者,其为仁之本与!'其令郡国举孝、弟有行义闻于乡里者各一人。"

四年春二月,诏曰:"导民以孝,则天下顺。今百姓或遭衰绖凶灾,而吏繇事使不得葬,伤孝子之心,朕甚怜之。自今,诸有大父母、父母丧者勿繇事,使得收敛送终,尽其子道。"夏五月,诏曰:"父子之亲,夫妇之道,天性也。虽有患祸,犹蒙死而存之。诚爱结于心,仁厚之至也,岂能违之哉!自今,子首

御史与列侯、中二千石的官员要广泛询问通达经学之士,提出应对灾变的建议,以辅助朕的不足,不要有所忌讳。令三辅、太常、内地郡国举荐贤良方正各一人。律令中有可以去除而能安定百姓的,可逐条上奏。遭受地震破坏严重的,免收租赋。"大赦天下。宣帝因为宗庙被地震损毁,便身着素服,避离正殿五天。

（地节三年）冬十月,宣帝下诏说:"此前九月壬申日有地震,朕很恐惧,有人能规谏朕的过失,以及贤良方正、敢直言极谏之士来匡正朕的不足,即使事关身份显赫的有司要员,也不要有所忌讳。朕德行不足,不能使边远之人前来归附,因此边境上的驻防不曾停止。如今又要整顿军队派重兵屯守,长期地劳扰百姓,这不是用来安定天下的办法。现决定撤消车骑将军、右将军的驻防部队。"又下诏:"将久不使用的皇家园林禁苑,借给贫民。郡国的离宫别馆,不要再修理整治。流亡外地而返乡的人,借给他们公田,贷给他们种子、口粮,并且免除其赋税和徭役。"

十一月,下诏说:"朕思虑不周,不明白如何引导人民,以致夜晚难眠,一大早就起身,思考国家大事,不曾忘记百姓,唯恐辱没了先帝的圣德,所以令各郡国推举贤良方正之士以亲近百姓,经历数年,以至于今,然而风俗德化仍很欠缺。《论语》说:'孝顺父母,敬爱兄长,这是仁的根本啊!'现令郡国推举孝悌、有行义且著称于乡里者各一人。"

地节四年春二月,宣帝下诏说:"用孝道来引导百姓,那么天下就会和顺。如今百姓有时遭逢丧事凶灾,而官吏却要摊派徭役,役使他们,使死者不得安葬,有伤孝子之心,朕很怜悯他们。从现在起,凡有祖父母、父母丧事的人,官员不可派给他们徭役,使其能够收殓送终,尽人子之孝道。"夏五月,下诏说:"父子之亲,夫妇之道,这

匿父母、妻匿夫、孙匿大父母,皆勿坐。其父母匿子、夫匿妻、大父母匿孙,罪殊死,皆上请廷尉以闻。"

又曰:"令甲,死者不可生,刑者不可息。此先帝之所重,而吏未称。今系者或以掠辜若饥寒瘐死狱中,何用心逆人道也!朕甚痛之。其令郡国岁上系囚以掠笞若瘐死者所坐名、县、爵、里,丞相、御史课殿最以闻。"元康元年,秋八月,诏曰:"朕不明六艺,郁于大道,是以阴阳风雨未时。其博举吏民,厥身修正,通文学,明于先王之术,宣究其意者,各二人,中二千石各一人。"

夏五月,诏曰:"狱者,万民之命,所以禁暴止邪,养育群生也。能使生者不怨,死者不恨,则可谓文吏矣。今则不然,用法或持巧心,析律贰端,深浅不平,增辞饰非,以成其罪。奏不如实,上亦亡繇知。此朕之不明,吏之不称,四方黎民将何仰哉!二千石各察官属,勿用此人。吏务平法。或擅兴繇役,饰厨、传。称过使客,越职逾法,以取名誉,譬犹践薄冰以待白日,岂不殆哉!今天下颇被疾疫之灾,朕甚愍之。"

是天性。即使遇到祸患，还要冒死来保全亲人的性命。的确是亲爱联结于彼此之心，仁厚到了极点，怎么能违背它呢？从现在起，凡儿子首谋藏匿犯罪的父母，妻子藏匿犯罪的丈夫，孙子藏匿犯罪的祖父母，都不问罪。如果父母藏匿犯罪的儿子，丈夫藏匿犯罪的妻子，祖父母藏匿犯罪的孙子，罪当斩首，都要上报使廷尉得知。"

又下诏说："法令的第一篇说：被处死者不可复生，受刑罚的部位不能重新生长。这是先帝所重视的事情，而官吏却未能深体其意。现今被捕入狱的囚犯有的受刑过重，有的因饥寒、疾病而死于狱中。官吏们为何用心如此违背人道啊！朕对此十分痛心。现令郡国每年要上报因受刑过重以及因饥寒、疾病而死的囚犯的情况及主管官员的姓名、所属县分、官爵、所在邑里等，丞相、御史要加以考核，奏明朝廷。"元康元年，秋八月，下诏说："朕不明了《礼》《乐》《书》《诗》《易》《春秋》，不通晓治国之道，所以阴阳不能调和、风雨不能及时。现从吏民之中广泛进行推举，那些持身端正，精通经典，明了先王治国之道，并能深入推究其中义理的，丞相、御史各推举二人，中二千石的官员各推举一人。"

（元康二年）夏五月，下诏说："刑狱关系到万民的命运，是用以禁止暴力、防止邪恶、养育百姓的。能做到使生者不怨、死者不恨，这就可以称得上是合格的执法之吏了。现在却不是这样，执法时有的抱有机巧之心，曲解律条，妄生端绪，以加重人罪，量刑轻重不公，妄加不实之词，使其罪名成立。上奏时不按照实际情况，天子也无法了解实情。这样朕不能明察，吏不能称职，天下百姓还能依靠什么呢？二千石的官员各自检察其下属，不得任用这样的人，官吏要力求执法公平。有的官吏擅自征发徭役，准备舒适的住处和精美的膳食，使过往的客使称心如意，僭越职权和法度，以取得名誉，这好比

五凤二年，秋八月，诏曰："夫婚姻之礼，人伦之大者也；酒食之会，所以行礼乐也。今郡国二千石或擅为苛禁，禁民嫁娶不得具酒食相贺召。由是废乡党之礼，令民亡所乐，非所以导民也。《诗》不云乎？'民之失德，干糇以愆。'勿行苛政。"三年，三月，诏诸儒讲《五经》同异，太子太傅萧望之等平奏其议，上亲称制临决焉。乃立梁丘《易》、大小夏侯《尚书》、谷梁《春秋》博士。

孝元皇帝，宣帝太子也。八岁，立为太子。壮大，柔仁好儒。

初元元年，夏四月，诏曰："朕承先帝之圣绪，获奉宗庙，战战兢兢。间者地数动而未静，惧于天地之戒，不知所繇。方田作时，朕忧蒸庶之失业，临遣光禄大夫褒等十二人循行天下，存问耆老、鳏、寡、孤、独、困乏、失职之民，延登贤俊，招显侧陋，因览风俗之化。相、守二千石诚能正躬劳力，宣明教化，以亲万姓，则六合之内和亲，庶几乎无忧矣。《书》不云乎？'股肱良哉。庶事康哉！'布告天下，使明知朕意。"

二年春，诏曰："盖闻贤圣在位，阴阳和，风雨时，日月光，

踏着薄冰而等待烈日,难道不危险吗?当今天下深受疾疫之灾,朕对此深表怜悯。"

五凤二年,秋八月,下诏说:"婚姻之礼,是人伦中的大事;酒食宴会,是举行礼乐时所使用的。当今郡国二千石的官员有的擅自制定苛刻的禁令,禁止民间嫁娶时摆设酒食来招待客人相互庆贺,因此乡党邻里之间应有的礼仪就废弛了,使得百姓没有什么可欢乐的,这不是用来教导百姓的好办法。《诗经》不是说过吗?'人民之间没有恩德,不互相饮食应酬,就连粗薄的食物也会造成人们的怨尤。'不要实行这样的苛刻政令。"(甘露三年)三月,诏令各儒讲论五经的同异,太子太傅萧望之等将大家的论议辨析明白而后上奏,再由宣帝亲自裁决。于是设立研究梁丘贺《易》学的博士、研究大小夏侯氏《尚书》的博士和研究谷梁赤《春秋》的博士。

孝元皇帝是汉宣帝的太子。八岁时被立为太子。长大成人后,柔和仁慈,喜好儒术。

初元元年,夏四月,元帝下诏说:"朕继承先帝的圣功伟业,得以奉祀宗庙,畏惧谨慎。近来大地数次震动而未曾安定,朕畏惧于上天的告诫,却不知其原因所在。现正当耕作时节,朕担心百姓无力谋生,当面告诫并派遣光禄大夫褒等十二人巡视天下,慰问老者、鳏寡孤独、困乏及失其常业的百姓,招揽任用贤俊,招引微贱的贤者并使其显贵,以观览风俗教化的情况。郡国的相、守及二千石的官员果能以身作则,勤于政事,宣扬朝廷的教化,来亲和万民,那么四方之内的人们就会和睦亲爱,或许就没有什么可忧虑的了。《尚书》不是说过吗?'辅佐之臣贤良,诸事就能安宁!'特布告天下,使大众都能明了朕的心意。"

初元二年春,元帝下诏说:"听闻圣帝贤王在位,阴阳调和,风

星辰静，黎庶康宁，考终厥命。今朕恭承天地，托于公侯之上，明不能烛，德不能绥，灾异并臻，连年不息。乃二月戊午，地震于陇西郡，毁落太上皇庙殿壁木饰，坏败豲道县城郭官寺及民室屋，压杀人众。山崩地裂，水泉涌出。天惟降灾，震惊朕师。治有大亏，咎至于斯。夙夜兢兢，不通大变，深惟郁悼，未知其序。间者岁数不登，元元困乏，不胜饥寒，以陷刑辟，朕甚闵之。郡国被地动灾甚者，无出租赋。赦天下。有可蠲除、减省以便万姓者，条奏，毋有所讳。丞相、御史、中二千石举茂材异等、直言极谏之士，朕将亲览焉。"

秋七月，诏曰："岁比灾害，民有菜色，惨怛于心。已诏吏虚仓廪，开府库振救，赐寒者衣。今秋禾麦颇伤。一年中地再动。北海水溢，流杀人民。阴阳不和，其咎安在？公卿将何以忧之？其悉意陈朕过，靡有所讳。"冬，诏曰："国之将兴，尊师而重傅。故前将军望之傅朕八年，道以经书，厥功茂焉。其赐爵关内侯，食邑八百户，朝朔、望。"

三年，夏四月乙未晦，茂陵白鹤馆灾。诏曰："乃者火灾降于孝武园馆，朕战栗恐惧。不烛变异，咎在朕躬。群司又未肯极言朕过，以至于斯，将何以寤焉！百姓仍遭凶厄，无以相振，加以烦扰乎苛吏，拘牵乎微文，不得永终性命，朕甚闵焉。其赦天下。"六月，诏曰："盖闻安民之道，本繇阴阳。间者

雨及时，日月光明，星辰宁静，百姓安宁，能享尽天年。如今朕敬奉天地，位居公侯之上，贤明不能够洞悉事理，德义不足以安抚万民，灾异屡至，连年不停。在二月戊午日，陇西郡发生地震，毁坏震落了太上皇庙殿壁上的木饰，损坏了獂道县的城墙、官府以及百姓的房屋，压死的人很多。山体崩塌，地面开裂，水泉涌出。上天降灾，震惊我众。治国有大的过失，以至于发生这样的灾害。我虽然日夜战战兢兢，但不了解大灾变产生的原因，深感抑郁忧伤，不知如何解救。近来连年歉收，百姓穷困，经受不住饥寒的煎熬，以致铤而走险陷入刑律，朕很怜悯他们。郡国中遭受地震灾害严重的可不用交纳租赋，大赦天下。有可以蠲除、减省以方便百姓的事情，可逐条上奏，不要有所忌讳。丞相、御史、中二千石的官员要荐举德才优异杰出、敢于直言极谏之士，朕将亲自察看。"

秋七月，元帝下诏说："连年发生灾害，百姓面有菜色，朕心中悲痛。已诏令有关官员罄尽粮仓、打开府库进行赈济，赐给受寒者衣物。今秋谷、麦颇受损伤。一年之中两次地震，北海郡洪水泛滥，淹死人民。阴阳不调和，其过失何在？公卿将如何忧虑此事呢？希望尽心陈说朕的过失，不要有所隐讳。"冬，下诏说："国家将要兴盛，就会尊重师傅。原前将军萧望之任朕的师傅达八年之久，以经典来教导朕，其功甚美，现赐爵关内侯，食邑八百户，每月只在初一与十五两日朝谒。"

初元三年，夏四月月末乙未日，茂陵白鹤馆发生火灾。元帝下诏说："日前火灾发生在武帝园馆，朕战栗恐惧。不能明察变异的发生，过失在朕自身。群臣又未肯极力说出朕的过失，以至于灾异发展到如此地步，将怎样才能醒悟呢？百姓频遭灾荒穷困，国家无以赈济，加上受到酷吏的烦扰，官吏们牵强附会于苛细的法律条文，比照

阴阳错谬，风雨不时。朕之不德，庶几群公有敢言朕之过者，今则不然。媮合苟从。未肯极言，朕甚闵焉。永惟烝庶之饥寒，远离父母、妻子，劳于非业之作，卫于不居之宫，恐非所以佐阴阳之道也。其罢甘泉、建章宫卫，令就农。百官各省费。条奏毋有所讳。有司勉之，毋犯四时之禁。丞相、御史举天下明阴阳灾异者各三人。"于是言事者众，或进擢召见，人人自以得上意。

永光元年，三月，诏曰："五帝、三王任贤使能，以登至平。而今不治者，岂斯民异哉？咎在朕之不明，亡以知贤也。是故壬人在位，而吉士雍蔽。重以周、秦之弊，民渐薄俗，去礼义，触刑法，岂不哀哉！繇此观之，元元何辜？其赦天下，令厉精自新，各务农亩。无田者皆假之，贷种、食如贫民。赐吏六百石以上爵五大夫，勤事吏二级，为父后者民一级，女子百户牛、酒，鳏、寡、孤、独、高年帛。"

二年春二月，诏曰："盖闻唐、虞象刑而民不犯，殷周法行而奸轨服。今朕获承高祖之洪业，托位公侯之上，夙夜战栗，永惟百姓之急，未尝有忘焉。然而阴阳未调，三光晻昧。元元

律条构成其罪,百姓不得长久地保有其性命,朕甚为怜悯,宜大赦天下。"六月,下诏说:"曾闻安定百姓的方法,根本在于阴阳协调。近来阴阳错乱,风雨不合时。朕缺乏德行,希望诸位公卿中有敢于指出朕的过失之人。现在却不是这样,百官迎合顺从,不肯竭力进谏,朕很忧虑。常想到百姓的饥寒之苦,有人还要远离父母妻子,从事于不急之务的劳作,守卫在无人居住的宫殿,这恐怕不是用来辅助调和阴阳的方法。现撤除甘泉、建章宫的守卫,令他们从事农业。百官各自减省费用开支。呈奏不必有所顾忌。有关官员要勤勉努力,不要违犯四季时令的禁忌。丞相、御史要举荐天下明了阴阳灾异者各三人。"于是议论政事的人多了起来,有的被提拔召见,人人都认为自己所言符合天子的心意。

永光元年,三月,元帝下诏说:"五帝、三王委任使用有才德的人,能使天下达到大治,而今国家治理不好,难道是百姓有什么不同了吗?过失在于朕不够贤明,不能识别贤才,因此奸佞之人在位,而贤德之士受到排挤。如此又加重了衰周、暴秦的积弊,百姓逐渐被轻薄的风俗所侵染,抛弃礼义,触犯刑法,真是可悲啊!由此看来,百姓有什么罪过呢?现在大赦天下,使那些被赦免的人,振奋精神,改过自新,各自致力于农业生产。没有田地的人都借给他们公田,同一般贫民一样贷给他们种子和粮食。赏赐俸禄在六百石以上的官吏五大夫之爵,勤于政事的官吏赐爵二级,成为父亲继承人的百姓赐爵一级。受爵人的妻女每百户赐牛、酒若干,鳏寡孤独及年高者赐帛若干。"

永光二年春二月,元帝下诏说:"曾闻唐尧、虞舜时代使用象刑而百姓却不犯法,商、周法令推行而违法作乱之人慑服。如今朕能继承高祖的伟业,居位于公侯之上,日夜小心谨慎,常念百姓的疾

大困,流散道路,盗贼并兴。有司又长残贼,失牧民之术。是皆朕之不明,政有所亏。咎至于此,朕甚自耻。为民父母,若是之薄,谓百姓何?"

三月壬戌朔,日有蚀之。诏曰:"朕战战栗栗,夙夜思过失,不敢荒宁。惟阴阳不调,未烛其咎,娄敕公卿,日望有效。至今有司执政,未得其中,施与禁切,未合民心,暴猛之俗弥长,和睦之道日衰,百姓愁苦,靡所错躬。是以氛邪岁增,侵犯太阳,正气湛掩,日久夺光。乃壬戌,日有蚀之,天见大异,以戒朕躬,朕甚悼焉。其令内郡国举茂材异等、贤良、直言之士各一人。"夏六月,诏曰:"间者连年不收,四方咸困。元元之民,劳于耕耘,又亡成功,困于饥馑,亡以相救。朕为民父母,德不能覆,而有其刑,甚自伤焉。"

建昭四年,夏四月,诏曰:"朕承先帝之休烈,夙夜栗栗,惧不克任。间者阴阳不调,五行失序,百姓饥馑。惟烝庶之失业,临遣谏大夫博士赏等二十一人循行天下,存问耆老、鳏、寡、孤、独、乏困、失职之人,举茂材特立之士。相、将、九卿,其帅意毋怠,使朕获观教化之流焉。"

五年春三月,诏曰:"盖闻明王之治国也,明好恶而定去就,崇敬让而民兴行,故法设而民不犯,令施而民从。今朕获

苦，未曾忘怀。然而阴阳未调，日、月、星昏暗无光，百姓十分困苦，流落在逃荒的路上，盗贼兴起。有关部门又助长残暴之人，失去了治理百姓的正确方法。这都是因朕不明达，政令有所不足，故使灾咎如此严重，朕自己深感羞愧。作为百姓的父母，而如此薄德，将怎么治理百姓呢？"

三月初一壬戌日，有日蚀。元帝下诏说："朕畏惧戒慎，日夜反省过失，不敢荒废懈怠、贪图安逸。阴阳不调和，未能明了其过失所在。屡次告谕公卿，每日都在期望能有成效。至今有关部门执掌国家政事，未能得到合适的方法，施惠刻薄而禁令烦苛，不能符合人民的心愿。凶暴的风气更加增长，和睦相处之道日益衰亡，百姓愁苦，无处容身。因此邪恶之气逐年增长，侵犯太阳，正气沉沦，太阳长久昏暗无光。本月壬戌日，发生日食，上天显现严重的异象，以告戒朕，朕很哀恐。现令内地郡国举荐德才出众、贤良且敢于直言之士各一人。"夏六月，下诏说："近来连年收成不好，天下都很贫困。黎民百姓，辛勤耕耘，却又无所收获，被灾荒所困，官府拿不出什么来救济他们。朕身为百姓父母，恩德不能遍及他们，却以刑罚相加，内心很是悲伤。"

建昭四年，夏四月，元帝下诏说："朕继承先帝盛美的事业，日夜戒惧，担心不能胜任。近来阴阳不调，五行失序，百姓遭受灾荒。为了了解黎民失去常业的情况，朕当面嘱咐、派遣谏大夫博士赏等二十一人巡视天下，慰问年老、鳏寡孤独、贫困、失去常业之人，举荐茂材、有坚定志向和操守之士。将、相、九卿，要遵循此一意愿，使朕能了解政教风化推行的情况。"

建昭五年春三月，元帝下诏说："朕曾闻明王治理国家，明确是非好恶而确定取舍的标准，崇尚恭敬谦让之风而百姓就会受感化而

保宗庙，兢兢业业，匪敢解怠，德薄明晻，教化浅微。传不云乎？'百姓有过，在予一人。'其赦天下，赐民爵一级，女子百户牛、酒，三老、孝弟、力田帛。"又曰："方春，农桑兴，百姓戮力自尽之时也，故是月劳农劝民，无使后时。今不良之吏，覆案小罪，征召证案，兴不急之事，以妨百姓，使失一时之作，亡终岁之功，公卿其明察申敕之。"

赞曰：元帝少而好儒，及即位，征用儒生，委之以政，贡、薛、韦、匡迭为宰相。而上牵制文义，优游不断，孝宣之业衰焉。然宽弘尽下，出于恭俭，号令温雅，有古之风烈。

孝成皇帝，元帝太子也。建始元年二月，诏曰："乃者火灾降于祖庙，有星孛于东方，始正而亏，咎孰大焉！《书》云：'惟先假王正厥事。'群公孜孜，帅先百寮，辅朕不逮。崇宽大，长和睦，凡事恕己，毋行苛刻。"

三年，冬十二月戊申朔，日有蚀之。夜，地震未央宫殿中。诏曰："盖闻天生众民，不能相治，为之立君以统理之。君道得，则草木、昆虫咸得其所；人君不德，谪见天地，灾异屡发，以告不治。朕涉道日寡，举错不中，乃戊申日蚀、地震，朕甚惧焉。公卿其各思朕过失，明白陈之。'女无面从。退有后

起行，所以法律设立而人民不犯，政令实施而百姓顺从。如今朕得以守护宗庙，谨慎戒惧，不敢怠惰，然而德行浅薄，智慧不明，教化不够深厚。《论语》不是说过吗？'百姓有过失，原因都在君主一人身上。'现在大赦天下，赏赐民间有功之人爵位一级，受爵者的妻女每百户赐牛、酒若干，三老、孝悌、力田等赐帛若干。"诏书又说："当今正值春季，农耕与蚕桑繁忙，是百姓全力以赴劳作之时，所以本月要慰问、鼓励百姓，不要让他们有失农时。现今有些不良的官吏，为审察小案件，征召与案件有关之人对质公堂、验证案件，兴起一些不急之事，妨害百姓，使他们错过了农时应有的劳作，丧失了一年的收成，对此，公卿们要严明审察，再三告诫。"

（班固）评论说：元帝少年时即尊崇儒术，等到继承帝位，征召任用儒家学者，委以政事，贡禹、薛广德、韦玄成、匡衡等相继为宰相。不过元帝拘泥于经典义理，优柔寡断，使得宣帝开创的中兴之业趋于衰败。然而他宽弘待下，恭敬节俭，发布号令措辞温雅，有古代贤王之遗风。

汉成帝是元帝的太子。建始元年（公元前32年）二月，成帝下诏说："近时火灾降于祖庙，彗星出现于东方，朕刚登基就被上天示警，过失重大！《尚书》说：'古代至道之君遇灾，就正其德行以应天象。'望众公卿孜孜不倦，率领群僚，以辅朕的不足。崇尚宽大，提倡和睦，凡事推己及人，对人不要苛刻。"

建始三年，冬十二月初一，发生日偏食。当天晚上，未央宫中地震。汉成帝下诏说："朕听说天生众民，不能自治，就为他们立君上以进行统理。君王得道，则草木昆虫都各得其所；人君无德，则天地见责，屡现灾异以告诫其不合治道。朕对为君之道涉猎太少，而所行政策措施又多有不当。于是十二月一日，日蚀地震同时出现，朕深

言。'"

夏四月己亥晦,日有蚀之,既。诏曰:"朕获保宗庙,战战栗栗,未能奉称。传曰:'男教不修,阳事不得,则日为之蚀。'天著厥异,辜在朕躬。公卿大夫其勉,悉心以辅不逮。百寮各修其职,惇任仁人,退远残贼。陈朕过失,无有所讳。"

阳朔二年春,寒。诏曰:"昔在帝尧,立羲、和之官,命以四时之事,令不失其序。故《书》云'黎民于蕃时雍',明以阴阳为本也。今公卿大夫或不信阴阳,薄而小之,所奏请多违时政。传以不知,周行天下,而欲望阴阳和调,岂不谬哉!其务顺四时月令。"九月,奉使者不称。诏曰:"古之立太学,将以传先王之业,流化于天下也。儒林之官,四海渊原,宜皆明于古今,温故知新,通达国体,故谓之博士。否则学者无述焉,为下所轻,非所以尊道德也。'工欲善其事,必先利其器。'丞相、御史其与中二千石、二千石杂举可充博士位者,使卓然可观。"

四年春正月,诏曰:"夫《洪范》八政,以食为首,斯诚家给刑错之本也。先帝劭农,薄其租税,宠其强力,令与孝弟同科。间者,民弥惰怠,乡本者少,趋末者众,将何以矫之?方东作时,其令二千石勉劝农桑,出入阡陌,致劳来之。《书》不云

感惶恐。公卿应认真思考朕的过失,明白地向朕指出。《尚书》说过:'你不要当面顺从,背后却有诽谤之言。'"

(河平元年)夏四月三十日,发生日食。皇上下诏说:"朕得以继承宗庙,战战栗栗,未能完满地履行自己的职责。经传上说:'男教有亏,阳刚不振,就会出现日食。'天显异象,罪在我自己。公卿大夫各自勉力尽心,以匡正朕的过失。百官都恪尽职守,重用贤人,摒弃奸邪,指出朕的过失,不要有所隐讳。"

阳朔二年春,天寒。成帝下诏说:"古代帝尧立羲氏、和氏兄弟四人为官,令他们掌天地四时的事,让生产与生活能按季节与时令的顺序进行。所以《尚书》说:'百姓于是繁衍生息,和睦相处。'说明阴阳时令是十分重要的。今日公卿大夫有的不信阴阳,认为是轻小之事,有些奏章多不合月令。在位的都不懂阴阳时令,辗转相因,天下也都弄不清楚了。如此而指望阴阳调和,岂非荒谬?现令公卿大夫要注意顺应四时月令。"九月,有些奉命出使的官员不称其职。成帝下诏说:"古代之所以设立太学,是要求用以广传先王的功业,弘扬其教化于天下的。儒学官员,为四方教化之源头,应能博古通今,温故知新,运用理论来解答国家当前的主要问题,所以才称之为博士。否则学者在学识上没有什么精辟之论,就会受到人们的轻视。这就达不到尊重知识与道德的目的。《论语》说:'工欲善其事,必先利其器。'丞相、御史以及中二千石、二千石荐举可充任博士位的人选,使其道德学识卓然可观。"

阳朔四年春正月,皇上下诏说:"《尚书·洪范》八政,以食为首。这确实是家庭自足与人不犯禁的根本。先帝劝勉农事,薄收赋税,优宠努力耕作之人,让其与孝悌同等。近来,农民愈趋怠惰,安心农业的少,从事经商的多,这将如何进行矫正呢?当春耕时,特令

乎？'服田力穑，乃亦有秋。'其勖之哉！"

鸿嘉二年，三月，诏曰："古之选贤，傅纳以言，明试以功。故官无废事，下无逸民，教化流行，风雨和时，百谷用成，众庶乐业，咸以康宁。朕承鸿业十有余年，数遭水、旱、疾疫之灾，黎民屡困于饥寒，而望礼义之兴，岂不难哉！朕既无以率道，帝王之道日以陵夷，意乃招贤选士之路郁滞而不通与，将举者未得其人也？其举敦厚有行义、能直言者，冀闻切言嘉谋，匡朕之不逮。"

永始四年，诏曰："圣王明礼制以序尊卑，异车服以章有德，虽有其财，而无其尊，不得逾制，故民兴行，上义而下利。方今世俗奢僭罔极，靡有厌足。公卿列侯亲属近臣，四方所则，未闻修身遵礼，同心忧国者也。或乃奢佚逸豫，务广第宅，治园池，多畜奴婢，被服绮縠，设钟鼓，备女乐，车服、嫁娶、葬埋过制。吏民慕效，浸以成俗，而欲望百姓俭节，家给人足，岂不难哉！《诗》不云乎？'赫赫师尹，民具尔瞻。'其申敕有司，以渐禁之。"

赞曰：臣之姑充后宫为婕妤，父子昆弟侍帷幄，数为臣言：成帝善修容仪，升车正立，不内顾，不疾言，不亲指，临朝渊嘿，尊严若神，可谓穆穆天子之容者矣！博览古今，容受直

二千石劝勉农桑,要深入到农田上去,鼓励农民努力从事农业生产。《尚书》不是说过吗?'全力投入耕耘,方有秋天的收获。'都应努力呀!"

鸿嘉二年三月,汉成帝下诏说:"古代选拔贤才,首先听取他敷陈见解,然后予以试用来考察他的能力,所以官吏的效率很高,人才也不会埋没,教化流行,风调雨顺,谷物丰收,人民安居乐业,大众康泰安宁。朕继承大业十有余年,屡逢水旱瘟疫之灾,黎民经常受困于饥寒。如此而希望百姓兴礼义知荣辱,那将是何等困难!朕无能进行领导,以致帝王之道日趋衰微。朕再三思考,这是招贤选士的道路阻塞不通呢?还是举荐的人名不副实呢?望举荐敦厚有德行能直言的人才,希望听到他们深刻的见解与良好的谋略,以匡辅朕的不足。"

永始四年,下诏说:"古代圣王规定礼制以序尊卑,标志车服以表彰有德。虽有钱财,而无尊贵地位,就不得逾越礼制。所以人民注重自己的德行,重义而轻利。当今世俗奢侈逾礼之风无度,不知满足。公卿列侯与亲属近臣,是四方吏民的表率,这些人中很少听说能修身遵礼、同心忧国的。有的挥霍无度,贪图安逸,一心广置田宅,兴修别墅,畜奴养婢,穿绫着缎,庭设钟鼓,家列女乐,车服与嫁娶埋葬都逾越礼制。因而吏民羡慕而仿效,逐渐形成一种挥霍浪费的陋习。如此而期望百姓节俭,以保证衣食无缺,那将是何等困难啊!《诗经》不是说过吗?'威仪赫赫的尹太师,百姓都瞻仰着你!'现特谕有关机构,对此奢侈逾制之风要约束禁止。"

(班固)评论说:臣的祖姑母进入后宫成为成帝的婕妤,我们父子兄弟在接待与侍奉她时,她多次对臣讲,成帝十分注意仪表,上车正立,端坐前视,不动声色,不指手画脚,临朝严肃深沉,如同神

辞。公卿称职，奏议可述。遭世承平，上下和睦。然湛于酒色，赵氏乱内，外家擅朝，言之可为于邑。建始以来，王氏始执国命，哀、平短祚，莽遂篡位，盖其威福所由来者渐矣！

百官公卿表

书载唐、虞之际，命羲、和四子顺天文，授民时；咨四岳，以举贤材，扬侧陋；十有二牧，柔远能迩；禹作司空，平水土；弃作后稷，播百谷；卨作司徒，敷五教；咎繇作士，正五刑；垂作共工，利器用；益作朕虞，育草木鸟兽；伯夷作秩宗，典三礼；夔典乐，和神人；龙作纳言，出入帝命。夏、殷亡闻焉，周官则备矣。天官冢宰，地官司徒，春官宗伯，夏官司马，秋官司寇，冬官司空，是为六卿，各有徒属职分，用于百事。太师、太傅、太保，是为三公，盖参天子，坐而议政，无不总统，故不以一职为官名。又立三少为之副，少师、少傅、少保。是为孤卿，与六卿为九焉。记曰三公无官，言有其人然后充之，舜之于尧，伊尹于汤，周公、召公于周，是也。或说司马主天，司徒主人，司空主土，是为三公。

明，可称为穆穆天子的容仪！博古通今，采纳直言。公卿称职，其奏议文采斐然可观，逢升平盛世，上下和睦。但由于耽于酒色，赵飞燕姊妹乱于内宫，王氏外戚专擅朝政，说起来令人忧郁。从建始纪元以来，王氏开始操纵国柄，哀帝与平帝在位时间不长，王莽得以篡位，大概王家的威福就是从成帝时开始逐步形成的吧！

百官公卿表

《尚书》的《尧典》《舜典》载有唐尧、虞舜之际的职官制度，说尧任命羲仲、羲叔、和仲、和叔四人分居东南西北四方，分管春夏秋冬四时，依顺天文气象的变化，授民以时节，便利于劳作和收获。尧还谘询四方诸侯的意见，以举荐贤能之才，罢免那些不称职的官吏。又说舜划分全国为十二个州，以州牧治理各州，使远近都能安定并和睦地相处。舜命禹为司空，掌管水土工程。弃为后稷，主管农业生产。契为司徒，掌管父义、母慈、兄友、弟恭、子孝等伦理道德教化。皋陶为士，掌管墨、刖、劓、剕、宫、大辟等刑罚。垂为共工，掌管百工器具之事。伯益为虞官，职掌山林、川泽、地只、人鬼之礼仪。夔为乐官，以乐协调神鬼和人们的情绪。龙为纳言，如帝王喉舌，掌管宣达帝命。夏王朝、商王朝的官职制度，因缺乏记载，故不得而知。而周王朝的官职记载较为完备。其冢宰为天官，司徒为地官，宗伯为春官，司马为夏官，司寇为秋官，司空为冬官。这些官员总称为六卿。六卿下面各有属官以及各自的职掌，以管理各种具体事物。六卿之上还有太师、太傅、太保，称之为三公。三公职掌辅弼君王，参议政事，地位尊宠，无所不统，所以不用一个职责为官名。还设立"三少"为三公的辅佐。少师、少傅、少保这"三少"，又被称为"孤卿"，与六卿合

古今人表

自书契之作，先民可得而闻者，经传所称，唐、虞以上，帝王有号谥。辅佐不可得而称矣，而诸子颇言之，虽不考乎孔氏，然犹著在篇籍，归乎显善昭恶，劝戒后人，故博采焉。孔子曰："若圣与仁，则吾岂敢？"又曰："何事于仁，必也圣乎！""未知，焉得仁？""生而知之者，上也；学而知之者，次也；困而学之，又其次也；困而不学，民斯为下矣。"又曰："中人以上，可以语上也。""唯上智与下愚不移。"传曰：譬如尧、舜。禹、稷、卨与之为善则行，鲧、欢兜欲与为恶则诛。可与为善，不可与为恶，是谓上智。桀、纣、龙逢、比干欲与之为善则诛，于莘、崇侯与之为恶则行。可与为恶，不可与为善，是谓下愚。齐桓公，管仲相之则霸，竖貂辅之则乱。可与为善，可与为恶，是谓中人。因兹以列九等之序，究极经传，继世相次，总备古今之略要云。

为九卿。有的书上说,三公不必常有其人选。意思是说,有德行、才干适合者才能充任,譬如舜之辅佐帝尧,伊尹之辅佐商汤,周公旦、召公奭之辅佐周成王,就是如此。另有一种说法认为,司马掌管观天象和祭祀天神,司徒掌管人事政务,司空掌管水土和农业生产,此三官为三公。

古今人表

自有文字以来,我们能够知道的古代的贤人,都是为经传所称道的。唐尧、虞舜以上,凡是帝王都有谥号,而辅佐帝王的人就无法知道了。然而战国时诸子对此却讲得很多,虽然不能从孔子那里得到考证,但还是都写在文章中,其目的在于分清善恶,劝诫后人。因此,也就广泛加以采集。孔子说:"若说圣人与仁者,我怎么敢当呢?"又说:"济众者岂止是仁人,必定是圣人!""尚未及于智,怎么算得上仁者呢?""生下来就有智慧的人,是上等人才。经过学习而有智慧的人,是次等人才。遇到困惑而去学习的人,是又次一等的人才。遇到困惑而又不学习的人,是下等人才。"又说:"中等才质以上的人,可以告诉他高深的学问。""只有上等聪明的人和下等愚蠢的人是不会变化的。"解释经意者说:"譬如尧和舜,禹、稷、契等人与他们做有益于人民的事则可以,鲧、欢兜想与他们做有害于人民的事就要遭到诛伐。像这样可以与人一起做善事、不可以与人一起做坏事的人,被称为上智之人。桀和纣,龙逢、比干想和他们一起做有益于人民的事则要遭到诛伐,于莘、崇侯与他们一起做危害百姓的事则可以。像这样可以与人一起做恶事、不可以与人一起做善事的人,被称为下愚之人。齐桓公,管仲辅佐他则能称霸于诸侯,竖貂辅佐他则国家就乱了。像这样可以与人在一起做善事,也可以与人一起做恶事的

律历志

《虞书》曰"乃同律度量衡",所以齐远近,立民信也。自伏戏画八卦,由数起,至黄帝、尧、舜而大备。三代稽古,法度章焉。周衰官失,孔子陈后王之法,曰:"谨权量,审法度,修废官,举逸民,四方之政行矣。"

声者,宫、商、角、徵、羽也。所以作乐者,谐八音,荡涤人之邪意,全其正性,移风易俗也。协之五行,则角为木,五常为仁,五事为貌。商为金,为义,为言;徵为火,为礼,为视;羽为水,为智,为听;宫为土,为信,为思。以君、臣、民、事、物言之,则宫为君,商为臣,角为民,徵为事,羽为物。唱和有象,故言君臣位事之体也。

人，称为中等之人。"以此为据而列出品第人物的九等次序，穷尽经传中所载人物，以世代先后编次，总体具备了古今人物的概要。

律历志

《虞书》上说："统一律、度、量的评定标准，这是为了使远近之民都能统一，百姓交往时有所凭信。"从伏羲画八卦之时，数字就由此而起，到黄帝、尧、舜时就都齐全了。夏商周三代考察古事，让度量衡制度更加明晰。周朝衰亡之后，失去了对天下度量衡的控制。孔子在陈述后代帝王应遵守的准则时说道："要慎重统一度量衡制度，使民间贸易公平；审察礼法制度，使百姓各有秩序，不紊乱；重整官员制度，使得事必有官，官必有人，人必尽职。这样，四方之政便能顺利地施行了。"

音声，共有宫、商、角、徵、羽五音。之所以制作音乐，调谐八音，是为了净化人们心里的邪思邪念、保全人们纯正的禀性、改变风气转换习俗的。用五行来和五音配，那么角就是木，在五常中是仁，在五事中就是貌；商是金，在五常中是义，在五事中就是言；徵就是火，在五常中是礼，在五事中就是视；羽就是水，在五常中是智，在五事中就是听；宫就是土，在五常中是信，在五事中就是思。如果从君、臣、民、事、物五方面来说，那么宫就是君，商就是臣，角就是民，徵就是事，羽就是物。音乐唱和有了一定的象征，就可以借以说明君臣位分和职事的体统。

卷十四　汉书(二)

志

六经之道同归,而礼乐之用为急。治身者斯须忘礼,则暴嫚入之矣;为国者一朝失礼,则荒乱及之矣。人函天地阴阳之气,有喜怒哀乐之情。天禀其性,而不能节也。圣人能为之节而不能绝也。故象天地而制礼乐,所以通神明、立人伦、正情性、节万事者也。

哀有哭踊之节,乐有歌舞之容,正人足以副其诚,邪人足以防其失。故婚姻之礼废,则夫妇之道乖,而淫僻之罪多;乡饮之礼废,则长幼之序乱,而争斗之狱繁;丧祭之礼废,则骨肉之恩薄,而背死忘先者众;朝聘之礼废,则君臣之位失,而侵陵之渐起。故孔子曰:"安上治民,莫善于礼;移风易俗,莫善于乐。"礼节民心,乐和民声,政以行之,刑以防之。礼乐政刑,四达而不誖,则王道备矣。

志

《诗》《书》《礼》《乐》《易》《春秋》，这六部经典的宗旨是一致的，而发挥礼乐的功用最为迫切。修身之人如果片刻忘记礼，凶暴傲慢的思想就会乘虚而入；治理国家的人一旦失掉礼，混乱之事就会发生。人包含了天地阴阳之气，会有喜怒哀乐的感情。大自然赋予人们这种秉性却不能对其进行节制，圣人能做到使情感有所节制，但却不能断绝它。所以（圣人）效法天地的规律来制定礼乐，用它来感通神明、建立人伦、端正心性，并使人类的各种活动得到合理的节制。

悲痛时会有边哭边顿足的礼节，高兴时会有载歌载舞的仪容。这对正直的人来说，足以与他的真诚相符；对偏邪的人来说，足以提防他的过失。因此，婚姻的礼仪被废弃了，夫妇之间的关系就会乖谬，而放荡淫乱的罪过就会多起来；乡饮酒礼被废弃了，长幼之间的秩序就会变得混乱，而互相争斗的诉讼就会多起来；吊丧祭祀的礼仪被废弃了，亲人之间的恩情就会淡薄，而违背死者的遗愿、忘记祖先的人就会多起来；按期朝见天子的礼仪被废弃了，君臣的位置就会错乱，而侵犯欺凌的事就会逐渐兴起。所以孔子说："要让君主安心、人民安定和顺，没有比用礼仪教化更好的办法了；要扭转风气，改变习俗，没有比用音乐教化更好的办法了。"礼仪可以节制人们内心的欲望，音乐可以和畅民众的情志。国家通过政令加以推行，用刑罚加以约束，礼仪、音乐、政令、刑罚这四者都得到实现而不相违背，那么王道之治就完备了。

乐以治内而为同,同于和乐也。礼以修外而为异。尊卑为异。同则和亲,异则畏敬。和亲则无怨,畏敬则不争。揖让而天下治者,礼乐之谓也。王者必因前王之礼,顺时宜,有所损益,即民心稍稍制作,至太平而大备。周监二代,礼文尤具,事为之制,曲为之防,故称礼经三百、威仪三千。于是教化浃洽,民用和睦,灾害不生,祸乱不作,囹圄空虚,四十余年。及其衰也,诸侯逾越法度,恶礼制之害己,去其篇籍。遭秦灭学,遂以乱亡。

汉兴,拨乱反正,日不暇给,犹命叔孙通制礼仪,以正君臣之位。高祖悦而叹曰:"吾乃今日知为天子之贵也。"遂定仪法,未尽备而通终。至文帝时,贾谊以为:"汉承秦之败俗,弃礼义,捐廉耻,而大臣特以簿书不报,期会为故,至于风俗流溢,恬而不怪。夫移风易俗,使天下回心而向道,类非俗吏之所能为也。立君臣,等上下,使纲纪有序,六亲和睦,此非天之所为,人之所设也。人之所设,不为不立,不修则坏。"乃草具其仪,天子悦焉。而大臣绛、灌之属害之,故其议遂寝。

音乐能用来调治人的内心，使人的情志随着音乐一起变得安和调适；礼仪能用来修治外在行为，使人与人之间尊卑有序。内心安和人们就会和睦亲爱，尊卑有别则会使人心存敬畏。和睦亲爱就不会有怨恨，心存敬畏就不会有争斗。谦逊礼让之间就能使天下得到治理，这便是礼乐的妙用啊！君王（治理天下）必定要依据先王的礼法，随顺时势的需要对礼乐制度有所增减，按照人民的意愿逐步修改、完善，等到太平盛世时就会很完备了。周朝借鉴夏、商两代，礼乐仪制尤其完备，大事上定有制度，小事也都有防范，所以说礼节仪式有三百条，礼仪细节有三千条。于是教化遍及百姓，人民之间和睦相处，灾害不发生，祸乱也不出现，甚至出现了全国的监狱里连续四十多年没有收押过一个犯人的情况！等到周朝衰微了，诸侯们超越法度，嫌礼乐制度妨害了自己的私欲，就抛弃了礼乐的典籍。后来又遇到秦始皇焚书坑儒，这些典籍就在动乱中散乱丢失了。

汉朝兴起后，开始治理混乱的局面，使社会恢复正常，尽管事务繁忙，没有空闲，但仍任命叔孙通制定礼仪，来端正君臣的名位。汉高祖刘邦欢喜赞叹道："我今天才明白作为天子的尊贵啊！"于是制定礼仪法度，但还没有制定完备，叔孙通就去世了。到汉文帝时，贾谊认为："汉朝沿续了秦朝败坏的风俗，废弃礼义，丧失廉耻，而大臣们只是把地方官吏不在规定期限内上报文书簿册作为大事，至于面对世风日下的现状，却显得很安然而丝毫不觉得奇怪。要扭转风气，改变习俗，使天下人民转变心意趋向道义，大抵不是平庸的官吏所能做到的。确立君臣的名位，区别上下的等级，使法度纲常有条不紊，六亲眷属和睦相处，这些不是上天的规定，而是人为设立的。既然是人为设立的，不去落实就不会实现，不用心维护就会败坏。"于是贾谊便草拟礼仪，皇上看了也很高兴。但大臣周勃、灌婴等人却从

至武帝即位，议立明堂，制礼服。会窦太后不悦儒术，其事又废。后董仲舒言："王者承天意以从事，故务德教而省刑罚。今废先王之德教，独用执法之吏治民，而欲德化被四海，故难成也。是故古之王者，莫不以教化为大务，立大学以教于国，设庠序以化于邑。教化已明，习俗已成，天下尝无一人之狱矣。至周末世，大为无道。秦继其后，又益甚之。今汉继秦之后，虽欲治之，无可奈何。法出而奸生，令下而诈起，如以汤止沸，沸愈甚而无益。譬之琴瑟不调，甚者必解而更张之，乃可鼓也。为政而不行，甚者必变而更化之，乃可理也。故汉得天下以来，常欲以善治，而至今不能胜残去杀者，失之当更化而不能更化也。"是时，上方征讨四夷，锐志武功，不暇留意礼文之事。

至宣帝时，琅邪王吉为谏大夫，又上疏言："欲治之主不世出，公卿幸得遭遇其时，未有建万世之长策，举明主于三代之隆者也。其务在于簿书断狱听讼而已，此非太平之基也。"上不纳其言。至成帝时，刘向说上："宜兴辟雍，设庠序，陈礼乐，隆雅颂之声，盛揖让之容，以风化天下。如此而不治，未之有

中障碍,于是贾谊的意见就被搁置了。

等到汉武帝即位后,商议设立明堂、制定礼服。恰逢窦太后不喜欢儒家的学说,这一提议又被废止了。之后董仲舒说:"君王秉承上天的意旨而行事,所以应致力于推行道德教化而减少刑罚。如今废弃先王的德教,而专门任用执法的官吏来治理人民,却想使道德教化遍及天下,所以很难成功。因此,古代的君王无不把教化百姓作为治国的首要任务,设立太学在国都推行教化,设立庠序在地方上教育人民。教化既已昭明,良好的风气也已形成,天下曾经出现过监狱里空无一人的局面。到了周朝末年,大行无道之事,秦朝继周朝之后,这种现象更加严重。如今汉朝承接于秦朝之后,即使想治理这种局面,也是没有办法。法律刚刚颁布,奸邪之事就随之发生;政令刚刚下达,欺诈之事就随之出现。这就好比用热水去止息沸水,却只能使水更沸腾而无济于事。譬如琴瑟合奏时,声音没有办法调整得和谐,严重的话就必须把琴弦解开重新张设调整,而后才可以弹奏;治理国家而不成功,严重的话就必定要有所变更,进行改革,然后才能使国家得到有效的治理。所以自从汉朝取得天下以来,尽管总是希望好好地治理天下,但到如今也不能感化残暴的人转恶为善从而废除刑杀,其失误就在于应该改革的时候而没有进行改革。"这时汉武帝正在讨伐周边的蛮夷,急切地想取得军事上的成功,没有时间留心礼乐仪制方面的事情。

到汉宣帝时,琅邪的王吉任谏大夫,又上疏说:"真正有志于天下太平的君主不是每个时代都会出现的,公卿大臣们有幸身逢其时,却没有能拿出建立万世基业的良策,以辅助英明的君主开创像夏、商、周三代那样的太平盛世的人。大家所注重的只是整理文案书册、审判案件听理诉讼而已,这并不是实现天下太平的根本办法。"宣帝

也。或曰，不能具礼。礼以养人为本，如有过差，是过而养人也。刑罚之过，或至死伤。今之刑，非皋陶之法也，而有司请定法，削则削，笔则笔，救时务也。至于礼乐，则曰不敢，是敢于杀人，不敢于养人也。夫教化之比于刑法，刑法轻，是舍所重而急所轻也。且教化所恃以为治，刑法所以助治也。今废所恃而独立其所助，非所以致太平也。"成帝以向言下公卿议，丞相大司空奏请立辟雍。营表未作，遭成帝崩。

世祖受命中兴，即位三十年，四夷宾服，政教清明，乃营立明堂、辟雍。明帝即位，躬行其礼，威仪既盛美矣。然德化未流洽者，以其礼乐未具，群下无所诵说，而庠序尚未设之故也。

夫人宵天地之貌，宵。化也。言禀天地气化而生也。怀五常之性，仁义礼智信也。聪明精粹，精。细也。粹。淳也。有生之最灵者也。爪牙不足以供嗜欲，趋走不足以避利害，无毛羽以御寒暑，必将役物以为养，用智而不恃力，此所以为贵也。故

没有采纳他的意见。到成帝时,刘向借机劝告皇上说:"应当兴建辟雍,设立庠序,陈设礼乐,使雅颂的音乐隆盛,使揖让的礼仪盛行,以此来教育感化天下百姓。像这样做,而天下还不能达到太平,这种事情还从未有过。有人说,(怕的是)不能圆满地运用礼制。然而礼是以教育人为根本的,如果出现了过差,(其本质)也是用来教育培养人的。使用刑罚的过失,有时会致人死伤。何况如今的刑法并非皋陶时所制定的,有关部门奏请制定法律,往往自己认为该删的就删去,改写的就补充上,目的是为了纠正当前的弊端。至于对推行礼乐的教化,则推辞说不敢妄为,这就是敢于杀人而不敢教育人了。况且教化和刑法比起来,刑法为轻。这就等于是舍弃重要的事情不做,而急着去做并不要紧的事情。况且教化是天下太平的依靠,而刑法只是起辅助作用。如今废弃所应依靠的,而只是单独确立本应起辅助作用的东西,这不是用来实现天下太平的方法。"成帝把刘向的意见交付给公卿大臣们商议,丞相和大司空上奏请求建立辟雍,然而确定地基位置的图表还没有制作好,就赶上成帝驾崩了。

汉世祖刘秀禀受上天的使命,使汉王朝重新振兴,在位三十三年,使得四周少数民族前来归附,政治教化清明,于是建立明堂、辟雍。汉明帝即位后,亲自(在明堂、辟雍)实行古礼,礼节仪式已经很美善了,但道德教化仍未能遍及天下,是因为礼乐的制度尚不完备,群臣百官还没有在民众中传述解说,而地方上的学校也还没有普遍设立起来的缘故。

人有禀承天地之气而生的样貌,具有仁、义、礼、智、信五常的本性,聪明灵敏,精细淳美,是有生命的物类中最具灵性的群体。人类和其他动物相比,手脚和牙齿的能力不能够满足嗜好和欲望,奔跑的能力不足以躲避祸害,没有皮毛或羽毛来抵御寒冷,一定要役

不仁爱则不能群，不能群则不胜物，不胜物则养不足。群而不足，争心将作，上圣卓然，先行敬让博爱之德者，众心悦而从之。从之成群，是为君矣；归而往之，是为王矣。

《洪范》曰："天子作民父母，为天下王。"圣人取类以正名，而谓君为父母。明仁爱德让，王道之本也。爱待敬而不败，德须威而久立，故制礼以崇敬，作刑以明威也。圣人既躬明哲之性，必通天地之心，制礼作教，立法设刑，动缘民情而则天象地，故因天秩而制五礼，因天讨而作五刑。上刑用甲兵，其次用斧钺；中刑用刀锯，其次用钻凿；薄刑用鞭扑。大者陈诸原野，小者致诸市朝，其所繇来者上矣。

自黄帝有涿鹿之战，颛顼有共工之陈。共工，主水官，秉政作虐，故颛顼伐之也。唐虞之际至治之极，犹流共工，放欢兜，杀三苗，殛鲧，然后天下服。夏有甘扈之誓，殷、周以兵定天下。古人有言："天生五材，民并用之，废一不可，谁能去兵？"鞭扑不可弛于家，刑罚不可废于国，征伐不可偃于天下。用之有本末，行之有逆顺耳。孔子曰："工欲善其事，必先利其

使其他物类来养活自己。使用智慧而不是依靠蛮力，这就是人之所以尊贵的地方。所以，如果没有仁爱，人们就不能形成和合的群体，不能形成群体就没有办法制服外物，不能制服外物那人们的生活所需就会不足。人们组成了群体但生活所需不足，争斗之心就会产生了。德智超群、卓越地率先躬行敬让博爱之德的人，人民就心悦诚服地跟随他。跟随他的人愈来愈多，形成了群体，这个人就成了君主；远近的人都争着前来归附他，这个人就成为王者了。

《洪范》上说："天子要做人民的父母，而为天下所归往。"圣人用相似的称谓来端正名分，所以称君主是"父母"，用以阐明仁爱道德礼让乃是王道的根本。仁爱需要依靠恭敬才不会衰败，德行需要依赖威严才能够长久地树立。因此要制定礼仪来提倡恭敬，设立刑法以显明威严。圣人已经具有洞察事理的禀赋，必能通达天地的存心，制定礼仪开展教化，确立法规设置刑罚，凡有所举动皆顺应民情，效法天地自然的规律。所以圣人依据上天规定的品秩等级来制定五礼，依据上天的惩治来制作五刑。重刑是用军队来诛灭暴乱，次一等的是用斧钺将人斩杀；中等的刑罚是用刀锯割截身体，其次是削去髌骨，在面额上刺字并以墨染黑；最轻的刑罚则是用鞭扑抽打。规模大的是在原野上征战杀戮，规模小的则在朝廷或集市上陈尸示众：这是由来已久的了。

即使是黄帝也有涿鹿之战，即使是颛顼也有讨伐共工的战役。在唐尧、虞舜的时代，天下安定昌盛达到极点，尚且还流放了共工，放逐了欢兜，驱逐了三苗，流放了鲧，然后天下顺服。夏朝有为讨伐有扈氏而作的《甘誓》，殷商和周朝也都是借助武力才平定天下。古人说："上天造就了金、木、水、火、土五材，人们综合地来利用，缺一不可，谁又能去掉军队呢？"治家不可放弃鞭扑，治国不可废除

器。"文德者,帝王之利器;威武者,文德之辅助也。夫文之所加者深,则武之所服者大;德之所施者博,则威之所制者广。三代之盛,至于刑措兵寝者,以其本末有序,帝王之极功也。

春秋之时,王道寝坏,礼乐不兴,刑罚不中,陵夷至于战国。韩任申子,秦用商鞅,连相坐之法,造参夷之诛:增加肉刑,大辟有凿颠、抽胁、镬亨之刑。至于始皇,兼吞战国,遂毁先王之法,灭礼义之官,专任刑罚,躬操文墨,而奸邪并生,赭衣塞路,囹圄成市,天下愁怨,溃而叛之。

高祖初入关,约法三章,蠲削烦苛,兆民大悦。其后四夷未附,兵革未息,三章之法,不足以御奸。于是相国萧何,捃摭秦法,取其宜于时者,作律九章。当孝惠、高后时,萧、曹为相,填以无为,是以衣食滋殖,刑罚用希。及孝文即位,躬修玄默,劝趣农桑,减省租赋。将相皆旧功臣,少文多质,惩恶亡秦之政。论议务在宽厚,耻言人之过失。化行天下,告讦之俗易。吏安其官,民乐其业,蓄积岁增,户口浸息,风流笃厚,

刑罚，治理天下不能舍弃征伐。只是在运用的时候要分清主次，在实行的时候要轻重得当罢了。孔子说："工匠想要做好他的事情，必定先要使他的工具精良。"礼乐教化，是帝王的利器；刑法和武力，是用来辅助礼乐教化的。教化影响的程度愈深，那么武力所能征服的地方就愈大；道德所施及的范围愈广，那么刑罚所能威慑的范围就愈广。夏、商、周三代的盛世，以至于能达到刑罚无用、战争不起的局面，就是因为做到了本末（文德和威武）有序的缘故，这是帝王最伟大的功绩啊。

春秋时代，王道逐渐败坏，礼乐的教化不兴盛，刑罚的使用不恰当。这种衰败的局面持续到了战国，韩国任用申不害，秦国任用商鞅，实行一人犯法连带他人同时受刑的法令，制订了诛灭三族的刑法，增加了肉刑、死刑，设置了凿开头颅、抽掉肋骨、用鼎镬煮杀等刑罚。到了秦始皇时，吞并了其他国家，于是废弃了先王的成法，去除了负责礼仪的官员，单独依靠刑罚来治国，亲自掌握判决文书。然而奸诈邪恶的事情却都出现了，犯罪的人充满道路，监狱里的犯人多得如同集市一般，天下百姓忧愁怨恨，人民如河水冲破堤防一般，纷纷反叛秦朝。

汉高祖刘邦刚进入关中的时候，与乡中父老约法三章，减免繁杂苛刻的法令，人民十分喜悦。之后因周边的少数民族尚未归附，战事还没有平息，三章的法令不足以用来禁止邪恶，于是相国萧何采集秦朝的法令，选取其中适合时宜的部分，制定了律法九章。在孝惠帝和高后当政的时代，萧何、曹参相继为相，以无为之法安定百姓，因此人民衣食增加，刑罚使用得很少。到孝文帝即位，亲自实行清净无为的政策，鼓励人民趋向农耕和蚕桑，减少了田租赋税。当时的将相都是过去的功臣，虽缺少文采但都很质朴，憎恶秦朝亡国的政策，并

禁罔疏阔。选张释之为廷尉，罪疑者予民。是以刑罚大省，至于断狱四百，有刑措之风。

即位十三年，齐大仓令淳于公，有罪当刑。其少女缇萦上书曰："妾父为吏，齐中皆称其廉平，今坐法当刑。妾伤夫死者不可复生，刑者不可复属，虽后欲改过自新，其道无由也。妾愿没入为官婢，以赎父刑罪，使得自新。"

书奏天子，天子怜悲其意，遂下令曰："盖闻有虞氏之时，画衣冠异章服以为戮，民不犯，何治之至？今法有肉刑三，黥。劓二。刖左右趾合一。凡三也。而奸不止。其咎安在？非乃朕德之薄，而教不明与？吾甚自愧！故夫训道不纯，而愚民陷焉。《诗》曰：'恺悌君子，民之父母。'今人有过，教未施而刑已加焉，或欲改行为善，而道无由至，朕甚怜之。夫刑至断支体，刻肌肤，终身不息，何其刑之痛而不德也！岂称为民父母之意哉？其除肉刑，有以易之。"

善乎！孙卿之论刑也，曰："世俗之为说者，以为治古无

深以为戒,发表意见言论必定讲求宽厚,以谈论人的过失为羞耻。教化遍及天下,揭发别人隐私的陋习得到了改变。官员安守于自己的本职,人民乐于从事自己的职业,积蓄年年增加,人口逐渐繁衍,风尚习俗忠实厚道,法律宽松。(文帝)选用张释之为廷尉,对有疑点难以确定的罪行则由民众议决。因此刑罚大大减少,以至于全国一年处理的案子只有四百多件,大有将刑罚搁置不用的风气。

汉文帝即位的第十三年,齐王国的太仓长官淳于意犯了罪,应当被处以刑罚。他的小女儿缇萦上书说:"臣妾的父亲做官,齐国的人们都称赞他清廉公平,现今犯法当被判刑。臣妾伤痛那些死去的人不能复生,遭受刑罚的人不能恢复原貌。即使他们以后想改过自新,也是无法办到的。臣妾愿意被没入官府做奴婢,以此来赎免我父亲的罪过,使他能得以改过自新。"

奏书上达天子,天子怜悯她的心意,于是下令说:"听说舜王在位时,只是在犯人的衣冠上画图文标识,让他们穿异于常人且有识别符号的衣服,以此作为羞辱,但人民却不犯法,治理达到了如此极致的程度!现今的法令有三种肉刑,而奸邪之事仍没有得到禁止,这其中的过失在哪里呢?难道不是朕的德行浅薄,教化还没有彰显吗?我自己感到很惭愧。因为教导训诲不够善良纯正,使得无知的百姓陷于罪恶之中。《诗经》上说:'和乐平易的君子啊,是人民的父母。'如今人们有了过失,还没有施以教化,而刑罚已经加到了他们身上,有的人想改过行善,却没有这样的机会了,朕非常怜悯他们。刑罚能达到截断肢体、刺刻肌肤的程度,一生都不能再生长复原,这样的刑罚是多么令人苦痛而又缺乏道德。难道这合乎为民父母的意思吗?应当废除肉刑,用其他方式予以代替。"

荀子对刑法的论说真是太好了。他说:"按世俗人们的说法,以

肉刑，有象刑，是不然矣。以为治古则人莫触罪邪，岂独无肉刑哉，亦不待象刑矣。以为人或触罪矣，而直轻其刑，是杀人者不死，而伤人者不刑也。罪至重而刑至轻，民无所畏，乱莫大焉。凡制刑之本，将以禁暴恶，且惩其末也。杀人者不死，伤人者不刑，是惠暴而宽恶也。故象刑非生于治古，方起于乱今也。所以有象刑之言者。近起今人恶刑之重。故遂推言古之圣君但以象刑天下自治也。

凡爵列官职，赏庆刑罚，皆以类相从者也。一物失称，乱之端也。德不称位，能不称官，赏不当功，刑不当罪，不祥莫大焉。夫征暴诛悖，治之威也。杀人者死，伤人者刑，是百王之所同，未有知其所由来者也。故治则刑重，乱则刑轻，犯治之罪固重，犯乱之罪固轻也。《书》云'刑罚世重世轻'，此之谓也。"《书》所谓"象刑惟明"者，言象天道而作刑，安有菲屦赭衣者哉？

孙卿之言既然，又因俗说而论之曰：禹承尧、舜之后，自以德衰，而制肉刑。汤武顺而行之者，以俗薄于唐、虞故也。今汉承衰周暴秦极弊之流俗，已薄于三代，而行尧、舜之刑，是犹以鞿羁而御駻突，以绳系马领曰鞿。駻突。恶马也。违救时

为在上古治世的时代没有肉刑只有象刑,这种说法是不对的。如果认为在古代太平盛世时没有人犯罪,那么难道只是没有肉刑吗?连象刑也不需要啊。或是认为当时人们有犯罪的,但只是一味减轻其刑罚。这等于是杀人者不会被处死,伤害了别人也不会受到处罚。罪行非常严重而受到的刑罚却很轻,人民就会无所畏惧,祸乱没有比这更大的了。大凡制定刑法的根本,是用来禁止暴恶,并防患于未然的。(如果)杀了人不被处死,伤了人不被判刑,这是赐惠于凶暴之人而宽恕邪恶者。所以,象刑不是产生在古代的治世,反而是兴起于动乱的当今。"

"凡是爵位、官职、赏赐和刑罚,都要按功过的等级来相应地施予。一件事做得不恰当,就是混乱的开端。德行与爵位不相符,能力与官职不相符,赏赐与功劳不相当,刑罚与罪过不相当,没有比这样更不吉祥的了。征讨暴乱,诛罚叛逆,这是统治的威严所在。杀人者被处死,伤人者被判刑,这是所有君王都一致遵行的,没有人知道其产生的原因。因此在治世时,用刑严厉(以禁绝犯罪);在乱世时,用刑偏轻,(以宽赦不得已而触犯刑律之人)。在治世犯法者少,有犯罪者众人厌恶,必会得到严重的惩罚;在乱世犯法的人多,不能都用重刑惩罚,所以用刑反而轻。《尚书》中说:'刑罚会因时代的变化,有时重有时轻。'就是说的这个道理。"《尚书》所说"象刑惟明",是指效法上天的规律来制定刑法,怎么会有只穿上草鞋和囚服就能代替刑罚的事呢?

荀子的说法已经如此,又就一般人们的看法而论述说:"禹继承于尧舜之后,自认为德行衰微,于是制定了肉刑。商汤和周武王沿袭并加以实行的原因,是由于世道人心比尧、舜时期衰微的缘故。如今汉朝继承衰周和暴秦之后极其衰败的风气,习俗已经衰微于夏、

之宜矣。且除肉刑者，本欲以全民也，今去髡钳一等，转而入于大辟。以死罔民，失本惠矣。故死者岁以万数，刑重之所致也。至乎穿窬之盗，忿怒伤人，男女淫佚，吏为奸臧，若此之恶，髡钳之罚，又不足以惩也。故刑者岁十万数，民既不畏，又曾不耻，刑轻之所生也。

故俗之能吏，公以杀盗为威，专杀者胜任，奉法者不治，乱名伤制，不可胜条。是以网密而奸不塞，刑繁而民愈嫚。必世而未仁，百年而不胜残，诚以礼乐阙而刑不正也。岂宜惟思所以清原正本之论，删定律令，撰二百章，以应大辟。其余罪次，于古当生，今触死者，皆可募行肉刑。及伤人与盗，吏受赇枉法，男女淫乱，皆复古刑，为三千章。诋欺文致，微细之法，悉蠲除。如此，则刑可畏，而禁易避，吏不专杀，法无二门，轻重当罪，民命得全，合刑罚之中，殷天人之和，顺稽古之制，成时雍之化。成康刑措，虽未可致，孝文断狱，庶几可及也。

商、周三代了，然而却要实行尧、舜时期的刑法，这就如同用缰绳和络头来驾驭凶悍的马一样，违背了匡救时弊的适宜做法。况且，废除肉刑，本来是希望保全人民，如今去除了髡、钳这类刑罚，反而变成了以死刑来问罪，这是用死刑来欺骗陷害百姓，也就失去了本来的善意。所以，被处死者每年数以万计，这是刑罚过重所导致的。至于穿壁越墙的偷盗、因愤怒而伤人、男女淫乱、官员不法受贿，像这样的恶行，用髡、钳一类的刑罚又不足以惩戒，所以受刑者每年有十万人之多。人民既不惧怕刑罚，又不感到羞耻，这是刑罚过轻所造成的。"

所以，一般所谓有能力的官员，都以诛杀盗贼来显示威严。专擅杀戮的人被看作能胜任工作，守法之人被认为不能进行治理。混淆刑名、损害法制的现象举不胜举。因此，法网虽严密但奸邪之事却不能得到制止，刑法虽繁多但人民却愈发轻慢。用三十年的时间还不能达到仁政，经过百年也无法遏制残暴，确实是因为礼乐教化缺乏而刑法使用不当的缘故啊。应该思考从根本上解决问题的方法，删改修订现有的法律条令，依据古制撰集刑律二百条，以此来对应死刑。其他刑罪的等级，在古代应当活命而在今天却是犯死罪的，都可以用资财赎死来减为肉刑。如果是伤人和盗窃、官员贪赃枉法、男女淫乱等罪，都可恢复古代刑法的规定，制定刑罚三千条。对于毁谤和诬陷等微细的法令条文，都应予以废除。这样，刑罚就会使人畏惧，法律禁止的事就会容易避免触犯，官员不再只是以杀戮为能事，法令也会一致，判刑的轻重与罪行相当，人民的生命就会得以保全。像这样，符合使用刑罚的正确标准，确定天人之间的和谐，依顺古代的制度，可以成就太平盛世的教化。像西周成、康时期将刑罚搁置不用的局面，虽然不容易达到，但像孝文帝时一年仅断案四百的先例，差不多是可以做到了。

洪范八政，一曰食，二曰货。二者，生民之本，兴自神农之世。"斫木为耜，煣木为耒，耒耨之利，以教天下"，"日中为市，致天下之民"，"聚天下之货，交易而退，各得其所"，而货通食足。然后国实民富，而教化成。黄帝以下"通其变，使民不倦"。殷周之盛，《诗》《书》所述，要在安民，富而教之也。故《易》称："天地之大德曰生，圣人之大宝曰位，何以守位，曰仁，何以聚人，曰财。"财者，帝王所以聚人守位、养成群生、治国安人之本也。是以圣王域民，筑城郭以居之，制井庐以均之，开市肆以通之，设庠序以教之。士农工商，四民有业。圣王量能授事，四民陈力受职，故朝无废官，邑无傲民，地无旷土。

孔子曰："导千乘之国，敬事而信，节用而爱人，使民以时。"故民皆劝功乐业，先公而后私。民三年耕，则余一年之畜，衣食足而知荣辱，廉让生而争讼息。余三年食，进业曰登，再登曰平，三登曰泰平，然后王德流洽，礼乐成焉。又曰："籴甚贵伤民，甚贱伤农。民伤则离散，农伤则国贫。故甚贵与甚贱，其伤一也。"善为国者，使民毋伤，而农益劝。

在《尚书·洪范》中，记录了古代国家施政的八个方面，第一个是"食"，第二个是"货"。这两个方面是养育人民的根本，自神农氏的时代就已经兴起。"砍削木料来制作耜，用火烤木材来制作耒，把耒耜的好处传给天下人民。""在中午形成集市进行贸易，招引天下的人，聚集天下的货物，进行完贸易后就离开，各自都会得到自己需要的东西。"货物流通，粮食充足，然后才能使国家殷实人民富足，政教风化也就能形成了。自黄帝以后，"器物钱币有不便于当时者，则改革而变通之，使人民乐其本业而不感到厌倦"。殷商和周朝的兴盛，《诗经》《尚书》中已有所记述，其要务在于安定人民，使百姓富足后再教导他们。所以《易经》上说："天地的大德是生养万物，圣人的大宝是地位。用什么来保持地位？要靠仁德。用什么来聚集人民？要用财富。"财富，是帝王用来聚合人民、保持地位、养育众生、治理国家、安定百姓的根本。所以，圣明的君王划分区域来安置人民，建筑城市让人们居住，设置井田并建立房屋对人们进行平均分配，开设集市让人们互通有无，设立学校来教导大众。士人、农民、工人、商人都有各自的职业。圣明的君王通过衡量人们的能力来授予职事，（士农工商）四民贡献自己的才能来接受任务。所以，朝廷中没有不称职的官员，城邑里没有闲游之民，田野中也没有荒芜的土地。

孔子说："治理一个千乘之国，要敬慎地处理政事，要讲诚信；要节省费用，爱护人民；使用民力时，要根据农事的忙闲合理调配。"因此，人民都努力地建功立业，愉快地从事自己的本业，先为公家着想而后才想到自身。人民耕种三年，就能积蓄足够一年使用的余粮。衣食丰足了，人们才会懂得荣辱；清廉逊让的风气形成了，争斗诉讼就会平息。能有三年的粮食储备，各项事业都有所发展，就称为登，两次登就称为平，三次登就是泰平，然后君王的德泽就会遍及天下，

文帝即位，躬修俭节，思安百姓。时民近战国，背本趣末，贾谊说上曰："筦子曰：'仓廪实知礼节。'民不足而可治者，自古及今，未之尝闻。古之人曰：'一夫不耕，或受之饥，一女不织，或受之寒。'生之有时，而用之无度，则物力必屈。古之治天下，至纤至悉也，故其蓄积足恃。今背本而趋末，食者甚众，是天下之大残也；淫侈之俗，日日以长，是天下之大贼也。残贼公行，莫之或止，生之者甚少，而靡之者甚多，天下财产，何得不蹶哉！

世之有饥穰，天之行也，天之行气。不能常孰。禹、汤被之矣。即不幸有方二三千里之旱，国胡以相恤？卒然边境有急，数十万之众，国胡以馈之？兵旱相乘，天下屈，有勇者聚徒而横击，并举而争起矣，乃骇而图之，岂将有及乎？夫积贮者，天下之大命也，苟粟多而财有余，何为而不成？以攻则取，以守则固，以战则胜，怀敌附远，何招而不至？今殴民而归之农，皆着于本，使天下各食其力，末技游食之民，转而缘南畮，则畜积足，而人乐其所矣。可以为富安天下，而直为此禀禀也，禀

礼乐的教化也就形成了。(李悝)又说:"购买谷物时,价格太高就会伤害大众的利益,价格太低就会伤害农民的利益。大众的利益受到伤害,人们就会四散离去;农民的利益受到伤害,国家就会贫乏。所以谷价太高或太低,同样都会造成伤害。善于治国者,应使大众的利益不受伤害,而农民也能更加勤勉。"

汉文帝即位后,亲自实行节俭,想着使百姓安定。当时的人们离战国时期不远,多弃农务商。贾谊劝告皇上说:"管子说:'仓库里的粮食充实了,人们才会懂得礼节。'人民的衣食不足而能使国家得到治理的,从古到今还没有听说过。古人(指管仲)说:'一个农夫不耕作,有的人就会挨饿;一个女子不纺织,有的人就会受冻。'物资的生产有时间的限制,然而使用起来却没有限度,那么物资一定会被用尽的。古人治理天下,极为细致周密,所以他们的积蓄足可以依赖。如今人们背离农业趋向商业,不劳而食的人太多,这是天下的大害;奢侈浪费的风气日益增长,这是天下的大祸。祸害公然盛行,却没有人来制止它。从事生产的人很少,而浪费的人却很多,天下的财产怎么会不枯竭呢?"

"世上有荒年和丰年,这是自然运行变化的规律,大禹和商汤都曾遭遇过。假若不幸遇到了方圆二三千里的旱灾,国家将用什么来救济百姓?突然边境上发生了紧急军情,数十万的军队,国家拿什么来充当军饷?战事和旱灾接连而至,天下物资匮乏,有勇力的人就会聚众恶毒攻击,(叛乱者)同时举兵起事而争天下,这时才惊怕地来设法应对,难道还能来得及吗?积聚储存物资,是天下的要事。假如粮食多而且财物富余,那做什么事不能成功呢?凭借这样的条件,进攻就能夺取,防守就能稳固,征战就能获胜。以此怀柔敌方,使边远之人前来归附,那还有什么人不会被招抚来呢?现今应当驱使人民

禀。危也。窃为陛下惜之!"

于是上感谊言,始开藉田,躬耕以劝百姓。晁错复说上曰:"圣王在上而民不冻饥者,非能耕而食之、织而衣之也,为开其资财之道也。故尧、禹有九年之水,汤有七年之旱,而国无捐瘠者,捐。谓民饥也。或谓贫乞者为捐也。以畜积多而备先具也。今海内为一,土地民人之众,不避汤、禹,加以无天灾,而畜积之未及者,何也?地有遗利,民有余力,生谷之土未尽垦,山泽之利未尽出,游食之人未尽归农也。民贫,则奸邪生。贫生于不足,不足生于不农,不农则不地著,不地著则离乡轻家。民如鸟兽,虽有高城深池,严法重刑,犹不能禁也。

"夫寒之于衣,不待轻暖;饥之于食,不待甘旨;饥寒至身,不顾廉耻。人情一日不再食则饥,终岁不制衣则寒。夫腹饥不得食,肤寒不得衣。虽慈母不能保其子,君安能以有民哉!明主知其然也,故务民于农桑,薄赋敛,广蓄积,以实仓禀,备水旱,故民可得而有也。民者,在上所以牧之,趋利如水走下,四方无择也。夫珠玉金银,饥不可食,寒不可衣,然而

回归农业,都依附于根本,使天下人都能依靠自己的劳动来谋生,使从事工商业和四处谋生之人转行来从事农业,那么积蓄就会充足,人们就会乐于做自己所应做的事了。本可以使国家富裕安定,然而竟造成了这样一种危困的局面。臣私下为陛下感到惋惜!"

于是文帝为贾谊之言所感动,开始设立藉田,亲自率领大臣举行耕种仪式来劝勉百姓。晁错又上书劝文帝说:"圣明的君王在上位,而人民不会受冻挨饿的原因,并非是君王能耕作来供给人们食物吃、织布来供给人们衣服穿,而是会为百姓开辟获得财富的途径。所以,尧、禹时期有九年的水灾,商汤曾遇到七年的旱灾,但国家没有因饥饿而死的人,这是因为积蓄的粮食多而预先有所防备的缘故。如今天下统一,土地和人口的数量不亚于商汤、大禹的时代,再加上没有自然灾害,然而积蓄的物资却不能达到像禹、汤时那样充足,这是为什么呢?是因为土地还有未尽其用的利益,人民还有剩余的力量,生产五谷的土地没有被完全开垦,山川水泽的资源没有被完全发掘,四处谋生的人没有完全回归到农业上来。人民贫穷,就会有奸诈邪恶的事发生。贫穷是因为物资不足,物资不足是因为人们不进行农业生产,人们不务农就不会安居在一地,不能定居一处人们就会轻易离开家乡。(如果)百姓像鸟兽般居无定所,即使有高大的城墙和很深的护城河,有严厉的法律和刑罚,仍是不能加以禁止的。"

"人在寒冷时需要衣服,不必是轻软暖和的;人在饥饿时需要食物,不必是甜美可口的。身体挨饿受冻,人们就不会顾及廉耻了。人之常情是一天不吃两顿饭就会感到饥饿,一年不制作衣服就会受冻。肚子饿了却得不到吃的,身体寒冷却得不到衣服,这样即使是慈母也不能保住她的孩子,国君又怎能拥有他的人民呢?明智的君主知道其中的道理,所以使人民致力于农耕与蚕桑,减轻田租税收,

众贵之者,以上用之故也。其为物轻微易藏,在于把握,可以周海内而无饥寒之患。此令民易去其乡,盗贼有所劝,亡逃者得轻资也。粟米布帛生于地,长于时,聚于力,非可一日成也;数石之重,中人不胜,不为奸邪所利,一日弗得而饥寒至。是故明君贵五谷而贱金玉。

"今农夫,春耕夏耘,秋获冬藏,伐薪樵,给徭役,春不得避风尘,夏不得避暑热,秋不得避阴雨,冬不得避寒冻,四时之间无日休息,又私自送往迎来,吊死问疾,养孤长幼在其中,勤苦如此,尚复被水旱之灾,急政暴虐,赋敛不时,朝令而暮改,当其有者,半贾而卖,无者取倍称之息,取一偿二为倍称。于是有卖田宅、鬻子孙以偿责者矣。

"而商贾大者,积贮倍息,小者坐列贩卖,操其奇赢,日游都市,乘上之急,所卖必倍。故其男不耕耘,女不蚕织,衣必文采,食必粱肉,无农夫之苦,而有仟伯之得。因其富厚,交通王侯,力过吏执,以利相倾,千里游敖,冠盖相望,此商人所以兼并农人,农人所以流亡者也。

广泛地积蓄粮食等物资来充实仓库,防备水旱的灾害,因此他就可以拥有众多的百姓了。人民,在于帝王用什么方法来驾驭他们。人们趋向利益,就像水流向低处一样,没有方向的选择。珠宝美玉和金银,饥饿时不能当吃的,寒冷时不能当穿的,然而大众却认为它们很贵重,这是因为君主使用它们的缘故。金银珠宝这些物品,轻巧微小容易收藏,拿在手中,可以走遍天下而不会有饥寒的忧患。这样就使得人民容易离开家乡,盗贼受到鼓励,犯罪逃亡的人有了便于携带的财物。粟米布帛产生于田地中,随时令而生长,凝聚了人力在其中,不是一日之间就能长成的。几石重的粮食,一般的人难以拿动,也不会被奸邪之人所利用,然而一天得不到就会感到饥寒。所以,英明的君主重视五谷而轻视金玉。"

"如今农民春天翻地,夏天除草,秋天收获,冬天储藏,还要砍伐柴火,供给徭役。春季不能避开风沙尘土,夏季不能避开酷暑炎热,秋季不能避开绵绵阴雨,冬季不能避开冰冻严寒,一年四季没有休息的时间。此外还有个人的迎来送往、吊唁死者、慰问病者、赡养孤老、养育幼儿的事情都包括在其中。如此勤劳辛苦,尚且还会遭受水旱的灾害,官府又要急征暴敛,随时征收赋税,早晨才发出的征税令,当天晚上就要求征收到位。(为了纳税)有粮食的人,往往不得不半价出售以完税,没有粮食的就以加倍的利息向他人借钱交税,于是就有了卖掉田宅、儿孙来偿还债务的事情。"

"那些大的富商囤积货物,以获得加倍的利息;小商人则坐在店铺中贩卖,带着他们用余财所获得的奇异货物,每天在都市中游逛,趁着官府急需之时,所卖物品的价格必定会成倍抬高。所以,这些商人们男子不进行耕作,女子不进行蚕桑和纺织,而所穿的必是华美的衣服,所吃的必是上等的米和肉,没有农夫的辛苦,却拥有田间

"今法律贱商人，商人已富贵矣；尊农夫，农夫已贫贱矣。故俗之所贵，主之所贱也；吏之所卑，法之所尊也。上下相反，好恶乖迕，而欲国富法立，不可得也。方今之务，莫若使民务农而已矣。欲民务农，在于贵粟，贵粟之道，在于使民以粟为赏罚。今募天下，入粟县官，得以拜爵，得以除辠。如此，富人有爵，农民有钱，粟有所渫矣。夫能入粟以受爵，皆有余者也，取于有余，以供上用，则贫民之赋可损，所谓损有余补不足。令出而民利者也。顺于民心，所补者三：一曰主用足，二曰民赋少，三曰劝农功。爵者，上之所擅，出于口而无穷；粟者，民之所种，生于地而不乏。夫得高爵与免辠，人之所甚欲也。使天下人入粟于边，以受爵免辠，不过三岁，塞下粟必多矣。"

于是文帝从错之言，令民入粟边，各以多少级数为差。至武帝之初，七十年间，国家无事，都鄙廪庾尽满，而府库余财。京师之钱累百巨万，贯朽而不可校。校，数也。太仓之粟，陈陈相因，充溢露积于外，腐败不可食。众庶街巷有马，阡陌之

农桑的收获。他们凭借财富雄厚,与王侯交往相通,势力超过一般官员,依靠钱财争权夺利,互相排挤,遨游于千里之外,一路上往来不绝。这就是商人所以能兼并农民、农民却流落他乡的原因了。"

"现今的法律轻视商人,而商人实际上已经富贵了;法律尊重农民,而农民实际上已经贫贱了。于是民众所认为是尊贵的,正是君主所轻贱的;官吏以为是卑贱的,正是法律上所尊重的。上下的观点相反,好恶的标准相违逆,却希望国家富强法制建立,这是做不到的。当今的要务,没有比让人民致力于农业生产更重要的了。想要让人们从事于农业生产,关键是要重视粮食,其方法在于用粮食作为决定赏罚的条件。现在号召天下人民,只要向官府缴纳粮食,就可以得到爵位,或免除罪过。如此,富人就会拥有爵位,农民也会得到钱财,粮食也能有所分散流通了。凡能交纳粮食来取得爵位的,都是有余粮的人。从富余者那里取一部分来供君主使用,那么贫穷百姓的赋税就可以减少了,这就叫做减少富余的来补充不足的,政令一出人民就会得到利益。此举顺应人民的意愿,能对三个方面有所补助:第一是君主的需用充足,第二是人民的赋税减少,第三是可以鼓励农业生产。爵位,是君主所专有的,出自于皇上之口而数量无有穷尽;粮食,是人民所耕种的,生长在田地中而不会缺乏。能得到高的爵位和免除罪过,是人们都很希望的事。让天下的人交纳粮食给边关,以此来获得爵位、免除罪过,用不了三年,边塞的粮食必定会多起来。"

于是文帝听从了晁错的建议,下令让人民交纳粮食给边塞,各以纳粟数量的多少来决定所得爵位等级次序的差别。到汉武帝即位之初,这七十年间,国家没有重大变故,京城和边邑的粮仓都很充实,府库里有剩余的财物。京师的钱积聚了数百亿,以致串钱的绳子

间成群，守闾阎者食粱肉，为吏者长子孙，居官者以为姓号，仓氏，庾氏是也。人人自爱而重犯法，先行谊而黜愧辱焉。于是罔疏而民富。

是后，外事四夷，内兴功利，役费并兴，而民去本。天下虚耗，人民相食。武帝末年，悔征伐之事，乃封丞相为富民侯，以赵过为搜粟都尉，教民代田，用力少而得谷多。至昭帝时，流民稍还，田野益辟，颇有蓄积。宣帝即位，用吏多选贤良，百姓安土，岁数丰穰，谷至石五钱，农人少利。时大司农中丞耿寿昌奏言："籴三辅、弘农、河东、上党、太原、郡谷，足供京师，可以省关东漕卒过半。"天子从其计。寿昌遂白，令边郡皆以谷贱时增价而籴，谷贵时减价而粜，名曰常平仓。民便之，上乃赐寿昌爵关内侯。至元帝时，乃罢常平仓。哀帝即位，百姓訾富，虽不及文景，然天下户口最盛。

平帝崩，莽遂篡位。因汉承平之业，匈奴称藩，百蛮宾服，舟车所通，尽为臣妾，府库百官之富，天下晏然。莽一朝有之，而其意未满，陿小汉家制度，以为疏阔。宣帝始赐单于印玺，与天子同。而西南夷钩町称王，莽乃遣使易单于印绶，

都朽断了,钱财多得无法计算。京师粮仓的陈谷逐年增加,多得都露天堆积在外面,有些已腐烂不能吃了。百姓的街头巷口有马,田间小路上也是马匹成群,看门的小吏都吃精粮和肉食。为官者长期任职,以致子孙都长大了而本人仍在官位,居官位的人甚至以官职为姓氏。每个人都懂得自爱而不愿轻易触犯法律,以道义为先而贬斥耻辱的行为,于是法律宽松而人民富足。

此后,汉朝对外与周边少数民族作战,对内则大兴(盐铁算缗等)利益之事,各种劳役和费用多了起来,人民荒废了农业,国家财政亏空,社会上又出现了人吃人的事情。汉武帝到晚年时,追悔征战讨伐之事,于是封丞相(车千秋)为富民侯。任命赵过为搜粟都尉,教导人民实行"代田"的耕作方法,这样付出的劳力少而得到的谷米却多。到汉昭帝时,流亡的人民渐渐还乡,田地的开垦增加,积蓄了颇多的粮食。汉宣帝即位后,任用官员多是选择贤良之人,百姓安于本土,连年获得丰收,谷价降到了五钱一石,农民获利微薄。当时大司农中丞耿寿昌上奏说:"买进三辅、弘农、河东、上党、太原等郡的粮食,足以供京师使用,关东运漕粮的士兵就可以减少一半。"宣帝听从了他的意见。耿寿昌遂即请示让边境的郡县,都在粮价低时加价买入粮食,到粮价高时则减价售出,这就叫"常平仓"。百姓感到便利。宣帝于是赐给耿寿昌关内侯的爵位。这样一直到汉元帝时,才取消了常平仓。汉哀帝即位后,百姓资财富足,虽然赶不上文帝、景帝的时期,然而天下的人口却是最多的。

汉平帝去世后,王莽就篡夺了皇位。凭借之前汉朝太平的基业,匈奴自称藩属,其他少数民族悉皆归附,水路、旱路所通之处,都称臣民,府库充盈,百官富足,天下安定。王莽一时间拥有了天下,然而心中并不满足,他鄙视汉家制度,认为不够周密。汉宣帝时最初赐给

贬钩町为侯。二方始怨，侵犯边境。莽遂兴师发三十万众，欲同时十道并出，一举灭匈奴，海内扰矣。又动欲慕古，不度时宜，分裂州郡，改职作官。下令更名，天下田曰王田，奴婢曰私属，皆不得卖买；其男口不满八，而田过一井者，分余田与九族乡党。犯令、法至死。制又不定，吏缘为奸，天下謷謷然，陷刑者众。

凡货，金钱布帛之用，夏、殷以前，其详靡记云。太公为周立九府圜法，圜即钱也。退又行之于齐。至管仲相桓公，通轻重之权，曰："岁有凶穰，故谷有贵贱；令有缓急，故物有轻重。所缓则贱。所急则贵。人君不理，则蓄贾游于市，乘民之不给，百倍其本矣。计本量委则足矣，然而民有饥饿者，谷有所藏也。民有余则轻之，故人君敛之以轻；民不足则重之，故人君散之以重。民轻之之时为敛籴之。重之之时官为散之。凡轻重敛散之以时，即准平。故大贾蓄家，不得豪夺吾民矣。"

秦兼天下，币为二等：黄金以溢为名，二十两为溢。秦以溢为一金。汉以一斤为一金也。钱质如周，钱文曰半两。汉兴，以

单于印玺,地位和天子等级相同,而封西南少数民族的钩町为王。王莽却派使者更换了单于的印绶,贬钩町王为侯。这两方开始有了怨恨,发兵侵犯边境。王莽于是起兵,派遣了三十万人的军队,打算从十路同时出击,一次性消灭匈奴,全国一片混乱。同时王莽动不动就想要模仿古人,不考虑实际情况的需要,重新分割州郡,改变官职名称,创制官衔。他下令把天下的田地改名叫"王田",奴婢改称"私属",都不能进行买卖;家中男子不满八人而田地超过一井的,就要把多余的土地分给宗族和乡亲;违犯了禁令的,统统依法处死。因他的制度又常变化不定,官员便借机作奸舞弊,使得天下百姓怨声载道,犯罪的人很多。

凡是货币,即金、钱、布、帛的使用,在夏朝、商朝以前没有详细地记载。姜太公为周朝制定了以九府掌管钱币流通的办法,他回到封地齐国后又继续施行。到管仲辅佐齐桓公的时候,管仲通晓调控物价高低的权变之策,他说:"年景有荒年有丰年,所以粮食就会有贵有贱;政令有缓有急,所以物品就有轻贱和贵重之分。君主如果不进行治理,则囤积居奇的商人就会活动在市场上,趁着百姓供给不足时,以高出成本百倍的价格出售。计算生产积蓄的粮食,应该足够人们食用了,然而百姓中仍然有饥饿之人,这是有人把谷物藏了起来。百姓的谷物有剩余时就会轻视粮食,所以君主应当在百姓轻视粮食时,以(适当的)低价收购;人民的谷物不足时就会重视粮食,君主则应在百姓都急需粮食时,以(适当的)高价抛售。这样权衡轻重,掌握好粮食买进卖出的时机,物价就会稳定,那些囤积居奇的大富商人就不能仗势强夺百姓的利益了。"

秦朝兼并了天下,将货币分为两等:黄金用"镒"作为单位;钱币的形质如同周朝的钱,正面的文字是"半两"。汉朝建立后,认为秦朝

为秦钱重难用,更令民铸荚钱。如榆荚也。孝文为钱益多而轻,更铸四铢,文为半两。除盗铸钱令。贾谊谏曰:"夫事有召祸,而法有起奸。今令细民人操造币之埶,各隐屏而铸作,因欲禁其厚利微奸,虽黥罪日报,其埶不止。报。论。为法若此,上何赖焉?又民用钱,郡县不同。法钱不立,吏急而壹之虖,则大为烦苛,而力不能胜;纵而弗呵乎,则市肆异用,钱文大乱。苟非其术,何乡而可哉!今农事弃捐,而采铜者繁,奸钱日多,五谷不为多。民采铜铸钱。废其农业。故五谷不为多。善人怵而为奸邪,怵。诱。动心于奸邪也。愿民陷而之刑戮。刑戮甚不祥,奈何而忽!"上不听。是时,吴以诸侯即山铸钱,富埒天子,后卒叛逆。邓通,大夫也,以铸钱财过王者。故吴、邓钱布天下。

武帝因文景之蓄,忿胡、粤之害,即位数年,严助、朱买臣等,招来东瓯,事两粤,江淮之间萧然烦费矣。唐蒙、司马相如开西南夷,凿山通道千余里,以广巴蜀,巴蜀之民罢焉。彭吴穿秽貊、朝鲜,置沧海郡,则燕、齐之间,靡然发动。及王恢设谋马邑,匈奴绝和亲,侵扰北边,兵连而不解,天下共其劳。干戈日滋,行者赍,居者送,中外骚扰相奉,财赂衰耗而不

的钱偏重不方便使用，改命百姓铸造荚钱。孝文帝因为铸造的荚钱愈来愈多而且分量很轻，于是就改铸四铢钱，正面文字仍是"半两"（古代二十四铢为一两，一枚四铢钱应重六分之一两，钱文虽曰半两，实重则轻于此），废除了不许民间私自铸钱的法令。贾谊劝谏说："此事会招致祸患，其做法会引起奸邪。现在让平民掌握制造钱币的权利，就会各自秘密铸造。于是想要禁止人们用奸巧作弊的手段来获取丰厚的利益，但即使是天天判以黥刑，这种趋势也将难以被制止。若是如此制定法令，皇上还能依赖什么来治理国家呢？另外人民所使用的钱币，每个郡和县都不相同，法定的标准钱币没有立足之地。官员若是急着想统一吧，这个工作又非常繁杂，而力量也不能够胜任；放任这种现象不管制吧，那么市场流通的钱币就不一致，钱币就会十分混乱。如果得不到治理这种状况的有效方法，那百姓就不知朝什么方向走才对！如今农事被废置，而开采铜矿的人却很多，私人铸造的钱币日益增加，五谷却不见增多。善良的人受到诱惑而去做奸邪的事，朴实的百姓因犯罪而陷入刑罚，甚至被杀戮。刑杀过多对于国家来说很不好，这怎么能忽略呢？"文帝没有听从贾谊的意见。这时，吴王刘濞以诸侯的身份，就山采铜来铸钱，富可敌国，最终发生了反叛。邓通是大夫，因为铸造钱币，财富超过了王侯。所以，吴王和邓通铸的钱遍布天下。

汉武帝凭借文景时代的积蓄，忿恨匈奴和两越的侵害，即位几年后，派严助、朱买臣等招抚了东瓯，对两粤用兵，使长江、淮河流域地区骚动不安，耗费很大。唐蒙、司马相如开始开通了西南少数民族地区，开凿大山修通了上千里的道路，以拓广巴蜀地区，巴蜀人民深感疲惫。彭吴开通秽貊、朝鲜地区，设置了沧海郡，而燕齐一带随即受到扰乱。等到王恢谋划在马邑伏击单于，事情败露，匈奴就断绝了

澹。入物者补官，出货者除皋，选举陵夷，廉耻相冒，武力进用，法严令具，兴利之臣，自此而始。

其后，卫青岁以数万骑，出击匈奴，遂取河南，筑朔方郡。时又通西南夷道，作者数万人，千里负担馈饟，率十余钟致一石。钟六石四斗。置沧海郡，筑卫朔方，转漕甚远，自山东咸被其劳，费数十百巨万，府库并虚。乃募民能入奴婢，以终身复为郎增秩，及入羊为郎，始于此。此后，卫青比岁将十余万众击胡，斩捕首虏之士，受赐黄金二十余万斤，而汉军士马死者十余万，兵甲转漕之费不与焉。于是经用赋税既竭，不足以奉战士。有司请令民得买爵及赎禁锢，免赃罪，大者封侯、卿大夫，小者郎。吏道杂而多端，官职耗废。

票骑仍再出击胡，大克。获浑邪王率数万众来降，皆得厚赏。衣食仰给县官，县官不给。天子乃损膳，解乘舆驷，出御府禁藏以澹之。费以亿计，县官大空，富商贾财，或累万金，而不佐公家之急。于是天子与公卿议，更造钱币以澹用，而摧浮淫

与汉朝的和亲,侵犯骚扰北部边境,战事连年不止,天下百姓都为此而劳苦。战争日益增多,出征的人要自带衣食资财,居于后方的人要输送军需,国家内外的动乱接连不断,财力衰耗而不能满足需用。于是交纳财物的人可以补给官位,提供钱财的人可以免除罪刑,选拔举用贤能的制度逐渐衰落。人们廉耻不分,以武力为进身之阶,法令因此也变得严酷苛细;那些提倡牟利之臣,从此开始掌权用事。

其后,卫青每年率领数万骑兵出击匈奴,于是夺取了河套以南地区,建筑了朔方郡。当时又开通了西南少数民族地区的道路,参与劳作的有数万人,从千里之外挑担来运送粮饷,因沿途损耗,大约运送十多钟才能得到一石。又设置了沧海郡,派人修筑并守卫朔方,转运粮饷的路程很远,从崤山以东的广大地区都要负担劳役,花费的钱有数百亿,府库空虚。于是召令百姓,向官府交纳奴婢的,就可以终身免除劳役,郎官(交纳奴婢的)则可以加官进爵,以及缴纳羊就可做郎官。以上这些都是从这时开始的。此后,卫青连年率领十几万的军队出击匈奴,斩下敌人首级和缴获俘虏的士兵,受到的赏赐有黄金二十多万斤,而汉军中士兵马匹死亡的有十多万,武器、军备转运的费用还不包括在内。这样常用之钱和赋税收入已经用尽,还是不能够供给战士们的费用。有关部门请求让人民能够出钱来买官爵、赎免不准做官的禁锢以及减轻或免除罪罚。立有大军功的人可以封侯或授予卿大夫之职,军功小的则授予郎官。如此则做官的途径杂乱多端,官员的职责也就混乱而荒废了。

(元狩二年)骠骑将军霍去病仍连续两次出击匈奴,大获全胜,浑邪王率领数万人前来归降,都受到了丰厚的赏赐。他们(归降的胡人)的吃穿依赖了朝廷的供给,朝廷供给不上,皇上就降低饮食标准以减少开支,解除御用的车马并拿出少府(皇帝的私府)所藏的

并兼之徒。于是以东郭咸阳、孔仅为大司农丞,领盐铁事,而桑私羊贵幸侍中,故三人言利,事析秋豪矣。法既益严,吏多废免,皆谪令伐棘上林,作昆明池。其明年,大将军票骑大出击胡,赏赐五十万金,军马死者十余万匹,转漕车甲之费不与焉。是时财匮,战士颇不得禄矣。

诸贾人末作贳贷,及商以取利者,虽无市籍,各以其物自占,率缗钱二千而算一。轺车一算,商贾人轺车二算。商贾人有轺车。使出二算。重其赋也。船五丈以上一算,匿不自占,占不悉,戍边一岁,没入缗钱。有能告者,以其半畀之。是时,豪富皆争匿财,唯卜式数求入财以助县官。天子乃超拜式为中郎,赐爵左庶长、田十顷,布告天下,以风百姓。

自造白金五铢钱,后五岁而赦,吏民之坐盗铸金钱死者数十万人。其不发觉相杀者,不可胜计。赦自出者百余万人,然不能半自出矣。犯法者众,吏不能尽诛。于是遣博士褚大、徐偃等,分行郡国,举并兼之徒。而御史大夫张汤方贵用事,减宣、杜周等为中丞,义纵、尹齐、王温舒等用惨急苛刻为九卿,直指夏兰之属始出,而大农颜异诛矣。自是后有腹非之法

财物来供给他们。如此花费的钱财数以亿计,导致朝廷的财政空虚。那些大富商人有的财产累积达万金,然而却不肯帮国家解困。于是皇上与公卿大臣们商议,通过改铸钱币来满足国家的各项费用,打击那些轻薄淫佚吞并财富的人。于是任命东郭咸阳和孔仅为大司农,兼理盐铁官营的事务,而桑弘羊因受到皇上宠幸而成为侍中,所以这三人在奏议兴利的事情时,精明细微得如察秋毫一般。法令变得越发严酷,很多官员遭到罢免。以往被免官的人都被罚去上林苑采伐林木,兴修昆明池。到第二年,大将军卫青、骠骑将军霍去病大举出击匈奴,赏赐五十万黄金,军中战马死了十多万匹,转运兵车、武器的费用还不包括在内。这时国家的财力匮乏,战士们都得不到俸禄。

那些商人和手工业者,以及放高利贷的人,还有通过经商来牟取利益的人,即使没有商人的户籍,也要各自按其所拥有的财产向官府上报,按照两千钱而收一算(一百二十钱)的比例来交税。轺车每辆交税一算,而商人则一辆轺车要纳两算。船只超过五丈长的纳税一算。凡是隐瞒财产不上报,或上报不彻底的,则罚充军边疆一年,并没收其财产作为缗钱。有能告发的人,官府便将没收财产的一半给他。这时,富商们都争着把财物隐藏起来,只有卜式多次请求捐财来资助朝廷。皇上于是破格提拔卜式为中郎,赐给他左庶长的爵位和田地十顷,并宣告天下,以此教化百姓。

自从(元狩四年冬)铸造白金和五铢钱之后五年,赦免了官民中因私自铸钱而被判为死罪的数十万人,那些情况不明而被杀死的人不计其数。赦免自首的人有一百多万,然而自首者还不到一半。犯法的人太多,官吏不能尽数惩处。于是就派博士褚大、徐偃等人分别巡行各郡国,检举吞并他人财产的不法之徒。御史大夫张汤这时正受重用,减宣、杜周等人任中丞,义纵、尹齐、王温舒等也因执法严

比,而公卿大夫多谄谀取容。天子既下缗钱令,而尊卜式,百姓终莫分财佐县官,于是告缗钱纵矣。

杨可告缗遍天下,中家以上大氐皆遇告,得民财物以亿计,奴婢以千万数,田大县数百顷、小县百余顷,宅亦如之。于是商贾中家以上大氐破,民媮甘食好衣,不事蓄藏之业,而县官以盐铁缗钱之故,用少饶矣。是时。越欲与汉用船战逐,水战相逐。乃大修昆明池,列馆环之;治楼船,高十余丈;作柏梁台,高数十丈。宫室之修,由此日丽。明年,天子始巡郡国。公卿白议封禅事,而郡国皆豫治道,修缮故宫,储设共具而望幸。明年,南越反,西羌侵边。天子因南方楼船士二十余万人击越,发三河以西骑击羌,又度河筑令居。初置张掖、酒泉郡,而上郡、朔方、西河、河西开田官,斥塞卒塞上候斥卒也。六十万人戍田之。中国缮道馈粮,远者三千余里。边兵不足,乃发武库工官兵器以澹之。

齐相卜式上书,愿父子死南粤。天子下诏褒扬,赐爵关内侯,黄金四十斤,田十顷。布告天下,天下莫应。列侯以百数,

酷苛峻而位列九卿,直指官夏兰这类人开始出现,而大司农颜异(因"腹非")被诛杀了。从此以后便有了"腹非罪"的法律条例,于是公卿大夫们大都阿谀谄媚来讨好天子。天子已经下达了缗钱令(对个人的田宅、货物、车船、畜产等征收财产税的法令),又尊崇卜式的行谊,但百姓终究没有拿出自己的钱财来帮助朝廷,于是检举告发别人隐匿财产、逃漏税款之风大盛。

杨可主持的让百姓告发偷漏缗钱之事遍及各地,中产之家以上的大都遭到告发,政府得到从民间没收的财物数以亿计,奴婢则以千计万计。大县没收的田地有数百顷,小县也有一百多顷,没收房宅的情况也是如此。于是经商者中,中等以上的人家大都破产,人民只是苟安于好吃好穿,不再从事积蓄储藏的事业,而朝廷因为有盐铁官营及缗钱的收入,财用稍微富裕了些。这时南越想从水路进攻汉朝,于是汉朝大规模的修建昆明池,在其四周修筑楼台馆舍;建造了带楼阁的战船,有十多丈高;又建造了柏梁台,有几十丈高。宫室的修建从此日益华丽。第二年(元鼎四年),天子巡视各郡国。公卿们上奏商议封禅之事,而各郡国都预先整治驰道,修缮原有的宫殿(在驰道沿线的县),都准备物资,陈设酒食,希望皇上能临幸此地。次年(元鼎五年),南越造反,西羌侵犯边境。天子依靠南方水军二十多万人攻打南越,征发三河以西的骑兵攻打羌人,又派人渡过黄河建筑令居城,开始设置张掖、酒泉(敦煌)郡。而在上郡、朔方、西河、河西等地垦荒开田,设屯田官,开拓边疆之卒共六十万人一起戍边屯田。国内则修整道路运送粮饷,距离远的有三千多里。边塞的武器装备缺乏,于是就调拨武库工官的兵器来补充边塞之需。

时任齐国丞相的卜式上书天子,表示愿意父子两代人都能为国捐躯,战死在南粤。天子下诏进行表扬,赐给他关内侯的爵位,还有

皆莫求从军。至饮酎,少府省金,省视诸侯金有轻重。而列侯坐酎金失侯者百余人,乃拜卜式为御史大夫。式既在位,见郡国多不便县官作盐铁器,或强令民买之,而船有筭,因孔仅言船筭事。上不说。然兵所过县,县以为訾给毋乏而已,不敢言轻赋法矣。

元封元年,卜式贬为太子太傅。而桑弘羊为治粟都尉,领大农。乃请置大农部丞数十人,分部主郡国,各往往置均输盐铁官,尽笼天下之货,名曰"平准",不复告缗。民不益赋,天下用饶。于是弘羊赐爵左庶长,黄金者再百焉。是岁小旱,上令百官求雨。卜式言曰:"县官当食租衣税而已,今弘羊令吏坐市列,贩物求利,烹弘羊,天乃雨。"久之,拜弘羊为御史大夫。昭帝即位,诏郡国,举贤良文学士,问以民所疾苦、教化之要,皆对愿罢盐铁酒榷均输官,毋与天下争利,示以节俭,然后教化可兴。乃罢酒酤,宣、元、成、哀、平五世,亡所变改。

王莽居摄,变汉制,更作金、银、龟、贝、钱、布之品,名曰"宝货"。凡宝货五物、六名、二十八品。百姓愦乱,其货不行,民私以五铢钱市买。莽患之,下诏:"敢非井田、挟五铢钱

黄金四十斤和田地十顷，以此公布天下，但人民没有响应的。列侯有上百人，但都不愿投身军旅。等到朝廷举行饮酎祭祖时，少府检察列侯所献酎金的多少和质量，结果因酎金不合规定而失去侯爵的就有一百多人。于是拜卜式为御史大夫。卜式上任后，发现各郡国大多反映官营盐铁的不利之处（如所造铁器质量差，价格高等），有的甚至强迫百姓来买，而船又有算赋（征收船税使经商的人减少，物价昂贵），于是就通过孔仅来反映船只征税的事，皇上因此不高兴了。然而（平定叛乱的）军队所经过的县城，县里只是提供给养不令缺乏而已，却不敢谈及朝廷轻赋的法令。

元封元年，卜式被贬为太子太傅，而任命桑弘羊为治粟都尉，兼任大司农。于是桑弘羊请求增设大司农属官数十人，分派掌管各郡国的大农事务，各自往往在所分管的郡国设置均输官和盐铁官，完全垄断了天下的货物，号称"平准"，不再进行告缗。人民没有增加赋税，国家的财用也很富裕。于是桑弘羊被赐予左庶长的爵位，并赐黄金两百斤。这一年有轻微的旱情，皇上命令百官求雨。卜式说："政府应当以税租为衣食就可以了，如今桑弘羊却让官吏们坐在店铺中靠贩卖货物牟利。煮杀了桑弘羊，天就会下雨了。"过了很长时间（后元二年，公元前87年），武帝拜桑弘羊为御史大夫。汉昭帝即位后，诏令各郡国举荐贤良文学之士，向他们询问人民的疾苦和施行教化的要务。这些人都回答：希望废止盐、铁、酒类的专卖制度和均输官，不要和天下百姓争利，以示节俭，然后教化就可以兴起了。于是就停止了酒的专卖，宣帝、元帝、成帝、哀帝和平帝五代，都没有改变。

王莽代皇上处理政务时，变更了汉朝的制度，改而创造了金、银、龟、贝、钱（泉）、布的钱币，称为"宝货"。宝货共有五种质地、六种名称、二十八种品级。百姓感到混乱难用，这样的钱币未能流通，

者为惑众,投诸四裔,以御魑魅。"于是商农失业,食货俱废,民涕泣于市道。坐卖买田宅奴婢铸钱抵辠者,自公卿大夫至庶人,不可胜数。莽知民愁,乃但行小钱直一,与大钱五十二品并行,龟贝布属且寝。

莽性躁扰,不能毋为,每有所兴造,必欲依古得经文。羲和置命士,督五均六斡,郡有数人,皆用富贾,乘传求利交错天下,因与郡县通奸,多张空簿,府藏不实,百姓愈病。莽每一斡,为设科条防禁,犯者辠至死。奸吏猾民并侵,众庶各不安生。每壹易钱,民用破业,而大陷刑。莽以私铸钱死,及非泪宝货投四裔。犯法者多,不可胜计。乃更轻其法,私铸作泉布者,与妻子没入为官奴婢;吏及比伍,知而不举告与同罪;非泪宝货民,罚作一岁,吏免官。犯者俞众,及五人相坐皆没入郡国,槛车铁鏁,传送长安钟官,愁苦死者十六七。

匈奴侵寇甚,莽大募天下囚徒人奴,名曰猪突豨勇。猪性触突人。故取以喻。壹切税吏民,訾三十而取一,又令公卿已下,至郡县黄绶吏,皆保养军马,吏尽,复以与民。民摇手触

人民私下用五铢钱进行交易。王莽对此感到忧虑，下诏说："有敢非议井田制、携带五铢钱的人以惑乱大众论罪，要被流放到四方边远之地来抵御鬼怪。"于是农民和商人失掉了本业，农业和贸易都荒废了，人民在街市的道路上哭泣。因卖买田宅、奴婢、铸钱而犯罪当被处罚的人，从公卿大夫到普通百姓，不计其数。王莽知道人民为此而愁苦，就只发行"小钱值一"和"大钱五十"，这两种钱币同时流通，龟、贝、布之类的货币暂且停止使用。

王莽性情急躁好动，不能无为而治，每当有所创建时，必定要依据古制，附会经文。羲和之下设置命士来监督五均六斡，每郡设有很多命士，都是用富商担任。他们乘坐驿车来谋求利益，在天下各处往来不断。于是他们和郡县官府勾结为奸，大多都设立假账，府库贮藏的统计数量与实际不相符，百姓更加贫困。王莽每施行一"斡"，都要设立条例法规以防止人们犯禁，犯禁者甚至会被处死。奸诈的官员和狡猾之人共同欺凌百姓，人民生活不得安宁。每改换一次币制，人民就会因此破产，且犯法的人很多。王莽对私自铸钱的人处以死刑，将诋毁宝货的人流放到边远之地，犯罪的人很多，不计其数。于是王莽就更改减轻了法令：私自铸造泉布（钱币）的人，将和妻子儿女一起被没入官府做奴婢；官吏和他的邻里，如果知情而不告发，将和此人同罪；非议、诋毁宝货的，平民则罚做一年苦役，官员则免去官职。但犯法的人更多了，甚至有五家比邻受株连都被没入官府（为奴）的，各郡国用囚车铁锁，将犯人递解到长安的钟官处服役，因愁苦而死去的人占到了十分之六七。

匈奴侵犯得很厉害，王莽大量召集天下的囚犯和奴隶，称他们为"猪突豨勇"；统一向官员和人民征收财产税，比例为三十分之一。又命令公卿以下直到郡县的黄绶吏，都来承担饲养军马的任务，官

禁，不得耕桑，徭役烦剧，而枯旱蝗虫相因。又用制作未定，上自公侯，下至小吏，皆不得奉禄，而私赋敛，货赂上流，狱讼不决。吏用苛暴立威，旁缘莽禁，侵刻小民。富者不得自保，贫者无以自存，起为盗贼，依阻山泽。吏不能禽，而覆蔽之，浸淫日广。于是青、徐、荆、楚之地往往万数。战斗死亡，缘边四夷，所系虏陷罪，饥疫人相食。及莽未诛，而天下户口减半矣。自发猪突豨勇，后四年，而汉兵诛莽。

昔仲尼没而微言绝，隐微不显之言。七十子丧而大义乖。战国从横，真伪分争，诸子之言，纷然殽乱。至秦患之，乃焚灭文章，以愚黔首。汉兴，改秦之败，大收篇籍，广开献书之路，建藏书之策，置写书之官，书必同文，不知则阙，问诸故老。至于衰世，是非亡正，人用其私。古之学者，耕且养，三年而通一艺，存其大体，玩经文而已。是故用日约少，而蓄德多，三十而五经立也。后世经传既已乖离，博学者，又不思多闻阙疑之义，而务碎义逃难，便辞巧说，破坏形体，说五字之文，至于二三万言。后进弥以驰逐，故幼童而守一艺，白首而后能言，以安其所习，毁所不见，终以自蔽。此学者之患也。

吏完不成任务，又都转给人民来承担。百姓稍有不慎就会触犯禁令，不能耕田蚕桑，徭役又很繁重，而旱灾和蝗灾接连而来。又因为制度尚未确定，上自公侯，下到普通官员，都得不到俸禄，于是就在私下里征收赋税，贿赂有权势的人，许多案件久拖不决。官员以苛刻残暴来树立威严，依仗着王莽的禁令，肆意侵害、盘剥百姓。富人不能保护自己，贫穷的人无法生存，于是便群起而做盗贼，凭借山野险要之地，官吏不能擒拿他们就隐瞒了实情，以致这种情况蔓延发展日甚一日，于是青州、徐州、荆楚这些地方，常常有上万人的贼匪。因战争死亡，被边境少数民族所俘虏，违法犯罪，饥饿和瘟疫，以及人吃人等种种原因，还没等王莽被诛灭，而天下户口就减少了一半。自征发"猪突豨勇"后的第四年，汉兵就诛杀了王莽。

从前，孔子去世后，精深微妙之言就断绝了；七十二贤弟子去世后，经典要义的解释也就出现了分歧。战国时代诸说纷乱，各家以己为真，斥他为伪，彼此争执不休，诸子之说纷杂混乱。到秦始皇时对此感到忧患，于是就烧毁文章典籍，以此来愚昧百姓。汉朝兴起后，改变了秦朝的弊政，大量搜集文献书籍，广泛开通进献书籍的途径，创立收藏图书的机构，设置抄写书籍的官员。书写必定是用统一的文字，不知道的字就空缺出来，向年高识广的人请教。到了世道衰败之时，是非没有正确的标准，人们就凭着自己的意思任意用字了。古代的学者一面耕作劳动，一面修养自己的品德学问，三年通晓一部经，一般是掌握其中的要义，反复体会经文罢了。所以花费的时间少而蓄养的德行却多，到三十岁就能通达五经了。后世的经和传已经相背离，那些所谓博学之人又不体会（孔子所说的）"多闻阙疑"的道理，而专门致力于支离破碎的解说，以逃避问难，不惜花言巧语，巧为立说，甚至任意析破文字的形体以饰己说，解释五个字的文句

儒家者流，盖出于司徒之官，助人君顺阴阳、明教化者也。游文于六经之中，留意于仁义之际，祖述尧舜，宪章文武，宗师仲尼，以重其言，于道最为高。然惑者既失精微，而辟者又随时抑扬，违离道本，苟以哗众取宠，后进循之。是以五经乖析，儒学寖衰。此辟儒之患也。

道家者流，盖出于史官，历纪成败存亡祸福古今之道，秉要执本，清虚以自守，卑弱以自持。此君人南面者之术也。合于尧之克让，《易》之嗛嗛，一谦而四益，此其所长也。及放者为之，则欲绝去礼学，兼弃仁义，曰独任清虚，可以为治。

阴阳家者流，盖出于羲和之官。敬顺昊天，历象日月星辰，敬授民时，此其所长也。及拘者为之，则牵于禁忌，泥于小数，舍人事而任鬼神。

法家者流，盖出于理官。信赏必罚，以辅礼制，此其所长

竟能达到二三万字。后来的学人更是争相效法，所以往往从幼童时就抱守一部经，而到头发白了才能立言讲说，并因此满足于自己的所学，诋毁自己所未见过的观点，最终却是自己蒙蔽了自己，这就是求学之人的弊病啊。

儒家这个流派，大概起源于掌管教化的司徒之官，是辅助君主理顺阴阳、阐明礼乐教化之人。他们潜心文字于六经之中，注重于仁义之间，遵循尧舜之道为本始，效法文王、武王的制度，尊孔子为宗师，来显明儒家言论的重要，以儒家之"道"为最高。然而迷惑的人已经丧失了经典中的精微之意，而偏执的人又随着时俗的需要而进退，背离了儒家思想的根本，随便用浮夸的言行来博取众人的称赞。后来的学人沿袭了此种做法，结果使得五经的义理支离破碎，儒家的学说逐渐衰微，这是陋儒所造成的祸患。

道家这个流派大概是起源于记录历史的官员，依次记录了古今国家成败、存亡和祸福的道理，懂得掌握要旨和根本，自己守着清净虚无，保持卑微柔弱。这是统治人民、面南称王者治国的方法，符合于尧帝的克己谦让和《易经》所提倡的谦逊隐忍。做到一个"谦"字，可以得到四种益处，这是道家的长处。等到放任不羁的人来学习道家学说，则想要断绝、去除礼学，并且舍弃仁义，认为只凭清净无为就可以治理天下了。

阴阳家这个流派，大概是起源于掌管天文历法的羲和之官。恭敬地顺承上天之意，观测日月星辰的运行，谨慎地将历法付予百姓，使知时令变化，不误农时，这是他们的长处。等到拘泥的人来使用（阴阳历法），则被（吉凶等）忌讳的事物所牵制，拘执于占卜问卦的术数，舍弃了人为的努力而听任鬼神的摆布。

法家这个流派，大概起源于审理狱讼之官。有功必赏，有罪必

也。及刻者为之，则无教化，去仁爱，专任刑法，而欲以致治，至于残害至亲，伤恩薄厚。

名家者流，盖出于礼官。古者名位不同，礼亦异数。孔子曰："必也正名乎！"此其所长也。及謍者为之，则苟钩鈲析乱而已。

墨家者流，盖出于清庙之守。茅屋采椽，是以贵俭；养三老五更，是以兼爱；选士大射，是以上贤；宗祀严父，是以右鬼；右鬼。谓信鬼神。亲鬼而右之。顺四时而行，是以非命；言无吉凶之命。但有贤不肖善恶也。以孝视天下，是以上同。言皆同可以治。此其所长也。及蔽者为之，见俭之利，因以非礼乐，推兼爱之意，而不知别亲疏。

从横家者流，盖出于行人之官。孔子曰："使乎！使乎！"言当权事制宜，受命而不受辞，此其所长也。及邪人为之，则上诈谖而弃其信。

杂家者流，盖出于议官，兼儒墨，合名法，知国体之有此，见王治之无不贯，此其所长也。及荡者为之，则漫羡而无所归心。

罚，赏罚严明，以此辅助礼制，这是他们的长处。等到刻薄寡恩者来执法，则不讲教化，抛弃仁爱，专门任用刑法，却希望以此而能使国家安定清平，以至于残害至亲，伤害恩义，对应该亲厚的人反而刻薄了。

名家这个流派，大概起源于掌管礼仪教化之官。古代名分地位不同，礼节等级亦有差别。孔子说："必定先要端正名分啊。"这是他们的长处。等到爱挑剔的人来实行，则只会勉强找些艰深晦涩的道理，分析得支离破碎，混殽名实而已。

墨家这一流派，大概是起源于管理宗庙的官员。居住在用栎木作椽子的茅屋，所以他们崇尚节俭；以父兄之礼奉养"三老"和"五更"，所以他们兼爱众人；选拔贤士，举行射礼，所以他们推崇有才德的人；宗庙祭祀，尊敬父辈，所以他们尊崇鬼神；顺应四季的规律而行事，所以他们不相信宿命；以孝道来昭示天下，所以他们主张上下同于义而治天下。这些是他们的长处。等到不明事理的人来实行（墨家学说），只看到节俭的利益，于是就反对礼乐教化，推崇兼爱的思想，而不知道区别亲疏的关系。

纵横家这一流派，大概起源于掌管朝聘的官员。孔子说："好使者啊！好使者啊！"说的是使者应当审时度势，随机应变，只接受上级布置的任务，至于如何完成则不受上级指令的约束（辞令不能事先拟定，要靠临时应对）。这是他们的长处。等到邪曲的人来行事，就崇尚欺诈而抛弃信义了。

杂家这一流派，大概是起源于谏官。他们兼知儒家和墨家的学说，综合名家和法家的理论，懂得治理国家应当有此杂家一派，明了王者之治应对各家的学说无不贯通，这是他们的长处。等到浮泛放纵之辈来实行杂家学说的时候，就会流于庞杂、散漫而使人心中没有

农家者流,盖出于农稷之官,播百谷,劝耕桑,以足衣食。故孔子曰:"所重民食。"此其所长也。及鄙者为之,以为无所事圣王,欲使君臣并耕,誖上下之序。

归宿。

农家这一流派,大概起源于管理农业的官员。(他们)播种百谷,鼓励农耕和蚕桑,以此来满足人们的衣食之需。所以孔子说:"为君之道所重视的是百姓的吃饭问题。"这是他们的长处。等到鄙野的人在宣扬农家的主张时,则认为没有必要侍奉圣明的君主(天下自然会治理好),想要让君王和臣民一同耕作,违背了上下尊卑的秩序。

卷十五　汉书（三）

传

　　韩信，淮阴人也。家贫无行，不得推择为吏，常从人寄食。从项羽为郎中，数以策干项羽，弗用。亡楚归汉，上未奇之也。数与萧何语，何奇之。至南郑，诸将亡者十数人。信度何已数言，上不我用，即亡。何闻信亡，不及以闻，自追之。人有言上曰"：丞相何亡。"上怒，如失左右手。

　　居一二日，何来谒。上且怒且喜，骂何曰："若亡，何也？"曰："臣非敢亡，追亡者耳。"上曰："所追谁？"曰："韩信。"上复骂曰："诸将亡者以十数，公无所追，追信，诈也。"何曰："诸将易得，至如信，国士无双。王必欲长王汉中，无所事信；必欲争天下，非信无可与计事者。"王曰："吾亦欲东耳。"何曰："王必东，能用信，信即留；不能用信，信终亡耳。"王曰："吾以为将。"何曰："虽为将，信不留。"王曰："以为大将。"何曰："幸甚。必欲拜之，择日斋戒，设坛场，具礼乃可。"王许之。诸将皆喜，人人各以为得大将。至拜，乃韩信也，一军皆惊。

传

　　韩信，淮阴人，家中贫困，自身也没有突出的品行，因而没能被推举做官，经常投靠他人，依附别人生活。后来跟随项羽做了郎中。韩信多次向项羽进献计策，都没有被采用，于是便逃离楚军，归投了汉王，但汉王并未重视他。韩信多次和萧何交谈，萧何很赏识他。汉军到达南郑时，逃跑的将领有十多人。韩信考虑到萧何已数次向汉王推荐过自己，而汉王还是不重用我，于是也就逃走了。萧何听说韩信逃走了，来不及向汉王报告，就亲自去追韩信。有人向汉王报告说："丞相萧何逃跑了。"汉王听后很生气，如同失去了左右手一样。

　　过了一两天，萧何前来晋见，汉王又生气又欢喜，斥责萧何说："你也逃跑，这是为什么？"萧何说："臣不敢逃跑，只是去追逃跑的人。"汉王说："你所追的人是谁？"萧何说："韩信。"汉王又骂道："逃跑的将领有十几人，你都没有去追，说去追韩信，你是在说谎吧。"萧何说："那些将领都容易得到，至于像韩信这样的人才，在全天下也找不出第二个。大王如果希望长期在汉中称王，那就无须任用韩信了；如果您想要争夺天下，除了韩信就再没有可以和您谋划大事的人了。"汉王说："我也想向东发展啊。"萧何说："大王如果决意向东，能够重用韩信，韩信就会留下；若不能重用韩信，韩信最终还是会逃跑的。"汉王说："我让他做将领。"萧何说："即使是做将领，韩信也不会留下。"汉王说："那就让他做大将。"萧何说："太好了！如果要拜韩信为大将，应当选择吉日，沐浴斋戒，设立坛场，举行拜将的仪式才可以。"汉王答应了萧何的要求。众将领听说

信已拜，上坐。王曰："丞相数言将军，将军何以教寡人计策？"信因问王曰："今东向争天下，岂非项王耶？"曰："然。""大王自料勇悍仁强，孰与项王？"汉王曰："弗如也。"信曰："唯。信亦以为大王弗如也。然臣尝事项王，请言项王为人也。项王意乌猝嗟，千人皆废，言羽一嗟。千人皆废不收也。然不能任属贤将，此特匹夫之勇也。项王见人恭谨，言语姁姁，人有疾病，涕泣分食饮，至使人有功当封爵，刻印刓，忍不能与，此所谓妇人之仁也。又背义帝约，而以亲爱王，诸侯不平。所过无不残灭，多怨百姓，百姓不附，特劫于威强服耳。名虽为霸，实失天下心，故曰其强易弱。

　　"今大王诚能反其道，任天下武勇，何不诛？以天下城邑封功臣，何不服？以义兵从思东归之士，何不散？且大王之入武关，秋豪无所害，除秦苛法，秦民无不欲得大王。今失职之蜀，民无不恨者。今王举而东，三秦可传檄而定也。"于是汉王大喜，自以为得信晚。

了此事都很欢喜，每个人都以为自己要当大将了。等到拜将时，才知道大将竟是韩信，全军上下都很惊讶。

韩信已经被拜为大将，就座于上位。汉王说："丞相多次向我提起过将军，将军有什么计策可以教导我吗？"韩信于是问汉王，说："如今向东去能与大王争夺天下的，难道不正是项王吗？"汉王说："是的。""大王您自己估量，在勇猛凶悍、仁义强毅这些方面，您跟项王相比如何？"汉王说："我不如项王。"韩信说："是的，我也认为这些方面大王您不如项王。然而臣曾经在项王手下任事，请允许我谈谈项王的为人。项王厉声怒吼，千人之众都吓得不敢动弹，然而他却不能任用贤明的将领，这只是匹夫的血气之勇罢了；项王待人恭敬谨慎，言语温和，如果有人得了病，项王会同情落泪，并把自己的饮食分给他；等到有人立了战功应加封授爵时，他却把刻好的印信拿在手里摩挲把玩，舍不得给人，这只是所谓的妇人之仁。项王又违背了与义帝的盟约，把自己亲近喜爱的人分封在关中为王，诸侯为此都愤愤不平。项王军队所经过的地方，没有不遭到残杀毁灭的，多与百姓结怨，百姓都不愿意归附他，只是在威势的逼迫下，勉强服从罢了。项王名义上虽然是霸王，而实际上却失掉了天下人心，所以说他的强大很容易变为衰弱。"

"如今大王果真能采用和项王相反的做法，任用天下威武勇猛的将士，有什么敌人不能被诛灭呢？把天下的城邑分封给有功的臣子，还有谁不会心服？率领正义之师，顺从将士们东归故乡的心愿，又有什么敌人不会散败呢？况且大王自入武关以来，军纪严明，对百姓秋毫无犯，废除了秦朝繁苛的法令，秦地的百姓没有不盼望大王在关中做王的。如今您失去了应有的封爵而来到蜀地，百姓没有不为您抱不平的。如今大王若举兵东进，对于三秦之地，只要发布一道

汉王以信为左丞相，击魏。信问郦生："魏得无用周叔为大将乎？"曰："柏直也。"信曰："竖子耳。"遂进击魏，虏豹。定河东，使人请汉王："愿益兵三万人，臣请以北举燕、赵，东击齐，南绝楚之粮道，西与大王会于荥阳。"汉王与兵三万人，进破代，禽夏说，以兵数万，欲东下井陉击赵。

赵王、成安君陈余聚兵井陉口，广武君李左车说成安君曰："闻汉将韩信，涉西河，虏魏王，禽夏说，议欲以下赵，此乘胜而去国远斗，其锋不可当。臣闻千里馈粮，士有饥色；樵苏后爨，樵，取薪也。苏，取草也。师不宿饱。今井陉之道，车不得方轨，骑不得成列，行数百里，其势粮食必在后。愿足下假臣奇兵三万人，从间路绝其辎重，足下深沟高垒勿与战。彼前不得斗。退不得还，不至十日，两将之头，可致麾下。"成安君不听。信知其不用，大喜，乃引兵遂下井陉口，斩成安君泜水，禽赵王歇。乃令军毋斩广武君。

顷之，有缚而至麾下者。于是问广武君："仆欲北攻燕，东伐齐，何若有功？"广武君辞曰："臣闻之，'亡国之大夫，不可以图存；败军之将，不可以语勇。'若臣者，何足以权大事乎！"信曰："仆闻之，百里奚居虞而虞亡，之秦而秦伯，非愚于虞而智于秦也，用与不用、听与不听耳。使成安君听子计，

檄文就可平定了。"于是汉王非常高兴,自认为得到韩信太晚了。

汉王任命韩信为左丞相,进攻魏国。韩信问郦食其:"魏国莫非是用周叔为大将吗?"郦食其说:"是柏直。"韩信说:"一介匹夫罢了。"于是就进军攻打魏国,俘虏了魏豹,平定了河东一带。韩信派人请求汉王:"希望能增兵三万人,臣请求向北攻克燕、赵两国,再向东进击齐国,然后向南断绝楚国的粮道,最后向西与大王会师于荥阳。"汉王于是增兵三万人给韩信。韩信进击攻破了代国,生擒了夏说,又率领数万军队,打算东下井陉攻打赵国。

赵王赵歇和成安君陈余聚集兵力于井陉口,广武君李左车劝成安君说:"听说汉将韩信渡过西河,俘虏了魏王,生擒了夏说,计议要攻克赵国,这是乘胜离开国土远征,其锋芒不可阻挡。臣听说'从千里之外运送粮草,士兵们就会有饥饿的面色;临时打柴割草再去做饭,军队就不能经常吃饱'。如今井陉口的道路,兵车不得并行,骑兵不能排成队列,行军数百里,在这种形势下粮草必定在后面,希望足下您能给我三万人作奇兵,从小路截断汉军的军械、粮草。您则深挖壕沟,高筑壁垒,不要与汉军交战,如此则汉军向前不能作战,撤退又不能回去,不出十天,汉军两位主将的首级就可以送到您面前了。"成安君不听。韩信打探到成安君没有采用广武君的建议,非常高兴,于是就率兵攻下了井陉口,在泜水边斩杀了成安君陈余,生擒了赵王赵歇,又传令全军不要杀广武君。

不一会儿,就有人捆绑着广武君带到了军帐中。于是韩信就问广武君:"我打算北上攻打燕国,向东讨伐齐国,怎样才能取得成功呢?"广武君推辞说:"臣听说'亡了国的大臣,不配再谋划国家的存亡大计;打了败仗的将军,没有资格再谈论勇敢'。像我这样(败兵亡国)的人,哪里能够谈论此等大事呢?"韩信说:"我听说百里奚在

仆亦禽矣！仆委心归计，愿子勿辞。"

广武君曰："臣闻'智者千虑，必有一失；愚者千虑，亦有一得'，故曰'狂夫之言，圣人择焉'。顾恐臣计未足用，愿效愚忠。故成安君有百战百胜之计，一日而失之，军败鄗下，今高邑是也。身死泜水上。今足下虏魏王、禽夏说。不旬朝，破赵二十万众，诛成安君，名闻海内，威震诸侯，众庶莫不倾耳以待命者。然而众劳卒疲，其实难用也。今足下举勌敝之兵，顿之燕坚城之下，情见力屈，欲战不拔，旷日持久，粮食单竭。若燕不破，齐必拒境而自强。二国相持，则刘项之权，未有所分也。

"当今之计，不如按甲休兵，飨士大夫，北首燕路，然后发一乘之使，奉咫尺之书以使燕，燕必不敢不听。从燕而东临齐，虽有智者，亦不知为齐计矣。如是，则天下事可图也。兵固有先声后实者，此之谓也。"信曰："善。"于是发使燕，燕从风而靡。遂度河，袭历下军，破龙且。

楚已亡龙且，项王恐，使武涉往信，信谢曰："臣得事项

虞国时,虞国灭亡了;到了秦国后,秦国却称霸于诸侯。这不是因为他在虞国时愚钝而到秦国后就变得聪明智慧,关键在于君主用不用他,听不听他的意见。假使成安君接受了您的建议,我也就被俘虏了。我诚心地来听从您的计策,希望您不要推辞。"

广武君说道:"我听说'聪明人即使对问题深思熟虑,也难免会出现差错;愚钝之人的思虑中,总会有一些可取之处'。所以说,即使一个无知妄为者的话,圣人也会有选择的采纳。但恐怕臣的计策不值得采用,不过臣愿意贡献愚忠。本来成安君有百战百胜的计策,然而一旦失策,军队在鄗城之下战败,自己也死在泜水边上。如今您俘虏了魏王魏豹,擒获了代国丞相夏说,不到半天的功夫就击溃了赵国的二十万大军,诛杀了成安君陈余,名声传扬四海,威势震动诸侯,百姓们(心怀恐惧)无不侧耳静听,等待您进军的命令。然而,眼下大众劳苦,士兵疲倦,其实难以再战了。如今您发动疲惫的军队,驻屯在燕国坚固的城池之下,实情暴露而又屈居劣势地位,想战却不能攻取城池,如此耗费时日,拖延久了,粮草必会用尽。如果燕国不能攻破,齐国定会据守边境以图自强。若与两国相持不下,那么刘邦和项羽的胜负就很难分判了。"

现在最好的办法,不如屯兵休整,慰劳犒赏军中将士,摆出向北攻打燕国的态势,然后派遣一名使者,带上一封劝降书去出使燕国,燕国必定不敢不听从。燕国归顺了,再向东胁制齐国,即使是很有智谋的人,也不知该如何为齐国谋划了。这样,夺取天下的大事就可以考虑了。用兵本来就有声威在前而武力在后,说的大概就是这种情况吧。"韩信说:"好!"于是就派使者出使燕国,燕国听到消息立刻就投降了。于是韩信率军渡过黄河,袭击历下的齐军,又击败了龙且的援兵。

楚国已经失去了龙且,项王恐惧,派武涉前去游说韩信。韩信

王数年，官不过郎中，位不过执戟，言不听，画策不用，故背楚归汉。汉王授我上将军印、数万之众，解衣衣我，推食食我，言听计用，吾得至于此。人深亲信我，背之不祥。"武涉已去，蒯通知天下权在于信，深说以三分天下之计。信不忍背汉，又自以功大，汉不夺我齐，遂不听。项羽死，徙信为楚王。信初之国，陈兵出入。有变告信欲反，上伪游于云梦，信谒于陈。高祖令武士缚信，载后车。信曰："果若人言，狡兔死，良狗烹。"上曰："人告公反。"遂械信。至雒阳，赦以为淮阴侯。信知汉王畏恶其能，称疾不朝。

黥布，六人也。汉封为淮南王。十一年，高后诛韩信，布心恐忧。复诛彭越，盛其醢，以遍赐诸侯王。布见醢大恐，遂聚兵反。书闻，上召诸将问："布反，为之奈何？"皆曰："发兵坑竖子耳，何能为！"汝阴侯滕公，以问其客薛公，薛公曰："是固当反。"滕公曰："上裂地而封之，疏爵而贵之，疏。分也。南面而立，万乘之主，其反何也？"薛公曰："前年杀彭越，往年杀韩信，三人皆同功一体之人也。自疑祸及身，故反耳。"

辞谢说:"臣曾有机会事奉项王多年,官职不过是个郎中,地位也只是个持戟的侍卫,臣的进言不被接受,贡献的计策不被采用,所以才离开楚国,归投了汉王。汉王授予我上将军之印,交给我几万人的兵马,脱下自己的衣服给我穿,分出自己的食物给我吃,我所说的话、出的主意都能被采纳,所以我才能达到今天的地位。汉王如此亲近和信任我,如果背叛了他是不会有好结果的。"武涉走后,蒯通知道决定天下胜负的关键在于韩信,进一步用三分天下、鼎足而王的策略来劝说韩信。韩信不忍心背叛汉王,又自认为功劳很大,汉王不会夺取自己的齐国,于是就没有听从蒯通的意见。项羽死后,刘邦改封韩信为楚王。韩信初到楚国时,出入都派兵戒严。有人告发韩信想要谋反,于是高祖就假称游览云梦泽,韩信便去陈地拜见高祖。高祖命令武士把韩信捆绑起来,装在后面的车子上。韩信说:"果真像人们所说的'狡猾的兔子死了,好的猎狗就要被烹杀'。"高祖说:"有人告发你谋反。"于是就给韩信戴上镣铐,拘禁起来。到了洛阳,高祖赦免了韩信的罪过,封他为淮阴侯。韩信知道高祖忌恨自己的才能,就常称病不去上朝。

黥布,六县人。汉王封他为淮南王。汉十一年,吕后诛杀了韩信,黥布心里感到恐惧和忧虑。后来吕后又诛杀了彭越,并把他剁成肉酱然后将肉酱装好赐给所有的诸侯王。黥布见到肉酱非常惊恐,于是就聚集军队造反了。接到黥布反叛的文书,高祖召集诸位将领,问道:"黥布造反了,对此该怎么办呢?"诸将都说:"派兵攻打他,活埋了这小子,还能怎么办呢?"汝阴侯滕公(夏侯婴)以此事来问他的门客薛公,薛公说:"黥布本来就当反叛。"藤公说:"皇上划分土地封他为王,分封爵位使他显贵,让他南面称王,立为一国之主,他为什么还要反叛呢?"薛公说:"前年杀了彭越,以前还杀了韩信,

楚元王交，高祖少弟也。玄孙向，字子政，本名更生，为谏大夫。向见光禄勋周堪、光禄大夫张猛二人给事中，大见信，弘恭、石显惮之，数谮毁焉。向上封事曰："臣前幸得以骨肉备九卿，奉法不谨，乃复蒙恩。窃见灾异并起，天地失常，征表为国。欲终不言，念忠臣虽在畎亩，犹不忘君，况重以骨肉之亲，又加以旧恩乎！

"臣闻舜命九官，禹作司空、弃后稷、契司徒、咎繇作士、垂共工、益朕虞、伯夷秩宗、夔典乐、龙纳言，凡九官也。济济相让，和之至也。众贤和于朝，则万物和于野。故四海之内，靡不和宁。及至周文开基西郊，杂沓众贤，罔不肃和，崇推让之风，以销分争之讼。武王、周公继政，朝臣和于内，万国欢于外，故尽得其欢心，以事其先祖。下至幽、厉之际，朝廷不和，转相非怨。君子独守正勉强，以从王事，则反见憎毒谗诉，故其诗曰：'密勿从事，不敢告劳。无罪无辜，谗口嗸嗸。'当是之时，天变见于上，地变动于下，水泉沸腾，山谷易处。

"由此观之，和气致祥，乖气致异，祥多者其国安，异众者其国危，天地之常经、古今之通义也。今陛下开三代之业，招文学之士，优游宽容，使得并进。今贤不肖浑淆，白黑不分，

这三人的功劳和地位都是同等的。黥布自己担心灾祸会殃及自身，所以反叛了。"

楚元王刘交，是高祖最小的兄弟。刘交的玄孙刘向，字子政，原名叫更生。宣帝时任谏大夫。刘向看到光禄勋周堪、光禄大夫张猛两人任给事中，很受元帝信任，而弘恭、石显害怕了，因此多次进谗言毁谤他们。于是刘向便密奏皇上说："臣以前有幸因为皇室宗亲的关系担任九卿，没有敬慎的遵守法令，还蒙受圣恩。臣私下看到灾害和异常现象接连发生，天地失去了常态，表示朝中出了问题。本想始终不说，但考虑到忠臣即使在民间，仍然不忘记君主，更何况自己又是刘氏宗亲，再加上皇上往日的恩德臣还未报答呢。"

臣听说舜王任命九官，他们庄严恭敬，相互谦让，和谐到了极点。众贤臣在朝廷上和睦相处，那么百姓在民间也就和谐相处。因此四海之内，无不和平安宁。等到周文王在西岐开创周朝基业时，聚集了众多贤才，他们没有不庄敬和睦的，崇尚逊让的风气，以消除因争斗而产生的诉讼。此后周武王、周公继承其德政，在内朝臣和睦，在外各国欢悦，因此大家都能欢喜地祭祀祖先。再往后到了周幽王和周厉王时，朝廷不和，转而相互怨恨。君子独自恪守正道，尽力地从事王命差遣之事，却反遭他人的憎恶痛恨与诽谤。所以《诗经》上说：'勤勉努力的来操办公事，不敢向别人诉说自己的劳苦。自己本没有什么罪过，谗言恶语怎么就这么多呢？'就在那个时候，天象的变化显现于上，大地的变动产生于下，泉水翻涌，高山和深谷都改变了位置。

由此看来，和平之气可致福祥，不祥之气会招致灾异。祥瑞多国家就安宁，灾异多国家就危险。这是天地之间永恒的规律，古往今来通用的法则。如今陛下开创如同夏、商、周三代的功业，应招揽有才

邪正杂糅，忠谗并进，朝臣更相谗诉，转相是非，文书纷纠，毁誉浑乱。所以荧惑耳目、感移心意者，不可胜载。分曹为党，将同心以陷正臣进者，治之表也；正臣陷者，乱之机也。乘治乱之机，未知孰任，而灾异数见，此臣所以寒心者也。

"夫乘权席势之人，子弟鳞集于朝，羽翼阴附者众，毁誉将必用，以终乖离之咎。是以日月无光，雪霜夏陨，陵谷易处，列星失行，皆怨气之所致也。夫遵衰周之轨迹，循诗人之所刺，而欲以成太平、致雅颂，犹却行而求及前人也。初元以来六年矣，按《春秋》六年之中，灾异未有稠如今。

"用贤人而行善政，如或潛之，则贤人退而善政还。夫执狐疑之心者，来谗贼之口；持不断之意者，开群枉之门。谗邪进者，众贤退；群枉盛者，正士销。故《易》有'否、泰'。小人道长，则君子道销。君子道销，则政日乱，故为否。否者，闭而乱也。君子道长，则小人道销。小人道销，则政日治，故为泰。泰者，通而治也。

"昔者鲧、共工、欢兜与舜、禹杂处尧朝，周公与管、蔡

学的人士，优容宽厚，使他们能一起进用。而今贤才和不肖者混淆，黑白不分，正直和邪佞之人杂糅，忠正和奸邪之臣同时被进用。朝臣之间相互诽谤，转而竞相褒贬，公文杂乱，诋毁和赞誉混乱不堪。用来迷惑天子耳目、动摇改变皇上心意的事情，多得无法记录。分批结党，要共同来谄害忠臣。忠正之臣得到任用，这是治世的表现；忠正之臣遭到谄害，那就是混乱的先兆。趁此治乱之时，却不知道任用谁，而灾害和异常之事频频出现，这就是臣所以失望痛心的原因。

那些倚仗权势的人，他们的子弟群集于朝廷，左右党羽和私下依附的人非常之多。他们必定使用诋毁和赞誉的手段，最终导致背离正道的结果。因此太阳和月亮失去了光辉，霜雪在夏天降下，丘陵和山谷改变了位置，恒星偏离轨道，这些都是怨恨的情绪所导致的。遵照衰微的周朝故辙，循着诗经中诗人们所讥刺的来行事，却想要成就太平之世，获得盛世之乐，这就好似倒退而行却希望赶上前面的人一样。从初元以来至今六年了，考察《春秋》六年之中的记载，灾异的现象没有像当今这样多的。

任用贤德的人施行清明的政治，如果有人进谗言毁谤他，那贤人就会离去，而善政也就废止了。抱持着猜疑的心，会招致诽谤中伤的言语；持有不果断的意志，就会打开众奸邪的大门。谗佞奸邪的人被进用，众多的贤人就会离去；众奸邪兴盛的时候，正直之士就会离散。所以，《易经》中有否、泰二卦。小人之道增长，君子之道就会消减；君子之道消减了，政治就会日渐混乱，所以称为"否"。否，就是闭塞不通而混乱。君子之道增长，小人之道就会消退；小人之道消退了，那政治就会日益清明，所以叫做"泰"。泰，就是政治亨通昌达而天下太平。

从前，鲧、共工、欢兜和舜、禹共同处于尧帝的朝廷，周公和管

并居周位,当是时,迭进相毁,流言相谤,岂可胜道哉!帝尧、成王,能贤舜、禹、周公而销共工、管、蔡,故以大治。孔子与季、孟偕仕于鲁,李斯与叔孙俱宦于秦,定公、始皇贤季、孟、李斯而销孔子、叔孙,故以大乱。故治乱荣辱之端,在所信任。所信任既贤,在于坚固而不移。《诗》云:'我心匪石,不可转也。'言守善笃也。

"《易》曰:'涣汗其大号。'言号令如汗,汗出而不反者也。今出号令,未能逾时而反,是反汗也;用贤未能三旬而退,是转石也。《论语》曰:'见不善如探汤。'今二府奏,佞谄不当在位,历年而不去也。出令则如反汗,用贤则如转石,去佞则如拔山,而望阴阳之调,不亦难乎!

"是以群小窥见间隙,巧言丑诋,流言飞文,哗于民间。故《诗》云:'忧心悄悄,愠于群小。'小人成群,诚足愠也。昔孔子与颜渊、子贡,更相称誉,不为朋党;禹、稷与皋陶,传相汲引,不为比周。何则?忠于为国,无邪心也。故贤人在上位,则引其类而聚之朝;在下位,则思与其类俱进。故汤用伊尹,不仁者远,而众贤至,类相致也。今佞邪与贤臣,并在交戟之内,合党共谋,违善依恶,数设危险之言,欲以倾移主上。如

叔、蔡叔同在周朝供职。那个时候，奸佞者轮番进行诋毁，进谗言来诽谤贤臣，这哪里可以说得完呢？尧帝、成王分别举用大舜、禹和周公，而贬斥共工、管叔和蔡叔，所以天下大治。孔子和季孙氏、孟孙氏都在鲁国为官，李斯和叔孙通都在秦朝任职，鲁定公、秦始皇分别任用季孙氏、孟孙氏和李斯，却排斥孔子、叔孙通，所以天下大乱。因此安定与动乱、荣誉与耻辱的缘由，就在于君主所相信并任用的人。所信任的人已经是贤才了，那就要坚信他而不动摇。《诗经》上说：'我的心不像石头，石头虽坚尚可转；我心坚贞不可移。'说的就是坚守善道，专一不变。

《易经》说：'帝王发出的号令就像流出的汗水一样'，说的是号令像汗水，一出就不能再返回了。如今发出的号令还没有超过三个月就收回来，这就像收回已出的汗水；任用贤人还不到三十天就辞退，就像转动石头那样轻易。《论语》说：'见到不善的事情，就像用手去探热开水，而不敢接触。'如今丞相和御史上奏，说谄媚奉承之人不应在位，但过去多年了也没免去他们。如此发出号令就像反汗，举用贤人就像转动石头那样轻易，罢去谄佞的人却像拔除大山一样困难，却希望阴阳能够调和，这不是太困难了吗？

所以众小人只要暗中看到有可乘之机，便说些好听虚伪的假话或诋毁辱骂别人的话，使流言蜚语，喧哗于民间。所以《诗经》上说：'忧心忡忡似火烧，怨怒忿恨因群小。'小人如果结成了群，实在令人恼怒。过去孔子和弟子颜渊、子贡，三人彼此相互称赞，不结党成派；大禹、后稷和皋陶相互举荐，没有结伙营私。这是为什么呢？是因为他们忠心为国，没有邪曲的念头。所以，贤人居于上位，就会引荐和自己同样贤德的人聚集在朝廷；身在下位，就会想着与自己同样贤能的人一起得到进用。所以成汤举用伊尹，不仁之人远离，而众多

忽然用之，此天地之所以先戒，灾异之所以重至者也。

"自古明圣，未有无诛而治者也，故舜有四放之罚，而孔子有两观之诛，然后圣化可得而行也。今以陛下明智，诚深思天地之心迹，察两观之诛；览否泰之卦，历周、唐之所进以为法，原秦、鲁之所销以为戒；考祥应之福，省灾异之祸，以揆当世之变；放远佞邪之党，坏散险诐之聚，杜闭群枉之门，广开众正之路；决断狐疑，分别犹豫，使是非炳然可知，则百异销灭，而众祥并至，太平之基、万世之利也。"

向又见成帝营起昌陵，数年不成，制度泰奢，上疏谏曰："臣闻《易》曰：'安不忘危，存不忘亡，是以身安而国家可保也。'故贤圣之君，博观终始，必通三统，一曰天统，二曰地统，三曰人统。天命所授者博，非独一姓也。孔子论《诗》，至于'殷士肤敏，祼将于京'，喟然叹曰：'大哉天命！善不可不传于子孙，是以富贵无常。不如是，则王公其何以戒慎，民萌其何以劝勉？'盖伤微子之事周，而痛殷之亡也。虽有尧舜之圣，不能化丹朱之子；虽有禹汤之德，不能移末孙之桀纣。自古及

贤能之人就到来了，这是同类相互感召的结果。如今奸邪之人和贤臣同在宫廷之内，他们结成朋党，共同谋划，违背善德，依从邪恶，多次捏造危言耸听的话，想以此使得主上服从自己的意愿。如果君主不经意地任用他们，这就是天地所以先给予警戒，灾异为何会迭相到来的原因了。

自古以来的明达圣哲之君，没有不诛灭坏人而能治理好天下的。所以大舜有流放四凶的惩罚，而孔子也曾在两观之下诛杀了少正卯。这样做了以后，圣王的教化才可得以实行。如今以陛下的聪明睿智，若能深深体会天地的存心，寻迹考察孔子在两观诛杀少正卯的举动，观察否泰两卦的卦象，逐一审视周成王、唐尧如何进用人才并以此作为成法，考究秦始皇、鲁定公如何摒弃人才并引以为戒，考察吉兆感应的福祉，省思灾异产生的祸害，以揣度当今世事的变化，远逐那些谄佞邪曲的同伙，拆散那些阴险邪僻的朋党，堵塞群邪的大门，广开众正的道路，决断心中的怀疑，分辨那些犹豫不决之事，使得是非明白可辨，那么众多的灾异就会消灭，而诸多的祥瑞就会一并到来。这是天下太平的根基、千秋万世的利益啊。"

刘向又看到汉成帝营造昌陵，很多年也没有建成，规模非常奢侈，便上疏劝谏说："臣听到《易经》说：'安定时不忘记危难，生存时不忘记灭亡，因此自身得以平安而国家也可以保全。'所以贤明圣德的君主，广泛地观察事物发展的始终，效法天、地、人三统，而能成就三代的盛世。天命所授予的范围是很广泛地，并不只限于一姓。孔子议论《诗经》，到'殷朝卿大夫的品德优美敏捷，来到镐京为周天子助祭，一起行裸鬯的祭祀礼仪'时，就很感叹的说：'天命真是伟大，善德不可以不传给子孙，因为富贵不是恒常不变的。如果不是这样，那些达官贵人用什么来警戒自己，百姓用什么来自我勉励呢？'这

今，未有不亡之国也。故常战栗，不敢讳亡。孔子所谓'富贵无常'，盖谓此也。

"孝文皇帝居霸陵，顾曰：'以北山石为椁，岂可动哉！'张释之进曰：'使其中有可欲，虽锢南山，犹有隙；使其中无可欲，虽无石椁，又何慼乎？'孝文寤焉，遂为薄葬。《易》曰：'古之葬者，厚衣之以薪，藏之中野，不封不树。后世圣人，易之以棺椁。'黄帝葬于桥山，尧葬济阴，丘垅皆小，葬具甚微。舜葬苍梧，二妃不从。禹葬会稽，不改其列。不改官里树木百物之行列也。殷汤无葬处。文武、周公葬于毕，秦穆公葬于雍，樗里子葬于武库，皆无丘垅之处。此圣帝明王，贤君智士，远览独虑，无穷之计也。其贤臣孝子，亦承命顺意而薄葬之，此诚奉安君父，忠孝之至也。

故仲尼孝子，而延陵慈父；舜禹忠臣，周公悌弟，其葬君亲骨肉，皆微薄矣！非苟为俭，诚便于体也。宋桓司马为石椁，仲尼曰：'不如速朽。'逮至吴王阖闾，违礼厚葬，十有余年，越人发之。及秦惠、文、武、昭、严襄五王，皆大作丘垅，多其瘞藏，咸尽发掘暴露，甚足悲也。秦始皇帝葬于骊山之阿，下锢三泉，上崇山坟，棺椁之丽，宫馆之盛，不可胜原。又多杀

大概是在感伤微子事奉周朝,而痛惜殷商的灭亡。即使有尧舜那样的圣明,却不能教化丹朱那样的儿子;即使有大禹和汤王的美德,却不能改变夏桀和商纣这样的末世子孙。从古到今,没有不灭亡的国家,所以心中应常怀恐惧,不敢忌言亡国。孔子所说的'富贵无常',大概说的就是这个意思。"

孝文皇帝在霸陵,回视群臣说:'如果用北山的石头做棺椁,难道还能被打开吗?'张释之进言道:'假使里面有能引起人们欲望的东西,即使铸塞南山为棺椁,还是会有缝隙;假使里面没有引起人们欲望的东西,即使是没有石椁,又何必忧戚呢?'孝文皇帝有所醒悟,于是决定采取薄葬。《易经》上说:'古时埋葬亡者,用厚厚的薪柴来覆盖,掩埋在田野之中,不聚土筑坟,也不种树作为标记,后来的圣人则用棺椁取而代之。'黄帝死后安葬在桥山,尧帝葬在济阴,他们的坟冢都很小,随葬的物品也很少。舜王葬在苍梧,娥皇和女英并没有陪葬;大禹葬在会稽山,并没有改变山上原有树木及百物的行列;商汤的葬地无人知晓;周文王、周武王和周公安葬在毕;秦穆公葬在雍邑;樗里子安葬在武库,都没有坟冢。这就是圣帝明王、贤君智士深思远虑的长久之计,他们的贤臣孝子也受命顺从其心意而对他们采取薄葬,这确实是恭敬地安葬君主和父亲,竭尽忠孝到了极点。

"所以,孔子(虽未修其母之墓)仍不失为孝子,季札(虽简略的埋葬了儿子)却仍不失为慈父。舜、禹都是忠正之臣,周公是顺理的弟弟。他们安葬君主和自己的至亲骨肉,都非常微薄,这并不是苟且节俭,确实是合乎礼的。宋国的司马桓魋为自己建造石椁,孔子说:'不如快点腐朽。'等到了吴王阖闾的时候,违背礼法,实行厚葬,十多年以后,越国人就挖开了他的坟墓。到秦国的惠文王、武王、昭襄王、(孝文王)、庄襄王时,这五位君王都建造了很大的坟墓,里面装

宫人，生埋工匠，计以万数。天下苦其役而叛之，骊山之作未成，而周章百万之师，至其下矣。数年之间，外被项籍之灾，内离牧竖之祸，岂不哀哉！是故德弥厚者葬弥薄，智愈深者葬愈微，无德寡智者葬愈厚，丘垄弥高，宫庙甚丽，发掘必速。由是观之，明暗之效，葬之吉凶，昭然可见矣。

"陛下即位，躬亲节俭，始营初陵，其制约小，天下莫不称明。及徙昌陵，增埤为高，积土为山，发民坟墓，积以万数，营起邑居，期日迫卒，功费大万百余。大万。一亿也。死者恨于下，生者愁于上，怨气感动阴阳，因之以饥馑，物故流离，以十万数，臣甚憯焉。以死者为有知，发人之墓，其害多矣！若其无知，又安用大？谋之贤智则不悦，以示众庶则苦之。若苟以悦愚夫淫侈之人，又何为哉！

"陛下慈仁笃美甚厚，聪明疏达盖世，而顾与暴秦乱君，竞为奢侈，比方丘垄，悦愚夫之目，隆一时之观，违贤智之心，忘万世之安，臣窃为陛下羞之。唯陛下上览明圣黄帝、尧、舜、禹、汤、文、武、周公、仲尼之制，下观贤智穆公、延陵、樗

了很多的殉葬品，都被人挖掘开，尸骨暴露在外，真的是很可悲啊！秦始皇葬在骊山的山曲，其陵墓向下挖穿了三重泉水，用熔化的金属填塞缝隙，上面修筑高大的封土，棺椁的华丽，宫馆的盛美，无法估量。又杀了很多的妃嫔、宫女（陪葬），活埋（筑陵）的工匠，数以万计。天下百姓深受其劳役之苦而起来反抗，骊山的工程尚未完成，而周章的百万大军就已经杀到骊山脚下。几年之间，（陵墓）外面遭受项羽焚烧挖掘的灾难，内部又遭牧童失火焚烧棺椁的祸害。这难道不是很悲哀吗？因此，德行愈厚的人，埋葬也就愈简约；智慧愈深的人，埋葬也就愈微薄；没有德行而又缺少智慧的人，埋葬也就愈丰厚。坟墓愈高大，宫庙愈华丽，被人挖掘得必然愈快速。由此看来，明与暗的效果，埋葬的吉凶，就可以清楚地看到了。"

陛下自即位以来，亲自力行节俭，开始营造延陵时，规模简约较小，天下无人不称赞您的贤明。等迁徙（改建）昌陵时，把低洼的地方垫高，积土成山，掘开百姓的坟墓，累计达万数。又营建里邑住宅，工期非常紧迫，消耗的工程费用超过亿万。死者含恨于九泉之下，活着的人在地上愁苦，怨忿之气感动阴阳，因此就发生了饥荒，死去和流离失所的人，数以十万计。臣对此深感忧伤。如果死者在天有灵，挖掘人家的坟墓，那害处可就多了；假若死者无知，那坟墓又何必建得这么大呢？如果和贤德智慧的人商议此事，他们会不高兴；若将此事公布于众，百姓则会为此感到苦恼。假如只是为了取悦那些愚昧、奢侈的人，那又何必这么做呢？

陛下非常仁慈、笃实美善，聪明通达，举世无双，却反而与暴秦的昏君比赛奢侈，比较坟墓的大小，取悦愚人的眼目，图一时的美观，违背贤人智者的意愿，忽略后代万世的安宁，臣私下为陛下感到羞愧。希望陛下向上能够考察英明圣哲的黄帝、尧帝、舜王、大禹、

里、张释之之意。孝文皇帝去坟薄葬,以俭安神,可以为则;秦昭、始皇增山厚葬,以侈生害,足以为戒。初陵之摹,宜从公卿大臣之议,以息众庶。"书奏,上甚感向言,而不能从其计。

向见上无继嗣,政由王氏,遂上封事极谏曰:"臣闻人君莫不欲安,然而危,莫不欲存,然而亡,失御臣之术也。夫大臣操权柄,持国政,未有不为害者也。昔晋有六卿,智伯。范。中行。韩。赵。魏也。齐有田、崔,卫有孙、宁,鲁有季、孟,常掌国事,世执朝柄。后田氏取齐,六卿分晋,崔杼杀其君光,孙林父、宁殖出其君衎,弑其君剽,季氏卒逐昭公。皆阴盛而阳微,下失臣道之所致也。"

"故《书》曰:'臣之有作威作福,害于而家,凶于而国。'孔子曰:'禄去公室,政逮大夫,危亡之兆也。'秦昭王舅穰侯及泾阳、叶阳君,皆昭王母之弟。专国擅势,假大后之威,三人者,权重于昭王,家富于秦国,国甚危殆,赖寤范雎之言,而秦复存。二世委任赵高,赵高专权自恣,壅蔽大臣,终有阎乐望夷之祸,秦遂以亡。近事不远,即汉所代也。

汤王、文王、武王、周公、孔子的制度，向下能够观察贤德智慧的秦穆公、延陵季子、樗里子和张释之的心意。孝文皇帝不建坟丘，实行薄葬，用节俭来使心神安定，可以作为楷模；秦昭王、秦始皇增高坟丘，实行厚葬，因奢侈而酿成祸害，足以为戒。初陵的规模，应当听从公卿大臣们的建议，以便使百姓安宁。"奏书上达后，成帝很为刘向的话感动，但却没有听从他的建议。

刘向看到成帝没有继承人，政权由外戚王氏操纵，于是便呈上密封的奏章，极力劝谏说："臣听说君主没有不希望国家安宁的，然而却常有危难；没有不想使社稷永存的，然而却常常灭亡。这是因为丧失了管理大臣的办法。大臣掌握权力，把持国家政事，没有不造成危害的。过去晋国有六卿，齐国有田氏、崔氏，卫国有孙林父、宁殖，鲁国有季孙氏、孟孙氏。他们常年掌握国家政事，世代执掌朝廷大权。后来田氏取代姜姓国君成为齐侯，六卿瓜分了晋国，崔杼杀了他的国君齐庄公，孙林父、宁殖驱逐了卫献公衎，杀害了卫殇公剽；季孙氏最终也驱逐了鲁昭公。这些都是因为阴盛阳衰，在下位的人失去了为臣之道所导致的。

"所以《尚书》说：'臣子当中如果有滥用权势、独断专横的，必然会贻害你的家族，对你的国家不利。'孔子说：'爵禄不出于公室，政权由大夫掌握。'这些都是危亡的征兆！秦昭王的舅舅穰侯（魏冉）以及泾阳君和叶阳君把持国政，独揽权势，借助于宣太后的威权，他们二个人的权势比昭王还要重，其家族财富比整个秦国还要富有。国家很危险了，幸而（秦昭王）觉悟到范雎的话，秦国才又得以保全。秦二世任用赵高，赵高独揽大权、为所欲为，隔绝大臣，最终发生了阎乐在望夷宫迫杀秦二世的祸事，秦朝也随之灭亡。这是近代之事，距今不远，秦就是被汉朝所取代的。

"汉兴，诸吕无道，擅相尊王。吕产、吕禄席大后之宠，据将相之位，欲危刘氏。赖忠正大臣绛侯、朱虚等，竭诚尽节，以诛灭之，然后刘氏复安。今王氏一姓，乘朱轮华毂者二十三人，青紫貂蝉，充盈幄内，鱼鳞左右，大将军秉事用权，五侯骄奢僭盛，并作威福，击断自恣，行污而寄治，身私而托公。依东宫之尊，假甥舅之亲，以为威重。尚书九卿，州牧郡守，皆出其门。筦执枢机，朋党比周。

"称誉者登进，忤恨者诛伤。游谈者助之说，执政者为之言。排摈宗室，孤弱公族，其有智能者，尤非毁而不进；远绝宗室之任，不令得给事朝省，恐其与己分权。数称燕王盖主以疑上心，避讳吕、霍而弗肯称；内有管、蔡之萌，外假周公之论。兄弟据重，宗族磐牙。历上古至秦汉，外戚贵未有如王氏者也。虽周皇甫、秦穰侯，汉武安、吕、霍、上官之属，皆不及也。

"物盛必有非常之变先见，为其人征象。孝昭帝时，冠石立于泰山，有石自立，三石为足，一石在上，故曰冠石也。仆柳起于上林，而孝宣帝即位。今王氏先祖坟墓在济南者，其梓柱生枝叶，扶疏上出屋，根垂地中，虽立石起柳，无以过此明也。

"汉朝兴起后，外戚吕氏不行正道，擅自相尊为王，吕产、吕禄凭借着吕太后的宠信，占据着上将军和相国的位置，想要危害刘氏政权。后来依靠忠正大臣绛侯周勃、朱虚侯刘章等人忠诚竭力，尽为臣之节，诛灭了诸吕，然后刘氏政权得以再获平安。如今王氏这一姓，乘坐朱轮彩车的显贵者有二十三人；穿着青紫色服饰、佩戴有貂蝉这种冠饰的高官大臣，充满朝廷，像鱼鳞一样排列在皇上左右。大将军王凤执事弄权，王商等五侯骄横奢侈，越礼嚣张，一起作威作福，独断专行，放纵自己；内里是卑鄙自私的行为，对外却假托公义之名。依靠太后的尊威，凭借皇帝与其是甥舅的关系，来树立自己的威势。尚书、九卿、州牧、郡守等官员，都是出自于王氏门下，他们掌管着朝廷机要部门，结党营私，排斥异己。

"称扬赞美王氏的，就被举用；与他们相违逆的，就被诛杀。那些游说的人，为他们吹捧；执政者，为他们说话。他们排挤摈弃刘氏宗室之人，削弱公族，（公族中）有智慧和能力的人，尤其会遭到诽谤而不得进用。阻绝宗室之人担任职务，不让他们在朝供职，怕他们和自己分夺权利；多次提到燕王刘旦和盖长公主（叛乱之事），来迷惑圣上之心，却对诸吕、霍氏（谋反之事）避而不谈。内心里面已经萌生了像管、蔡一样谋反的打算，而对外却假借周公的言论，兄弟都占据要位，宗族间相互勾结。历观上古到秦汉两朝的外戚，其显贵没有像王氏这样的。即使是周朝的皇甫、秦国的穰侯魏冉、汉朝的武安侯田蚡，以及吕氏、霍氏和上官氏之类，都比不上王氏。

"事物的兴盛必定会预先出现异常现象，作为相关人物的征兆。孝昭帝时，有卧石自立于泰山之上，倒伏枯死的柳树在上林苑中重新发芽立起，后来孝宣帝即位。如今在济南的王氏先祖坟墓，其梓柱上长出了枝叶，繁茂地超出了屋顶，根须扎入地里。即使是卧石

事势不两大,王氏与刘氏,亦且不并立,如下有泰山之安,则上有累卵之危。陛下为人子孙,守持宗庙,而令国祚移于外亲,降为皂隶,纵不为身,奈宗庙何!妇人内夫家,而外父母家,此亦非皇太后之福也。孝宣皇帝不与舅平昌、乐昌侯权,所以全安之也。

"夫明者,起福于无形,销患于未然。宜发明诏,吐德音,援近宗室,亲而纳信,黜远外戚,无授以政,以则效先帝之所行,厚安外戚,全其宗族,诚东宫之意、外家之福也。王氏永存,保其爵禄,刘氏长安,不失社稷,所以襃睦外内之姓,子子孙孙,无疆之计也。如不行此策,田氏复见于今,六卿必起于汉,为后嗣忧,昭昭甚明,不可不深图,不可不早虑也。唯陛下深留圣思,览往事之戒,居万安之实,用保宗庙,久承皇太后,天下幸甚。"

书奏,天子召见向,叹息,悲伤其意,谓曰:"君且休矣,吾将思之。"向每召见,数言公族者,国之枝叶,枝叶落,则本根无所庇荫,方今同姓疏远,母党专政,禄去公室,权在外家,非所以强汉宗、卑私门、保守社稷、安固后嗣也。向自见得信于上,故常显讼宗室,讥刺王氏及在位大臣,其言多痛切,发于至诚。终不能用。向卒后十三岁而王氏代汉。

自竖,枯柳复生,也不如这种征兆明显。事物的情势不能两者同大。王氏和刘氏也同样不能并立,如果在下者有泰山般的安稳,那在上者就有累卵一样的危险。陛下身为先人的子孙,守护着宗庙,却让皇权转移到外戚的手里,自己降为卑贱之人,即使不为自身着想,那宗庙社稷又怎么办?妇人应亲近夫家,疏远父母家,目前这种现象(皇太后亲近父母家,而疏远夫家)并不是皇太后的福祉。孝宣皇帝不给舅舅平昌侯、乐昌侯大权,这是为了保全他们而使之平安啊。

"明智的人能造福于无形,除祸于未然。皇上应当发布英明的政令,宣扬仁德之言,提拔宗室之人,亲近并信任他们。疏远外戚,不把权柄交给他们,以效法先帝的行为,优抚外戚,保全他们的宗族,这确实是太后的意愿、外戚家族的福分啊!如此,王氏会永久的存在,保有他们的爵位和俸禄,而刘氏也会长久安宁,不会失掉国家社稷,这就是用来褒扬敦睦内姓、外姓,使子子孙孙绵延永续的长久之计。如果不施行这样的策略,田氏代齐之事就会重现于今,六卿分晋之难也必会在汉朝出现,成为后世子孙的忧患。这是再明白不过的了,不可不深入思考,不可不提早考虑。希望陛下深思,接受往事的教训,使自己居于万分安稳的境地,以保全宗庙,长久地敬奉皇太后,这便是天下之大幸。"

奏书呈上后,天子召见刘向,对此感到叹息、悲伤,对他说:"您暂且出外休息吧,我将考虑此事。"刘向每次被召见,多次提到皇室宗族是国家的枝叶,枝叶凋落了,那树干和树根就失去了庇护;如今皇族同姓被疏远,母族外戚独揽政权,爵禄不出于公室,权力掌握在外戚手中,这并不是用以强大汉朝宗室、削弱权贵、保护社稷、使子孙后代安定巩固的做法。刘向自知被皇上信任,所以常常公开责备皇室,讥刺王氏以及在位的大臣,他的言语大都极其恳切,出

季布，楚人也。项籍使将兵，数窘汉王。项籍灭，高祖购求布千金，敢舍匿，罪三族。布匿濮阳周氏，周氏乃髡钳布，衣褐，置广柳车中，载以丧车，欲人不知也。之鲁朱家卖之。朱家心知其季布也，买置田舍乃之雒阳，见汝阴侯滕公，说曰："季布何罪？臣各为其主用，职耳。项氏臣岂可尽诛耶？今上始得天下，而以私怨求一人，何示不广也！且以季布之贤，汉求之急如此，此不北走胡、南走越耳。夫忌壮士以资敌国，此伍子胥所以鞭荆平王之墓也。君何不从容为上言之？"滕公心知朱家大侠，意布匿其所，乃许诺。侍闲，果言如朱家旨。上乃赦布。

布为河东守。孝文时，人有言其贤，召欲以为御史大夫；人又言其勇，使酒难近。至留邸一月，见罢。布进曰："臣待罪河东，陛下无故召臣，此人必有以臣欺陛下者。今臣至，无所受事罢去，此人必有毁臣者。夫以一人誉召臣、一人毁去臣，恐天下有识闻之，有以窥陛下。"窥见陛下深浅也。上默然惭曰："河东吾股肱郡，故特召君耳。"

自于至诚之心，但他最终也没有得到重用。刘向去世后十三年，王氏（王莽）就取代了汉朝。

季布，楚地人，项羽派他率兵作战，曾多次使汉王陷入窘境。项羽灭亡后，汉高祖悬赏千金来捉拿季布，胆敢窝藏者，罪及三族。季布躲藏在濮阳一个周姓人家，周氏便剃去了季布的头发，用铁圈束住他的脖子，给他穿上囚徒的粗布衣服，装在载运棺柩的丧车里，来到鲁地将其卖给了朱家。朱家心里知道他就是季布，就将他买下来并安置在乡下的农舍里。于是前往洛阳拜见汝阴侯滕公，说道："季布犯了什么罪？作为臣子，各为其主所用，这是他的职责。项羽手下的臣子，难道能全部杀掉吗？如今皇上刚刚得到天下，却因为私人的仇怨去捉拿一个人，为何显示出如此狭小的心胸呢？况且，凭着季布的贤能，汉朝抓捕得这么紧急，他不是向北投靠匈奴，就是向南投奔南越而已。由于怨恨勇士而资助了敌国，这就是伍子胥为何（助吴灭楚）掘楚平王之墓而鞭其尸的原因了。您为何不劝导皇上说明这个道理呢？"滕公心里知道朱家是有名的侠义之士，猜想季布就藏在朱家家中，于是就答应了。在侍奉皇上的闲暇之余，滕公果然按朱家的意思向皇上说明，皇上于是赦免了季布。

后来，季布担任河东郡守。孝文帝时，有人说季布贤能，孝文帝就打算召他进京担任御史大夫；有人又说季布勇猛，但常酗酒任性，不宜为近辅大臣。季布到了京城，在馆驿住了一个月，被召见后，就让他返回原郡。季布进言说："臣在河东唯恐不称职而获罪，陛下无故召臣进京，这一定是有人妄称臣贤能来欺骗陛下。如今臣来了，陛下没有给臣什么职事，就让臣返回，这必定是有人诋毁臣。因为一个人的赞誉就召见臣，又因一个人的诋毁就让臣回去，恐怕天下有见识的人听到后，就能从中窥见陛下的深浅了。"文帝听了默不作声，惭

栾布，梁人也。为梁大夫。使于齐未还，汉召彭越，责以谋反，夷三族，枭首雒阳下，诏有收视者辄捕之。布还，奏事彭越头下，祠而哭之。吏捕以闻。上召骂曰："若与彭越反耶？吾禁人勿收，若独祠哭之，与反明矣，趣烹之。"方提趋汤，顾曰："愿壹言而死。"上曰："何言？"布曰："方上之困彭城，败荥阳、成皋，项王所以不能遂西，徒以彭王居梁地，与汉合从苦楚也。当是之时，彭王壹顾与楚，则汉破。且垓下之会，微彭王，项氏不亡。天下已定，彭王割符受封，亦欲传之万世。今汉壹征兵于梁，彭王病不行，而疑以为反。反形未见，以苛细诛之，臣恐功臣人人自危也。今彭王已死，臣生不如死，请就烹。"上乃释布，拜为都尉。

萧何，沛人也。汉杀项羽，即皇帝位，论功行封，群臣争功，岁余不决。上以何功最盛，先封为酂侯，食邑八千户。功臣皆曰："臣等身被坚执兵，多者百余战，少者数十合，攻城略地，大小各有差。今萧何未有汗马之劳，徒持文墨议论不战，居臣等上，何也？"上曰："诸君知猎乎？"曰："知之。""知猎狗乎？"曰："知之。"上曰："夫猎，追杀兽者，狗也，而发纵指

愧的说:"河东郡,是护卫我京师的要地,所以特地召见您!"

栾布,梁国人,担任梁国的大夫。栾布在出使齐国还未返回时,汉廷征召彭越,指责他谋反,诛灭了他的三族,将彭越在洛阳斩首示众,并下诏说:"有敢收敛、顾视彭越尸首的,立即逮捕。"栾布从齐国返回,就在彭越的首级下面奏事,并进行祭祀且为之痛哭。官吏逮捕了栾布上报皇上。皇上召见栾布骂道:"你也要和彭越一起谋反吗?我已禁止人们不得收敛,唯独你去祭奠、哭吊他,你与他一起谋反是很明显的了,赶快把他烹杀了。"左右侍卫正举起栾布往汤镬去,栾布回头说道:"希望能让我说一句话再死。"皇上说:"什么话?"栾布说:"当皇上正被困于彭城,兵败荥阳、成皋之时,项王之所以不能顺利西进,只是因为彭王据守梁地,与汉军联合起来困扰楚军。在那个时候,彭王如果一倾向于楚军,那么汉军就会溃败。况且垓下的会战,若没有彭王,项羽是不会灭亡的。天下平定后,彭王接受朝廷的剖符而受封为王,也希望把爵位传于子孙万代。现在朝廷一时向梁国征集军队,彭王患病不能前来,就怀疑他要造反。反叛的形迹还没显露,就因细微小事诛杀了他,臣恐怕功臣们都会感到自己处境危险了。如今彭王已死,臣活着还不如死去,请您立即把我烹杀了吧!"皇上于是释放了栾布,并任命他为都尉。

萧何,沛县人。汉王杀了项羽之后,即皇帝位,评定众人功劳给予封赏,群臣纷纷争夺功劳,过了一年多都决定不下来。高祖认为萧何功劳最大,先行封为酂侯,食邑八千户。功臣们都说:"我们这些人身披甲胄,手持兵器,冲锋陷阵,多的身经百余战,少的也与敌人有几十次交锋,攻占城池,夺取土地,功劳大小各有等差。如今萧何毫无战功,只是舞文弄墨,发表议论,也不参战,反倒功劳在我等之上,这是为什么?"高祖说:"诸位知道打猎吗?"大家说:"知道。"

示兽处者,人也。诸君徒能走得兽耳,功狗也。至如萧何,发纵指示,功人也。且诸君独以身从我,多者两三人,萧何举宗数十人皆随我,功不可忘也!"群臣后皆莫敢言。

列侯毕已受封,奏位次,皆曰:"平阳侯曹参,身被七十创,攻城略地,功最多,宜第一。"关内侯鄂千秋,时为谒者,进曰:"群臣议皆误。夫曹参虽有野战略地之功,此特一时之事。夫上与楚相拒五岁,失军亡众,跳身遯者数矣,然萧何常从关中遣军补其处。非上所诏令召,而数万众会上乏绝者数矣。夫汉与楚相守荥阳数年,军无见粮,萧何转漕关中,给食不乏。陛下虽数亡山东,萧何常全关中待陛下,此万世功也。今虽无曹参等百数,何缺于汉?汉得之,不必待以全。奈何欲以一旦之功,而加万世之功哉!萧何当第一,曹参次之。"上曰:"善。"于是乃令何第一,赐剑履上殿,入朝不趋。是日悉封何父母兄弟十余人,皆食邑。

何为民请曰:"长安地狭,上林中多空地,弃,愿令民得入田,毋收藁为兽食。"上大怒曰:"相国多受贾人财物,为请吾苑!"乃下何廷尉,械系之。数日,王卫尉侍,前问曰:"相国胡大罪,陛下系之暴也?"上曰:"吾闻李斯相秦,有善归主,

又问:"知道猎狗吗?"回答说:"知道。"高祖说:"打猎,追杀野兽的是猎狗,而放出猎狗、指示方向,令其追捕野兽的是猎人。诸位只能追逐捕获野兽,功劳和猎狗类似;至于萧何,在后方操纵指挥,功劳和猎人一样。况且,诸位只是自己一人跟随我,多的也不过是一家两三个人,而萧何全宗族的几十人都跟随着我,他的功劳是不能忘记的。"以后群臣都不敢再说什么了。

列侯都已受封完毕,议奏排列位次,群臣都说:"平阳侯曹参,身上遭受了七十多处创伤,攻占城池,夺取土地,功劳最多,应当排在第一位。"关内侯鄂千秋当时为谒者,进言说:"群臣的建议都不对。曹参虽然有旷野作战、攻占土地的功劳,但这只是一时的事情。过去皇上与楚军相持作战五年,常常丧失军队,轻身逃走的情况有很多次,然而萧何却常常从关中派遣军队来补充缺口,这都不是皇上下诏让他征召的,而关中数万士兵却在皇上兵员短缺时赶到,这种情况就有多次。汉军和楚军在荥阳对垒多年,军中没有现存的粮食,萧何在关中转运粮饷,保障了军粮供给不曾缺乏。陛下虽然几次丢掉崤山以东的地区,而萧何却一直保全着关中来等待陛下,这乃是万世不朽的功勋。如今,即使缺少上百个像曹参这样的人,对汉朝又能有什么损失呢?汉朝得到他们,也不一定能够保全,为何想要让一时之功超过万世的功劳呢?所以萧何应当排第一,曹参居次位。"高祖说:"好!"于是就将萧何排在第一,恩准他佩剑穿履上殿,入朝不须急步而行。这天,萧何的父母兄弟十多人都受到了封赏,皆享有食邑。

萧何为百姓请命说:"长安土地狭窄,上林苑中有很多空地,大都荒废着,希望能够让百姓入苑耕种,不要只种槀草给禽兽吃。"皇上大怒,说:"相国收受了商人很多钱财,所以才为他们请求占用我的上林苑!"于是就把萧何交付廷尉,戴上镣铐,拘禁起来。几天

有恶自予。今相国多受贾竖金,为请吾苑,以自媚于民,故系治之。"王卫尉曰:"夫职事苟有便于民而请之,真宰相事也。陛下奈何乃疑相国受贾人钱乎?且陛下距楚数岁,陈狶、黥布反时,陛下自将往,当是时,相国守关中,摇足,即关西非陛下有。相国不以此时为利,乃利贾人之金乎?且秦以不闻其过亡天下,夫李斯之分过,又何足法哉!陛下何疑宰相之浅也!"是日,使使持节赦出何。何年老,素恭谨,徒跣入谢。上曰:"相国休矣!相国为民请吾苑不许,我不过为桀纣主,而相国为贤相。吾故系相国,欲令百姓闻吾过也。"

曹参,沛人也。为齐丞相。参闻胶西有盖公,善治黄老言,使人厚币请之。既见,盖公为言治道,贵清静而民自定,推此类具言。参于是避正堂舍盖公焉。其治要用黄老术,齐国安集,大称贤相。萧何薨,使者召参。参去,属其后相曰:"以齐狱市为寄,慎勿扰也。"后相曰:"治无大于此者乎?"参曰:"不然。夫狱市者,所以并容也,今君扰之,奸人安所容乎?吾是以先之。"夫狱市,兼受善恶,若穷极奸人,奸人无所容窜,久且为乱。秦人极刑而天下叛,孝武峻法而狱繁,此其效也。老子曰:

后,有个姓王的卫尉侍奉高祖,进前问道:"萧相国犯了什么大罪,陛下如此残酷地拘禁他?"高祖说:"我听说李斯在辅佐秦始皇时,有了好处就归于君主,有了过恶就自己承当。如今萧相国收受了奸商的钱财,为他们请求我的上林苑,以此来讨好百姓,所以把他囚禁起来治罪。"王侍卫说:"在自己的职责内,如果有利于百姓的就为他们请命,这真正是宰相分内的事啊。陛下为什么又要怀疑萧相国收受商人的钱财呢?况且,过去陛下曾和楚军对抗多年,陈豨和黥布反叛的时候,陛下亲自率军前往平叛,那时相国留守关中,若稍有举动,关西之地就不再归陛下所有了。相国不在此时为自己谋利,难道会贪图商人的钱财吗?而且,秦始皇就是因为听不到自己的过失才失去了天下,李斯这种分担过错的做法,又有什么值得效法的呢?陛下为何怀疑丞相会如此浅薄?"当天,皇上派使者手持符节赦免释放了萧何。萧何年纪大了,一向恭敬谨慎,光着脚入朝谢罪。高祖说:"相国算了吧!相国为百姓请求我的上林苑,我不准许,我最多是获得夏桀、纣王那样的名声,而相国则会成为贤德的丞相。我故意囚禁相国,是想让百姓知道我的过错。"

曹参,沛县人,惠帝时任齐国丞相。曹参听说胶西有位盖公,精研黄老学说,就派人带着厚礼将盖公请来。见到盖公后,盖公对曹参讲说治国之道应注重清静无为,这样百姓自会安定。以此类推,把这方面的道理都说了。曹参于是就让出正堂,请盖公居住。曹参的施政要领采用黄老学说,齐国安定和睦,人们大加称赞他是贤明的丞相。萧何去世后,朝廷派使者来征召曹参。曹参离开时,嘱咐继任的丞相说:"齐国的狱讼和市集贸易就拜托您了,请您慎重对待,不要轻易干扰。"继任的丞相说:"难道治理国家再没有比这更重要的事吗?"曹参说:"不是这样的。狱市,是善恶并容之处,如果您去干

"我无为,民自化;我好静,民自正。"参欲以道化为本,不欲扰其末也。

始参微时,与萧何善,及为宰相,有隙。至何且死,所推贤唯参。参代何为相国,举事无所变更,壹遵何之约束。择郡国吏长大、取年长大者。讷于文辞、谨厚长者,即召除为丞相史。史言文刻深欲务声名,辄斥去之。日夜饮酒。卿大夫以下吏及宾客,见参不事事,不事丞相之事。来者皆欲有言。至者参辄饮以醇酒,度之欲有言,复饮酒,醉而后去,终莫得开说。开,谓有所启白。

相舍后园近吏舍,日饮歌呼。从吏患之,无如何,乃请参游后园。闻吏醉歌呼,从吏幸相国召按之。乃反取酒张坐饮,大歌呼与相和。参见人之有细过,专掩匿覆盖之,府中无事。参子窋,为中大夫。惠帝怪相国不治事,以为"岂少朕与",乃谓窋曰:"汝归,试私从容问乃父曰:'高帝新弃群臣,帝富于春秋,君为相国,日饮无所请事,何以忧天下?然无言吾告汝也。'"窋既洗沐,归谏参,参怒而笞之二百,曰:"趣入侍,天下事,非乃所当言也。"

扰它,那让坏人到哪里容身呢?因此我把这件事摆在前面。"(狱市,同时容纳了善恶两类人,若将坏人逼到走投无路的地步,他们就没有了容身之处,时间久了就会作乱。秦朝使用严厉的刑罚,而天下叛乱;汉武帝施以严酷的法令,而狱讼繁多。这些都是最好的证明。老子说:"我无为,百姓自然化育;我好静,百姓自然端正。"曹参希望以道德风化作为治理的根本,而不想干扰枝末的事情。)

起初曹参微贱的时候,与萧何友善;等(萧何)做了宰相,两人就有了隔阂。到萧何临终时,所推举的贤臣却只有曹参。曹参接替萧何做了相国,办事毫无变更,完全遵行萧何所制定的规章、法令。他选择郡国官吏中年纪较长且不善文辞、谨慎忠厚的长者,便召来任命为丞相史。若官吏中有解释法律文字苛刻严酷、一心想追求好名声的,常会贬斥辞退他们。曹参日夜饮酒,卿大夫以下的官吏和宾客看到曹参不理政事,前来见他的人都想进言劝告。等这些人一到,曹参就拿出美酒给他们喝,估计他们要讲话了,就再让他们喝酒,直到喝醉后离去,始终也没能开口劝谏。

相国住宅的后园靠近官吏的住所,他们每日饮酒唱歌,高吟呼号,曹参的随从官吏对此很厌恶,却又无可奈何,于是就请曹参到后园中游览。听到了官吏们醉酒高歌的呼号之声,随从的官吏希望相国能把他们召来按问。可曹参反而让人取来好酒,张设坐席痛饮起来,并且也高歌呼号,与那些官吏相应和。曹参见到他人有轻微的过失,一味隐瞒掩盖,因此相国府中平安无事。曹参的儿子曹窋任中大夫,汉惠帝责怪曹相国不理政事,认为"难道是看我年轻而轻视我吗?"于是对曹窋说:"你回去,试着私下里从容地问你父亲说:'高帝刚去世不久,当今皇上又很年轻,您身为相国,整日饮酒,也不向皇上请示报告,怎么能为天下之事忧劳呢?'但这些话不要说是朕告

至朝时，帝让参，参免冠谢曰："陛下自察圣武，孰与高皇帝？"上曰："朕乃安敢望先帝！"参曰："陛下观参，孰与萧何贤？"上曰："君似不及也。"参曰："陛下之言是也。且高皇帝与萧何定天下，法令既明具，陛下垂拱，参等守职，遵而勿失，不亦可乎？"惠帝曰："善，君休矣。"百姓歌之曰："萧何为法，讲若画一；曹参代之，守而勿失。载其清静，民以宁壹。"

张良，字子房，韩人也。沛公欲以二万人击秦峣关下军，良曰："秦兵尚强，未可轻。臣闻，其将屠者子贾竖，易动以利，愿沛公令郦食其持重宝啖秦将。"秦将果欲连和俱西，良曰："此独其将欲叛，士卒恐不从，不如因其解击之。"沛公乃引兵击秦军，大破之，遂至咸阳。秦王子婴降沛公。沛公入，秦宫室帷帐狗马重宝妇女以千数，意欲留居之。樊哙谏，沛公不听。良曰："夫秦为无道，故沛公得至此。为天下除残去贼，宜缟素为资。今始入秦，即安其乐，此所谓助桀为虐。资，质也。欲令沛公反秦奢，俭素以为质也。且忠言逆于耳利于行，毒药苦于口利于病，愿沛公听樊哙言。"沛公乃还军霸上。

诉你的。"曹窋休假回到家后，就（以惠帝的话）劝谏曹参。曹参很生气，鞭笞了曹窋二百下，说："赶快回朝奉侍皇上去，天下之事不是你该说的。"

到朝会时，汉惠帝责备曹参，曹参脱帽谢罪说："陛下您自己觉得在圣明英武上，与高皇帝相比如何？"皇上说："朕怎敢与先帝相比。"曹参说："陛下您看我和萧相国相比，谁更贤明呢？"皇上说："您似乎不及萧何。"曹参说："陛下说得很对。而且高皇帝和萧相国平定了天下，法令已经修订得明确、完备，陛下只需垂衣拱手，无为而治，臣等忠于职守，遵从已有的法度而不改变，不也就可以了吗？"惠帝说："好，您且休息去吧！"百姓歌颂曹参道："萧何制定法令，平和明确、整齐划一；曹参接替萧何为相国，遵守已有的法令而不改变，施行清净无为的治理，人民得到安定统一。"

张良，字子房，韩国人。沛公打算用两万人的兵力攻打秦朝在峣关的守军，张良说："秦军还很强大，不可轻敌。臣听说秦军的守关将领是屠夫的儿子，此等市侩容易被财利动摇。希望沛公派郦食其带着贵重的宝物去劝诱秦将。"秦军守将果然打算与沛公联合一道西攻咸阳。张良说："这只是秦军的将领想要反叛，士兵们恐怕不会服从，不如趁着敌人懈怠时袭击他们。"沛公便率兵进攻秦军，大败敌人，进逼咸阳。秦王子婴投降了沛公，沛公进入秦宫，宫室里的帷帐、犬马、贵重财宝、宫女妃嫔，数以千计，沛公想要留下住在那里。樊哙劝阻，沛公不听。张良说道："秦朝因为不行正道，所以沛公才能到这里。替天下百姓除去凶残暴虐之人，应当反秦奢侈，以朴素为本。如今才刚进入秦都，就要安于享乐，这就是人们所说的'助桀为虐'。况且，忠言听起来虽然不顺耳，但是有助于行事；辛烈之药吃起来虽然味苦，但却有利于治病。希望沛公您能听从樊哙的劝

陈平，户牖人也。背楚，因魏无知见汉王，汉王拜为都尉典护军。绛灌等或谗平曰："闻平居家时，盗其嫂；事魏王不容，亡而归楚；不中，又亡归汉。今大王尊官之，令护军。臣闻，平使诸将金多者得善处，金少者得恶处。平反覆乱臣也，愿王察之。"汉王疑之，以让无知，问曰："有之乎？"无知曰："有。"汉王曰："公言其贤人，何也？"对曰："臣之所言者能也，陛下所问者行也。今有尾生、孝己之行，孝己。高宗之子。有孝行也。而无益于胜败之数，陛下何暇用之乎？今楚汉相拒，臣进奇谋之士。"

王召平而问曰："吾闻先生事魏不遂，事楚而去，今又从吾游，信者固多心乎？"平曰："臣事魏王，魏王不能用臣说，故去事项王。项王不信人，其所任爱，非诸项，即妻之昆弟，虽有奇士，不能用。臣居楚，闻汉王之能用人，故归大王。臣臝身来，不受金，无以为资。诚臣计画有可采者，愿大王用之；使无可用者，大王所赐金具在，请封输官，得请骸骨。"汉王乃谢，厚赐，拜以为护军中尉，尽护诸将。诸将乃不敢复言。

周勃，沛人也。为人木强敦厚，高帝以为可属大事。惠帝以勃为太尉。高后崩，吕禄以赵王为汉上将军，吕产以吕王为

告。"沛公于是率军返回了霸上。

　　陈平,阳武县户牖乡人。他离开楚军,通过魏无知进见汉王,汉王任命他为都尉,监领诸军。绛侯周勃、颍阴侯灌婴等人谗毁陈平说:"听说陈平在家时,曾和他的嫂子私通;事奉魏王(魏咎),不能容身,便逃离魏国归顺楚王,也不受重用,又离楚归汉。如今大王让他做高官,派他监督诸将。臣听说陈平调派将领,给钱多的就会得到优越的地位,给钱少的就被派到不好的地方。陈平,是反覆无常的作乱之臣,希望大王明察。"汉王对陈平产生了怀疑,因此责备魏无知,问道:"陈平有这些事吗?"无知说:"有。"汉王说:"您说陈平是个贤能的人,这是为什么?"无知回答说:"臣所说的,是指他的才能;陛下所问的,是他的品行。现在即使有尾生、孝己那样的品行,却对战争胜败的运数毫无益处,陛下哪还谈得上任用这样的人呢?如今楚汉对峙,我推荐的是具有非凡谋略的人才。"

　　汉王召来陈平问道:"我听说先生事奉魏王不成功,事奉楚王也半路离去,如今又跟从我,守信之人难道是这样反覆不定吗?"陈平说:"臣事奉魏王,魏王不能采用臣的建议,所以才离开他去事奉项王。项王不相信他人,他所任用和宠爱的人,不是项氏宗族就是妻家的兄弟,即使有德智出众的人才,也不能加以重用。臣在楚军时,听说汉王能用人,所以才来归附大王。臣空手而来,不接受别人的钱财,就没有办事的费用。假如臣的计策有可以采用的,希望大王采用;如果没有值得采用的,大王所赏赐的金钱都在,请封查交还官府,并允许臣辞官回家。"汉王于是向陈平道歉,给了他丰厚的赏赐,任命他为护军中尉,监督全体将领。众将领不敢再说什么了。

　　周勃,沛县人,为人质直刚强,诚朴宽厚,高帝认为他可以托付大事。汉惠帝任命周勃为太尉。高后去世后,吕禄以赵王的身分担任

相国,秉权,欲危刘氏。勃与丞相平、朱虚侯章,共诛诸吕。遂共迎立代王,是为孝文皇帝。初即位,以勃为右丞相,后乃免丞相就国。人有上书告勃欲反,下廷尉,廷尉逮捕勃治之。勃恐,不知置辞,吏稍侵辱之。勃以千金与狱吏,乃书牍背示之,以公主为证。公主者,文帝女也,勃太子胜之尚之,故狱吏教引为证。薄太后亦以为无反事。文帝朝,太后曰:"绛侯绾皇帝玺,将兵于北军,不以此时反,今居一小县,顾欲反耶?"文帝乃谢曰:"吏方验而出之。"于是使使持节赦勃,复爵邑。勃既出,曰:"吾尝将百万军,然安知狱吏之贵也!"

勃子亚夫,文帝封为条侯。后六年,匈奴大入边。以宗正刘礼为将军,军霸上;祝兹侯徐厉为将军,军棘门;以亚夫为将军,军细柳,以备胡。上自劳军,至霸上及棘门军,直驰入,将以下骑送迎。已而之细柳军,军士吏被甲,锐兵刃,彀弓弩,持满。天子先驱至,不得入。先驱曰:"天子且至军门!"都尉曰:"将军令曰:'军中闻将军之令,不闻天子之诏。'"有顷上至,又不得入。于是上使使持节诏将军曰:"吾欲劳军。"亚夫乃传言开壁门,壁门士请车骑曰:"将军约军中不得驱驰。"于是乃按辔徐行至中营。将军亚夫持兵揖曰:"介胄之士不拜,请以军礼见。"礼,介者不拜。天子为动,改容式车,使人称

汉朝的上将军，吕产以吕王的身分担任相国，他们执掌朝廷大权，想要危害刘氏政权。周勃和丞相陈平、朱虚侯刘章共同诛灭了吕氏集团，于是共同迎立代王为帝，这就是孝文皇帝。文帝即位之初，任命周勃为右丞相。后来免去丞相之职，返回封国。有人上书告发周勃想要谋反，文帝将此事交付廷尉处理，廷尉逮捕了周勃并审问他。周勃害怕，不知如何答对。因此狱吏便逐渐侮辱他。周勃便拿了千金送给狱吏，狱吏就在书板背面写上字，示意他"请公主作证"。公主，是文帝的女儿，周勃的长子周胜之娶了公主为妻，所以狱吏教周勃让公主来为自己作证。薄太后也认为周勃没有谋反的事。文帝进见薄太后，太后说："绛侯周勃当年身挂皇上的印玺，统率北军，他不在那时谋反，如今住在一个小县里，反而要造反吗？"文帝于是道歉说："有关官吏刚刚才查清楚，就要放他出狱了。"于是派使者拿着符节赦免了周勃，恢复了他的爵位和封邑。周勃出狱后，说："我曾经率领过百万大军，然而怎么知道狱吏也如此威风！"

周勃的儿子周亚夫，被文帝封为条侯。汉文帝后元六年，匈奴大举入侵边境。文帝任命宗正刘礼为将军，驻军霸上；任命祝兹侯徐厉为将军，驻军棘门；任命周亚夫为将军，驻军细柳，以防备匈奴入侵。文帝亲自去慰劳军队，来到霸上和棘门的军营，都可直接驱车而入，自将军以下都骑马迎送。然后又来到细柳军营，军中的将士都身披铠甲，兵刃锐利，张满弓弩。天子的前导来到军营，却不能进入。前导说："天子就要到了！"军门都尉说："将军有令说：'军中只听将军的命令，不听天子的诏令。'"一会儿，文帝到了，还是不能进入。于是，文帝就派使者手持符节诏告将军说："我要来慰劳军队。"周亚夫这才传令打开营门。守卫营门的士官交代皇上的卫队说："将军规定，军营之中不得驱马奔驰。"于是天子等人都拉着马缰慢慢前行。

谢,成礼而去。既出军门,群臣皆惊。文帝曰:"嗟乎,此真将军矣!向者霸上棘门军,如儿戏耳,其将固可袭而虏也。亚夫可得而犯耶?"称善者久之。

樊哙,沛人也。与高祖俱起。高帝尝病,恶见人卧禁中。诏户者,毋得入群臣。绛灌等莫敢入,十余日,哙乃排闼直入,大臣随之。上独枕一宦者卧。哙等见上流涕曰:"始陛下与臣等起丰沛,定天下,何其壮也!今天下已定,又何惫也!且陛下病甚,大臣震恐,不见臣等计事,顾独与一宦者绝乎?且陛下独不见赵高之事乎?"高帝笑而起。

周昌,沛人也,为御史大夫。为人强力,敢直言,自萧、曹等,皆卑下之。昌尝燕入奏事,以上宴时入奏事也。高帝方拥戚姬,昌还走。高帝逐得,骑昌项,问曰:"我何如主?"昌仰曰:"陛下即桀、纣之主也。"于是上笑之,然尤惮昌。及高帝欲废太子,大臣固争,莫能得,而昌庭争之强。上问其说,昌为人吃,又盛怒,曰:"臣口不能言,然臣心知其不可。陛下欲废太子,臣期期不奉诏。"上欣然而笑,太子遂定。

到了中营，将军周亚夫手持兵器，向天子拱手行礼说："披甲戴盔的将士，不能跪拜，请允许我以军中之礼拜见陛下。"天子深受感动，为之动容，俯身扶着车前的横木，派人向全军致敬，礼仪完成后便离开军营。出了军营大门后，群臣都很惊讶。文帝说："啊！这才是真正的将军。刚才霸上、棘门的军队，简直就像儿戏一般，他们的将军在袭击中确实可以被俘获。至于亚夫，难道能被侵犯吗？"文帝对周亚夫称赞了很久。

樊哙，沛县人，随高祖一同起义。高帝曾经患病，不愿见人，躺在内宫里，命令门卫不得让大臣们进入。绛侯周勃、灌婴等人都不敢入内。过了十多天，樊哙竟推开宫门直闯进去，大臣们跟随着他。皇上独自枕着一个宦官躺着。樊哙等人见到皇上，流着眼泪说："当初陛下带领我们在沛县丰邑起兵，平定天下，是何等的雄壮啊！如今天下已经安定，您又显得多么疲惫啊！况且陛下病势严重，大臣们都感到惊恐。陛下不召见臣等商议国事，反而要独自和一个宦官相处而与世隔绝吗？陛下难道不知道赵高伪造诏令、杀扶苏、立胡亥的事情吗？"高帝笑着起身了。

周昌，沛县人，任御史大夫。为人倔强，敢于直言，即使是萧何、曹参等人都对周昌很谦卑。周昌曾经在高帝闲居时进宫奏事，高帝正和戚夫人拥抱，周昌见此情景转身就走。高帝追上周昌，骑在他的脖子上问道："我是什么样的君主？"周昌仰着头说："陛下就是夏桀、商纣一样的君主。"于是高帝笑起来，但却格外敬畏周昌。等到高帝想要废掉太子时，大臣们都坚决劝止，但都未能奏效。然而周昌在朝廷上极力谏诤，高帝问他的理由，周昌有口吃的毛病，又非常愤怒，说："臣嘴上虽然说不上来，可臣心里知道这样做不行。陛下想要废掉太子，臣期期不会接受您的诏令。"高帝听罢高兴地笑了，太子的

申屠嘉,梁人也,为丞相。是时太中大夫邓通方爱幸,赏赐累巨万。文帝常燕饮通家,其宠如是。是时嘉入朝,而通居上旁,有怠慢之礼。嘉奏事毕,因言曰:"陛下幸爱群臣,则富贵之。至于朝廷之礼,不可以不肃!"上曰:"君勿言,吾私之。"罢朝坐府中,为檄召通,通恐入言上。上曰:"汝第往,吾今使人召若。"通至丞相府,免冠、徒跣、顿首谢。嘉责曰:"夫朝廷者,高皇帝之朝廷也,通小臣,戏殿上,大不敬,当斩。"通顿首,首尽出血,不解。上使使持节召通,而谢丞相曰:"此吾弄臣,君释之。"通既至,为上泣曰:"丞相几杀臣。"

地位于是得以稳定。

申屠嘉，梁地人，文帝时任丞相。当时太中大夫邓通正受文帝宠爱，所得赏赐累计达亿万钱，文帝常常到邓通家宴饮。邓通受到文帝的宠爱竟到这种程度。当时，申屠嘉入朝奏事，邓通在文帝的旁边，有怠慢失礼之处。申屠嘉奏事完毕，随即说道："陛下宠爱群臣，可以让他们富贵。至于朝廷上的礼节，不可以不恭敬严肃。"文帝说："您别说了，我会在私下里告诫他的。"退朝后，申屠嘉坐在丞相府中，写了檄文召邓通前来。邓通害怕，便入宫告诉文帝，文帝说："你只管去，我随即派人召你回来。"邓通到了丞相府，脱下帽子，光着两脚，磕头谢罪。申屠嘉斥责说："朝廷，是高皇帝的朝廷。你邓通只是个小臣，竟敢在大殿上嬉戏，这是大不敬之罪，应当斩首。"邓通叩头，头上都碰出了血，仍然没有停下来。随后文帝派使者手持符节召邓通回宫，并向丞相致歉说："此人是朕的狎玩小臣，您就放了他吧！"邓通回到宫中，向文帝哭着说："丞相差点儿杀了臣。"

卷十六　汉书(四)

传

郦食其，陈留人也。好读书，身长八尺，人皆谓之狂生，自谓我非狂。沛公至高阳传舍，使人召食其。至，入谒，沛公方踞床，令两女子洗，而见食其。食其入，即长揖不拜，曰："足下欲助秦攻诸侯乎？欲率诸侯破秦乎？"沛公骂曰："竖儒！夫天下同苦秦久矣，故诸侯相率攻秦，何谓助秦？"食其曰："必欲聚徒合义兵，诛无道秦，不宜踞见长者。"于是沛公辍洗，起衣，延食其上坐，谢之。

汉王据守敖仓，而使食其说齐王曰："王知天下之所归乎？"曰："不知也。天下何归？"曰："归汉。"齐王曰："先生何以言之？"曰："汉王与项王约，先入咸阳者王之，项王背约不与，而迁杀义帝。汉王起蜀汉之兵，击三秦出关，而责义帝之负处，收天下之兵，立诸侯之后，降城即以侯其将，得赂则以分其士，与天下同其利，豪英贤才，皆乐为之用。诸侯之兵，四面而至，蜀汉之粟，方船而下。项王有背约之名，杀义帝之负，于人之功无所记，于人之罪无所忘，战胜而不得其赏，拔城而不得其封，非项氏莫得用事。为人刻印，刓而不能授；刓，断，无复廉锷也。攻城得赂，积财而不能赏。天下叛之，

传

郦食其,陈留人,喜欢读书,身高八尺,人们都称他是"狂生",而他却说自己并不狂。沛公来到高阳的传舍,派人召郦食其前来。郦食其进见,沛公正坐在床边让两名女子给他洗脚,就这样接见了他。郦食其进入室内,只是拱手作揖而不行礼拜,说:"您是想帮助秦朝攻打诸侯呢?还是想率领诸侯灭掉秦朝?"沛公骂道:"你这个下贱的儒生,天下百姓同受秦朝之苦已经很久了,因此各路诸侯才相继起兵攻打秦朝,怎么能说帮助秦朝呢?"郦食其说:"您如果想聚集民众,纠合义师来讨伐暴虐的秦朝,那就不应坐在床边用这种傲慢的态度来接见长者。"于是沛公停止洗脚,起身穿上衣服,请郦食其坐于上位,并向他道歉。

汉王驻守敖仓,派郦食其劝说齐王,说:"大王知道天下的归属吗?"齐王说:"不知道,天下归向谁呢?"郦食其答道:"归于汉王。"齐王又问:"先生为什么这样说呢?"郦食其说:"汉王和项王曾约定,先攻入咸阳的人就在关中称王。(汉王先攻入咸阳)但项王却违背盟约没有让汉王在关中称王,又逼迫义帝迁都并派人在途中将其暗杀。汉王发动蜀汉的军队攻打三秦,出函谷关谴责项工杀害义帝的错处,收纳天下的军队,拥立以前六国诸侯的后代。攻下城邑就给有功的将领封侯,缴获财物就分赏给士兵们,和天下之人共享利益,英雄豪杰、贤才智士都乐意为他效劳。诸侯的军队从四面八方赶到,蜀汉的粮食用大船运来。项王有背弃盟约的名声,又有杀死义帝的罪行。对他人的功劳从不记着,对别人的过失却从不忘怀;打了胜

贤材怨之,而莫为之用。故天下之士,归于汉王,可坐而策也。

夫汉王发蜀汉,定三秦,涉西河之水,援上党之兵,下井陉,破北魏,此黄帝之兵,非人之力,天之福也。今已据敖仓之粟,塞成皋之险,守白马之津,杜太行之厄,拒飞狐之口,天下后服者先亡矣。王疾下汉王,齐国社稷,可得而保也;不下汉王,危亡可立而待也。"田广乃听食其,罢历下兵守战备。

陆贾,楚人也,有口辩,常居左右,时时前说称诗书。高帝骂之曰:"乃公居马上得之,安事诗书!"贾曰:"马上得之,宁可以马上治乎?且文武并用,长久之术也。昔者吴王夫差、智伯,极武而亡;秦任刑法不变,卒灭赵氏。秦之先造父封于赵城,其后曰赵氏。向使秦已并天下,行仁义,法先圣,陛下安得而有之?"高帝不怿,有惭色,谓贾曰:"试为我著秦所以失天下,吾所以得之者,及古成败之国事。"贾凡著十二篇,每奏一篇,高帝未尝不称善,称其书曰《新语》。

吕大后时,王诸吕,诸吕擅权,欲劫少主,危刘氏。右丞相

仗得不到奖赏，攻下城池也得不到封爵，不是项氏家族的人就得不到重用。为人刻好的印信，拿在手中把玩，却舍不得给人；攻城得到财物，积聚的很多也不肯赏赐给大家。天下的人叛离他，有才能的人埋怨他，没有人愿意被他所用。因此天下的人才都来归附汉王，他只须安坐就可以谋划大事了。"

"汉王从蜀汉发兵，平定了三秦之地，渡过黄河，领导了上党之兵。又攻下了井陉，击败了北魏。这就如同黄帝的军队一样，不是人力所能做到的，而是靠上天的保佑。现在汉王已经占据敖仓的粮食，阻塞成皋要道，把守着白马渡口，封锁了太行山的险地，据守飞狐隘口。天下诸侯若是较晚归附的，就会先被灭掉。大王若是赶快归顺汉王，那么齐国的社稷就可以保全；倘若不归顺汉王的话，那么齐国的灭亡就指日可待了。"田广于是听从了郦食其的话，解除了历下军队的防守和作战准备。

陆贾，楚国人，有能言善辩之才，常在高皇帝身边。进言时常常引用《诗经》和《尚书》里的话，高皇帝骂他说："你老子我是骑在马上得到天下的，哪里用得着《诗》《书》！"陆贾说："在马上取得天下，难道也可以在马上治理天下吗？且文治武功并用，是使国家长治久安的办法。从前，吴王夫差、智伯都是因为滥用武力而灭亡；秦朝使用严刑峻法而不知变更，最终败亡。假使秦朝统一天下后，实行仁义之道，效法古圣先王，陛下又怎么能取得天下呢？"高帝听了不高兴，露出惭愧的脸色，对陆贾说："请您试着为我明示秦朝之所以失去天下，而我之所以得到天下的原因，以及古来国家成功和失败之事。"陆贾共撰写了十二篇，每奏一篇，高帝没有不说好的，称他这部书为《新语》。

吕太后掌权时期，封吕氏亲信为王。诸吕专权，想劫持少帝，危

陈平患之，贾曰："天下安，注意相；天下危，注意将。将相和，则士豫附。士豫附，天下虽有，变则权不分。权不分，为社稷计，在两君掌握耳。"平因结谋于太尉勃，卒诛诸吕。安刘氏，立文帝，贾之谋也。

娄敬，齐人也。汉五年，戍陇西，过洛阳，高帝在焉。敬脱挽辂，辂，以木当胸挽重辇车也。见齐人虞将军曰："臣愿见上言便宜。"虞将军入言上，上召见问，敬说曰："陛下都洛阳，岂欲与周室比隆哉？"上曰："然。"敬曰："陛下取天下与周异。周之先自后稷，积德累善十余世，及武王伐纣，不期会孟津上八百诸侯，遂灭殷。成王即位，周公之属傅相焉，乃营成周都雒，以为此天下中，诸侯四方纳贡职，道里钧矣。有德则易以王，无德则易以亡。凡居此者，欲令周务以德致人，不欲阻险，令后世骄奢以虐民也。及周之衰，分而为二，天下莫朝，周不能制。非德薄，形势弱也。

今陛下起丰沛，收卒三千人，卷蜀汉，定三秦，与项籍大战七十，小战四十，使天下之民，肝脑涂地，父子暴骸中野，不可胜数，哭泣之声不绝，伤痍者未起，而欲比隆成康之时，臣窃以为不侔矣。且夫秦地被山带河，四塞以为固，卒然

害刘氏政权,右丞相陈平对此很是担忧。陆贾对他说:"天下安定时,人们关注的是丞相;天下危急时,人们关注的是大将。将相和睦,那么士人就乐意归附;士人乐意归附,天下即使有变故,国家的大权也不会分散。要想大权不分散,为国家社稷考虑,此事全在您和太尉两人的掌握中了。"陈平于是与太尉周勃联合商议,最终诛灭了诸吕,安定了刘氏江山,迎立了孝文帝,这其中都有陆贾的谋略。

娄敬,齐国人,汉五年,他戍守陇西,路经洛阳,高帝正在那里。娄敬放下车前牵引用的横木,见到齐人虞将军,说:"臣希望面见皇上陈说利国之事。"于是虞将军进宫向高帝禀报。高帝召见了娄敬,问他有何事要说,娄敬劝高帝说:"陛下建都洛阳,难道是希望汉朝同周朝一样兴盛吗?"高帝说:"是的。"娄敬说:"陛下取得天下跟周朝不同。周朝的先祖从后稷开始,积德行善长达十几代。等到周武王讨伐殷纣时,未经约定而主动到孟津会盟的就有八百诸侯,于是灭掉了殷商。周成王即位,周公等人辅佐他,于是营建了成周(洛邑),定都于此,认为这是天下的中心,诸侯从四方来缴纳贡赋,道路里程基本上是均等的。君主有德行就容易在这里称王,没有德行的就容易灭亡。凡是建都于此的,都希望君主务必要以德政来感召人民,而不希望依靠险要的地势,让后代君主骄奢淫逸来虐待百姓。到了周朝衰败的时候,周王室分为了西周国和东周国,天下没有诸侯来朝见,周朝也不能控制他们,不是因为其德行浅薄,而是势力衰弱了。"

"如今陛下自丰、沛起兵,招集三千士卒,席卷蜀、汉地区,平定三秦之地,与项羽大战七十次,小战四十次,使天下百姓惨死于战争中,父子的尸体曝露于荒野中,数量多得无法计算。悲惨的哭声不绝于耳,人民遭受的创伤还没有恢复,(在这种情况下)却想要达到

有急,百万之众可具,因秦之故资甚美膏腴之地,此所谓天府。陛下入关而都之,山东虽乱,秦故地可全而有也。夫与人斗,不扼其亢,亢,喉咙也。拊其背,未能全胜。今陛下入关而都,按秦之故,此亦扼天下之亢而拊其背也。"高帝即日驾,西都关中。于是赐姓刘氏,拜为郎中,号曰奉春君。

汉七年,韩王信反,高帝自往击。至晋阳,闻信与匈奴欲击汉,上使人使匈奴。匈奴匿其壮士肥牛马,徒见其老弱及羸畜。使者十辈来,皆言匈奴易击。上使敬复往,还报曰:"两国相击,此宜夸矜见所长。今臣往,徒见羸胔老弱,此必欲见短,伏奇兵以争利。愚以为匈奴不可击也。"是时汉兵三十余万众,兵已业行。上怒骂敬曰:"齐虏!以舌得官,乃今妄言沮吾军。"械系敬广武。遂往,至平城,匈奴果出奇兵,围高帝白登七日,然后得解。高帝至广武,赦敬,曰:"吾不用公言,以困平城。"乃封敬二千户,号建信侯。

叔孙通,薛人也,为太子太傅。高帝欲以赵王如意易太子,通谏曰:"昔者,晋献公以骊姬故废太子,立奚齐,晋国乱

和成康时期同等兴盛,臣私下认为这是不相同的。况且秦地有高山依靠,黄河环绕,四面都有关隘作为屏障,即使突然发生紧急情况,百万雄兵可以聚集起来。凭借秦国故有的基础,依靠肥沃的土地,这就是所说的'天府'之地啊。陛下入函谷关以内建都,崤山以东地区即使有祸乱,秦国的旧地仍可以保全并占有。与人搏斗,不掐住他的咽喉,击打他的后背,是不能完全获胜的。如今陛下进入函谷关而建都,占有秦国旧地。这也就是掐住了天下的咽喉而又击打其后背啊。"高帝当日起驾西行,定都关中。于是赐娄敬姓刘,任命他为郎中,封号奉春君。

汉七年,韩王信反叛,高帝亲自带兵前去攻打。到达晋阳后,听说韩王信要联合匈奴一起攻打汉军,高帝派使者出使匈奴(探察敌情)。匈奴把精锐士兵和肥壮的牛马全都隐藏起来,只能看到老弱的士兵和瘦弱的牲畜。派去的使者前后有十余人,回来都说匈奴容易攻打。高帝派娄敬再次前往,他回来禀告说:"两国彼此攻击,这时应该夸耀显示其长处才对,现在臣前往匈奴那里,只看见瘦弱的牲畜和年老体弱的士兵,这一定是想故意显示其短处,然后埋伏奇兵袭击以争取有利的形势,我认为匈奴是不可以攻打的。"此时,汉军三十多万士兵已经出动了。高帝发怒大骂娄敬说:"你这个齐国的贱奴,靠嘴皮子得了官位,如今又胡说八道阻止我军出兵。"就给娄敬戴上镣铐,拘禁在广武。于是,汉军继续前进,到达平城,匈奴果然出动奇兵将高帝围困在白登山,过了七天才得以解围。高帝回到广武,赦免了娄敬,说:"我没有采用您的建议,因而被围困在平城。"于是赐给娄敬食邑二千户,封号"建信侯"。

叔孙通,薛县人,汉初任太子太傅。高帝想改立赵王刘如意为太子,叔孙通劝谏说:"从前,晋献公因为宠爱骊姬的缘故,废掉太子

者数十年,为天下笑。秦以不早定扶苏,胡亥诈立,自使灭祀,此陛下所亲见。今太子仁孝,天下皆闻之。吕后与陛下攻苦食啖,食无菜茹为啖。其可背哉!陛下必欲废嫡而立少,臣愿先伏诛,以颈血污地。"高帝曰:"公罢矣,吾特戏耳。"通曰:"太子天下本,本壹摇,天下震动,奈何以天下戏!"高帝曰:"吾听公。"

蒯通,范阳人也。韩信定齐地,自立为齐假王。通知天下权在于信,说信曰:"今刘、项分争,使人肝脑涂地,流离中野,不可胜数。非天下贤圣,其势固不能息天下之祸。当今之时,两主悬命于足下。足下为汉则汉胜,与楚则楚胜。方今为足下计,莫若两利而俱存之,参分天下,鼎足而立,其势莫敢先动。盖闻,天与弗取,反受其咎;时至弗行,反受其殃。愿足下孰图之。"信曰:"汉王遇我厚,吾岂可见利而背恩乎!"遂谢通。通说不听,惶恐,乃阳狂为巫。

天下既定,后信以罪废为淮阴侯,谋反诛,临死叹曰:"悔不用蒯通之言。"高帝闻之召通。通至,上欲亨之,曰:"若教韩信反,何也?"通曰:"狗各吠非其主。当彼时,臣独知齐王韩信,非知陛下也。且秦失其鹿,以鹿喻帝位也。天下共逐之,高材者先得。天下匈匈,争欲为陛下所为,顾力不能,可殚

（申生），改立奚齐，晋国动乱了十几年，被天下人耻笑；秦始皇因为不提早确立扶苏为太子，让（赵高）得以用欺诈的手段立胡亥为帝，结果自取灭亡，这是陛下所亲眼见到的。现在太子仁义、孝顺，这是天下人都知道的，吕后和陛下共同经历过艰难困苦的生活，怎能背弃她呢？陛下如果一定要废掉嫡子而立少子，臣愿意先被处死，用颈血染红地面。"高帝说："你不要这样，我只是开个玩笑而已。"叔孙通说："太子是天下的根本，根本一动摇，天下就会受到震动，怎么能拿天下大事来开玩笑呢？"高帝说："我听您的。"

蒯通，范阳人。韩信平定了齐地，自立为代理齐王。蒯通知道天下大权握在韩信手中，劝韩信说："现在刘邦、项羽两方相争，使天下百姓肝脑涂地，流离于荒野之中，其数难以计算。若不是天下的圣贤，其力量必定不能平息天下的祸乱。现在这个时候，两位君主（项羽和刘邦）的命运寄托于您一身，您帮助汉王，汉王就能取胜；援助楚王，楚王就能胜利。如今为您考虑，不如使双方都得到好处而同时存在，和他们三分天下，如鼎之三足般各立一方，在这种形势下谁也不敢先动兵。听说：'上天赐予的而不接受，反而会受到灾祸；时机到了而不行动，反而会遭受祸患。'希望您仔细地考虑这件事。"韩信说："汉王对我礼遇优厚，我怎能见到有利可图就背弃恩义呢！"于是谢绝了蒯通的建议。蒯通的劝说没被韩信采纳，感到很害怕，于是装疯做了巫师。

天下已经平定，后来韩信因罪被贬为淮阴侯，又因为谋反而被诛杀，临死时感叹说："真后悔没听蒯通的话。"高帝听到了，就召来蒯通。蒯通到了，高帝准备烹煮他，说："你教唆韩信谋反，为什么呢？"蒯通说："狗总是对其主人以外的人狂叫，在那个时候，臣只知道齐王韩信，而不知道陛下您。况且秦国失去了政权，天下人共同

诛邪!"上乃赦之。

至齐悼惠王时,曹参为相,礼下贤人,请通为客。初,齐处士东郭先生梁石君,入深山隐居。通乃见相国曰:"妇人有夫死三日而嫁者,有幽居守寡不出门者,足下即欲求妇何取?"曰:"取不嫁者。"通曰:"然则求臣亦犹是也。彼东郭先生梁石君,齐之俊士也,隐居不嫁,未尝卑节下意以求仕也。愿足下使人礼之。"曹相国曰:"敬受命。"皆以为上宾。

贾谊,洛阳人也。孝文时,为梁怀王太傅。是时,匈奴强,侵边;天下初定,制度疏阔;诸侯王僭拟,地过古制,淮南、济北王皆为逆诛。谊数上疏陈政事,多所欲匡建,其大略曰:"臣窃惟事势,可为痛哭者一,可为流涕者二,可为长太息者六,若其他背理而伤道者,难遍以疏举。进言者皆曰'天下已安已治矣'臣独以为未也。曰安且治者,非愚则谀,皆非事实,知治乱之体者也。夫抱火厝之积薪之下,而寝其上,火未及然,因谓之安。方今之势,何以异此!陛下何不壹令臣得孰数之于前,因陈治安之策,试详择焉!

"夫使为治,劳智虑,苦身体,乏钟鼓之乐,勿为可也。

追逐争夺,才智过人者先得到。天下动乱不安,人们都争着想做陛下所做的事,只是能力不够,难道能把他们都杀尽吗?"高帝于是赦免了他。

到齐悼惠王时,曹参为齐国相国,礼贤下士,请蒯通做他的门客。当初,齐国的隐士东郭先生、梁石君到深山中隐居。蒯通就去拜见曹相国,说:"妇人有丈夫死后三天就改嫁的,有深居守寡不出门的。您假如想娶媳妇,会选哪一个呢?"曹相国说:"选择不愿嫁人的。"蒯通说:"那么访求贤臣也应该这样。那东郭先生、梁石君是齐国才智杰出之人,隐居不出正如'寡妇不愿嫁人',未曾降低节操、委屈心意去谋求官位。希望您派人对他们以礼相待。"曹相国说:"恭敬地接受您的教诲。"后来曹参把他们都奉为贵客。

贾谊,洛阳人。孝文帝时,任梁怀王的太傅。当时,匈奴强大,侵犯边境。天下刚刚安定,制度还不够完备,诸侯王超越本分而与天子相比,封地超过了古代制度的规定,淮南厉王刘长、济北王刘兴居都因作乱而被诛灭。贾谊多次上书陈述政事,大多是想匡正过失并建立新的制度。其大意是:"臣私下考虑当前的形势,认为可为之痛哭的事有一件,可为之流泪的事有两件,可为之深深叹息的事有六件,至于其他违背事理、有伤道义的事,难以全部逐条列举。向陛下进言的人都说天下已经安定、太平了,臣独自认为并非如此,凡说天下已经安定太平者,不是愚昧便是阿谀奉承,都不是从事实出发、懂得国家安定与动乱根本的人。有人捧着火种放在柴堆之下,自己却睡在上面,火还未燃烧起来时,就说很安全,如今国家的形势,与此有什么不同呢?陛下为何不让臣在您面前把这些事详细地禀明,据此陈述治国安邦之策,也好让您来审慎地选择呢?"

"假使所提的治国方案要使人心神疲惫,身体劳苦,影响享受

乐与今同,而加之以诸侯轨道,兵革不动,民保首领,匈奴宾服,四荒向风,百姓素朴,狱讼衰息,天下顺治,生为明帝,没为明神,名誉之美,垂于无穷。建久安之势,成长治之业,以承祖庙,以奉六亲,至孝也;以幸天下,以育群生,至仁也;立经陈纪,轻重同得,后可以为万世法程,虽有愚幼不肖之嗣,犹得蒙业而安,至明也。以陛下之明达,因使少知治体者得佐下风,致此非难也。臣谨稽之天地,验之往古,案之当今之务,日夜念之至孰也,虽使禹舜复生,为陛下计,无以易此。

"夫树国固,必相疑之势也。树国于险固,诸侯强大,则必与天子有相疑之势也。下数被其殃,上数爽其忧,甚非所以安上而全下。今或亲弟谋为东帝,淮南厉王长也。亲兄之子西向而击。谓齐悼惠王子兴居为济北王反,欲击取荥阳。天子春秋鼎盛,鼎,方。行义未过,德泽有加焉,犹尚如是,况莫大诸侯权力且十此者乎!然而天下少安,何也?大国之王,幼弱未壮;汉之所置傅相,方握其事。数年之后,诸侯之王,大抵皆冠,血气方刚,汉之傅相,称病而赐罢,彼自丞尉以上,遍置私人,如此有异淮南、济北之为邪?此时而欲为治安,虽尧、舜不治也。

"今令此道顺而全安甚易,不肯早为,已乃堕骨肉之属而

钟鼓之乐，不采纳也是可以的。（臣所提出的治国方案）能保证您现在所享受的娱乐不受影响，还能使诸侯遵循法制，战争不起，百姓拥护君主，匈奴臣服，边远之民望风归附，百姓质朴无华，讼案衰而止息，天下安定、秩序井然，在生是英明的皇帝，死后则成为明神，美好的名誉，流传千古。建立永久安定的形势，成就长期太平的功业，以此来敬奉祖庙、奉养六亲，这是孝道做到了极点；以此来造福天下，教育百姓，这是仁爱到了极点；订立准则，颁布纲纪，对事物的主次轻重处理得当，后人可以把它作为千秋万世的法则，即使有愚昧、幼弱或不成才的子孙，仍然能够承蒙祖业而安享太平，这是贤明到了极点。凭陛下的明智通达，只要让稍知治国要旨的人在下面辅佐，做到这样是不困难的。臣谨慎地考察了天地变化之象，又对往古之事做了考证，和当今的形势做了对比，日夜思维，考虑得非常周详，即使让禹、舜复生，为陛下谋划，也不能改变这一方略。"

"建立的诸侯国过于强大，必然会形成与天子相互猜疑的形势。百姓屡遭其害，君主也会因多次忧虑而伤神。这的确不是用来安定君主、保全百姓的办法。如今有陛下的亲弟弟图谋在东方称帝，亲兄弟的儿子也向西进攻。天子正当壮年，品行道义上没有过失，对诸侯王的恩惠又不断增加，还尚且如此，更何况最大的诸侯，权力要比他们大上十倍呢！然而天下还比较安定，这是为什么？因为那些大诸侯国的国君年纪还未到成年，朝廷所派去的太傅、丞相掌握国事。几年之后，诸侯王大都成年，血气方刚，朝廷派去的傅相只好借口生病而免官，他们自县丞、县尉以上都普遍任用自己的亲信，像这样，他们的行为和淮南王、济北王有什么不同呢？到这时而想使国家长治久安，即使是尧、舜也办不到了。"

"现在要使治安之道顺利地推行，令国家保全，百姓安定，是

抗刭之。抗其头而刭之也。岂有异秦之季世乎?夫以天子之位,乘今之时,因天之助,尚惮以危为安、以乱为治。假设天下如曩时,淮阴侯尚王楚,黥布王淮南,彭越王梁,韩信王韩,张敖王赵,卢绾王燕,陈豨在代,令此六七公者皆亡恙,当是时,而陛下即天子位,能自安乎?臣有以知陛下之不能也。天下殽乱,高皇帝与诸公并起,诸公幸者乃为中涓,其次仅得舍人,材之不逮至远也。高皇帝以明圣威武,即天子位,割膏腴之地,以王诸公,多者百余城,少者三四十县,德至渥也。然其后十年之间,反者九起。陛下之与诸公,非亲角材而臣之也,又非身封王之也,自高皇帝不能以是一岁为安,故臣知陛下之不能也。

"臣请试言其亲者。假令悼惠王王齐,元王王楚,中子王赵,幽王王淮阳,恭王王梁,灵王王燕,厉王王淮南,六七贵人皆无恙,当是时,陛下即位,能为治乎?臣又知陛下之不能也。若此诸王,虽名为臣,实皆有布衣昆弟之心,虑无不帝制而天子自为者。擅爵人,赦死罪,甚者或戴黄屋。令不肯听,召之安可致乎?幸而来至,法安可得加?动一亲戚,天下圜视而起,陛下之臣,虽有悍如冯敬者为御史大夫,奏淮南厉王诛也。适启其口,匕首已陷其匈矣。陛下虽贤,谁与领此?故疏者必危,亲者必乱,已然之效也。其异姓负强而动者,汉已幸而胜

很容易的。如果不趁早采取措施，不久就会伤害骨肉亲属，以致要杀他们的头，这难道和秦朝末年的情况有什么不同吗？以天子的权位，凭借当今的形势，依靠上天的保佑，尚且对转危为安、改乱为治的措施有所顾虑。假设天下像以前那样，淮阴侯韩信还统治楚国，黥布统治淮南，彭越统治梁国，韩王信统治韩国，张敖统治赵国，卢绾统治燕国，陈豨仍在代国。假如这六、七人都在世，而在这个时候陛下即位，自己能觉得安全吗？臣有理由知道陛下是不能的。那时天下混乱，高皇帝与这些大臣一同起兵，这些人中幸运的只做了中涓，差一点的仅做了舍人，他们的才能与高皇帝相差太远了。高皇帝凭借其明圣威武登上天子之位，划割肥沃的土地来分封这些人为诸侯王，封地多的有百余城，少的也有三、四十个县，恩德可谓极其优厚了。然而在此后的十年间，反叛的事件发生了九起。陛下对于诸位旧臣，并没有亲自较量过才能而使他们甘心为臣，也不是亲自封他们为王，即使是高皇帝也不能因此而得到一年的安宁，所以臣知道陛下也是不能得到安宁的。"

"臣请求试着谈谈那些关系亲近的诸侯王。假使让悼惠王刘肥统治齐国，元王刘交统治楚国，中子刘如意统治赵国，幽王刘友统治淮阳，恭王刘恢统治梁国，灵王刘建统治燕国，厉王刘长统治淮南，若这六七个显贵之人都还健在，在这时候陛下即位，能够把国家治理好吗？臣又知道陛下是不能的。这些同姓诸侯王，虽然名义上称臣，实际上都认为自己和天子就像民间的兄弟一样，大概没有不想使用皇帝的仪制而行天子之事的。他们擅自封人爵位，赦免死罪之人，甚至有人使用皇帝专用的黄色车盖，朝廷的命令不肯听从，陛下召见他们怎么会来呢？假使会来，法令怎能施加到他们身上呢？动一个亲戚，天下的诸侯王就会惊愕地相互顾看而起来反对。陛下的臣

之矣,又不易其所以然。同姓袭是迹而动,既有征矣,殃祸之变,未知所移,明帝处之,尚不能以安,后世将如之何?

"屠牛坦一朝解十二年,而芒刃不顿者,所排击剥割,皆众理解也,至于髋髀之所,非斤则斧。夫仁义恩厚,人主之芒刃也;权势法制,人主之斤斧也。今诸侯王,皆众髋髀也,释斤斧之用,而欲婴以芒刃,臣以为不缺则折。胡不用之淮南济北?势不可也。二国皆反诛。何不施之仁恩?势不可故也。"

"臣窃迹前事,大抵强者先反。淮阴王楚最强,则最先反;韩王信倚胡,则又反;贯高因赵资,则又反;陈豨兵精,则又反;彭越用梁,则又反;黥布用淮南,则又反;卢绾最弱,最后反。长沙乃在二万五千户耳,功少而最完,势疏而最忠,非独性异人,亦形势然也。曩令樊、郦、绛、灌,据数十城而王,今虽已残亡可也;令信。越之伦列为彻侯而居。虽至今存可也。然则天下之大计可知也。欲诸王之皆忠附,则莫若令如长沙王;欲臣子之勿菹醢,则莫若令如樊、郦等;欲天下之治安,莫若众建诸侯而少其力。力少则易使以义,国小则

子中即使有像冯敬这样勇猛的人,刚要开口告发诸侯王,匕首就已经插入他的胸膛了。陛下虽然贤明,但谁能帮您治理此事呢?所以说关系疏远的异姓王必会危及国家,关系亲近的同姓王必然会作乱,这是事实已经证明的啊!那些异姓诸侯王凭借势力强大而反叛的,汉朝有幸已经战胜了他们,但又未改变导致反叛的根本原因。同姓的诸侯王沿袭这种做法而反叛,已经有验证了。灾祸的变化,不知还会殃及到哪里。圣明的帝王处在这种情况之下,尚不能使国家安定,后世之人又将怎么办呢?"

"屠牛坦一个早上解剖十二头牛,而刀口依旧锋利的原因,是因为他砍劈、割削的地方都是在肌肉容易剖开之处,至于胯骨与股骨这些大骨头,不是用大斧就是用砍刀。仁义恩厚好比是君主锋利的刀刃,权势法制好比是君主的斧头。当今的诸侯王都是髋、髀一样的大骨头,现在如果放下斧头不用,而想用锋利的刀刃去切割,臣认为其结果不是碰出缺口就是被折断。为什么不用仁义恩德去对待淮南王和济北王呢?是因为形势不允许啊!"

"臣私下里考察以前发生的事,大都是势力强大的诸侯王先反叛。淮阴侯韩信在楚国为王,势力最为强大,所以最先谋反;韩王信依仗匈奴的力量,继续反叛;贯高凭借赵国的条件,接着又谋反;陈豨部队精锐,于是又反叛;彭越凭借梁国,也反叛了;黥布凭借淮南,也反叛了;卢绾势力最弱,所以最后反叛。长沙王吴芮只有两万五千封户,功劳少但最终却得以保全,势力弱却最忠诚,并不是本性与别人不同,也是形势使其如此的。如果之前让樊哙、郦商、绛侯周勃和灌婴各占据几十座城池称王,到今天即使已经灭亡,也是可能的;如果让韩信、彭越这类人只居于彻侯的爵位,即使现在还存在也是可能的。那么治理天下的大计便可知道了,想让诸侯王都衷心

无邪心。

令海内之势,如身之使臂,臂之使指,莫不制从,诸侯之君,不敢有异心,虽在细民,且知其安,故天下咸知陛下之明。割地定制,令齐、赵、楚各为若干国,使其子孙各受祖之分地,地尽而止,及燕、梁他国皆然。其分地众而子孙少者,建以为国,空而置之,须其子孙生者,举使君之。天子无所利焉,诚以定治而已,故天下咸知陛下之廉。地制壹定,宗室子孙,莫虑不王,下无背叛之心,上无诛伐之志,天下咸知陛下之仁。法立而不犯,令行而不逆,细民向善,大臣致顺,故天下咸知陛下之义。当时大治,后世诵圣。陛下谁惮而久不为此?"

"天下之势。方病大瘇。肿足曰瘇。一胫之大几如要,一指之大几如股。平居不可屈伸,失今不治,必为锢疾,后虽有扁鹊,不能为已。可痛哭者,此病是也。天下之势方倒悬。凡天子者,天下之首也;蛮夷者,天下之足也。今匈奴嫚姆侵掠,至不敬也,为天下患,至无已也,而汉岁致金絮采缯以奉之。足反居上,首顾居下,倒悬如此,莫之能解,犹为国有人乎?可

归附朝廷，那就不如让他们像长沙王那样；想让臣子不被剁成肉酱，就不如让他们像樊哙、郦商等人那样；想让天下太平安宁，就不如多封（小的）诸侯国，减小他们的势力。势力小就容易用道义来驾驭他们，国土小就不会有谋反的邪心。"

"这样就会使全国的形势，如同身体支配手臂，手臂支配手指一样，没有不服从的。诸侯王不敢有反叛的想法，即使是老百姓，也会知道他们都很安定。因此天下就都知道陛下的英明了。分割土地，拟定制度，把齐、赵、楚三国分成若干诸侯国，让齐王、赵王、楚王的子孙，都能得到先人的那份封地，一直到分完为止。至于燕、梁等其他王国也是这样。那些封地多而子孙少的诸侯国，也分成若干诸侯国，可以暂时空着王位，等他们的子孙出生后，再封他们为王。这样做对天子没有什么利益，确实是为了国家的安定太平而已。因此天下都会知道陛下的廉洁。分封土地的制度一旦确定，宗室子孙没有人会担心不能做王。诸侯王没有背叛的念头，皇帝也就没有讨伐的想法。因此天下都会知道陛下的仁德。法制建立而没有人触犯，政令施行而没有人违背，百姓都趋向善良，大臣都表示顺从。因此天下都知道陛下的道义。这样当世可以使政治修明，局势安定，后世也会称颂您的圣明。陛下还顾虑什么而迟迟不这样做呢？"

"目前，天下的形势好像一个人正得了肿脚病一样，小腿肿得几乎跟腰一般粗，脚趾肿得几乎跟大腿一样粗。平时不能伸屈自如，错过现在的机会而不治疗，必定会成为难治的疾病。以后即使有扁鹊那样的神医，也不能将其治愈了。可令人痛哭的就是这种病啊！天下的形势正像一个人倒挂着，天子是天下的头，蛮夷是天下的脚。如今匈奴态度傲慢、轻侮朝廷、对汉朝侵犯、掠夺，这是最大的不敬，给天下造成的祸患没有止境。然而汉朝每年还献纳银两、绢以及彩

为流涕者此也。

今民卖僮者，僮，谓隶妾。为之绣衣丝履偏诸缘，内之闲中闲，卖奴婢阑也。是古天子后服，所以庙而不宴者也，而庶人得以衣婢妾。白縠之表，薄纨之里，緁以偏诸，是古天子之服也，今富人大贾，嘉会召客者以被墙。古者以奉一帝一后而节适，今庶人屋壁，得为帝服，倡优下贱，得为后饰，然而天下不屈者，殆未有也。夫俗至大不敬也，至无等也，至冒上也，进计者犹曰'无为'，可为长太息者此也。

商君遗礼义，弃仁恩，并心于进取，秦俗日败。故秦人家富子壮，则出分；家贫子壮，则出赘，出作赘壻。借父耰锄，虑有德色；假其父锄而惠之。母取箕箒，立而谇语。谇，犹责也。抱哺其子，与公併倨。其慈子嗜利，不同禽兽者，无几耳。然并心而赴时者，犹曰'厤六国，兼天下'。"功成求得矣，终不知反廉愧之节、仁义之厚。众掩寡，知欺愚，勇威怯，壮陵衰，其乱至矣。是以大贤起之，威震海内，德从天下。曩之为秦者，今转而为汉矣。然其遗风余俗，犹尚未改。

色丝织品来供养他们。这是脚反而在上面,头反而在下面,如此颠倒,却没有人能够解救,还能说有治国的人才吗?可为之流泪的就是这件事。"

"现在民间贩卖奴婢的人,给奴婢穿上带花边的彩绣衣服和丝鞋,然后把她们关进栅栏中,她们穿的是古代皇后的服饰,皇后只是在入庙祭祀时才穿,平时是不穿的,而现在平民却用来给奴婢们穿。用白色皱纱作面子,白色薄绢作衬里,又缝上花边,这是古代天子的服饰;如今大富商人在举行宴会招待客人时,却用来挂在墙上。古代以此供奉一帝一后还讲求节约、适度。如今平民住房的墙壁上竟挂着帝王用的衣料做装饰,卑贱的倡优可以穿皇后的服饰,如此而天下的财力不穷尽,大概是从未有过的。社会风气到了极大不敬,最没有尊卑等级,极其冒犯皇上的程度,而进献计策的人却说'应无为而治(不要改变这种现状)',可为之深深叹息的就是这样的事。"

"商鞅抛弃礼法道义,舍弃仁爱恩德,一心变法图强,秦国的风俗一天天败坏。因此,秦国富裕人家的儿子成年后就与父母分家,贫穷家庭的儿子成年后就入赘女家。儿子借给父亲农具,脸上还露出对父亲有恩德的表情;母亲来拿簸箕和扫帚,立即遭到责骂。儿媳抱着孩子喂奶,竟与公公张开腿并坐。他们宠爱儿子,贪求财利,这与禽兽已经没有多少差别了。然而他们君臣顺应时势、一心进取的原因,仍说只求能攻取六国,兼并天下(至于弃恩背礼就顾不上了)。秦的功业虽然成功了,所追求的也得到了,但最终仍不知要返回到廉耻的节操、仁义的厚德上来。他们人多的压迫人少的,聪明的欺侮愚笨的,勇猛的威吓怯弱的,强壮的欺凌衰老的,混乱到了极点。因此,大贤之人(汉高祖刘邦)起来扶持天下的启乱,威势震慑全国,天下人都顺从他的德行。从前为秦朝的天下,如今已转为汉朝的天下了。然

今世以侈靡相竞,而上无制度、弃礼谊、捐廉耻日甚,杀父兄。盗者剟寝户之帘、剟,取也。搴两庙之器,搴,取也。两庙,高祖、惠帝庙也。白昼大都之中,剽吏而夺之金。矫伪者出几十万石粟,吏矫伪征发,盈出十万石粟。赋六百余万钱,乘传而行郡国。此其无行义之尤至者也。而大臣特以簿书不报期会之间以为大故,至于俗流失,世坏败,因恬而不知怪。夫移风易俗,使天下回心而向道,类非俗吏之所能为也。俗吏之所务,在于刀笔筐箧,而不知大体。陛下又不自忧,窃为陛下惜之。

夫立君臣,等上下,使父子有礼,六亲有纪,父母兄弟妻子。此非天之所为,人之所设也。人之所设,不为不立,不植则僵,不修则坏。"管子曰:'礼义廉耻,是谓四维,四维不张,国乃灭亡。'使管子愚人也则可,管子而少知治体,则是岂可不为寒心哉!秦灭四维而不张,故君臣乖乱,六亲殃戮,奸人并起,万民离叛,凡十三岁,而社稷为墟。今四维犹未备也,故奸人几幸,而众心疑惑。岂如今定经制,令君臣上下有差,父子六亲,各得其宜,奸人无所几幸。此业壹定,世世常安。若夫经制不定,是犹渡江河无维楫,中流而遇风波,船必覆矣。可为长大息者此也。

而秦朝遗留的风俗,还是没有改变。"

"当今人们追求奢侈,竞相攀比,而朝廷却没有制定相应的规范,人们抛弃礼义,舍弃廉耻,这种风气一天比一天厉害,严重的已经发展到杀害自己的父亲和兄弟了。盗贼割取内室的门帘,窃取(高祖、惠帝)两庙的祭器;光天化日之下在京都中抢劫官员的钱财。官吏伪作文书,骗取近十万石的粮食,妄自征收民赋六百余万钱,乘坐驿车周游郡国,这是没有道义到了极点。而大臣们只是把下级官吏不在规定期限内上报文书簿册作为重大事务,至于对风俗的恶化,世风的败坏,却显得很安然而不觉得奇怪。转移风气,改变习俗,使天下人回心转意,趋向正道,这大概不是普通的官吏所能做到的。普通官吏所能做的,只在于写写公文,收收钱财,而不懂治国的大体。可陛下对这些又不感到忧虑,臣私下为陛下感到惋惜。"

"确立君臣的位置,区分上下的等级,使父子之间有礼可遵,六亲之间有法可循,这不是上天的规定,而是人为设立的。人们所设立的规矩,不实行就不能建立,不树立就会被废弃,不进行修治就会败坏。《管子》说:'礼义廉耻,是治国的四个纲纪;四维不能确立,国家就会灭亡。'假如管子是个愚昧无知的人也就算了,如果他稍微懂得治国的纲领,怎么会不为四维不张而寒心呢?秦朝舍弃礼义廉耻而不推行,因此君臣之间关系混乱,六亲遭到残杀,邪恶之人一同兴起,广大百姓叛离朝廷,总共才十三年,国家就变为了废墟。如今礼义廉耻四个纲纪还没有齐备,所以奸邪之人有非分的企求,而民心疑惑不安。何不现在就确定治国的制度,使君臣上下各有等级,父子六亲都能得到适当的安置,邪恶之人没有非分的企图。这样的制度一旦确定,世世代代就会长享太平。如果治国制度不能确定,这就像渡江河而没有缆绳和船桨一样,行船到江河中心遇到风浪,船

夏为天子,十有余世;殷为天子,二十余世;周为天子,三十余世;秦为天子,二世而亡。人性不甚相远也,何三代之君,有道之长,而秦无道之暴也?其故可知也。古之王者,太子乃生,固举以礼:使士负之,有司齐肃端冕,见于天也;过阙则下,过庙则趋,孝子之道也。故自为赤子,而教固已行矣。昔者成王,幼在襁褓之中,召公为太保,周公为太傅,太公为太师。保,保其身体;傅,傅之德义;师,导之教训。此三公职也。

于是为置三少,少保、少傅、少师,是与太子宴者也。故乃孩提有识,三公、三少,明孝仁礼义,以导习之,逐去邪人,不使见恶行。于是皆选天下之端士,孝悌博闻有道术者,以卫翼之,使与太子居处出入。故太子乃生而见正事、闻正言、行正道,左右前后皆正人。夫习与正人居之,不能无正,犹生长楚之乡,不能不楚言也。孔子曰:'少成若天性,习贯如自然。'

太子既冠成人,免于保傅之严,则有记过之史,彻膳之宰,进善之旌,诽谤之木,敢谏之鼓。瞽史诵诗,工诵箴谏,大夫进谋,士传民语。习与智长,故切而不愧;化与心成,故中

一定会翻的。可为之深深叹息的就是这样的事。"

"夏朝天子传了十几世；殷朝天子传了二十多世；周朝天子传了三十多世；秦朝天子传到第二世就灭亡了。人的本性相差并不很大，为什么夏、商、周三代的君主治理天下，政治清明而又长久，而秦朝之君却无道又突然灭亡呢？这其中的缘故可想而知。古代的君王，在太子刚出生时，就用礼来教养他，让士人背着太子，有关官员则恭敬肃穆、衣冠整齐，这是拜见上天。经过宫门时就下车步行，经过宗庙时就恭敬地小步疾行，这是孝子之道。所以从太子还是婴孩时，教育就已经进行了。过去，周成王还在襁褓之中时，就有召公做他的太保，周公做他的太傅，太公（吕尚）做他的太师。保，就是保护太子的身体；傅，就是教导太子道德仁义；师，就是对太子进行教诲训导，这是三公的职责。"

"于是又为太子设置三少：少保、少傅、少师，他们是平时和太子生活在一起的人。所以太子从幼年开始懂事时起，三公、三少就为其讲明孝、仁、礼、义之理，并对他进行指导教习，赶走心术不正之人，不让太子看到邪恶的行为。因此为他挑选的都是天下正直之士，及孝顺父母、敬爱兄长、见闻广博且有道德学问的人来辅佐他，让这些人和太子居住一处，同出同入。所以太子从生下来，看到的都是端正之事，听到的都是正直之言，所行的都是正确之道，左右前后都是正派之人，这样习惯于和正派的人相处，就不会不端正。这就如同生长在楚国，不能不说楚国话一样。孔子说：'自幼形成的习惯好像天性一般，习惯养成久了就好像出于自然一样。'"

"太子举行成年冠礼后，免除了太保、太傅的严格管束，而有了记录其过失的史官，又有负责撤减膳食来进行劝谏的官员，有为进善言者发表意见而设立的旗帜，有供百姓书写其政治缺失的表木，还

道若性。春秋入学，坐国老，执酱而亲馈之，所以明有孝也；行以鸾和，鸾在衡，和在轼。步中采齐，趋中肆夏，乐诗也，步则歌之以中节。所以明有度也；其于禽兽，见其生不食其死，闻其声不食其肉，故远庖厨，所以长恩，且明有仁也。"

"夫三代之所以长久者，以其辅翼太子有此具也。至秦而不然。其俗固非贵辞让也，所上者告讦也；固非贵礼义也，所上者刑罚也。使赵高傅胡亥，而教之狱，所习者，非斩劓人，则夷人之三族也。故胡亥今日即位，而明日射人，忠谏者谓之诽谤，深计者谓之妖言，其视杀人，若刈草菅。然岂唯胡亥之性恶哉？彼其所以导之者，非其理故也。

鄙谚曰：'不习为吏，视已成事。'又曰：'前车覆，后车诫。'夫三代之所以长久者，其已事可知也。夫存亡之变，治乱之机，其要在是矣。夫天下之命，悬于太子。太子之善，在于早谕教，与选左右。夫心未滥而先谕教，则化易成也；开于道术智谊之指，则教之力也。若其服习积贯，贯，习也。则左右而已。臣故曰选左右、早谕教最急。夫教得而左右正，则太子正矣。太子正，而天下定矣。

设有供进谏者进谏所击之鼓。乐师和史官诵读诗进行规劝,乐官诵读规诫来劝谏,大夫进献谋略,士人传诵民间的言论。良好的习惯和智慧一同增长,所以在切磋学问品行时而无惭愧之事;教化和思想一起形成,所以行为符合道义,如同出自本性一般。太子在春、秋入学时,请国老上坐,手里捧着酱,亲自奉上,这是用来教导天下人子当尽孝道。出行时在车上配以鸾铃、和铃,步行(慢行)时符合《采齐》的节奏,疾行时则合于《肆夏》的节奏,这是用来教导天下之人要有礼节。对于禽兽,见到它们活着,就不忍心杀死它们来吃;听到它们的叫声,就不愿意去吃它们的肉。所以远离厨房,为的是长养内心的恩德,以此表明有仁爱之心。"

"夏、商、周三代传国之所以长久,就是因为他们有这些辅佐太子的方法。而到了秦朝却不是这样的。他们的习俗本来就不崇尚谦逊退让,所崇尚的是揭发别人的阴私;本来就不崇尚礼义,所崇尚的是刑罚。秦始皇让赵高辅佐胡亥,教导他刑狱之事,所学习的不是杀人、割鼻,就是灭人三族。所以胡亥今天当上皇帝,第二天就用箭去射人。把忠心规谏之词说成是诽谤,把深谋远虑的话称为妖言。他把杀人看得就像割草一样。难道这仅仅是因为胡亥天性凶恶吗?那主要是由于赵高教导他的内容不合正理的缘故啊。"

"俗话说:'不熟悉做官之事,看看以往官吏所做之事就明白了。'又说:'前面的车颠覆了,后面的车要引起警惕。'夏、商、周三代之所以统治长久的原因,从他们的往事中就可以知晓了。国家存在和灭亡的变化、安定与动乱的关键,其要旨就在这里了。天下的命运,决定于太子;太子的贤善,取决于及早进行晓谕教诲和选择辅佐之人。在其思想尚未放开之前,就先进行教导,那么教化就容易成功。使太子明了道德学问、知识德义的要旨,就是教育的力量了。至

若夫庆赏以劝善，刑罚以惩恶，先王执此之政，坚如金石，行此之令，信如四时，据此之公，无私如天地，岂顾不用哉？孔子曰：'听讼吾犹人也。必也使无讼乎！'为人主计者，莫如先审取舍。取舍之极定于内，而安危之萌应于外矣。安者非一日而安也，危者非一日而危也，皆以积渐然，不可不察也。人主之所积，在其取舍。以礼义治之者，积礼义；以刑罚治之者，积刑罚。刑罚积而民怨背，礼义积而民和亲。故世主欲民之善同，而所以使民善者或异。或导之以德教，或敺之以法令。导之以德教，德教洽而民气乐；敺之以法令者，法令极而民风哀。哀乐之感，祸福之应也。

秦王之欲尊宗庙而安子孙，与汤武同，然而汤武广大其德行，六七百岁而弗失，秦王持天下十余岁则大败。此无他故矣，汤武之定取舍审，而秦王之定取舍不审也。夫天下大器，今人之置器，置诸安处则安，置诸危处则危。天下之情与器无以异，在天子之所置之。汤武置天下于仁义礼乐，而德泽洽，禽兽草木广裕，德被子孙数十世，此天下所共闻也。秦王置天下

于养成良好的习惯,则是其辅佐近臣的职责了。因此臣才说,为太子挑选辅佐之人和及早进行晓谕教导是最要紧的事。如果教育得当且辅佐之人正派,那么太子的品行就会端正;太子品行端正,天下也就安定了。"

"至于用奖赏来勉励行善的人,用刑罚来惩戒作恶的人,先王秉持这样的政策方略,坚定不移如同金石;施行这样的法令,就像四季交替般准确而有信;依此秉公办事,如同天地般无私,何必废弃不用呢?孔子说:'审理案件,我同别人一样,(应推行仁义)一定要使讼案不再发生啊!'为君主出谋划策的人,没有比先弄明白择用和弃置的内容更重要的了。取舍的准则,决定于朝廷,而安危的萌芽就会在天下表现出来了。安定不是一天就能安定的,危亡也不是一天就会危亡的,这都是逐渐积累形成的,因此不能不明察呀!君主所积累的,在于他的取舍。用礼法道义治国者,积累的就是礼义;用刑罚治理国家者,积累的就是刑罚。刑罚积累多了人民就会因怨恨而背离,礼义积累多了人民就会和睦亲爱。所以,国君希望人民善良的愿望是相同的,但用来使人民善良的办法常常不同。有的是用道德教化来引导,有的是用法令来驱使。用道德教化来引导,德教就会周遍天下,民众的精神也会感到欢乐;用法令来驱使,法令用到了极点,民风就会显出哀怨。哀怨欢乐的感受,便是祸福的应证。"

"秦朝皇帝想尊奉宗庙而安定子孙的愿望,与商汤、周武王是相同的。但是商汤、周武王光大了他们的德行,传承了六、七百年而不失天下;秦朝统治天下,十多年就败亡了。这没有别的原因,只因商汤、周武王能审慎地决定政令的取舍,而秦皇在决定取舍时不够慎重。天下好比一个大的器物,如今人们放置器物,放在安稳处就安稳,放在危险处就危险。治理天下的道理和放置器物没有什么差

于法令刑罚，德泽无一有，而怨毒盈于世，人憎恶之如仇雠，祸几及身，子孙诛绝，此天下之所共见也。是非其明效大验邪！""人之言曰：'听言之道，必以其事观之，则言者莫敢妄言。'今或言'礼谊之不如法令，教化之不如刑罚'，人主胡不引殷、周、秦事以观之也？

人主之尊譬如堂，群臣如陛，众庶如地。古者圣王制为等列，内有公卿、大、夫、士，外有公、侯、伯、子、男，等级分明，而天子加焉，故其尊不可及也。鄙谚曰：'欲投鼠，忌器。'尚惮不投，恐伤其器，况贵臣之近主乎！廉耻礼节，以治君子，故有赐死，而无戮辱。是以黥劓之罪，不及大夫，顾其离主上不远也。君之宠臣，虽或有过，刑戮之罪，不加其身者，尊君故也。所以体貌大臣，而厉其节也。""今自王侯三公之贵，皆天子之所改容而礼之，古天子之所谓伯父、伯舅也，而今与众庶同黥劓髡刖笞傌弃市之法，然则堂不无陛乎？被戮辱者，不泰迫乎？廉耻不行，大臣无乃握重权、大官，而有徒隶无耻之心乎？

别,就看天子把它放在什么地方。商汤、周武王把天下放在仁义道德、礼乐教化上,于是恩德广被,禽兽繁衍,草木茂盛,德行覆荫子孙几十世,这是天下人都知道的;秦始皇把天下放置于法令刑罚上,一点恩泽都没有,于是怨恨充满世间,人们憎恨他如仇敌一般,祸害差一点殃及自身,子孙被诛杀灭绝,这是天下人都看到的。谁是谁非这就清楚地得到呈现和验证了啊!人们说:'听取意见的办法,必须用事实来检验其是否可行,那么说话的人就不敢胡说了。'当今有人说礼义的作用不如法令,教化的成效不如刑罚。君主为何不援引殷商、周朝和秦朝的史实给他看呢?"

"君主的尊贵譬如是厅堂,群臣就像是台阶,百姓就像是平地。古代圣王制定等级,朝廷有公、卿、大夫、士,地方封国有公、侯、伯、子、男,等级明确,而天子超越所有之上,所以他的尊贵是别人不能达到的。俗语说:'想投掷东西打老鼠,又怕打坏了旁边的器物。'(因为老鼠靠近器物)人们尚且怕损坏器物而不敢扔东西打它,何况显贵之臣离君主那样近呢?廉耻礼节是用来约束君子的,所以君主有赐大臣自杀的做法而不会让其受刑被辱。因此在脸上刺字涂墨、割去鼻子的刑罚不用于大夫,因为他们离君主不远。君主的得宠之臣,即使有时犯了过错,受刑或被处死的惩罚也不施加在他身上,这是尊重君主的原故,也是为了敬重大臣,激励他们的节操。如今从王侯三公等高级官员,都是天子需要敬重并以礼相待之人,他们相当于古代天子所称的伯父、伯舅,而今却让他们和一般百姓同样遭受刺面、割鼻、剃发、砍脚、鞭挞、辱骂、斩首示众等刑法,那么'厅堂'不是等于没有'台阶'了吗?被受刑侮辱的人,不是太迫近天子了吗?廉耻不被施行,大臣恐怕是会手握重权,而高官却会怀有囚徒那样的无耻之心了吧!"

今而有过，帝令废之可也，退之可也，赐之死可也，灭之可也。若夫束缚之，系緤之，输之司寇，编之徒官，司寇小吏，詈骂而榜笞之，殆非所以令众庶见也。夫天子之所尝敬，众庶之所尝宠，死而死耳，贱人安得如此而顿辱之哉！故主上遇其大臣，如遇犬马，彼将犬马自为也；如遇官徒，彼将官徒自为也。故古者礼不及庶人，刑不至大夫，所以厉宠臣之节也。其有大罪者，闻命则北面再拜，跪而自裁，上不使人捽抑而刑之也，曰：'子大夫自有过耳，吾遇子有礼矣。'

遇之有礼，故群臣自熹；婴以廉耻，故人矜以节行。上设廉耻礼义，以遇其臣，而臣不以节行报其上者，则非人类也。故为人臣者，利不苟就，害不苟去，唯义所在。上之化也，故父兄之臣，诚死宗庙；法度之臣，诚死社稷；辅翼之臣，诚死君上；守圉捍敌之臣，诚死城郭封疆。故曰'圣人有金城'者。比物此志也。比，谓比方。使忠臣以死社稷之志，比于金城。彼且为我死，故吾得与之俱生；彼且为我亡，故吾得与之俱存；为我危，故吾得与之皆安。顾行而忘利，守节而仗义，故可以托不御之权，可以寄六尺之孤。此厉廉耻、行礼谊之所致也，主上何丧焉！此之不为，而顾彼之久行，彼，亡国也。故曰可为长太息者此也。"

"现在大臣有了过错,皇帝下令罢免他可以,贬退他可以,赐他自杀可以,灭其家族也可以。至于将其捆绑起来,转送到掌管刑徒的官府,编在徒官的管辖之下,主管刑徒的小吏对他辱骂鞭打,这大概不是应该让百姓看到的吧。天子曾经敬重、民众曾经尊崇的人。死就死吧,卑贱之人怎能如此侮辱他呢?所以君主对待他的大臣,如果像对待犬马一样,那大臣也将以犬马来看待自己;如果像对待官府的徒隶一样,那大臣也将以官府的徒隶来看待自己。所以古时候礼仪不涉及平民,刑罚不施加于大夫,这样做是为了激励宠臣的节操。那些犯了重大罪行的人,接到命令就面朝北方拜了又拜,然后跪下自杀。君主不派人去揪住他的头发按着他的头斩下首级,而说:'这是大夫您自己有罪呀!我对待您是有礼的。'"

"君主对待臣下有礼,所以群臣就会自我勉励;以廉耻约束臣子,所以人们就会重视节操品行。君主用廉耻礼义来对待他的臣子,而臣子却不用节操品行回报君主,那他就不是人了。所以做臣子的,见到利益不随便谋取,见到危害不随便逃避,只按照道义而行事。君主施行这种教化,所以父兄(宗族)之臣,就会忠诚地为维护宗庙而死;司法之臣,就会忠诚地为国家社稷而死;辅佐之臣,就会忠诚地为君主而死;守边抗敌之臣,就会忠诚地为守护城邑边疆而死。所以说'圣人有固若金汤的城池',以此来比喻众臣的这种意志。人家尚且愿意为我而死,所以我必须与他同生;人家尚且愿意为我而亡,所以我必须与他共存;人家尚且愿意为我遭受危险,所以我必须和他都得到安全。大臣们都只顾全德行而忘却私利,坚守节操而主持正义,所以君主可以托付给他们不加约束的权力,可以托付给他们尚未成年的太子。这都是激励臣子们的廉耻、施行礼义所达到的,这样做君主又失去了什么呢?这样的事不去做,却反而长期实行戮辱

爰盎，字丝，楚人也。孝文时，为中郎将。从霸陵，上欲西驰下峻阪，盎揽辔。上曰："将军怯邪？"盎曰："臣闻千金子不垂堂，百金子不骑衡，骑，倚也。圣主不乘危，不徼幸。今陛下骋六飞，六马之疾若飞也。驰不测山，有如马惊车败，陛下纵自轻，奈高庙太后何？"上乃止。

上幸上林，皇后、慎夫人从。其在禁中，常同坐。及坐郎署，盎却慎夫人坐。慎夫人怒，不肯坐。上亦怒，起。盎因前说曰："臣闻尊卑有序，则上下和。今陛下既已立后，慎夫人乃妾，妾主岂可以同坐哉！且陛下幸之。则厚赐之。陛下所以为慎夫人，适所以祸之。独不见'人彘'乎？戚夫人也。"于是上乃悦，入语慎夫人。夫人赐盎金五十斤。然盎亦以数直谏，不得久居中，调为陇西都尉。调，选也。仁爱士卒，皆争为死。

晁错，颍川人也，以文学为太子家令。是时匈奴强，数寇边，上发兵以御之。错上言兵事，曰："臣闻兵法有必胜之将，由此观之，安边境，立功名，在于良将，不可不择也。臣又闻用兵，临战合刃之急者三：一曰得地形，二曰卒服习，三曰器用利。兵法曰：'丈五之沟，渐车之水，山林积石，经川丘阜，草木所在，此步兵之地也，车骑二不当一。土山丘陵，曼衍相属，平原广野，此车骑之地也，步兵十不当一。平陵相远，川谷居

大臣的做法。因此说,可为之深深叹息的,就是这件事啊!"

爰盎,字丝,楚国人。孝文帝时任中郎将。曾跟随文帝到霸陵,文帝想要从西边的陡坡上纵马奔驰而下,爰盎挽住马缰绳,文帝说:"将军害怕吗?"爰盎说:"臣听说家有千金的人,坐卧不在屋檐下(怕被屋瓦掉下打伤);家有百金的人不倚靠楼台的栏杆;圣明的君主不冒险,不存侥幸心理。现在陛下要放纵驾车的六匹马,从高坡上奔驰下来,如果马受惊而车驾毁坏,陛下纵然看轻自己,又怎么对得起高祖和太后呢?"文帝这才停止。

文帝驾临上林苑,窦皇后和慎夫人随从。她们在宫中时,经常同席而坐。等到了郎署就座时,爰盎把慎夫人的座位推后了一些,慎夫人生气,不肯就坐。文帝也生了气,站起来。爰盎借机上前劝说:"臣听说尊卑要有次序,上下才能和睦。如今陛下已经册立了皇后,慎夫人只是妾妃,妾和主上怎么可以同席而坐呢?况且陛下宠爱慎夫人,就多多地赏赐她。陛下用来宠爱慎夫人的做法,恰好会因此给她带来灾祸。难道陛下没有看到'人豕'吗?"于是文帝这才高兴,入内把爰盎的话告诉了慎夫人。慎夫人赐给爰盎黄金五十斤。然而爰盎也因为多次直言进谏,不能长期居官朝中,被调任为陇西都尉。他对兵士宽仁慈爱,兵士们都争着为他效死。

晁错,颍川人,(文帝时)因为通晓文献典籍,任太子家令。当时,匈奴势力强大,多次侵犯边境,文帝发兵抵抗。晁错上书谈论兵事说:"臣听兵法上说'要有必胜的将领'。由此看来,安定边境,建立功业,取决于良将,不能不加以选择。臣又听说用兵,临战交锋最要紧的有三件事:一是占据有利地形,二是士兵训练有素,三是武器精良。兵法上说:一丈五尺宽的沟渠,能漫过战车的水流,乱石堆积的山林,流动不息的河川,起伏的山丘,草木丛生之地,这都是适宜

间,仰高临下,此弓弩之地也,短兵百不当一。两阵相近,平地浅草,可前可后,此长戟之地也,剑楯三不当一。

萑苇竹萧,草木蒙茏,支叶茂接,此矛铤之地也,长戟二不当一。曲道相伏,险厄相薄,此剑楯之地也,弓弩三不当一。士不选练,卒不服习,起居不精,动静不集,趋利弗及,避难不毕,前击后解,与金鼓之音相失,此不习勒卒之过也,百不当十。兵不完利,与空手同;甲不坚密,与袒裼同;袒裼,肉袒。弩不可以及远,与短兵同;射不能中,与无矢同;中不能入,与无镞同。此将不省兵之祸也,五不当一。'故兵法曰:'器械不利,以其卒予敌也;卒不可用,以其将与敌也;君不择将,以其国与敌也。四者,兵之至要也。'"

"臣又闻'小大异形,强弱异势,险易异备'。夫卑身以事强,小国之形也;合小以攻大,敌国之形也;以蛮夷攻蛮夷,中国之形也。今匈奴地形伎艺,与中国异。上下山阪,出入溪

步兵作战的地形,两个骑兵也抵挡不过一个步兵。土山丘陵,绵延相连,平坦空旷的原野,这是适宜骑兵作战的地形,十个步兵也抵不过一个骑兵。平地与丘陵相分离,又有河谷在其间,居高临下,这是适宜使用弓弩的地形,一百个持短兵器的士兵也抵不过一个弓弩兵。敌我双方的阵地相距很近,地势平坦,没有深草阻碍,军队可向前进也可后退,这是适宜用长戟作战的地形,三个持剑盾的士兵也抵不过一个拿长戟的士兵。"

"芦苇竹林蒿草丛生,草木茂密,枝叶相连,这是适合持矛铤士兵作战的地形,两个持长戟的士兵也抵不过一个持矛铤的士兵。道路曲折,十分隐蔽,险阻之地交错,这是适宜持剑盾的士兵作战的地形,三个弓弩兵也抵不过一个持剑盾的士兵。士兵不经过选拔训练,士卒不习熟武艺,操练动作不熟练,行动不一致;取胜的战机不能及时把握,躲离危难不迅捷;前锋部队奋力进击,后续部队却松散懈怠,和金鼓的号令相违背。这是将领不熟悉训练部队的过错,一百个这样的士兵也抵不过十个精兵。兵器不坚固锋利,就和空着手一样;甲胄不坚实致密,就和袒胸露体一样;弓弩射程不远,就和短兵器一样;射箭不能中的,就和没有箭一样;射中了却不能深入,就和没有箭头一样。这些都是将领不检查兵器的过失,五个这样的士兵也抵不过一个装备精良的士兵。所以兵法上讲,武器不精良,就是把兵卒送给敌人;士兵不能打仗,就是把将领送给敌人;(将领不懂兵法,就是把君主送给敌人);君主不选择将领,就是把国家送给敌人。这四点,是战争的关键啊!"

"臣又听说,小国和大国的情况不同,强国和弱国的形势有异,险阻和平坦之地的防备不同。屈身事奉强国,这是小国的形势;联合小国来攻打大国,这是势均力敌之国的形势;用蛮夷去攻打蛮夷,这

涧，中国之马弗与也；险道倾侧，且驰且射，中国之骑弗与也；风雨罢劳，饥渴不困，中国之人弗与也。此匈奴之长技也。

　　若夫平原易地，轻车突骑，则匈奴之众易挠乱也；劲弩长戟，射疏及远，则匈奴之弓弗能格也；坚甲利刃，长短相杂，游弩往来，什伍俱前，则匈奴之兵弗能当也；材官驺发，矢道同的，材官，骑射之官也。射者驺发，其用矢者，同中一的，言其工妙。则匈奴之革笥木荐，革笥，以皮作，如铠也。木荐，以木板作，如楯。弗能支也；下马地斗，剑戟相接，去就相薄，则匈奴之足弗能给也。此中国之长技也。以此观之，匈奴之长技三，中国之长技五。陛下又兴数十万之众，以诛数万之匈奴，众寡之计，以一击十之术也。

　　虽然，兵，凶器；战，危事也。以大为小，以强为弱，在俯仰之间耳。夫以人死争胜，跌而不振，蹉跌不可复起。则悔之无及也。帝王之道，出于万全。今降胡义渠蛮夷之属，来归谊者，其众数千，饮食长技，与匈奴同，可赐之坚甲絮衣，劲弓利矢，益以边郡之良骑，令明将能知者习俗、和辑其心者将之。即有险阻，以此当之；平地通道，则以轻车材官制之。两军相表里，各用其长技，衡加之以众，此万全之术也。"

是中原之国的形势。如今匈奴的地形、技艺与中国不同。上下山坡,出入溪涧,中国的战马不如他们;道路险要,崎岖不平,又奔驰又射箭,中国的骑兵不如他们;经受风雨,不怕疲劳,忍饥耐渴,中国之人不如他们。这些都是匈奴擅长的地方。"

"至于在原野平地,用轻车突骑来冲击敌人,那匈奴的兵众就容易被打乱;强劲的弓弩射得远,长戟刺得远,那匈奴的弓箭是不能抵御的;坚实的甲胄、锋利的刀剑,长短兵器交错使用,游移的弓弩来去莫测,列队的士兵一拥上前,那匈奴的兵士就不能抵挡了;能骑射的武官发射良箭,准确地射中同一目标,那匈奴的皮制铠甲和木板盾牌,就不能抵御了;下了马在地上格斗,剑戟相交,来去搏击,那匈奴脚步的移动应变是跟不上的。这些都是中国擅长的地方。由此看来,匈奴所擅长的地方有三处,中国所擅长的地方有五处,陛下又发动了几十万人的军队,来讨伐几万兵马的匈奴,按兵力多少来计算,就是'以一击十'胜券在握的办法啊。"

"即使如此,但兵器,毕竟是凶器;战争,总是危险的事。(战争中)势力大的变成势力小的、强盛的变为衰弱的,只在俯仰之间啊!以死亡为代价去争取胜利,一旦失败就难以东山再起,那么后悔就来不及了。帝王的策略,要有万无一失的考虑。现今投降的胡人、义渠、蛮夷之辈,前来归附汉朝的有数千人,他们的饮食习惯和擅长的本领与匈奴相同,可以赐给他们坚实的铠甲和棉衣,以及强劲的弓弩和利箭,增加边境地区的良马,派遣能熟知他们习俗、使他们和睦团结的贤明将领来统率。如果地势险要,可用这支兵力去抵御匈奴;在平原通畅的大道上,就可用轻车、材官来对付匈奴。两支军队内外互相配合,共为一体,各自使用其擅长的本领,再加上兵力众多,这才是万无一失的办法啊。"

文帝嘉之，乃赐错玺书宠苔焉。错复言守边备塞、劝农力本，当世急务二事，曰："臣窃闻秦时，北攻胡貉，筑塞河上，南攻扬粤，扬州之南越也。置戍卒焉。其起兵而攻胡粤者，非以卫边地而救民死也，贪戾而欲广大也，故功未立而天下乱。且夫起兵而不知其势，战则为人禽，屯则卒积死。夫胡貉之地，积阴之处也，其性能寒；扬粤之地，少阴多阳，其性能暑。秦之戍卒，不能其水土，戍者死于边，输者偾于道，偾，仆也。秦民见行，如往弃市，因以谪发之，名曰'谪戍'。发之不顺，行者深怨，有背叛之心。

凡民守战至死，而不降北者，以计为之也。故战胜守固，则有拜爵之赏；攻城屠邑，则得其财卤，以富家室。故能使其众，蒙矢石，赴汤火，视死如生。今秦之发卒也，有万死之害，而无铢两之报，死事之后，不得一算之复，天下明知其祸烈及己也。陈胜行戍，至于大泽，为天下先唱，天下从之如流水者，秦以威劫而行之敝也。

胡人衣食之业，不着于地，其势易扰乱边境，如飞鸟走兽放于广野，美草甘水则止，草尽水竭则移。以是观之，往来转徙，时至时去，此胡人生业，而中国之所以离南亩也。今使胡人数处转牧，行猎于塞下，或当燕、代，或当上郡、北地、陇

文帝对晁错的奏疏很赞赏,于是赐给他诏书,以尊崇的语气给予了答复。晁错又上书论述守边备塞、劝农务本,这是当代急需办的两件事。他说:"臣私下听说秦朝时,向北攻打胡貉,在黄河边上修筑要塞,又向南进攻扬越,在那里设置了戍守的士兵。秦朝发兵攻打胡貉、扬越的原因,不是为了保卫边境、拯救百姓于水火之中,而是贪婪暴虐,想要扩大疆土,因此功业未成而天下大乱。况且发兵却不知道对方的形势,一旦交战就会被人俘获,驻军留守则会染病死亡。胡貉之地,是酷寒之处,他们的身体能耐得住寒冷;扬越之地,少阴多阳,他们的体质能耐得住酷暑。秦朝驻防的士卒不能适应那里的水土,戍守者死在边陲,运输给养的人死在路上。秦朝的百姓看待前去戍守边疆,就如同前往刑场一样,于是官府就用犯罪之人发配戍边,称作'谪戍'。这种发配没有正当理由,被发配的人十分怨恨,都有了背叛之意。"

"大凡百姓在防守作战中宁死而不投降的原因,都是有所考虑才这么做的。因为作战胜利或防守坚固,就会有封授官爵的奖励;攻下城池而大肆杀戮,就会得到所掠夺的财物,从而使自己家庭富足。所以能让他们的士兵冒着飞箭乱石,赴汤蹈火,视死若生。这些被秦朝征发的士卒,有出生入死的危险,却没有丝毫报偿,为国捐躯后,竟不能减免一算的赋税,天下百姓清楚地知道他们已经大祸临头。陈胜前去服戍役,走到大泽乡时,首先揭竿起义,天下跟随他起义的人如流水一般。这是秦朝用威逼手段强迫征发百姓的害处。"

"胡人衣食的生产来源,并不依附于土地,他们这种形势就容易扰乱边境。胡人如同飞鸟走兽放之于旷野,哪里有肥美的水草就停在哪里,等水、草用尽就迁移到另一个地方。由此观之,往来迁徙,时来时去,这就是胡人的生活,也是导致中国荒废农业的原因。如今

西,以候备塞之卒,卒少则入。陛下不救,则边民绝望,而有降敌之心,少发则不足,多发远县才至,胡又已去。聚不罢,为费甚大;罢之,则胡复入。如此连年,则中国贫苦,而民不安矣。

陛下幸忧边境,遣将吏发卒以治塞,甚大惠也。然令远方之卒守塞,一岁而更,不知胡人之能。不如选常居者,家室田作,且以备之。以便为之,高城深堑,先为室屋,具田器,乃募罪人令居之;不足,募以丁奴婢赎罪,及输奴婢欲以拜爵者;不足,乃募民之欲往者,皆赐高爵,复其家。与冬夏衣、禀食,能自给而止。其无夫若妻者,县官买与之。人情非有匹敌,不能久安其处。塞下之民,禄利不厚,不可使久居危难之地。胡人入驱,而能止其所驱者,以其半与之,谓胡人驱收,中国能夺得之者,以半与之也。县官为赎其民,得汉人。官为赎也。如是,则邑里相救助,赴胡不避死,非以德上也,欲全亲戚而利其财也。此与东方之戍卒,东方诸郡,次当戍边。不习地势而心畏胡者,功相万也。以陛下之时,徙民实边,使远方无屯戍之事,塞下之民,父子相保,无系虏之患,利施后世,名称圣明,其与秦之行怨民,相去远矣。"

使得胡人可以在边塞附近的许多地方往来放牧打猎,有时在燕国、代国,有时在上郡、北地、陇西,借机窥伺守边士兵的情况,兵少时就来侵犯。陛下若不救援,那边地的百姓就会绝望而产生投敌之心。往边境发兵少则不足以拒敌,若多派兵,则军队刚到边远的郡县,匈奴就已经离开了。军队聚集在那里不撤走,花费就会很大;撤走军队,则胡人又来侵犯。这样连续多年,中国就会贫穷困苦而百姓也不得安宁。"

"陛下垂恩忧虑边境之事,派遣将官率领军队来治理边塞,这是很大的恩惠。然而让远方的士卒守卫边塞,一年进行一次轮换,新来的士兵不了解胡人的能力,不如选派能在那里长期居住的士卒,让他们安置家室,耕田种地,就此防备匈奴,从而便于在那里加高城墙、挖深壕沟进行防御。要先修建房屋,置备农具,然后招募犯罪想求得官职的人,让他们居住在那里;如果人数不够,就招募用丁役奴婢来赎罪的人和捐献奴婢想取得官爵的人;再不够,就招募百姓中愿意去的人,都赐给他们很高的爵位,免除全家的赋税,发给冬夏的衣服,由官府供应口粮,直到他们生活能自给为止。那些没有丈夫或妻子的人,官府出钱买人给他们完婚。就人之常情而言,如果没有配偶就不能长久安心的住在那里。边塞的百姓,如果给他们的利禄不丰厚,就不可能让他们长期居住在这样的危难之地。匈奴入侵掠夺,如果有人能够截获胡人掠夺的财物,原主要分一半财物给他,或者由官府作价向原主赎买这一半财物再送给他。这样,那么乡里人民就会互相救助,与匈奴作战就不怕死,这不是为了感激君主的恩德,而是想保全亲属,得到分给财物的好处。这与东方戍卒不熟悉地形而心存恐惧的情况相比,功效相差万倍。陛下从现在开始,移民充实边疆,使远方的郡县不再有驻防的负担,边塞的百姓,父子互

上从其言,募民徙塞下。错复言:"陛下幸募民相徙,以实塞下,使屯戍之事益省,甚大惠也。使先至者安乐而不思故乡,则贫民相募而劝往矣。臣闻古之徙远方,以实广虚也。相其阴阳之和,尝其水泉之味,审其土地之宜,观其草木之饶,然后营邑立城,制里割宅,通田作之道,正阡陌之界,先为筑室,家置器物焉。民至有所居,作有所用,此民所以轻去故乡,而劝之新邑也。为置医巫,以救疾病,生死相卹,坟墓相从,此所以使民乐其处,而有长居之心也。

择其邑之贤材,习地形、知民心者,居则习民于射法,出则教民于应敌。故卒伍成于内,则军正定于外。服习以成,勿令迁徙,幼则同游,长则共事。夜战声相知,则足以相救;昼战目相见,则足以相识;欢爱之心,足以相死。如此而劝以厚赏,威以重罚,则前死不还踵矣。"

文帝诏举贤良文学之士,错在选中。上亲策诏之,曰:"昔者大禹,勤求贤士,施及方外,近者献其明,远者通厥聪,比善戮力,以翼天子,是以大禹能无失德。故诏有司,选贤良明于国家之大体,通于人事之终始,及能直言极谏者,将

相保护,没有被俘虏的忧患,这样的利益将施及后世,现前也会获得圣明的美名。这和秦朝征发怀有怨恨之心的百姓去戍边相比,相差太远了。"

文帝听从了晁错的建议,招募百姓迁往边塞。晁错又说:"陛下垂恩招募百姓迁徙以充实边塞,使驻防之事更加节省,这实在是莫大的恩惠。使先来的百姓安居乐业而不思念故乡,那么贫民就会相互召集、勉励前往边塞了。臣听说古代移民到远方去充实空旷之地,要观察阴阳是否调和,品尝泉水的味道,审查土地是否适宜耕作,观察草木是否繁茂,然后再建造城邑,编制里区,划分住宅,修通前去耕作的道路,确定田亩的界限;先建造房舍,置办家用器具和货物,百姓来到后就有住处,劳作也有农具,这是百姓所以能够轻易离开家乡而愿意到新城去的原因。为他们安排巫医来治疗疾病,使他们生死互相救济,坟墓相连在一起。这是为了让百姓喜欢他的住处而有长久居住之心。"

"挑选邑中熟悉地形、了解民心的贤才,闲居时就训练百姓射箭,外出时就教百姓如何应敌。因此对内就是卒伍的编制,对外则是军政制度。习惯养成之后,就不再让他们迁徙,人们在年幼时就互相交往,长大后则一起做事,夜间作战时可以听出自己人的声音,就足以互相援救;白天作战时能够看见,就足以相认;互相欢悦之心,足以使其同生共死。这样,再用厚赏来鼓励,用重罚来震慑,那么即使死亡就在面前,人们也不会转身后退。"

文帝下诏举荐贤良文学之士,晁错也在被推举之列,文帝亲自策问,下诏对他们说:"从前,大禹努力访求贤士,扩展到边远地区,近处的人奉献其贤明,远处的人共享他们的智慧,大家和睦亲善、齐心协力,来辅佐天子。因此大禹能够没有过失。所以朕下诏给有关

以匡朕之不逮。永惟朕之不德,吏之不平,政之不宣,民之不宁,四者之阙,悉陈其志,无有所隐。"

错对诏策曰:"'通于人事终始',愚臣窃以古之三王,臣主俱贤,故合谋相辅,计安天下,莫不本于人情。人情莫不欲寿,三王生而不伤也;人情莫不欲富,三王厚而不困也;人情莫不欲安,三王扶而不危也;人情莫不欲逸,三王节其力不尽也。其为法令也,合于人情而后行之;其动众使民也,本于人事然后为之。取人以己,内恕及人。情之所恶,不以强人;情之所欲,不以禁民。是以天下乐其政而归其德,望之若父母,从之若流水,百姓和亲,国家安宁,名位不失,施及后世。此明于人情终始之功也。

诏策曰'吏之不平,政之不宣,民之不宁',愚臣窃以秦事明之。臣闻秦始并天下之时,其主不及三王,而臣不及其佐,然功力不迟者,何也?地形便,财用足,民利战。其所与并者六国。六国者,臣主皆不肖,谋不辑,民不用,故当此之时,秦最富强。夫国富强而邻国乱者,帝王之资也,故秦能兼六国,立为天子。当此之时,三王之功,不能进焉。

官员,推选有德行才能,深明国家大体,通晓人事变化的终始,并能直言极谏的人,将用来匡正朕的过错。深思朕的德行缺乏之处、吏治的不公平、政令的不宣明、百姓的不安定。对这四方面的缺失,请全部陈述自己的意见,不要有所隐讳。"

晁错对策说:"陛下的诏书中说'通晓人事变化的始终'。愚臣私下认为在古代夏、商、周三代圣王之时,臣子和君主都很贤明,因此他们共同谋议、互相配合,想着安定天下,无不以百姓的意愿为根本。人情没有不想长寿的,三王便保护人们的生命而不加以伤害;人情没有不想富裕的,三王就使人们财物丰厚而不使其贫乏;人情没有不想安定的,三王便扶助他们而不使其遭受危害;人情没有不想安逸的,三王便节省民力而不使民力用尽。三王制定法令,先是合乎百姓的愿望然后再施行;动用百姓、役使民众时,也是立足于人情事理然后才去做。以对待自己之心来要求别人,用考虑自己的心来为他人着想。人情所憎恶的,不强加于人;人情所向往的,不去禁止人们。因此天下人都欢喜他们的政策而归附其仁德,景仰他们就像父母一样,追随他们如同流水一般。百姓和睦相亲,国家太平安宁,名誉与地位不失,以致延续到后世,这就是通达人情变化终始的功效。"

"诏书中说'官吏不公平,政令不宣明,百姓不安宁',愚臣私下用秦朝之事来说明。臣听说秦国刚开始兼并天下时,其君主比不上三王,大臣也比不上三王的辅臣,然而他们的功业很快就完成了,为什么?因为其地形有利,财力充足,百姓善战。秦国与并存的六个国家相比,这六国的君臣都是不肖之辈,谋略不和,民众也不为其所用,所以在当时,秦国最为富足强大。本国富强而邻国动乱,这是称帝的有利条件。所以秦始皇能兼并六国,立为天子。在那个时候,连三王的功绩都不能超过他。"

及其末涂之衰也,任不肖而信谗贼,宫室过度,奢欲无极,民力疲尽,赋敛不节,矜奋自贤,群臣恐谀(恐机发陷祸,而谀以求自全),骄溢纵恣,不顾患祸,妄赏以随喜意,妄诛以快怒心,法令烦憯,刑罚暴酷,轻绝人命,天下寒心,莫安其处。奸邪之吏,乘其乱法,以成其威,狱官主断,生杀自恣,上下瓦解,各自为制。秦始乱之时,吏之所先侵者,贫人贱民也;至其中节,所侵者,富人吏家也;及其末涂,所侵者,宗室大臣也。是故亲疏皆危,外内咸怨,离散逋逃,人有走心。陈胜先倡,天下大溃,绝祀亡世,为异姓福。此吏不平、政不宣、民不宁之祸也。"

对奏,天子善之,迁大中大夫。错以诸侯强大,请削之。后吴楚反,会窦婴言爰盎,诏召入见,上问曰:"计安出?"盎对曰:"吴楚相遗书,言高皇帝王子弟,各有分地,今贼臣晁错,擅谪诸侯,削夺之地,以故反,名为西共诛错,复故地而罢。方今计,独有斩错,发使赦吴楚七国,复其故地,则兵可无血刃而俱罢。"于是上默然良久,曰:"顾诚何如,吾不爱一人谢天下也。"

后十余日,乃使中尉召错,绐载行市。错衣朝衣斩东市。错已死,谒者仆射邓公为校尉,击吴楚,还,上书言军事。上

"等到秦朝末年衰败时,任用不肖之人而相信谗贼,宫室超越常度,贪图欲望无有穷尽,民力疲敝到极点,征收赋税没有节制;骄傲自满、自许贤明,群臣慑于权势而巴结奉承。傲慢放肆,不顾祸患。不当赏赐而赏赐,以随顺自己喜悦的心情;不当责罚而责罚,来发泄自己愤怒的情绪。法令繁杂严苛,刑罚暴虐残忍,轻易断绝人的性命,天下恐惧,难以安居。奸邪的官吏利用秦朝混乱的法令,来树立自己的威势;主持刑狱的官员独断专行,或生或杀随意处置,上下瓦解,各自为政。秦朝开始混乱的时候,官吏首先侵害的是贫民百姓;到了中期,所侵害的是富人、官吏之家;到了末期,所侵害的则是皇族大臣了。因此无论关系亲近疏远,都受到危害,朝野内外充满怨恨。百姓离散逃亡,人们有了背叛之心。陈胜首先带头起义,秦朝于是土崩瓦解,断绝祭祀而灭亡,却为异姓之人带来了福祉。这就是官吏不公平、政令不宣明、百姓不得安宁的祸患。"

晁错的对策奏上,文帝表示赞叹,晋升他为太中大夫。(景帝时)晁错认为诸侯国势力强大,请求削藩。后来吴、楚等七国反叛,适逢窦婴举荐爰盎,景帝下令召爰盎入宫进见。景帝问道:"如何制定平叛的计策呢?"爰盎答道:"吴、楚送来书信,说高皇帝封诸子弟为王,各自都有分封的土地,现在贼臣晁错擅自惩罚诸侯,剥夺他们的封地,因此反叛的名义是向西进兵共同诛杀晁错,恢复原有的封地即可罢兵。当今之计,只有杀了晁错,派使者赦免吴、楚等七国,恢复其原有的封地,这样就可以兵不血刃而全都罢兵了。"于是,景帝沉默不语,过了好久才说:"看看实际的情况如何,如果真没有什么办法,我也只有舍弃(晁错)一人来向天下道歉了。"

十多天后,景帝就派中尉召晁错,骗他乘车巡视市中,晁错还穿着朝服就被斩于东市了。晁错已死,谒者仆射邓公任校尉,抗击吴、

问曰:"闻晁错死,吴楚罢不也?"邓公曰:"吴为反数十岁矣,发怒削地,以诛错为名,其意不在错也。且臣恐天下之士,拑口不敢复言矣。"上曰:"何哉?"邓公曰:"夫晁错患诸侯强大不可制,故请削之以尊京师,万世之利也。计画始行,卒被大戮,内杜忠臣之口,外为诸侯报仇,臣窃为陛下不取也。"于是景帝喟然长息,曰:"公言善,吾亦恨之。"

楚等叛军，回京后上书报告前方军情，景帝问他说："听到晁错已死，吴、楚罢兵没有？"邓公说："吴王刘濞想谋反已经准备几十年了，因被削夺了封地而发怒，只是以诛杀晁错为名，他的本意并不在晁错。而且臣担心天下的士人会从此闭口，不敢再进言了。"景帝问："为什么呢？"邓公说："晁错担心诸侯国过于强大而不可控制，所以请求削弱其势力，以尊崇朝廷，这是千秋万代的利益。可计画刚一实行，竟遭受杀身之祸，对内则堵塞了忠臣之口，对外则替诸侯们报了仇。臣私下认为陛下这样做是不可取的。"于是景帝深长的叹息道："您说得对，我也悔恨这件事了。"

卷十七　汉书（五）

传

张释之，字季，南阳人也。以赀为郎，事文帝。十年不得调，欲免归。中郎将爰盎知其贤，惜其去，乃请徙释之补谒者。释之既朝毕，因前言便宜事。文帝称善，拜释之为谒者仆射。从行，上登虎圈，问上林尉禽兽簿，十余问，尉左右视，尽不能对。虎圈啬夫从旁代尉对，上所问禽兽簿甚悉，欲以观其能，口对响应无穷者。文帝曰："吏不当如此邪？"诏拜啬夫为上林令。释之前曰："陛下以绛侯周勃何人也？"上曰："长者。"又复问："东阳侯张相如何人也？"上复曰："长者。"释之曰："夫绛侯、东阳侯，称为长者，此两人言事，曾不能出口，岂效啬夫喋喋利口捷给哉！且秦以任刀笔之吏，争以亟疾苛察相高，其弊徒文具，无恻隐之实。以故不闻其过，陵夷至于二世，天下土崩。今陛下以啬夫口辩而超迁之，臣恐天下随风靡，争口辩无其实。且下之化上，疾于景响，举措不可不察也。"文帝曰："善。"乃止。

传

张释之,字季,南阳郡人。因家财富有得以选为郎官,事奉文帝,十年之中未能升迁,便想请求解职回家。中郎将袁盎知道他贤能,舍不得他离去,于是奏请朝廷升调张释之补充谒者的缺额。张释之朝见文帝后,趁机上前陈述符合时势需要的事,文帝称好,便提升张释之做了谒者仆射。一次,张释之跟随文帝出行,皇上登临虎圈,向上林尉询问禽兽簿中的内容,提了十几个问题,上林尉左瞧右看,都答不上来。虎圈的啬夫在旁边代上林尉回答皇上所问有关禽兽簿的情况,非常详尽,想以此来让皇上看到自己的能力,他随口回答,应对敏捷,滔滔不绝。文帝说:"官吏不该像这样吗?"遂下诏任命啬夫做上林令。张释之上前说:"陛下认为绛侯周勃是怎样的人物呢?"皇上回答说:"是长者。"张释之又问:"东阳侯张相如是怎样的人物呢?"皇上仍答:"是长者。"张释之说:"绛侯、东阳侯都被称为是德高望重的长者,可是这两人在奏议政事时,竟连话都说不出口,(您现在这样提拔此人)难道要让人们去学这啬夫喋喋不休的伶牙利口么?而且秦朝因为任用了那些舞文弄墨的刀笔之吏,所以官吏们争着以办事迅急和督责苛刻来相比高低,那样做的弊病在于只会空有(官府)条文的形式,而没有仁慈怜悯的实质,因此秦始皇听不到自己的过失,国家逐渐衰败,到了秦二世时,国家就崩溃瓦解了。现在陛下因为啬夫口才好就越级提拔他,臣担心天下人会随之效仿形成风气,争相重视口舌巧辩而不讲求实际。况且下面的百姓受到在上位之人的影响,比影之随形、响之应声还要快,(皇上的)行为举动不能

从行至霸陵，上顾谓群臣曰："嗟乎！以北山石为椁，用紵絮斫陈漆其间，岂可动哉！"左右皆曰："善。"释之前曰："使其中有可欲，虽锢南山犹有隙。使其中无可欲，虽无石椁，又何戚焉？"文帝称善。其后拜释之为廷尉。

顷之，上行出中渭桥，桥在两岸之中也。有一人从桥下走，乘舆马惊，于是使骑捕属廷尉。释之奏："当此人犯跸，跸，止行人。当罚金。"上怒曰："此人亲惊吾马，马赖和柔，令他马，固不败伤我乎？而廷尉乃当之罚金！"释之曰："法者，天子所与天下公共也。今法如是，更重之，是法不信于民也。且方其时，上使使诛之则已。今已下廷尉，廷尉，天下之平也，壹倾，天下用法，皆为之轻重，民安所措其手足？唯陛下察之。"良久，曰："廷尉当是也。"

其后人有盗高庙坐前玉环，得，文帝怒，下廷尉治，奏当弃市。上大怒曰："人无道，乃盗先帝器，吾属廷尉者，欲致之族，而君以法奏之，非吾所以共承宗庙意也。"释之曰："法如是足矣。且罪等，俱死罪也，盗玉环，不若盗长陵土之逆也。然以逆顺为基。今盗宗庙器而族之，假令愚民取长陵一抔土，不欲

不审慎体察啊!"文帝说:"好!"于是就废止了(提拔啬夫的诏命)。

有一次,张释之随从文帝到霸陵。皇上回视群臣说:"唉呀,用北山的石头做外椁(外棺),用切碎的苎麻丝絮塞在石椁的缝隙中,再用漆黏涂在上面,这样还怎么能打得开呢?"身边的侍臣们都说:"对!"张释之上前说:"假使棺椁里有能引起人们贪欲的东西,即使封铸南山(做棺椁),也还是会有缝隙;如果里面没有能引起人们贪欲的东西,即使没有石椁,又有什么可忧虑的呢?"文帝称赞他说得对。此后,便任命张释之为廷尉。

不久,皇上行经中渭桥,有一个人从桥下跑出来,使皇上驾车的马受了惊,于是文帝令骑士把那个人逮捕交廷尉惩办。张释之把对此事的处理意见上奏文帝,说:"这人冲犯了皇上的车驾,应叛处罚金。"文帝生气地说:"这个人惊了我的马,幸亏马的性情温和,如果是别的马,难道能不摔伤我吗?可廷尉却仅判处他罚金!"张释之说:"法律,是天子与天下人所应共同遵守的。现在法律就是这样规定的,如果加重处罚,法律就不能取信于民了。况且在抓住此人时,皇上派人把他杀死也就罢了。如今既然交付廷尉惩治,而廷尉是天下公平执法的象征,一旦有偏差,天下执法者在执行法律时都会受到影响,那老百姓将如何行事才好呢?希望陛下明察。"过了许久,文帝说:"廷尉的判处是对的。"

此后,有人偷了高祖庙内神座前的玉环,被抓到了。文帝非常生气,将犯人交给廷尉治罪。张释之奏请当判处死刑,文帝大怒说:"此人无法无天,竟敢盗取先帝庙中的器物!我所以要交付廷尉审理,是想判处他灭族之罪,而你却按照法律条文奏请判处杀头,这不是我用来恭敬地承奉先祖的本意。"张释之说:"按照法律,这样的惩处已经足够了。况且斩首与灭族同是死罪,这样判,是以情节轻重

指言,故以取土喻也。陛下且何以加其法乎?"乃许廷尉当。

冯唐,赵人也,以孝著,为郎中署长,事文帝。帝辇过,问唐曰:"父老何自为郎?家安在?"具以实言。曰:"吾居代时,吾尚食监高袪,数为我言赵将李齐之贤,战于巨鹿下。吾每饮食,意未尝不在巨鹿也。每食念监所说李齐在巨鹿时也。父老知之乎?"唐对曰:"齐尚不如廉颇、李牧。"上曰:"嗟乎!吾独不得廉颇、李牧为将,岂忧匈奴哉!"唐曰:"陛下虽有颇、牧,不能用也。"上怒,起入禁中。

良久,召唐复问曰:"公何以言吾不能用颇、牧也?"对曰:"臣闻上古王者遣将也,跪而推毂,曰:'阃以内,寡人制之,阃以外,将军制之。门中橛为阃也。军功爵赏,皆决于外,归而奏之。'此非空言也。李牧之为赵将居边,军市之租,皆自用飨士,赏赐决于外,不从中覆也。委任而责成功,故李牧乃得尽其知能,是以北逐单于,破东胡,灭澹林,胡名也。西抑强秦,南支韩魏。今臣窃闻,魏尚为云中守,军市租尽以给士卒,出私养钱,五日壹杀牛,以飨宾客军吏舍人,是以匈奴远避,不近云中之塞。虏尝壹入,尚帅车骑击之,所杀甚众。上功莫府,一言不相应,文吏以法绳之,其赏不行。愚以为陛下法太明,赏太轻,罚太重。且魏尚坐上功首虏差六级,陛下下之吏,削其爵,罚作之。由此言之,陛下虽得颇、牧,不能用也。

为依据的。今天有人偷了宗庙里的器物便被灭族,假使有愚民盗取了(高祖)长陵上的一抔土(即盗掘长陵),陛下又将施加给他怎样的惩罚呢?"于是文帝认可廷尉的判处确当。

冯唐,赵国人,以孝行著称,被推举为郎中署长,事奉汉文帝。一次文帝乘车经过(郎署),问冯唐说:"您老人家为什么还在做郎官?家住在哪里?"冯唐都如实地做了回答。文帝说:"我在代地时,我的尚食监高祛多次对我提起赵将李齐的贤能,讲述他在巨鹿城下作战之事。我每逢进食时,心中未曾不在想李齐激战巨鹿的情景。您老人家知道李齐吗?"冯唐回答说:"李齐还不如廉颇、李牧。"文帝说:"唉!我却偏偏得不到像廉颇、李牧这样的人为将领,(不然)怎么还会担忧匈奴呢?"冯唐说:"陛下即使得到廉颇、李牧,也不能任用他们。"文帝听后很生气,起身回到宫中。

过了许久,文帝召见冯唐,又问他说:"您凭什么说我不能任用廉颇、李牧呢?"冯唐答道:"我听说上古时候君王遣将出征,临行时跪下推车前进,说:'内部的事由我来决定,外部的事请将军决定。军功、爵位、赏赐等事宜,都由将军在外裁决,归来后再上奏朝廷。'这绝非空话啊。李牧为赵将驻守边境时,军市中征收的赋税,都自行用来犒赏将士,赏赐在外便可决定,不用经过朝廷的审察批复。(朝廷)只是托付给他重任,责令其成功而已,因此李牧才能够完全发挥他的智慧和才能,故而能向北驱逐匈奴单于,打败东胡,剿灭澹林,在西边抑止强大的秦国,向南抗拒韩、魏两国。如今臣私下听说,魏尚任云中太守,把军中市场的赋税全部拿来供给将士,还拿出私人的薪俸,每五天宰杀一头牛,宴请宾客、军吏和亲近的属官,因此匈奴远远地躲避,不敢接近云中的边塞。匈奴曾经入侵讨一次,魏尚率领骑兵抗击,所杀的敌人很多。他向有关的部门上报军功时,只要

臣诚愚,触忌讳,死罪!"文帝悦。是日,令唐持节赦魏尚,复以为云中守,而拜唐为车骑都尉。

荀悦《纪》论曰:"以孝文之明,本朝之治,百寮之贤,而贾谊见排逐,张释之十年不见省,冯唐皓首屈于郎署,岂不惜哉!夫绛侯之忠,功存社稷,而由见疑,不亦痛乎!夫知贤之难,用人之不易,忠臣自固之难,在明世且由若兹,而况乱君暗主者乎!然则屈原赴于汨,子胥鸱夷于江,安足恨哉!周勃质朴忠诚,高祖知之,以为安刘氏者勃也。既定汉室,建立明主,眷眷之心,岂有已哉!狼狈失据,块然囚执,俯首拊襟,屈于狱吏,可不愍哉!夫忠臣之于其主,由孝子之于其亲也,尽心焉,尽力焉。进而喜,非贪位也;退而忧,非怀宠也。忠结于心,恋慕不止,进得及时,乐行其道也。故仲尼去鲁,迟迟吾行也;孟轲去齐,三宿而后出。盖彼诚仁圣之心也。夫贾谊过湘吊屈原,恻怆恸怀,岂徒忿怨而已哉!与夫苟患失之者,异类殊意矣。及其傅梁王,哭泣而从之死,岂可谓非至忠乎!然而人主不察,岂不哀哉!及释之屈而思归,冯唐困而后达,又可悼也。此忠臣所以泣血、贤哲所以伤心也。"

有一句话不相符,执法之吏就援引法律条文来制裁他,使得对其应有的赏赐不能施行。愚臣认为陛下用法过于严厉,赏赐太轻,惩罚过重。况且魏尚因为上报军功(斩杀敌军的数量)时,差了六个首级,陛下就把他交付给司法官审查,削除了他的爵位,并罚他做一年的苦役。由此说来,陛下即使得到了廉颇、李牧,也是不能任用他们的。臣实在愚钝,触犯了忌讳,真是死罪!"文帝听罢很高兴,当天,就令冯唐拿着符节赦免了魏尚,重新让他担任云中郡太守,并任命冯唐为车骑都尉。

　　荀悦在《汉纪》中评论说:"凭借孝文帝的英明、朝廷的善治,百官的贤良,而贾谊却被排挤,张释之十年之中不被人知晓,冯唐头发都白了还屈居于郎署,难道不令人感到惋惜吗?以绛侯周勃的忠诚,其功劳保全了刘氏江山社稷,尚且还因此受到怀疑,不是很令人痛心吗?认识贤才的困难,用人的不容易,忠臣保全自身的艰难,在政治清明的时代尚且如此,何况是遇到昏庸无道的君主呢?那么屈原投于汨罗江,伍子胥的尸体被盛在革囊里抛入江中,又怎么值得怨恨呢?周勃朴实忠诚,高祖刘邦了解他,认为能安定刘氏天下的人就是周勃。(周勃)已经安定了汉朝,拥立了英明的君主(汉文帝),依恋反顾的心,怎有终止之时!(一朝下狱)却变得艰难窘迫好像失去了依靠,孤独地被囚禁起来,低头抚摸衣襟而感叹,还要受监狱小吏的侮辱,难道不让人感到怜悯吗?忠臣对于他的君主,犹如孝子对于他的双亲一样,尽心尽力,得到晋升就感到欢喜,但并不是贪图高位;遭到贬斥就感到忧愁,却不是留恋君王的恩宠。忠诚凝聚在心中,对君主的留恋仰慕从未停止,得到晋升又能恰逢其时,就会乐于实践自己的所学。所以孔子当年离开鲁国,说:'我要慢慢地走啊!'孟子离开齐国的时候,三宿于昼才离去。他们这确实是仁人圣者的存心啊!贾谊在被贬途中路过湘江时,哭吊屈原,哀伤悲痛,难道只是为了抒发怨恨的情绪而已吗?这与那些患得患失

汲黯，字长孺，濮阳人也。为人正直，以严见惮。武帝召为中大夫。以数切谏，不得久留内，迁为东海太守。黯学黄老言，治民好清静，责大指而不细苛。黯多病，卧阁内不出。岁余，东海大治。召为主爵都尉，治务在无为而已，引大体不拘文法。上曰："汲黯何如人也？"严助曰："使黯任职居官，亡以瘉人，然至其辅少主，虽自谓贲、育，弗能夺也。"上曰："然。古有社稷之臣，至如汲黯，近之矣。"

大将军青侍中，上踞厕视之。厕谓床边，踞床视之。丞相弘宴见，上或时不冠。至如见黯，不冠不见也。尝坐武帐，黯前奏事，上不冠，望见黯，避帐中，使人可其奏。其见敬礼如此。张汤以更定律令为廷尉，黯质责汤于上前曰："公为正卿，上不能褒先帝之功业，下不能化天下之邪心，安国富民，使囹圄空虚，何空取高皇帝约束纷更之为？纷，乱也。而公以此无种矣！"黯时与汤论议，汤辩常在文深小苛，黯愤发骂曰："天下谓刀笔吏不可以为公卿，果然！必汤也，令天下重足而立、

的人,是决然不同且志趣有异的。等到(贾谊)辅佐梁怀王时,(怀王坠马而死)贾谊心怀愧疚而哭泣并为之忧郁致死,难道说不是忠诚到了极点吗?然而君主却不能体察,怎么不让人感到悲哀呢?至于张释之被压抑(十年)而想要回归故乡,冯唐先处于窘迫而后才得以显达,也是值得哀伤的。这就是忠臣为何悲伤痛哭、贤明睿智的人为何伤心的原因了。"

汲黯,字长孺,濮阳人。为人正直,因严肃而被人所敬畏。汉武帝征召他为中大夫。因为多次直言极谏,不能长久地留在朝廷任职,被外调为东海郡的太守。汲黯学习黄帝、老子的学说,治理人民好用清静无为的方法,对大体有所要求,而不苛求细节。汲黯经常有病,躺在寝室里不出门。过了一年多,东海郡政治修明,局势安定。皇上召他担任主爵都尉。他的治理之法仍是致力于无为而已,注重大体而不拘泥于法令条文。皇上问:"汲黯是什么样的人呢?"严助回答说:"假如让汲黯做官办事,没有什么超过别人的地方,然而说到他辅助年轻的君主,即使有人自认为有孟贲、夏育那样的勇力,也不能迫使汲黯动摇啊!"武帝说:"是的,古代有身负国家重任的大臣,至于汲黯,应近似他们了。"

大将军卫青入侍宫中,武帝坐于床侧接见他;丞相公孙弘平常因事进见,皇上有时则不戴帽子。至于接见汲黯,不戴帽子就不见他。武帝曾坐在武帐中,汲黯前来奏事,武帝没戴帽子,远远望见了汲黯,就赶紧躲进帐中,派人代为批准他的奏议。他被皇上尊敬礼遇到了如此程度!张汤凭借改订法令做了廷尉,汲黯在皇上面前质问张汤,说:"您身为正卿,上不能发扬先帝的功勋事业,下不能转化天下人不正当的心念,(不能)使国家安定、人民富足,使监狱里空无犯人,为什么徒然拿着高皇帝所定的法令乱改一通呢?而您将会因此断子绝孙了!"汲黯时常与张汤进行争论,张汤的论辩常着重在

侧目而视矣！"

贾山，颍川人也。孝文时，言治乱之道，借秦为谕，名曰至言，其辞曰："夫布衣韦带之士，修身于内，成名于外，而使后世不绝息。至秦则不然。贵为天子，富有天下，赋敛重数，赭衣半道，群盗满山，使天下之人，戴目而视，倾耳而听。一夫大呼，天下响应。秦非徒如此也，又起咸阳而西至雍，离宫三百，钟鼓帷帐，不移而具。又为阿房之殿，殿高数十仞，东西五里，南北千步，从车罗骑，四马骛驰，旌旗不挠。为宫室之丽至于此，使其后世曾不得聚庐而托处焉。为驰道于天下，东穷燕齐，南极吴楚，道广五十步，厚筑其外，隐以金椎，作壁如甬道。隐，筑也，以铁椎筑之也。树以青松。为驰道之丽至于此，使其后世曾不得邪径而托足焉。死葬乎骊山，吏徒数十万人，旷日十年，下彻三泉，冶铜锢其内，漆涂其外，被以珠玉，饰以翡翠，中成观游，上成山林。为葬埋之侈至于此，使其后世曾不得蓬颗蔽冢而托葬焉。蓬颗，犹裸颗小冢。秦以熊罴之力，虎狼之心，蚕食诸侯，并吞海内，而不笃礼义，故天殃已加矣。臣昧死以闻，愿陛下少留意，而详择其中。"

援用苛刻的法律条文和细繁之事,汲黯发怒骂道:"天下人说不可让掌文案的刀笔吏做公卿,果真如此。如果非按张汤之法来行事,那将会使天下人(害怕得)并足而立、斜目侧视了!"

贾山,颍川郡人。孝文帝时,他(写文章)谈论国家安定与动乱的道理,借助秦朝灭亡之例为喻,名曰《至言》。其文辞中说:"那些贫寒未仕的人,都是修养自身的品德,扬名于世间,才使得其后世子孙得以延续而不断绝。至于秦朝却不是这样。秦始皇贵为天子,拥有天下的财富,赋税却既重又繁,道路上的行人有半数都是罪犯,盗贼成群遍满山野,使得天下人仰目而望、侧耳静听(希望听到推翻暴秦的消息)。等一人(陈胜)起来大声疾呼,天下人随即响应。秦朝不仅仅是如此,又从咸阳向西到雍城,建起了供皇帝出巡时居住的宫室三百座,(宫室里)钟鼓、帷幕、床帐等器物,不必从别处移取而全部齐备。又建造了阿房宫,宫殿高达数十仞(汉制每仞七尺),东西的距离有五里长,南北之间有千步宽,皇帝的随从车辆、巡行的骑卫,以及四马之车,众骑可在其中奔驰,旌旗高举也不会有障碍。(秦朝)建造宫殿的壮丽程度达到了如此地步,然而其后代子孙却连用来安身的村野庐舍都得不到。(秦朝)在国内修筑驰道,向东到燕齐,向南至吴楚。驰道宽五十步,厚筑路外隔离墙,用铁椎夯实道路,驰道两旁栽植青松。秦朝修筑驰道的壮观程度达到了如此地步,然而其后代子孙却连立足的小路都走不上。(秦始皇)死后葬在骊山,建墓调用的官吏和囚徒多达数十万人,历时十年之久。墓深可达地下三重泉水,冶炼铜并以其熔液填塞墓室内的空隙,用漆涂在外面,用珠玉覆盖(棺椁),再以翡翠来装饰,陵墓内(饰有各种宝物)可供观游,墓上堆土栽树形成山林。其埋葬的奢侈程度竟达如此地步,然而他的后代子孙连长满野草的敝陋坟冢都得不到。秦朝用熊罴一样的武

"臣闻忠臣之事君也,言切直则不用,其身危,不切直则不可以明道。故切直之言,明主所欲急闻,忠臣之所以蒙死而竭智也。地之硗者,虽有善种,不能生焉;江皋河濒,虽有恶种,无不猥大。故地之美者善养禾,君之仁者善养士。雷霆之所击,无不摧折者;万钧之所压,无不糜灭者。今人主之威非特雷霆,势重非特万钧也。开道而求谏,和颜色而受之,用其言而显其身,士犹恐惧,而不敢自尽,又乃况于纵欲、恣行暴虐,恶闻其过乎?震之以威,压之以重,则虽有尧、舜之智,孟贲之勇,岂有不摧折者哉?如此,则人主不得闻其过失矣,弗闻,则社稷危矣。"

"古者,圣王之制,史在前书过失,工诵箴谏,庶人谤于道,商旅议于市,然后君得闻其过失也。闻其过失而改之,见义而从之,所以永有天下也。天子之尊,四海之内,其义莫不为臣。然而养三老于大学,举贤以自辅弼,求修正之士使直谏。故尊养三老,示孝也;立辅弼之臣者,恐骄也;置直谏之士者,恐不得闻其过也;学问至于刍荛者,求善无厌也;商人庶人诽谤己而改之,从善无不听也。"

力、虎狼一样的贪心，逐渐侵占各诸侯国，进而并吞天下，却不注重施行礼义，所以上天才降下祸殃。臣冒死讲给您听，希望陛下稍加留意并审察择取其中合理的地方。"

"臣听说忠臣事奉君主，言语恳切率直则不被信用，还会危及自己的生命。如果言语不切直，又不能够阐明道理。所以切直的话，是英明的君主所急切希望听到的，也是忠臣之所以冒着死罪而竭诚尽智要表达的。对于坚硬而贫瘠的土地，即使有好的种子，也是不能生长的；至于江河边的湿地，即使有不好的种子，却没有不长得壮大的。所以肥美的土地容易养育禾苗，有仁德的君主善于培养人才。雷霆所击中的，没有不折断的；万钧重量所压的，没有不破碎的。现今君主的威严，不仅仅是雷霆；权势之重，不仅仅是万钧。（即便）能广开言路而求取规谏，和颜悦色地听受，采纳臣下的谏言并使其身份显贵，士大夫们仍然感到恐惧而不敢详尽陈述自己的意见，又何况放纵私欲，横行凶暴，讨厌听到自己过错的君主呢？（如果）以威力来震慑，用权势来压制，即使（臣子）有唐尧、虞舜那样的智慧，有孟贲那样的勇力，又怎么会有不被摧残的人呢？如果是这样，君主就不能听到自己的过失了。听不到自己的过失，那国家社稷就危险了。"

"古代圣王的制度是：史官在面前记录君主的过失，乐官诵读规劝的话，百姓在道路上指责君主的过失，商旅之人在街市上议论君主的过错。这样一来，君主便能听到自己的过失。听到自己的过失并改正它，看到正义的事就依从去做，所以他能永久地享有天下。以天子的尊贵，在全国之内，按道理来说，没有人不是他的臣子。然而天子还在太学（以尊敬父亲之礼）奉养三老，选拔贤能之人来作为自己的辅佐，访求修身正行之人（让他们）直言规谏。所以尊养三老，是显示孝道；设立辅助之臣，是担心自己骄纵；设置直言劝谏的官

"昔者,秦力并万国,富有天下,破六国以为郡县,筑长城以为关塞。秦地之固,大小之势,轻重之权,其与一家之富、一夫之疆,胡可胜计也!然而兵破于陈涉,地夺于刘氏者,何也?秦王贪狼暴虐,残贼天下,穷困万民,以适其欲也。昔者,周盖千八百国,以九州之民,养千八百之君,用民之力,不过岁三日,什一而藉,君有余财,民有余力,而颂声作。秦皇帝以千八百国之民自养,力疲不胜其役,财尽不胜其求。一君之身,所以自养者,驰骋弋猎之娱,天下弗能供也。劳疲者不得休息,饥寒者不得衣食,无辜死刑者无所告诉,人与之为怨,家与之为雠,故天下坏也。身死才数月,天下四面而攻之,宗庙灭绝矣。"

"秦皇帝居灭绝之中,而不自知者,何也?天下莫敢告也。其所以莫敢告者,何也?无养老之义,无辅弼之臣,无进谏之士,纵恣行诛,退诽谤之人,杀直谏之士,是以偷合苟容,比其德则贤于尧、舜,课其功则贤于汤、武,天下已溃,而莫之告也。《诗》曰:'非言不能,胡此畏忌。'此之谓也。又曰:'济济多士,文王以宁。'天下未尝无士也,然而文王独言'以宁'者,何也?文王好仁,故仁兴;得士而敬之,则士用,用之

员,是担心听不到自己的过失。学习和询问(的对象)甚至到割草打柴的人,是因为追求善行从不满足;商旅和庶民指责自己的过失就加以改正,是因为对善言没有不听从的。"

"以前,秦王(嬴政)竭力并吞各个国家,拥有天下的财富,攻灭了六国而实行郡县制,修筑长城来作为边关要塞。以秦朝的险固、威势的大小、权力的轻重,跟一家之富、一人之强相比,怎可同日而语?可是秦军被陈涉(即陈胜)击败,其国土被刘邦夺取,原因何在?是因为秦王贪婪凶暴,残害天下人民,使百姓贫穷,来满足他的私欲。昔日,周朝大概有一千八百个诸侯国,以九州的人民来养活一千八百个国君,役使民力每年不超过三天,田赋按十分之一来收取,君主有富余的财物,民众有剩余的体力,歌颂之声也随之产生了。秦皇帝以一千八百国的人民来供养自己,却使民力疲惫还是承受不了其徭役,财力用尽也还是满足不了他的需求。一君之身,用来供养自己的只是奔驰射猎的娱乐,而天下财力竟供不应求。劳碌疲惫者得不到休息,饥寒的人得不到衣食,无罪而被判处死刑者无处申诉,人人和他结怨,家家与他结仇,所以国家败乱。秦始皇死后才几个月,天下之人就都起兵向秦朝四面攻击,其宗庙也灭绝了。"

"秦朝的皇帝处于行将灭绝的境地中而不自知,这是为什么呢?是由于天下没有人敢告诉他。之所以没有人敢告诉他,其原因何在呢?是因为他没有养老的义举,没有辅佐的贤臣,没有进谏的士人,任意施行杀戮,贬退敢于进谏之人,杀害直言劝谏之士。因此(大臣们)苟且迎合以取悦于皇帝,比拟秦始皇的德行时则说胜过尧、舜,估量其功绩时就说胜过汤、武,天下明明已经溃乱,却没有人告诉他。《诗经》上说:'并非不会说话,却为何这样害怕、顾忌?'说的就是这种情况。又说:'因为拥有众多贤士,文王得以使天下安宁。'

有礼义。故不致其爱敬,则不能尽其心,则不能尽其力,则不能成其功。故古之贤君于其臣也,尊其爵禄而亲之,疾则临视之无数,死则吊哭之,为之服锡衰,而三临其丧,未敛不饮酒食肉,未葬不举乐,当宗庙之祭而死,为之废乐。故古之君人者于其臣也,可谓尽礼矣。故臣下莫敢不竭力尽死,以报其上,功德立于后世,而令问不忘也。"

邹阳,齐人也。事吴王濞,濞以太子事怨望,称疾不朝,阴有邪谋。阳奏书谏,吴王不纳其言。去之梁,从孝王游。阳为人有智略,忼慨不苟合,介于羊胜、公孙诡之间。胜等疾阳,恶之于孝王。孝王怒,下阳吏,将杀之。阳乃从狱中上书曰:"臣闻'忠无不报,信不见疑',臣常以为然,徒虚语耳。昔者,荆轲慕燕丹之义,白虹贯日,太子畏之。燕太子丹厚养荆轲,令西刺秦王。其精诚感天,白虹为之贯日也。白虹,兵象也。日,君象也。卫先生为秦画长平之事,太白食昴,昭王疑之。白起为秦伐赵,破长平军,欲遂灭赵。遣卫先生说昭王益兵粮,为应侯所害,事不成。其精诚上达于天,故太白为之食昴。昴,赵分也。夫精变天地,而信不谕两主,岂不哀哉!今臣尽忠竭诚,毕议愿知,尽其计议,愿王知之也。左右不明,卒从吏讯,为世所疑。是

天下不曾没有人才，然而只说文王靠他们而使天下安宁，这是为何？因文王好仁，所以仁政就能兴盛起来；得到贤士而能尊敬他们，所以贤士就能为其所用，而文王又能遵循礼法道义来任用他们。（如果）不表达对贤士的仁爱与尊敬，就不能使其尽心，就不能使其尽力，也就不能成就功业。因此古代贤明的君主对待他的臣子，授予他们爵位和俸禄以示尊重并且亲近他们，（臣子）有病时就多次亲临探望，去世了则吊唁哀哭，并为他穿上细麻布所制的丧服，前后三次亲临丧礼，在没有装敛入棺前不饮酒吃肉，没有安葬前不演奏音乐。若臣子正好在举行宗庙祭祀时过世了，祭祀之乐也要为此而停止。所以古代为人君者对于他的臣下，可说是竭尽礼义了，因此臣下没有人敢不竭尽全力、舍命效死来报答他的君主，所以功德能立于后世，而美好的名声也不会令人忘记啊。"

邹阳，齐国人，事奉吴王刘濞。刘濞因为其子（被皇太子打死）之事而心怀怨恨，遂称病不去朝见天子，暗地里有谋反的计画。邹阳上书劝谏，吴王并不采纳他的意见，他便离开吴国去往梁国，与梁孝王刘武相交往。邹阳为人有才智和谋略，性格豪爽，不随便附和他人，特立于羊胜、公孙诡之间。羊胜等人忌恨邹阳，在梁孝王面前诽谤他。梁孝王发怒，将邹阳交付法官，准备杀他。邹阳就在监狱中上书给梁孝王，说："臣听说，忠诚之人没有不得到回报的，诚信之人不会被人猜疑。臣过去一直认为是这样的，现在看来，只不过是空话罢了。从前荆轲仰慕燕太子丹的仁义（而愿去行刺秦王），天上出现了白虹穿日而过的景象，燕太子丹却很担心；卫先生为秦国策划长平之战的方略，天上出现了太白星遮掩昴星的现象，秦昭王便心生疑虑。他们的精诚使天地产生了异象，但其诚信却不能使燕太子丹和秦昭王了解，难道不是很可悲吗？如今臣尽竭忠诚，说出自己的全部

使荆轲、卫先生复起,而燕、秦不寤也。愿大王孰察之。"

"昔玉人献宝,楚王诛之;李斯竭忠,胡亥极刑。是以箕子阳狂,接舆避世,恐遭此患也。愿大王察玉人、李斯之意,而后楚王、胡亥之听,无使臣为箕子、接舆所笑。臣闻比干剖心,子胥鸱夷,臣始不信,乃今知之。愿大王孰察,少加怜焉!语曰:'有白头如新,倾盖如故。'何则?知与不知也。故樊于期逃秦之燕,借荆轲首,以奉丹事;于期为秦将,被谗,走之燕。始皇灭其家,又重购之。燕遣轲刺始皇,于期自刎首,令轲赍往也。王奢去齐之魏,临城自刭,以却齐而存魏。王奢,齐臣也,亡至魏。其后齐伐魏,奢登城谓齐将曰:"今君之来,不过以奢故也,义不苟生,以为魏累也。"遂自刭。夫王奢、樊于期,非新于齐秦,而故于燕魏也,所以去二国、死两君者,行合于志,慕义无穷也。苏秦相燕,人恶于燕王,燕王按剑而怒,食以駃騠;駃騠,骏马也。敬重苏秦,虽有谗谤,而更食以珍奇之味也。白圭显于中山,人恶之魏文侯,文侯赐以夜光之璧。何则两主二臣,剖心析肝相信,岂移于浮辞哉?"

"女无美恶,入宫见妒;士无贤不肖,入朝见疾。昔司马喜膑脚于宋,卒相中山;范雎拉胁折齿于魏,卒为应侯。此二人者,皆信必然之画,捐朋党之私,故不能自免于疾妒之人也。百里奚乞食于道路,缪公委之以政;宁戚饭牛车下,桓公任之以国。此二人者,岂素宦于朝,借誉左右,然后二主用

想法，希望您能理解。大王左右的人不了解情况，仓猝地把我交给司法官审讯，受到世人怀疑。这就如同荆轲、卫先生再生，而燕太子丹、秦昭王仍不醒悟一样，希望大王能深思明察。"

"从前卞和进献宝玉，楚王却砍掉了他的脚；李斯为秦朝竭尽忠诚，胡亥竟对他处以极刑。因此，过去箕子假装疯颠，接舆隐居避世，他们都是怕遭到这样的祸患。希望大王先考察卞和、李斯的心意，而把楚王、胡亥的谬听放到后面考虑，不要让臣被箕子、接舆所取笑。臣听说比干被破胸剖心，伍子胥被革囊裹尸投入江中，臣起初不相信，现在才知道这是真的。希望大王详加审察，稍加怜悯。俗话说：'有的人相处到老如同新交，有的人偶然相遇却像故交。'这是什么缘故呢？在于知心和不知心啊！所以樊于期从秦国逃往燕国，把自己的头借给荆轲，用来帮助燕太子丹（刺杀秦王）之事；王奢离开齐国逃到魏国，在城头上自杀而死，以退去齐军而保全魏国。王奢、樊于期与齐国、秦国并非新交，与燕国、魏国也不是故交。他们之所以离开齐国和秦国而为燕、魏两国君主效死，是因为行为与志向相符合，对两国君主的仁义无限仰慕的缘故。苏秦辅佐燕国时，有人在燕王面前说他的坏话，燕王却按着剑柄发怒，把名贵的马肉赐给苏秦吃；白圭因攻灭中山国之功而显贵，有人向魏文侯说白圭的坏话，魏文侯却用夜光璧赏赐白圭。这是为什么呢？因为这两位君主和两位臣子，肝胆相照，相互深信不疑，怎能被虚妄之言所动摇呢？"

"女子不论美丑，选入宫中就会被人妒忌；士人无论贤与不贤，进入朝廷就会被人嫉妒。从前司马喜在宋国受到挖去膝盖骨的刑罚，最终却做了中山国之相；范雎在魏国被打断肋骨和牙齿，最后却在秦国被封为应侯。这两个人，都充分相信自己的谋划必能实行，舍弃了朋党的帮助，因此而不能免遭嫉妒之人的陷害。百里奚曾在路上

之哉？感于心，合于行，坚如胶漆，昆弟不能离，岂惑于众口哉？故偏听生奸，独任成乱。昔鲁听季孙之说逐孔子，宋任子冉之计囚墨翟。夫以孔墨之辩，不能自免于谗谀，而二国以危。何则？众口铄金，积毁销骨也。秦用戎人由余，而伯中国；齐用越人子臧，而强威宣。此二国岂系于俗、牵于世，繫奇偏之辞哉？公听并观，垂明当世。故意合则胡越为兄弟，由余、子臧是矣；不合则骨肉为雠敌，朱、象、管、蔡是矣。今人主诚能用齐、秦之明，后宋鲁之听，则五伯不足侔，而三王易为也。"

"夫晋文亲其雠，强伯诸侯；齐桓用其仇，而匡天下。何则？慈仁殷勤，诚加于心，不可以虚辞借也。至夫秦用商鞅之法，东弱韩、魏，立强天下，卒车裂之；越用大夫种之谋，禽劲吴而伯中国，遂诛其身。是以孙叔敖三去相而不悔，于陵子仲辞三公为人灌园也。今人主诚能去骄傲之心，怀可报之意，披心腹，见情素，堕肝胆，施德厚，无爱于士，则桀之狗可使吠

讨饭，秦穆公却将国家政事托付于他；宁戚曾在车下喂牛，齐桓公却任用他来治国。这两个人，难道是一向在朝为官，借助君王左右之人的赞誉，然后这两位君主才重用他们吗？（是因为）内心相互感应，品行互相契合，彼此信任如胶漆一般，亲密得就像兄弟一样不能被人离间，怎能被众人的言论所蛊惑呢？所以偏听一面之辞就会产生奸邪，只信任某一个人就会酿成祸乱。从前鲁君听信季氏的话使得孔子离开鲁国，宋君采用子冉的计策把墨翟囚禁起来。凭借孔子、墨翟那样的辩才，尚且不能脱免于谗言的伤害，而宋、鲁两国也因听信谗言出现了危机。这是为什么呢？是因为众人言论的力量能熔化金属，不断的诽谤足以使骨骸销蚀。秦穆公任用戎人由余，从而称霸于中原各国；齐国任用越人子臧，使得威王、宣王两代强盛一时。这两个国家难道是拘泥于习俗，受世俗的牵制，被片面之辞所左右的吗？是因为公正地听取不同意见并同等地看待每一个人，才使其君主的英明流传于世。所以心意相合，就是北方的胡人和南方的越人也能成为兄弟，由余和子臧就是这样的例子；心意不合，就是骨肉至亲也能成为仇敌，像丹朱、象、管叔、蔡叔就是如此。如今，君主果真能效法齐桓公、秦穆公那样的贤明，不要像宋、鲁两国那样听信谗言，那么就是五霸也难以和他相比，三王的功业也是容易做到的啊。"

"晋文公亲近他过去的仇人，故而称霸诸侯；齐桓公任用原来的仇人（管仲），从而匡正天下。这是为何？因为（他们）仁慈而情意深厚，真诚发自内心，这不是用浮夸不实的言辞能达到的。至于秦国采用商鞅的变法，向东削弱了韩国、魏国，顿时强盛于天下，最终商鞅却被车裂；越国用大夫文种的计谋，征服了强大的吴国而称霸中原，结果却遭到杀身之祸。所以孙叔敖三次辞去相位而不后悔，于陵子仲辞去三公的职位而为人灌园浇菜。现今，人主果真能去掉骄傲之

尧,跖之客可使刺由,何况因万乘之权,假圣王之资乎!然则荆轲沈七族,要离燔妻子,岂足为大王道哉!"

"臣闻明月之珠、夜光之璧,以暗投人于道,众莫不按剑相眄者。何则?无因而至前也,蟠木根柢,轮囷离奇,根柢,下本也。轮囷离奇,委曲盘庚也。而为万乘器者,以左右先为之容也。故无因至前,虽出随珠和璧,只结怨而不见德;有人先游,则枯木朽株,树功而不忘。今夫天下布衣穷居之士,身在贫羸,虽蒙尧、舜之术。狭伊、管之辩,怀龙逢、比干之意,而素无根柢之容,虽竭精神,欲开忠于当世之君,则人主必袭案剑相眄之迹矣。是使布衣之士,不得为枯木朽株之资也。"

"今人主沈谄谀之辞,牵帷廧之制,使不羁之士与牛骥同皂,此鲍焦所以愤于世也。臣闻盛饰入朝者,不以私污义;砥砺名号者,不以利伤行。故里名胜母,曾子不入;邑号朝歌,墨子回车。今欲使天下寥廓之士,笼于威重之权,胁于位势之贵,回面污行,以事谄谀之人,而求亲近于左右,则士有伏死堀穴岩薮之中耳,安有尽忠信而趋阙下者哉。"书奏,孝王立出之,卒

心,(礼贤下士)使士人怀有愿意报效的心意,披露真诚,显现真心,披肝沥胆,广施厚德,对待士人无所吝惜,那么既使是夏桀所养的狗也可使它冲着尧狂叫,盗跖的门客也能让他去行刺许由,更何况是依仗万乘之国的威势,凭借像圣王一样的天资呢?若是这样,那么荆轲为太子丹刺杀秦王而最终被灭七族,要离为吴王阖闾刺杀庆忌不惜让阖闾烧死自己妻子儿女的事,难道还值得对大王说吗?"

"臣听说把明月珠、夜光璧那样的珍宝,在黑暗中投给路上的行人,人们没有不按剑斜视的。为什么?是因为这些宝物无缘无故地出现在人们的面前。弯曲的树木或树根,盘绕曲折,但却可以当作天子的器物,那是因为有人事先加以雕饰。所以,毫无缘由地来到人们面前,即使投出的是随侯珠、和氏璧,也只会与人结怨而不会令人感恩;如果有人推荐引进,就是枯树烂桩,也会使人不忘其功。现在天下身着布衣、隐居不仕的士人,身处贫弱之境,即使抱有尧、舜那样的治世之术,持有伊尹、管仲那样的辩才,怀着龙逄、比干那样的诚意,但是平素没有人像雕饰树根进献给国君那样去为他们引荐,即使他们竭尽心思,想对当世的君主表达忠诚,君主也必然会沿袭'按剑斜视'的行迹。这是使得布衣之士连枯槁之木的功用都尽不到啊!"

"现在人主沉溺于谄谀奉承的言辞中,被身边的弄臣所牵制,使才行高远、不可拘限的人才与牛马一样的小人共处,这就是鲍焦对世事愤恨不平的原因啊。臣听说身着端庄服饰入朝做官的人,不会以私心玷污公义;自修品节、保持节操的人,不会因私利而损害自己的品行。所以里名叫做'胜母'的,曾子就不进入;城邑名叫'朝歌'的,墨子就掉转车头离去。现在要想让天下宽宏豁达的士人被威势所控制、被显贵的地位和权势所胁迫,从而改变态度、玷污品节

为上客。

　　枚乘，字叔，淮阴人也，为吴王濞郎中。吴王之初怨望谋为逆也，乘奏书谏曰："臣闻得全者全昌，失全者全亡。忠臣不避重诛以直谏，则事无遗策，功流万世。臣乘愿披心腹，而效愚忠，唯大王少加意念于臣乘言。夫以一缕之任，系千钧之重，上悬之无极之高，下垂之不测之深，虽甚愚之人，犹知哀其将绝也。马方骇，鼓而惊之；系方绝，又重镇之。系绝于天，不可复结；坠入深泉，难以复出。其出不出，间不容发。言其激切甚急也。能听忠臣之言，百举必脱。必若所欲为，危于累卵，难于上天；变所欲为，易于反掌，安于泰山。今欲极天命之寿，敝无穷之乐，究万乘之埶，不出反掌之易，以居泰山之安，而欲乘累卵之危，走上天之难，此愚臣之所大惑也。"

　　"人性有畏其影而恶其迹者，却背而走，迹逾多，影逾疾，不知就阴而止，影灭迹绝。欲人勿闻，莫若勿言；欲人勿知，莫若勿为。欲汤之沧，沧，寒也。一人炊之，百人扬之，无益也。不如绝薪止火而已。不绝之于彼，而救之于此，譬由抱薪

来事奉那些阿谀逢迎的小人,以求得亲近君主身边,那么士人只有退隐而老死于洞穴山林之中,怎会有竭尽忠信而效力于您门下的人呢?"此书上奏后,梁孝王立即释放了他,邹阳最终成为了梁孝王的上等宾客。

枚乘,字叔,淮阴人,是吴王刘濞的郎中。吴王最初对朝廷心怀不满而图谋叛逆时,枚乘上书劝谏说:"臣听说人臣事君之礼无所失,则一切都会兴盛;若有所失,则一切都会败亡。忠臣能不顾忌极刑来直言规谏,那么国家政治就不会失策,功业就可以流传万世了。臣枚乘愿意披露真诚,贡献愚忠,希望大王对臣枚乘的话稍加考虑。靠一条丝线的负荷能力,系上千钧的重物,向上悬在无限的高空,下边垂临不可测量的深渊,即使是非常愚蠢的人,也知道担忧丝线将会断绝。马正受惊时,又击鼓来惊吓它;绳子快要断了,又给它加上重物。丝绳从高空断绝,无法再重新联结;(千钧重物)坠入深渊,难以再将它取出来。能否扭转这种危险的形势,容不得有丝毫的迟疑。能听忠臣的话,(即使)做很多事情也都能免于祸患。如果定要坚持去做自己想做的事情,那将如同堆叠的蛋一样危险,比登天还要困难。改变自己想做的事,就会像翻过手掌一样容易,如同泰山一样安稳。现在,(您)想享尽上天赐予的寿命,受尽无穷的快乐,穷尽万乘之主的权势,这些都易如反掌。您已经居于像泰山一样安稳的境地,却想追逐危如累卵之事,趋向于难于上天之路,这是愚臣所大惑不解的啊。"

"人有习性害怕自己的影子并且讨厌自己的足迹的,(背着太阳)向后倒退着疾行,结果看到的脚印更多,影子更是紧追不舍。他不知道到背阴处停住,影子便会消失,脚印也会断绝。想让别人听不到,不如自己不要说;想让别人不知道,不如自己不要做。希望热水

而救火也。"

"夫铢铢而称之,至石必差;寸寸而度之,至丈必过。石称丈量,径而寡失。夫十围之木,始生而如蘖,足可搔而绝,手可擢而拔,据其未生,先其未形也。磨砻砥砺,不见其损,有时而尽;种树畜养,不见其益,有时而大;积德累行,不知其善,有时而用;弃义背理,不知其恶,有时而亡。臣愿大王孰计而行之,此百世不易之道也。"吴王不纳,乘去而之梁。

路温舒,字长君,巨鹿人也。宣帝初即位,温舒上书言宜尚德缓刑。其辞曰:"臣闻齐有无知之祸,而桓公以兴;晋有骊姬之难,而文公用伯。近世诸吕作乱,而孝文为大宗。由是观之,祸乱之作,将以开圣人也。帝永思至德,以承天心,崇仁义,省刑罚,通关梁,壹远近,敬贤如大宾,爱民如赤子,内恕情之所安,而施之海内,是以囹圄空虚,天下太平。夫继变化之后,必有异旧之德,此贤圣所以昭天命也。陛下初登至尊,宜改前世之失,涤烦文,除民疾,存亡继绝,以应天意。"

变凉,却让一个人继续烧火,即使有一百个人去翻搅(热水),也是没有帮助的,不如去掉薪柴、熄灭火焰就可以了。不断绝其根源,却去拯救其末流,这就好比抱着干柴去救火一样。"

"一铢一铢地去称量,达到一石重量时,必定会产生误差;一寸一寸地测量,量到一丈长时,必定会出现差错。若直接用石称重,用丈测量,就会很少出现失误。十围粗的大树,开始生长时也不过是个幼枝,用脚一踩便可折断,用手一拔就可拔掉,那是趁着它还未长大、尚未成形(所以才能做到)。用磨石磨东西,看不见磨石损减,到一定时候就会被磨完;种植树木饲养牲口,看不见它们在生长,到一定时候就发现它们不知不觉长大了;积累仁德和善行,不知道会有什么好处,到一定时候就会产生作用;抛弃仁义、违背天理,也不知道有什么害处,到一定时候就会导致灭亡。臣希望大王能周密考虑,认真遵行,这些都是永远不会改变的道理啊。"吴王没有采纳他的建议,枚乘就离开吴国到梁国去了。

路温舒,字长君,巨鹿人。汉宣帝刚即位时,路温舒上书建议应该崇尚德治、宽减刑罚。他在奏书中说:"臣听说春秋时齐国有公孙无知杀害齐襄公的祸乱,而齐桓公因此兴起;晋国有骊姬乱晋的祸难,而晋文公因此称霸;近代诸吕作乱,而文帝得以成为汉朝的'太宗'。由以上史实来看,国家有祸乱发生,是将要为圣王的出现开辟道路。文帝一直思慕至高无上的德行,(希望以此)来承接上天爱人之心。他崇尚仁义,减少刑罚,疏通关口和桥梁,对待远近地区一视同仁,尊敬贤才就像尊敬贵宾一样,爱护百姓如同爱护婴儿一般,自己感到心安理得的事情,才在全国实施。因此监狱空虚,天下太平。在变乱之后继承君位,必然要有不同寻常的恩德,这是圣明的君主用来显示自己受命于上天的做法。陛下刚刚登上皇位,应当改变前

"臣闻秦有十失,其一尚存,治狱之吏是也。秦之时,羞文学,好武勇,贱仁义之士,贵治狱之吏,正言者谓之诽谤,遏过者谓之妖言。故盛服先生不用于世,忠良切言皆郁于胸,誉谀之声日满于耳,虚美熏心,实祸蔽塞,此乃秦之所以亡天下也。方今天下赖陛下厚恩,无金革之危、饥寒之患,然太平未洽者,狱乱之也。夫狱者,天下之大命,死者不可生,断者不可属。《书》曰:'与杀不辜,宁失不经。'今治狱吏则不然,上下相殴,以刻为明。深者获公名,平者多后患。故治狱之吏,皆欲人死,非憎人也,自安之道,在人之死。是以死人之血,流离于市;被刑之徒,比肩而立;大辟之计,岁以万数。此仁圣之所伤也。太平之未洽,凡以此也。"

"夫人情安则乐生,痛则思死。捶楚之下,何求而不得?故囚人不胜痛,则饰辞以示之;吏治者利其然,则指道以明之;上奏畏却,则锻炼而周内之。精孰周悉,致之法中也。盖奏当之成,虽咎繇听之,犹以为死有余辜。何则?成练者众,文致之罪明也。是以狱吏专为深刻残贼,不顾国患,此世之大贼也。故俗语曰:'画地为狱,议不入;刻木为吏,期不对。'此

代的过失，清除繁琐的法令，解除百姓的疾苦，使行将灭亡者得以生存，使将要断嗣者有后代继承，以顺应上天的意愿。"

"臣听说秦朝有十项过失，其中有一项仍然存在，那就是审理案件的官吏。秦朝的时候，轻视文献典籍，崇尚威武勇猛，鄙视仁义之士，重视审案之官，说实话被看作是诽谤，制止过失被当作是妖言。所以儒者不被当世所用，忠良正直的话都只能积聚在胸中，奉承阿谀的声音整天萦绕在耳边，君王被表面上的美好假象所迷惑，实际存在的祸患却被掩盖起来。这些是秦朝所以丧失天下的原因。当今天下之人幸赖陛下的深恩，没有战争的危险和饥寒的忧患，可是太平还没有遍及天下，就是因为治狱（问题）的扰乱。刑狱，是天下的大事，被处死的人不能复活，被割断的肢体不能再连接上。《尚书》说：'与其妄杀无辜，宁可犯不依常法的过错。'当今审理案件的官员却不是这样。他们上下之间互相驱使，把苛刻当作严明。严酷者则会获得'公正'之名，而执法公平者则多有后患。所以审案的狱吏，都希望置人于死地，并不是因为他们憎恨这些人，而是他们保全自己的办法就在于将这些人处死。因此死人的血在街市上流淌，遭受刑罚的犯人肩并肩地站着，被判处死刑的人每年数以万计。这是让仁德圣明的君主感到悲伤的事啊！太平之所以还未遍及天下，大致都是因为这个缘故。"

"人之常情是安宁就乐于活着，痛苦就想到不如死去。在刑杖的拷打下，什么样的供词得不到呢？所以犯人承受不了身体上的痛苦，就编造假的供词交给审判者。审讯他的官吏觉得这样做很方便，就引导犯人招供来证实他的罪名。又担心上奏时被驳回，于是就罗织罪名，修饰供词，使其周密而没有破绽。奏书上判定的罪名已成，即使是善于判案的皋陶听了，也会认为此人是死有余辜。为什么会

皆疾吏之风，悲痛之辞也。故天下之患，莫深于狱；败法乱正，离亲塞道，莫甚乎治狱之吏。此所谓一尚存者也。"

"臣闻乌鸢之卵不毁，而后凤皇集，诽谤之罪不诛，而后良言进。故古人有言曰：'山薮藏疾，川泽纳污，瑾瑜匿恶，国君含诟。'唯陛下除诽谤以招切言，开天下之口，广箴谏之路，扫亡秦之失，尊文、武之德，省法制，宽刑罚，则太平之风，可兴于世，永履和乐，与天无极，天下幸甚。"上善其言。

苏建，杜陵人也。子武，字子卿。武帝遣武以中郎将，持节送匈奴，使与副中郎将张胜及假吏常惠等俱。会虞常等谋反匈奴中。虞常在汉时，素与副张胜相知，私候胜曰："闻汉天子甚怨卫律，常能为汉杀之。吾母与弟在汉，幸蒙其赏。"人夜亡告之。单于怒，召诸贵人议欲杀汉使者。左伊秩訾曰胡官号也。："即谋单于，何以复加？宜皆降之。"单于使卫律召武受辞，武曰："屈节辱命，虽生，何面目以归汉！"引佩刀自刺。卫

这样?因为罗织的罪状很多,经修饰而确定的罪名也很明确。所以审理案件的官员们就专门做这些苛刻残暴的事,不顾及给国家带来的祸患,这是当今社会的大害呀!所以俗话说:'就是在地上画个圈当作牢狱,人们也议论着不敢进入;就是用木头刻一个狱吏,也必定无人愿意面对它。'这都是人们痛恨狱吏的民谣、表达他们伤心悲痛之情的言辞啊!所以天下的忧患,没有比刑狱更深重的;败坏法律、扰乱公正,使亲人分离、正道堵塞,没有比审理案件的官员为害更大的。这就是至今仍然存在着的过失之一。"

"臣听说乌鸦、老鹰的卵不被毁坏,而后凤凰才来停栖;犯有诽谤之罪的人不被诛罚,而后才会有人进献良言。所以古人有这样的话:'山深林密的地方藏有毒害之物,河川广大因而能容纳污垢,美玉中隐藏着瑕疵,国君也应能容忍耻辱。'唯愿陛下免除诽谤者之罪以便接受正直的言论,让天下人敢于开口讲话,开扩进谏的途径,扫除亡秦的过失,尊崇文王、武王的德政,减少法令制度,宽减刑罚,那么太平盛世的风气就可在当世兴起,国家可以永远地和平安乐,和上天一样长久而无有穷尽,那天下百姓将会十分庆幸了。"皇上很赞许他的建议。

苏建,杜陵人。他的儿子苏武,字子卿。武帝派苏武以中郎将的身份,持符节护送匈奴的使者返回,和副中郎将张胜及临时派往的官吏常惠等同行。此时,适逢虞常等人在匈奴中谋反。虞常在汉朝时,素来和副中郎将张胜有交往,他私下去拜访张胜说:"听说汉天子非常怨恨卫律,我能为汉朝杀掉他。我的母亲和弟弟都在汉朝,希望他们有幸能得到一些赏赐。"有人晚上逃走,向单于告密。单于发怒,召集匈奴贵族商议,准备杀掉汉朝的使者。左伊秩訾说:"(仅仅因为密谋杀害卫律就杀了他们,未免处罚过于重了。)假如是谋杀

律惊,自抱持武,气绝,半日复息。

单于壮其节,使使晓武。会论虞常,欲因此时降武。剑斩虞常已,律曰:"单于募降者赦罪。"举剑欲击之,胜请降。律谓武曰:"副有罪,当相坐。"复举剑拟之,武不动。律曰:"苏君,律前负汉归匈奴,幸蒙大恩,赐号称王,拥众数万,马畜弥山,富贵如此。苏君今日降,明日复然。空以身膏草野,谁复知之!"武不应。律曰:"君因我降,与君为兄弟,今不听吾计,后虽欲复见我,尚可得乎?"武骂律曰:"汝为人臣子,不顾恩义,畔主背亲,为降虏于蛮夷,何以汝为见?且单于信汝,使决人死生,不平心持正,反欲斗两主,观祸败。南越杀汉使者,屠为九郡;宛王杀汉使者,头悬北阙;朝鲜杀汉使者,即时诛灭。独匈奴未耳。若知我不降,明欲令两国相攻,匈奴之祸,从我始矣。"

律知武终不可胁,白单于。单于愈益欲降之,乃幽武置大窖中,绝不饮食。天雨雪,武卧啮雪,与旃毛并咽之,数日不死,匈奴以为神,乃徙武北海上无人处,使牧羝羊,曰:"羊乳,乃得归。"武至海上,廪食不至,掘野鼠去草实而食之,杖汉

单于,又该如何加重处罚呢?应该让他们全部投降。"单于派卫律召见苏武听受令词,苏武说:"让我失节归附,辜负使命,即使活着,还有什么面目再回到汉朝!"于是便拔出佩刀往身上刺。卫律大惊,亲自抱住苏武。苏武昏死过去,半天才又苏醒过来。

单于钦佩苏武的节操,派使者劝降苏武,又请他共同参与审判虞常,单于想趁此机会迫使苏武投降。用剑斩杀虞常之后,卫律说:"单于招募投降的人,可赦免其罪。"他举剑准备杀张胜,张胜请求投降。卫律又对苏武说:"副使有罪,正使应当与他连坐。"又举起剑来对着苏武,苏武毫不动摇。卫律说:"苏君,我卫律之前背叛汉朝归顺匈奴,有幸蒙受单于大恩,赐我王号,拥有数万部众,牛马满山,富贵到这种程度。苏君今日归降,明天也会和我一样。否则被杀,白白葬身在草莽荒野之中,又有谁知道你呢?"苏武不予理睬。卫律又说道:"你能因我而归降,我可以和你结为兄弟。如果今天不听从我的劝告,以后就是想再见我,还有可能吗?"苏武痛骂卫律说:"你身为汉朝臣子,不顾及恩义,背叛君主和亲人,做了蛮夷的俘虏,我为什么要见你!况且单于信任你,让你裁决人的生死,你却不能秉持公道,反而想让汉、匈两方君主相斗,坐观争战造成的灾祸。过去南越杀死汉使,结果被汉攻灭并分为九郡;大宛国王杀死汉使,结果他的首级被挂在了汉宫北面的楼台;朝鲜杀死汉使,立刻便被诛灭。惟有匈奴还没有杀过汉使。你知道我不会投降,明明是打算(杀死我)让两国相攻伐,匈奴的大祸,将从我开始了!"

卫律知道终究不能威胁苏武投降,就向单于禀报,单于却更加想使苏武投降,于是便把苏武囚禁到一个大地窖中,断绝他的饮食。当时天降大雪,苏武卧在地窖中,吞食积雪和毡毛,好几天都没有死。匈奴以为苏武是神人,就把他迁徙到北海边没有人烟的地方

节而牧羊，卧起操持，节旄尽落。

单于使李陵至海上，为武置酒设乐，因谓武曰："单于闻陵与子卿素厚，故使陵来说足下，虚心欲相待。终不得归，空自苦无人之地，信义安攸见乎？来时太夫人已不幸，子卿妇年少，闻已更嫁矣。独有女弟二人，两女一男，今复十余年，存亡不可知。人生如朝露，何久自苦如此！陵始降时，忽忽如狂，自痛负汉，加以老母繫保宫，子卿不欲降，何以过陵？且陛下春秋高，法令无常，大臣无罪夷灭者数十家，安危不可知，尚复谁为乎？愿听陵计。"武曰："武父子无功德，皆陛下所成就，位列将，爵通侯，兄弟亲近，常愿肝脑涂地。今得杀身自效，虽蒙斧钺汤镬，诚甘乐之。臣事君犹子事父，子为父死无所恨，愿勿复再言。"陵与武饮数日，复曰："子卿壹听陵言。"武曰："自分已死久矣！王必欲降武，请毕今日之欢。效死于前！"陵见其至诚，喟然叹曰："嗟乎，义士！陵与卫律之罪，上通天。"因泣下沾襟，与武决去。

去，让他放牧公羊，并说："直到公羊产奶才能放你回国。"苏武来到北海边，匈奴不供给他粮食，他就挖野鼠贮藏的草籽来充饥。他手持汉朝的符节牧羊，日常起居都握着它，以致节杖上的旄牛尾毛都脱落光了。

单于派李陵到北海边，为苏武安排酒宴和乐舞，借机向苏武说："单于听说我和您平素交情深厚，所以派我来劝说您。他诚心地等待您归顺，看来您终生是不能回汉朝去了。自己在这荒无人烟的地方白白受苦，您的信义又在何处会被人看到呢？我来匈奴的时候，您的母亲已不幸谢世，嫂夫人还年轻，听说已经改嫁了，只剩两个妹妹、两个女儿和一个儿子，至今已过了十多年，生死不知。人生在世如同早晨的露水，转瞬即逝，您何必这样长久地折磨自己呢？我刚归降匈奴时，精神恍惚，若疯若狂，痛恨自己背叛了汉朝，加上老母亲被拘禁在保宫做人质，您不想投降的心情，怎么能超过我呢？况且陛下（指汉武帝）年事已高，法令变化不定，大臣无罪而被诛杀的就有好几十家，安危不可预料，您还为谁效忠呢？希望您能听从我的意见。"苏武说："我苏武父子无功无德，都是因为陛下的成就，才能位居列将，爵至通侯，兄弟三人都为皇上的近臣，常愿为陛下肝脑涂地。今天若能杀身报国，即使遭受斧钺之诛、汤镬之刑，也心甘情愿。人臣事奉君主，就如同儿子事奉父亲，儿子为父亲而死是没有什么遗憾的，希望您不要再说了。"李陵和苏武宴饮数日，又对苏武说："子卿，请您一定听从我的话。"苏武说："我自以为已经死去很久了，大王若一定要使我投降，就请结束今日的欢宴，让我死在您的面前。"李陵看到苏武对汉朝如此忠诚，叹息地说："唉，真是义士啊！我李陵和卫律的罪过，上通于天。"于是泪如雨下，沾湿了衣襟，便和苏武告别而去。

武留匈奴十九年，始以强壮出，及还，须发尽白。在匈奴闻上崩，南向号哭欧血，旦夕临。数月，卒得全归。宣帝甘露三年，单于始入朝。上思股肱之美，乃图画其人于麒麟阁，法其形貌，署其官爵姓名。唯霍光不名，曰大司马大将军博陆侯姓霍氏。次曰卫将军富平侯张安世，次曰车骑将军龙额侯韩增，次曰后将军营平侯赵充国，次曰丞相高平侯魏相，次曰丞相博阳侯丙吉，次曰御史大夫建平侯杜延年，次曰宗正阳成侯刘德，次曰少府梁丘贺，次曰太子太傅萧望之，次曰典属国苏武。皆有功德，知名当世，是以表而扬之，明著中兴辅佐，列于方叔、召虎、仲山甫焉。几十一人。

韩安国，字长孺，梁人也，为御史大夫。是时匈奴请和亲，上下其议。大行王恢议曰："汉与匈奴和亲，率不过数岁即背约，不如勿许，举兵击之。"安国曰："千里而战，即兵不获利。今匈奴负戎马足，怀鸟兽心，迁徙鸟集，难得而制。得其地，不足为广；有其众，不足为强。自古弗属汉。数千里争利，则人马疲；虏以全制其弊，埶必危殆。臣故以为不如和亲。"群臣议多附安国，于是上许和亲。

明年，雁门马邑豪聂壹因大行王恢言："匈奴初和亲亲信，边可诱以利致之，伏兵袭击，必破之道也。"上乃召问公卿曰："朕饰子女以配单于，币帛文锦，赂之甚厚。单于待命加

苏武在匈奴被扣留十九年，出使时年富力强，到回国时，胡须头发都白了。他在匈奴听到武帝驾崩的消息后，面向南方号啕大哭，以致口吐鲜血，每天早晚都哭吊武帝。过了几个月，终于回到祖国。宣帝甘露三年，呼韩邪单于开始朝见汉朝皇帝。宣帝怀念辅佐大臣们的美德，在麒麟阁绘制了他们的图像，仿照他们的形体容貌，注明他们的官爵、姓名，只有霍光不直署其名，而称"大司马大将军博陆侯姓霍氏"。以下依次为卫将军富平侯张安世、车骑将军龙额侯韩增、后将军营平侯赵充国、丞相高平侯魏相、丞相博阳侯丙吉、御史大夫建平侯杜延年、宗正阳成侯刘德、少府梁丘贺、太子太傅萧望之、典属国苏武。这些人都功勋卓著、品德高尚，闻名于当代，因此加以表彰，以显扬他们都是中兴汉室的辅佐大臣，可与辅佐周宣王中兴的方叔、召虎、仲山甫媲美，共十一人。

韩安国，字长孺，梁国人，（汉武帝时）任御史大夫。当时，匈奴请求与汉朝和亲，皇上将此事交由群臣商议。大行王恢发表议论说："汉朝与匈奴和亲，大概过不了几年匈奴就会背弃盟约。不如不要答应，而发兵攻打匈奴。"韩安国说："到千里之外作战，即使出兵也得不到什么利益。现在匈奴依仗兵马充足，怀着鸟兽一样的邪心，如群鸟飞集般迁徙，很难制服他们。得到他们的土地也不能算是开疆扩土，拥有他们的民众不能算强大，匈奴自古以来就不隶属于我们。汉兵到几千里之外去争夺利益，就会人马疲惫，敌人则可以全力来对付我们的疲惫之师，形势必定会很危险。臣因此认为不如与匈奴和亲。"群臣的议论多数附和韩安国，于是武帝同意与匈奴和亲。

和亲第二年，雁门郡马邑城豪杰聂（翁）壹通过大行王恢向武帝进言说："匈奴刚刚和亲，亲近信任边境之民，可以用利益引诱他们前来，再设伏兵袭击，这是必定能击破匈奴的办法。"皇上于是召

嫚,侵盗无已,边境数惊,朕甚闵之。今欲举兵攻之,何如?"大行王恢对曰:"陛下虽未言,臣固愿效之。臣闻全代之时,北有强胡之敌,内连中国之兵,然尚得养老长幼,仓廪常实,匈奴不轻侵也。今以陛下威,海内为一,又遣子弟乘边守塞,转粟挽输,以为之备,然匈奴侵盗不已者,无他,以不恐之故耳。臣窃以为击之便。"

安国曰:"不然。臣闻高皇帝尝围于平城,七日不食,天下歌之,解围反位,而无忿怒之心。夫圣人以天下为度者也,不以己私怒伤天下之功。故乃遣刘敬奉金千斤以结和亲,至今为五世利。孝文皇帝又尝壹拥天下之精兵,聚之广武常溪,然无尺寸之功,而天下黔首无不忧者。孝文寤于兵之不可宿,故复合和亲之约。此二圣之迹,足以为效矣。臣窃以为勿击便。"

恢曰:"不然。臣闻五帝不相袭礼,三王不相复乐,非故相反也,各因世宜。且高帝所以不报平城之怨者,非力不能,所以休天下之心也。今边境数惊,士卒伤死,中国槥车相望,此仁人之所隐也。隐,痛也。臣故曰击之便。"

集群臣询问道:"朕选派美女梳妆打扮许配给单于,给他钱币布帛、彩色织锦,赠送的财物很是丰厚。而单于对待我朝的命令甚为轻慢,侵犯劫夺无有止境,边境多次被惊扰,朕很忧虑。现在打算举兵攻打匈奴,大家认为如何?"大行王恢回答说:"陛下即使不说,臣本来就希望进献这个策略了。臣听说全代国的时候,北方有强大的胡人为敌,又与中原内地战事不断,然而还能抚养老幼,粮仓常能充实,匈奴不敢轻易侵犯。今天凭借陛下的威德,国家统一,又派遣士兵守备边城,把守要塞,转运军粮,作为战时的储备。然而(即便如此)匈奴仍侵犯抢掠不停,没有别的原因,是因为他们不害怕汉朝的缘故。臣私下以为还是进攻匈奴有利。"

韩安国说:"不是这样。臣听说高祖皇帝曾经被匈奴围困在平城,断食七天,天下人作歌传颂。在解围返回京师后,却没有愤怒之心。圣人当以天下为重,宽宏大量,不因自己的私怨而损害天下的公义,所以(高祖皇帝)派遣刘敬奉送了千斤黄金,与匈奴结亲和好,到如今经历的五代帝王都从中得到了利益。孝文皇帝也曾经集中天下的精兵,聚集到广武、常溪一带,然而却没取得一点功绩,且天下百姓没有不忧虑的。孝文帝认识到军队不可以长久驻扎(抵御匈奴),所以再次联合匈奴订立了和亲的盟约。这两位圣明帝王的事迹,是完全可以效法的。臣私下以为还是不攻打匈奴为好。"

王恢说:"不是这样。臣听说五帝的礼仪不互相沿袭,三王的礼乐也不重复,这并不是故意相违背的。各代都是依照当时适宜的情况来制定(礼乐),况且高祖皇帝所以不报平城之仇的原因,不是力量达不到,而是为让天下之人得以休息,让百姓安心。现在边境多次遭受惊扰,士卒伤亡,我国境内出丧的灵车连接不断,这是仁人志士所怜悯痛心的事。臣因此认为还是进攻为好。"

安国曰："不然。臣闻利不十者不易业，功不百者不变常。且自三代之盛，夷狄不与正朔服色，非威不能制、强弗能服也，以为远方绝地不牧之臣，不足烦中国也。且匈奴轻疾悍亟之兵也，至如猋风，去如收电，逐兽随草，居处无常，难得而制。今使边郡久废耕织，以支胡之常事，其势不相权也。臣故曰勿击便。"

恢曰："不然。臣闻凤鸟乘于风，圣人因于时。昔秦穆公都雍，地方三百里，知时宜之变，攻取西戎，辟地千里。及后蒙恬为秦侵胡，辟数千里，以河为境，匈奴不敢饮马于河。夫匈奴独可以威服，不可以仁畜也。今以中国之威，万倍之资，遣百分之一以攻匈奴，譬犹以强弩射且溃之痈也，必不留行矣。若是，则北发月氏，可得而臣也，故曰击之便。"

安国曰："不然。臣闻用兵者，以饱待饥，正治以待其乱，定舍以待其劳。故接兵覆众，伐国堕城，常坐而役敌国，此圣人之兵也。且臣闻之，冲风之衰，不能起毛羽；强弩之末，力不能入鲁缟。夫盛之有衰，犹朝之有暮也。今卷甲轻举，深入长 敺，难以为功。从行则迫胁，横行则中绝，疾则粮乏，徐则后利，不至千里，人马乏食。兵法曰：'遗人获也。'意者有他缪

韩安国说："并非如此。臣听说利益达不到十倍时，就不改变原来的职业；功效达不到百倍时，绝不改变原来的常规。况且自从夏、商、周三代昌盛之时开始，夷狄就不随着中国改正朔、易服色，这并不是因为中原的威势不能制服他们，强大不足以使他们屈服，而是认为远方边地不受管辖的民众，不值得烦劳我朝治理。况且匈奴都是些轻捷迅猛的军队，来时像疾风，去时如闪电，他们追逐野兽的迁移而居，随着水草的枯荣而迁徙，居处没有固定的地方，难以找到并制服他们。现在让边地郡县长久的荒废农桑，来支持与匈奴常年不断的战争，这种形势（对汉朝）是很不平衡的！臣因而认为不出击为好。"

王恢曰："不是这样。臣听说凤鸟顺风而飞，圣人因时而变。过去秦穆公定都雍城，国土只有方圆三百里，因为懂得因时而变，攻取了西戎，开辟国土千余里。到后来蒙恬为秦朝出击匈奴，开辟了数千里的疆域，以黄河为边界，使匈奴人不敢到黄河来饮马。匈奴只可以用威力慑服，不能用仁义来教养。现在凭我国的威力，（超过匈奴）万倍的资财，只要用百分之一的力量来攻打匈奴，就如同拿强弩来射将要溃烂的脓疮一样，必定是不可阻挡的。如果这样征服了匈奴，那么北发、月氏也就可以臣服了。所以说还是进攻有利。"

韩安国说："不是这样。臣听说用兵打仗，是以饱待饥，整顿（自己）来等待敌人的混乱，以安定休息来等待敌军的疲劳。所以（这样的军队）与敌人交战就可以打败他们的大军，攻伐敌国就能摧毁他们的城池，常常是安坐不动就可役使敌国，这是圣人的用兵之道。况且臣听说，暴风到了风力衰微时，连羽毛也吹不起来；强弩发出的箭，到了末程，连鲁绢也穿不过。盛强会有衰败的时候，就好像有早晨就会有晚上一样。现在轻装疾进，草率行动，深入匈奴腹

巧以禽之，则臣不知也。不然，则未见深入之利也。臣故曰勿击便。"

恢曰："不然。夫草木遭霜者，不可以风过；清水明镜，不可以形逃；通方之士，不可以文乱。今臣言击之者，固非发而深入也。将顺因单于之欲，诱而致之边。吾选骁骑壮士，审遮险阻，吾势已定，或营其左，或营其右，或当其前，或绝其后，单于可禽，百全必取。"

上曰："善。"乃从恢议。阴使聂壹为间，亡入匈奴，谓单于曰："吾能斩马邑令丞以城降，财物可尽得。"单于信以为然而许之。聂壹乃诈斩死罪囚，悬其头马邑城下，示单于使者，于是单于穿塞，将十万骑，入武州塞。是时。汉兵三十余万，匿马邑旁谷中，约单于入马邑，纵兵击之。单于入塞，未至马邑百余里，觉之，还去。诸将竟无功，恢坐自杀。

董仲舒，广川人也。下帷读书，三年不窥园。举贤良，武帝

地，长途奔袭，难以取得功绩。大军纵向前行，则会有前部受到迎击的威胁；横向数道并出，就会有被隔断、截击的忧患。行军迅速，军粮就会供给不上；进军缓慢，就会错失有利时机。军队未等深入到千里之外，人马就会缺乏粮食。这正如兵法上所说：'把军队送给敌人，让敌方俘获。'大概主战者还有其它的巧计可以制服敌人，那臣就不知道了；不然的话，则看不出深入敌区攻打匈奴有什么好处。臣因此认为不要进攻为好。"

王恢说："不是这样。草木遭霜打后，就经不住风吹（会很快凋零）；对清水、明镜，形貌的美丑都无法掩饰；通晓方略的人士，不会被浮华的文词所迷惑。如今臣所说要攻打匈奴的办法，本来就不是要发兵深入敌境，而是要依循单于的欲望，诱使他来到边界，我们挑选勇猛的骑兵、善战的将士，小心地据守险要之处。我方形势确定之后，有的在（敌军前来的路上）左边扎营，有的在其右边扎营，有的在其前方阻拦，有的在后方断绝敌人退路，这样就可擒拿单于，必会大获全胜。"

皇上说："好！"于是就听从了王恢的建议，暗中派聂壹做间谍，逃入匈奴境内，向单于说："我能杀掉马邑的县令和县丞，献出马邑城归降，您可以得到城中的全部财物。"单于信以为真，便同意了他的计划。聂壹回来后，就斩杀了两个死刑犯，假称是县令和县丞，把他们的头挂在马邑城下，给单于的使者看。于是单于穿过边塞，率领十万骑兵进入武州塞。这时候，汉军三十多万人，正埋伏在马邑附近的山谷中，众将约定，单于一进入马邑城，就出兵攻击。单于进入武州塞，离马邑还有一百多里时，发觉其中有诈，便率军回去了。各位将领都没有立功，王恢于是自杀。

董仲舒，广川人。他放下帷幕在室内闭门苦读，三年之中未曾观

制问焉,曰:"盖闻五帝三王之道,改制作乐,而天下洽和,百王同之。圣王已没,钟鼓筦弦之声未衰,而大道微缺陵夷,至乎桀、纣之行作,王道大坏矣。夫五百年之间,守文之君,当涂之士,欲则先王之法,以戴翼其世者甚众,然犹不能反,日以仆灭至后王而后止,岂其所持操或誖缪而失统与?固天降命不可复反与?夙兴夜寐,法上古者,又将无补与?三代受命,其符安在?灾异之变,何缘而起?性命之情,或夭或寿,或仁或鄙,习闻其号,未烛厥理。伊欲风流而令行,刑轻而奸改,百姓和乐,政事宣昭,何修何饰,而膏露降,百谷登,德润四海,泽臻草木,三光全,寒暑平,受天之祐,享鬼神之灵,德泽洋溢,施乎方外,延及群生?士大夫其明以谕朕,靡有所隐。"

仲舒对曰:"陛下发德音,下明诏,求天命与情性,皆非愚臣之所能及也。臣谨按《春秋》之中,视前世已行之事,以观天人相与之际,甚可畏也。国家将有失道之败,而天乃先出灾害以谴告之;不知自省,又出怪异以警惧之;尚不知变,而伤败乃至。以此见天心之仁爱人君,而欲止其乱也。自非大无道之世者,天尽欲扶持而全安之。事在强勉而已矣。强勉学问,

赏园景。后被推举为贤良文学之士。当时武帝策问道："听说五帝三王的治国之道，是改革制度、制作礼乐，从而使得天下和睦，历代帝王也都是这样做的。圣明的君王已经过世，钟鼓管弦的声音尚未衰亡，可治世的大道已经衰微了，甚至出现了夏桀、商纣这样的暴君行为，王道已严重败坏了。这五百年之间，遵循先王制度的君主，掌权的士大夫，想效法先王的法度，来匡济当世的人很多，然而都没能扭转这种局面，并且王道日益趋向毁灭，直到后来的君王兴起，这种趋势才得以停止，难道是因为他们所坚持的错了因而丧失了纲纪吗？还是本来天命就是这样，不是人力所能扭转的呢？那么早起晚睡，努力地效法上古之治，难道也都于事无补吗？夏、商、周三代的君王接受天命，其征兆又表现在哪里呢？灾害和异常现象的变化，是因为什么而发生的呢？人们禀赋的情况，有的夭折，有的长寿；有的仁德，有的浅陋，经常听到这些名称，却未能洞悉其中的道理。朕希望使教化传播而政令畅行，减轻刑罚而邪恶者改正，百姓和睦安乐，政事畅达显扬。要怎样整顿治理才能使甘露普降，百谷丰收，德行滋润四海，恩泽遍及草木；使日月星辰没有亏蚀，四季寒暑平稳正常，能够承受上天的福佑，所供之物能被鬼神享用；让恩德广泛传播，施及到边远地区，扩展到所有生命呢？请士大夫们明白地告诉朕，不要有所隐瞒。"

董仲舒对答说："陛下发布仁德之言，下达英明的诏示，依循天地自然规律与本性，这都不是愚臣所能答覆的。臣根据《春秋》之中的记载，比照前代已经做过的事情，来观察天与人之间相互感应的关系，（结果）是非常令人畏惧的。国家将出现违背道义的过失时，上天就会先降下灾祸来谴责警告君主；若不知自我反省，又会出现奇异反常的现象使他警戒恐惧；如果还不知悔改，那么伤害和败亡就会来临。由此可见，天意对人君是仁爱的，希望帮助他制止国家的祸

则闻见博而智益明；强勉行道，则德日起而大有功。此皆可使还至而立有效者也。"

"夫人君莫不欲安存，而恶危亡，然而政乱国危者甚众，所任者非其人，而所由者非其道也。夫周道衰于幽厉，非道亡也，幽厉不由也。至于宣王，思昔先王之德，周道粲然复兴，此夙夜不懈行善之所致也。孔子曰：'人能弘道，非道弘人也。'故治乱废兴在于己，非天降命不可得反也。"

"及至后世，淫泆衰微，诸侯背叛，废德教而任刑罚。刑罚不中，则生邪气。邪气积于下，怨恶蓄于上。上下不和，阴阳缪戾，而妖孽生矣。此灾异所缘而起也。故尧、舜行德，则民仁寿；桀、纣行暴则民鄙夭。夫上之化下，下之从上，犹泥之在钧，唯甄者之所为；陶人作瓦器谓之甄。犹金之在镕，唯冶者之所铸。'绥之斯俫，动之斯和'，此之谓也。"

"天道之大者在阴阳。阳为德，阴为刑。刑主杀，而德主生。是故阳常居大夏，而以生育养长为事；阴常居大冬，而积于空虚不用之处。以此见天之任德不任刑也。天使阳出布施于上而主岁功，使阴入伏于下而时出佐阳。阳不得阴之助，亦

乱。倘若不是非常无道的时代，上天都希望帮助并保全君主，事情都在于自己奋发努力罢了。努力学习并询问，那么见闻就会广博而智慧也会更加贤明；努力行道，那么德政就会一天天兴起而取得大的功绩，这些都是可以很快做到且立刻就会见效的事呀！"

"君主没有不希望自己的国家安定存续而厌恶灭亡的，可是政治混乱、国家危急的情况却很多，这是因为所任用的人不得当，且所奉行的也不是正确的治国之道。周代的治国之道衰败于厉王、幽王之时，不是治国之道灭亡了，而是幽王、厉王不再遵从了。到了周宣王时，追思昔日先王的德行，周朝的治国之道又明显地再度兴盛，这是由于他日夜辛劳，勤奋不懈地实行善政所达到的。孔子说：'人能光大道义，不是道义去光大人'。所以国家的安定与动乱，兴盛与衰亡，都决定于君主自己，而并非天命不可挽回。"

"等到了后世，君王恣意逸乐，王道衰败，诸侯背叛，废弃道德教化而任用刑罚。刑罚使用得不恰当，就会产生邪气；邪气聚集于下，怨恨憎恶蓄积于上；上下不和，阴阳错乱，那么异常的现象就会产生了。这就是灾异所依据而产生的原因。所以唐尧、虞舜施行德政，人民就仁德而长寿；夏桀、商纣施行暴政，人民就贪婪卑鄙而短命。在上位的君主教化下面的臣民，下面的臣民服从君主，犹如泥土放在制陶器的转轮上，听凭制陶工人加工；又如同金属在模具里，任随铸造工人铸造。'以仁政安民，则远方之人就会前来归附；用教化感动人们，则百姓就会和睦喜悦。'说的就是这个道理。"

"天道主要讲的是阴阳。阳代表德，阴代表刑，刑主杀，德主生。因此阳常常处于盛夏，以生育长养为职事；阴常常处于隆冬，积聚在空虚不用的地方。从这里就可看出上天是任用德教而不任用刑罚的。上天使阳气上升，在上普遍施予万物，主管一年的农业收成；

不能独成岁也。王者承天意以从事,故任德教而不任刑。刑者不可任以治世,犹阴之不可任以成岁也。为政而任刑,不顺于天,故先王莫之肯为也。今废先王任德教之官,而独用执法之吏治民,无乃任刑之意与!孔子曰:'不教而诛,谓之虐。'虐政用于下,而欲德教之被四海,故难成也。"

"故为人君者,正心以正朝廷,正朝廷以正百官,正百官以正万民,正万民以正四方。四方正,远近莫敢不壹于正,而无有邪气奸其间者。是以阴阳调而风雨时,群生和而万民殖。天地之间被润泽而大丰美,四海之内闻盛德而皆徕臣,诸福之物,可致之祥,莫不毕至,而王道终矣。"

"孔子称:'凤鸟不至,河不出图,吾已矣夫!'自悲能致此物,而身卑贱不得致也。今陛下居得致之位,操可致之势,又有能致之资,然而天地未应,而美祥莫至者,何也?凡民之从利,如水之走下,不以教化隄防之,不能止也。是故教化立,而奸邪皆止者,其隄防完也;教化废,而奸邪皆出,刑罚不能胜者,其隄防坏也。古之王者,莫不以教化为大务。立大学以教于国,设庠序以化于邑,渐民以仁,摩民以义,节民以礼,故其刑罚甚轻,而禁不犯者,教化行而习俗美也。"

让阴气隐藏于地下而时常出来辅助阳气。阳气如果得不到阴的辅助，也不能单独成就丰年。王者顺承上天的意旨来行事，所以任用德教而不任用刑罚。刑罚不能单独用来治理天下，犹如不能只靠阴气而成就丰年一样。治国理政而任用刑罚，这是不顺从天意，因此先王没有愿意这样做的。现在废黜了先王负责德教的官员，而只任用执法的官吏来治理人民，恐怕这是任用刑罚来治国的意思吧！孔子说：'不先对人民进行教化，而人们犯了罪就将其诛杀，这叫做暴虐。'使用暴虐的政令对待下民，却想使德教普及天下，所以很难成功。"

"所以作为君主，要先端正自己的思想才能整肃朝廷，整肃朝廷才能整肃百官，整肃百官才能整肃万民，整肃了万民才能匡正天下。天下万民匡正了，那么远近之人就没有不统一于正道的，从而也就没有邪气扰乱于天地之间了。因此阴阳协调，就会风雨及时，万物和谐相处，人民繁衍生息。天地之间的事物蒙受恩泽而显得十分丰富美好，四海之内的人民听闻天子高尚的德行都来臣服，一切能带来福运的东西，可以获得的祥瑞，无不到来。于是王道也就完成了。

孔子说：'凤鸟不出现，黄河中也没有龙马现图，我恐怕要完了。'他悲伤自己的德行本可以招来这些祥瑞，却因地位卑贱而不能招来。如今，陛下处于可以招致祥瑞的地位，掌握着可以招致祥瑞的权势，又拥有能够招致祥瑞的资质，可是天地却没有感应，吉祥的征兆也没有到来，这是为什么呢？大凡百姓追逐利益，就像水往低处流一样，不用教化来约束，就不能阻止。因此，教化建立而奸诈邪恶之事就会停止，是因为防备完善；教化荒废而奸诈邪恶之事就会出现，用刑罚也不能制止，这是因为堤防坏了。古代的君王，没有不把教化当作治国要务的。设立太学在国都推行教化，建立庠序（地方学校）在城邑乡镇开展教化；用仁爱来惠及人民，用道义来勉励人民，

"圣王之继乱世也,埽除其迹而悉去之,复修教化而崇起之。教化已明,习俗已成,子孙循之,行五六百岁,尚未败也。至周之末世,大为无道,以失天下。秦继其后,犹不能改,又益甚之,重禁文学,弃捐礼谊,其心欲尽灭先圣之道,而专为自恣苟简之治,故立为天子,十四岁而国破亡矣。自古以来,未尝有以乱济乱,大败天下之民,如秦者也。其遗毒余烈,至今未灭。"

"今汉继秦之后,如朽木粪墙矣,虽欲善治之,无可奈何。法出而奸生,令下而诈起,如以汤止沸、以薪救火,愈甚,无益也。窃譬之琴瑟,琴瑟不调,甚者,必解而更张之,乃可鼓也;为政而不行,甚者,必变而更化之,乃可理也。当更张而不更张,虽有良工,不能善调也;当更化而不更化,虽有大贤,不能善治也。故汉得天下以来,常欲善治,而至今不可善治者,失之于当更化而不更化也。古人有言:'临川而羡鱼,不如退而结网。'今临政而愿治,七十余岁矣,不如退而更化。更化则可善治,善治则灾害日去,福禄日来。夫仁谊礼智信,五常之道,王者所当修饰也。五者修饰,故受天之祐,而享鬼之灵,德施乎方外,延及群生也。"

用礼仪来节制人民。所以,刑罚虽然很轻,但却没有人违犯禁令,这是因为教化施行而习俗美好的缘故。"

"圣明的君主继承于乱世之后,要把乱世遗留的痕迹全部除去,重新恢复教化并使其振兴。教化既已昭明,良好的风气也已形成,后世子孙遵循照做,奉行了五、六百年仍没有衰败。到了周朝末期,君主大行无道之事,以致丧失了天下。秦朝继周之后,仍然未能改变这种形势,反而更加无道,严禁文章经籍,抛弃礼法道义,其用心是想完全毁灭先王之道,而专门实施能放纵自己、草率而简略的统治办法,所以做天子仅十四年,国家就灭亡了。自古以来,还未曾有过像秦朝那样以乱救乱、严重危害天下百姓的朝代。秦朝遗留下来的不良风气和恶劣影响,直到今天还未灭除。

现在汉朝继承于秦朝之后,天下的情况就像腐朽的木头和粪土筑起的墙,即使想好好地治理它,却也是无可奈何。法令一出而奸邪之事随即产生,命令一下而诡诈之行跟着兴起,正如用沸水去止息沸水,用柴火来救火,只会加重这种形势而无所裨益。臣私下用琴瑟来做比喻,琴瑟合奏时,声音没有调整得和谐,严重地话,就必须解开琴弦重新张设,然后才能弹奏;治理国家而不顺利,严重地话,就必须有所变更而改革政策,然后才能治理得好。应当重新张设琴弦而不更张,即使有好的乐工,也不能把琴瑟调理好;应当改革而不改革,即使有非常贤能的人,也不能够把国家治理好。所以汉朝自取得天下以来,常常希望好好地治理,而至今仍不能治理好的原因,就是失误在应当改革却没有改革上。古人有句话说:'站在河边想得到鱼,不如回家去织网。'现在从汉朝建立政权并希望实现天下大治,到现在已有七十多年了,不如退回来进行改革。进行改革就可以好好治理国家,国家治理好了,灾害就会日益消除,福禄就会日益到来。

天子览其对而异焉，制曰："盖闻虞舜之时，垂拱无为而天下太平；周文王至于日昃不暇食，而宇内亦治。夫帝王之道，岂不同条共贯与？何逸劳之殊也？殷人执五刑以督奸，伤肌肤以惩恶。成、康不式，四十余年，天下不犯，囹圄空虚。秦国用之，死者甚众，刑者相望。朕夙寤晨兴，惟前帝王之宪，功烈休德，未始云获。今阴阳错谬，群生寡遂，廉耻贸乱，贤不肖浑殽，未得其真。明其指略，称朕意焉。"

仲舒对曰："臣闻尧受命以天下为忧，而未闻以位为乐也，故诛逐乱臣，务求贤圣，是以教化大行，天下和洽。虞舜因尧之辅佐，继其统业，是以垂拱无为而天下治。孔子曰：'韶尽善矣'，此之谓也。至殷纣，逆天暴物，杀戮贤智，天下耗乱，万民不安。文王顺天理物，悼痛而欲安之，是以日昃不暇食也。由此观之，帝王之条贯同，然而劳逸异，所遇之时异也。"

仁、义、礼、智、信，是五种恒常不变之道，是帝王所应当进行整治的。这五个方面能得到整治，就可以受到上天的福佑，使鬼神来享受其祭祀，恩德普及于边远地区，扩展到万物生灵了。"

天子看了董仲舒的对策，感到与众不同，于是策问说："听说虞舜的时候，只是垂衣拱手，好像无所作为而天下太平；周文王则忙碌到以至于太阳偏西还顾不上吃饭，而国家也得到了很好的治理。帝王的治国之道，难道不是事理相通，脉络连贯的吗？为什么安逸和劳苦的差别竟是这样悬殊？殷人施行'五刑'来责罚奸邪，用毁伤身体的办法来惩戒恶人。周朝成王、康王之时不使用刑法有四十多年，天下没有人犯法，监狱里空无一人；秦朝使用刑法，而被处死的人很多，受刑之人接连不断。朕每天早早起来，便思考以前帝王的法令（想尽了一切办法），但在功业美德上，还是没有多大收获。现在阴阳错乱，许多生物得不到生长，廉耻混乱，贤才与不成材的人混杂在一起，不能得知真实的情况。希望各位能阐明你们的要旨，以满足朕的心愿。"

董仲舒对答说："臣听说唐尧受天之命，以天下为忧，而没有听说他以居于帝位为乐。于是诛戮、贬斥乱国之臣，致力于寻求贤达圣哲之人，因此教化盛行，天下和睦融洽。虞舜依靠尧的辅佐之臣，继承尧的帝王之业，所以垂衣拱手好像无所作为就使天下得到治理。孔子说：'韶乐真是十分完善呀。'说的就是这个意思。至于殷纣王，违反天意，残害万物，杀害贤人智士，天下混乱，人民不得安宁。周文王顺应天意治理人民，他为百姓感到悲伤痛心，希望能使他们安宁，因此忙到太阳偏西了还没有时间吃饭。由此看来，帝王治国之道的条理是相同的，然而却有劳苦与安逸的差异，那是因为所遭遇的时代不相同。"

"陛下愍世俗之靡薄，悼王道之不昭，故举贤良方正之士，论议考问，将欲兴仁谊之休德，明帝王之法制，建太平之道也。此大臣辅佐之职，三公九卿之任，非臣仲舒所及也。然而臣窃有所怪。夫古之天下，亦今之天下，共是天下，古以大治，上下和睦，不令而行，不禁而止，吏无奸邪，囹圄空虚，德润草木，泽被四海，以古准今，壹何不相逮之远也！安所缪戾，而陵夷若是？意者有所失于古之道与？有所诡于天之理与？"

"夫天亦有所分与，与上齿者去其角，傅其翼者两其足，是所受大者，不得取小也。古之所与禄者，不食于力，不动于末，是亦受大者，不得取小也。夫已受大，又取小，天不能足，而况人乎！此民之所以嚣嚣苦不足也。身宠而载高位，家温而食厚禄，因乘富贵之资力，以与民争利于下，民安能如之哉？是故博其产业，蓄其积委，务此而无已，以迫蹴民，民寖以大穷。富者奢侈羡溢，贫者穷急愁苦，而上不救，则民不乐生。民不乐生，尚不避死，安能避罪？此刑罚之所以繁而奸邪不可胜者也。"

"故受禄之家，食禄而已，不与民争业，然后利可均布，而民可家足也。此上天之理，而太古之道，天子之所宜法以为

"陛下怜悯社会风气的浮薄,哀伤王道不能昭明,所以选举贤良方正之士,考察策问并让他们发表意见,打算兴起仁义的美德,阐明帝王的法令制度,建立使国家太平的治国之道。这是辅佐大臣们的职事,三公九卿的责任,不是臣董仲舒所能知道的。然而臣私下有不解之处。古代的天下也是今日的天下,都是同一个天下,而古代圣君能使天下大治,上下和睦,不用命令人民也会行动,不用禁令也能制止,官吏中没有奸邪之人,监狱里空无囚犯;德行润及草木,恩泽广被四海。以古时候的情况来衡量现代,相差得有多么远啊!是什么地方出现错乱,以致道德风气衰败成这样呢?是比之古时候的治国之道有所差失吗?还是与天理有所违背呢?"

"上天对待万物也是有所分别的,给予利齿的动物就去掉其抵角,赐予翅膀的鸟类就只给它两只脚,这样接受了大的好处就不能再拥有小的利益。古代凡被给予俸禄的人,就不靠体力劳动谋生,也不从事于工商业,这也是接受了大的好处就不得再谋求小利。已经接受了大的好处,又要谋取小利,上天都不能使其满足,何况是人呢!这就是人民之所以怨声载道、愁苦衣食不足的原因。(那些达官显贵)身受宠爱而居于显赫的职位,家中富足而享受优厚的俸禄,于是凭借富有的资产,在下面和百姓争利。老百姓怎么能和他们相比呢?因此他们便扩大其产业,积蓄他们的财物,致力于这些事情而无了时;以此压迫百姓,人民渐渐变得十分困。富有的人奢侈富裕,贫穷的人穷困急迫、愁苦不堪,而在上位者不去救助,那么人民就会感觉到活着没有乐趣。人民如果不乐意活着,那就连死都不会躲避,又怎能惧怕犯罪呢?这就是刑罚繁多但奸邪仍然制止不了的缘故。"

"所以享受俸禄的人家,以俸禄为生就行了,不应当再与人民争夺产业,然后利益就可以普遍分布,而百姓也可满足家用了。这是

制,大夫之所当循以为行也。故公仪子怒而出其妇,愠而拔其葵,曰:'吾已食禄矣,又夺园夫工女利乎!'古之贤人君子在列位者皆如是,故下高其行而从其教,民化其廉而不贪鄙。故《诗》曰:'赫赫师尹,民具尔瞻。'由是观之,天子大夫者,下民之所视效,岂可以居贤人之位,而为庶人行哉!皇皇求财利,常恐匮乏者,庶人之意也;皇皇求仁义,常恐不能化民者,大夫之意也。《易》曰:'负且乘,致寇至。'乘车者,君子之位也;负担者,小人之事也。此言居君子之位,而为庶人之行者,其患祸必至也。"

上天的公理,也是远古的治国之道,天子应该效法作为制度,大夫也应当遵循作为自己的行为准则。所以春秋时公仪子(因其妻在家中织布)发怒赶走了他的妻子,气愤地拔掉自家所种的葵菜,说:'我已经享有俸禄了,还要夺取种菜园丁和织布女工的利益吗?'古时候贤人君子在位的都是这样,所以下面的人都尊崇他们的德行,服从他们的教化,人民被他们的廉洁所感化,而不贪婪卑鄙。所以《诗经》说:'赫赫有名的尹太师啊,人民都在瞻望着您'。由此看来,天子、大夫,是百姓所效法的榜样,怎能处在贤人之位却做出平民的行为呢?急切地谋取财利,经常担心财用缺乏,这是平民的想法;急切地寻求仁义,经常担心不能教化百姓,这是大夫的思想。《易经》上说:'卑贱者背着财物,又坐上马车显耀,就会招致强盗。'乘车,是君子的位置;背负肩挑,是平民民百姓的事情。这就是说,身处君子之位而又去做平民之事的人,他的祸患必定会到来。"

卷十八　汉书（六）

传

　　司马相如，字长卿，蜀郡人也。为郎。尝从上至长杨猎。是时，天子方好自击熊豕，驰逐野兽，相如因上疏谏。其辞曰："臣闻物有同类而殊能者，故力称乌获，捷言庆忌，勇期贲育。臣之愚窃以为人诚有之，兽亦宜然。今陛下好陵阻险，射猛兽，猝然遇逸材之兽，骇不存之地，犯属车之清尘，舆不及还辕，人不暇施巧，虽有乌获、逢蒙之伎，力不得施用，枯木朽株，尽为难矣。是胡越起于毂下，而羌夷接轸也，岂不殆哉！虽万全而无患，然本非天子之所宜近也。且夫清道而后行，中路而驰，犹时有衔橛之变。况乎涉丰草，骋丘墟，前有利兽之乐，而内无存变之意，其为害也不难矣！夫轻万乘之重，不以为安乐，出万有一危之涂以为娱，臣窃为陛下不取。盖明者远见于未萌，知者避危于无形，祸固多臧于隐微，而发于人之所忽者也。故鄙谚曰：'家累千金，坐不垂堂。'此言虽小，可以谕大。臣愿陛下留意幸察。"上善之。

传

司马相如,字长卿,蜀郡人。任郎官时,曾跟随武帝到长杨宫去打猎。这时天子正爱好亲自去击杀熊、野猪,骑马追逐野兽。相如因此上疏劝谏,奏疏中写道:"我听说万物中有同属一类而能力却不一样的。所以论力气人们称说乌获,讲敏捷人们总说庆忌,谈到勇猛应数孟贲、夏育。我很愚钝,私下认为人确实有这样的情形,兽类也应该是如此。如今陛下喜欢涉足险要的地方,射击猛兽,若突然遇上特别厉害的野兽,在意想不到的地方使马受惊,冲犯了皇上出行的侍从车,而车又来不及掉转车辕,人来不及施展本领,即使有乌获、逢蒙那样的技艺,力气却不能施展,(旁边的)枯木朽株也都会成为祸患呀!这如同匈奴、南越之兵在京城起事,而羌人、夷族接踵而至,岂不是很危险吗?即使绝对安全而没有祸患,这本来也不是天子所宜靠近的地方。况且,即便是清道戒严之后才出行,在路中心奔驰,还时常有驾驭马的衔子脱出的变故;更何况从茂密的草丛中经过,在大大小小的山陵上驰骋,眼前有获得野兽的乐趣,而内心没有留意意外变化的思想准备,在这种情况下很容易造成危害呀!轻忽帝王的尊贵,不以平安为乐事,而以行进在万一有危险的道路上为欢乐,臣自认为陛下不应该这样做。因为英明的人在事故尚未萌发之前就能洞察;睿智的人在危害尚未显露之时就能躲避。灾祸本来就多藏于隐蔽、细微之处,而发生于人所忽视的时候。所以俗谚说:'家中积蓄千金者,不敢坐在屋檐底下(以防屋瓦落下砸伤)'。这话说的虽是小事,却可以用来说明大道理。我希望陛下能够留意并审察这些俗

公孙弘，灾川人也。家贫，牧豕海上。年四十，乃学《春秋》。武帝初即位，弘年六十，以贤良对策焉。武帝制曰："盖闻上古至治，画衣冠，异章服，而民不犯，阴阳和，五谷登，六畜蕃，甘露降，风雨时，嘉禾兴，朱草生，山不童，童，无草木也。泽不涸，麟凤在郊薮，龟龙游于沼，河洛出图书。父不丧子，兄不哭弟；舟车所至，人迹所及，跂行喙息，咸得其宜。朕甚嘉之，今何道而臻乎？此天人之道，何所本始？吉凶之效，安所期焉？仁义礼智，四者之宜，当安设施？属统垂业，天文、地理、人事之纪，子大夫习焉，其悉意正议。"

弘对曰："臣闻上古尧舜之时，不贵爵赏而民劝善，不重刑罚而民不犯，躬率以正，遇民信也；末世贵爵厚赏而民不信也，夫厚赏重刑，未足以劝善而禁非，必信而已矣。是故因能任官，则分职治；去无用之言，则事情得；不作无用之器，即赋敛省；不夺民时，即百姓富；有德者进，无德者退，则朝廷尊；有功者上，无功者下，则群臣逡；罚当罪则奸邪止，赏当贤则臣下劝。凡此八者，治之本也。故民者，业之即不争，理得则不怨，有礼则不暴，爱之则亲上。此有天下之急者也。故法不远义，则民服而不离；和不远礼，则民亲而不暴。故法之所罚，义之所去也；和之所赏，礼之所取也。礼义者，民之所服也，而赏

语。"武帝认为司马相如讲得很好。

公孙弘,灾川国人,家庭贫寒,在海边放养猪群,年龄四十岁时,才学习《春秋》。汉武帝即位之初,公孙弘已六十岁了,以"贤良"身份入朝对策。武帝命题说:"听说上古时代治理最好的时期,对罪犯只在衣帽上画上标记,穿上图饰异于常人的衣服,人民就不敢犯法;阴阳调和,五谷丰登,六畜繁衍,甘露降临,风雨及时,禾稻旺盛,红草生长,山不光秃,池沼不枯;麟凤活动在郊野,龟蛇游浮在池沼,黄河中龙马献图,洛水中神龟献书;父亲没有丧子之痛,兄长没有丧弟之哀;船和车辆能去的地方,人们足迹能到的处所,凡是用脚行走、用嘴呼吸的物类,都能各得其适宜的生存环境。朕对于这种情况非常赞赏,今天有什么办法能达到这种地步?天道和人道,其本原在于何处?吉凶的应验,从哪里期求?'仁、义、礼、智'四方面,应当怎样来设置安排才合适?接续大统、流传功业、天文、地理、人事的准则,大夫也很通晓,请你尽自己的想法秉正发表议论。"

公孙弘回答说:"臣听说上古尧舜的时候,不重视封爵、赏赐,而人民都能努力向善;不推崇刑罚,而人民却不触犯法律;自身做公正的表率,对待人民很讲信用。到了近世很看重官爵、赏赐,可是人民却并不信任。丰厚的赏赐、严厉的刑罚,未必能够勉励人们向善、禁止人们为非,必须讲求诚信不可。所以,按照能力任用官员,则所分配的职事就能管好;去除无用的言词,那么事情就能办成;不制作无用的器物,就能减少税赋;不耽误农时,百姓就能富足。进用有德行的人,斥退无德行的人,朝廷才会被尊重;有功劳的升官,无功劳的降职,则群臣明白退让的道理;处罚的轻重适合其罪行,则奸邪之人就会止步;奖赏的多少适合其贤能程度,臣下就会得到勉励。凡以上八点,是治国的根本。就百姓而言,只要使之各安其业就不会争

罚顺之,则民不犯禁矣。故画衣冠,异章服,而民不犯者,此道素行也。"

"臣闻之,气同则从,声比则应。今人主和德于上,百姓和合于下,故心和则气和,气和则形和,形和则声和,声和则天地之和应矣。故阴阳和,风雨时,甘露降,五谷登,山不童,泽不涸,此和之至也。故形和则无疾,无疾则不夭,故父不丧子、兄不哭弟。德配天地,明并日月,则麟凤至,龟龙在郊,河出图,洛出书,远方之君。莫不悦义,奉币而来朝,此和之至也。臣闻之,仁者爱也,义者宜也,礼者所履也,智者术之原也。致利除害,兼爱无私,谓之仁;明是非,立可否,谓之义;进退有度,尊卑有分,谓之礼;擅杀生之柄,通壅塞之涂,权轻重之数,论得失之道,使远近情伪必见于上,谓之术。凡此四者,治之本、道之用也,皆当设施,不可废也。得其要术,则天下安乐,法设而不用;不得其术,则主蔽于上,官乱于下。此事之情,属统垂业之本也。桀、纣行恶,受天之罚;禹、汤积德,以王天下。因此观之,天德无私亲,顺之和起,逆之害生。此天文、地理、人事之纪也。"太常奏弘第居下,策奏,天子擢为

夺；凡事符合道理就不会报怨；讲求礼义就不会蛮横；仁爱百姓，他们就会爱戴君主，这是拥有天下者的当务之急啊！所以法规只要不离开道义，人民就顺从而不背离；和谐而不偏离礼义，人民就能互相亲爱而不凶暴。所以法律所要处罚的，就是义理所要抛弃的；为社会和谐而赏赐的，就是礼义所求取的。礼义，是人民所信服的，如果赏罚能顺应礼义，那么人民也就不会触犯禁令了。所以在罪犯衣冠上画上图形，穿上图饰异于常人的衣服，百姓就不去犯罪，就是因为那时一贯遵循礼义。"

"臣听说，'气味相同就会追随，声调相近就会应和'。当今君主施恩德于上，百姓以融洽应和于下，所以心意相和则气味相和，气味相和则容色相和，容色相和则声调相和，声调相和则天地的和谐就相应而生了。因而阴阳和谐，风雨及时，甘露普降，五谷丰登，山不光秃，河不干涸，这是最好的和谐。所以身体协调则没有疾病，没有疾病就不会夭折，因此父亲不会失去儿子，兄长不会有丧弟之痛。德行能与天地相匹配，圣明能与日月相并列，那么麟凤就会来到，龟龙就会出现在郊野，黄河中龙马就会献出河图，洛水中神龟就会献出洛书，远方的君主无不喜悦其恩义，捧上财礼来朝贺，这就是最好的和谐。臣听说，仁，就是爱人；义，就是合宜；礼，是所践行的准则；智，是策略的本原。求利除害，兼爱无私，就叫仁；明辨是非，确定可否，就叫做义；进退有法度，尊卑有区别，就叫做礼；拥有生杀的大权，疏通壅塞的任贤进言之路，权衡商品流通的法则，探讨事情得失的道理，使远近真伪的情况必能显现于君主，就叫策略。凡此四个方面，是治国的基础，是道义的功用，都应当布置安排，不可以荒废。懂得了这些要领和策略，天下就会安乐，虽设置刑律，也没有用场；不懂得这些治国策略，那么君主就会被蒙蔽于上，官吏就会

第一，拜为博士，待诏金马门。后为丞相。

卜式，河南人也。以田畜为事。时汉方事匈奴，式上书，愿输家财半助边。上使使问式："欲为官乎？"式曰："自少牧羊，不习仕宦，不愿也。"使者以闻。上乃召拜式为中郎，赐爵左庶长，田十顷，布告天下，尊显以风百姓。初，式不愿为郎，上曰："吾有羊在上林中，欲令子牧之。"式既为郎，布衣草蹻而牧羊。岁余，羊肥息。上过其羊所，善之。式曰："非独羊也，治民亦犹是矣。以时起居，恶者辄去，无令败群。"上奇其言，欲试使治民。拜式缑氏令，缑氏便之。迁齐王大傅，转御史大夫。

赞曰：公孙弘、卜式、儿宽，皆以鸿渐之翼，困于燕爵，渐，进也。鸿一举而进千里者，羽翼之材也。弘等皆以大材，初为俗所薄，若燕爵不知鸿志也。远迹羊豕之间，非遇其时，焉能致此位乎？是时，汉兴六十余载，海内艾安，府库充实，而四夷未宾，制度多阙。上方欲用文武，求之如弗及，始以蒲轮迎枚生，见主

扰乱于下。这是事的情理,是承继大统、使功业流传的根本。桀纣作恶,受到上天的惩罚,禹汤积德,因而称王天下。由此来看,上天的品德是没有私爱的。顺应它,和谐就会兴起;违背它,祸害就会发生,这就是天文地理人事的准则啊!"太常官上奏说公孙弘原来的等级排名居后,但此对策上奏后,天子提升他为第一,封为博士,在金马门做待诏官,后来当了丞相。

卜式,河南郡人,以种田畜牧为业。当时汉朝正和匈奴发生战事,卜式上书,愿意拿出家中财产的一半来捐助边防军备。武帝派遣使者询问卜式是否想做官,卜式回答说:"我自小牧羊,不习惯做官,这不是我的期望。"使者将此情况禀报武帝,皇上于是召卜式做了中郎,赐其左庶长爵位,田地十顷,并将此事布告天下,置他于尊贵显赫的地位来教化百姓向他学习。当初,卜式不愿意作郎官,皇帝说:"我有羊群在上林苑中,想命你去放牧。"卜式做了郎官之后,身穿布衣、足登草鞋去牧羊。一年多后,羊长得肥壮也繁殖得很多。皇帝从他牧羊的地方经过,称赞他。卜式说:"不仅牧羊是这样,治理百姓也和牧羊的道理一样。对羊也要使其按时起居,不好的羊要当即除去,不要让它败坏羊群。"皇帝认为这话很奇特,打算试着让他做官治理百姓,便拜卜式为缑氏县令,缑氏县因而得利。后来,他调任齐王的太傅,再后来,又转任御史大夫。

(班固)评论说:公孙弘、卜式、倪宽都如鸿雁,有一飞千里的羽翼而受困于燕雀之中,远离尘世,远涉于猪羊之间;倘若不遇时运,怎么能取得公卿的爵位呢?这时候,汉朝建国已经六十多年了,海内安定,府库充实,但是四方的蛮夷尚未归服,国家制度还不够健全。武帝正想选文武人才,求之好像来不及。开始曾以安车蒲轮迎接枚乘,遇到主父偃又赞叹不已。于是群臣羡慕向往,有奇异才能之

父而叹息。群士慕向,异人并出。卜式拔于刍牧,弘羊擢于贾竖,卫青奋于奴仆,日䃅出于降虏,斯亦曩时板筑饭牛之朋已。

汉之得人,于兹为盛。儒雅则公孙弘、董仲舒、儿宽,笃行则石建、石庆,质直则汲黯、卜式,推贤则韩安国、郑当时,定令则赵禹、张汤,文章则司马迁、相如。滑稽则东方朔、枚皋,应对则严助、朱买臣,历数则唐都、洛下闳,协律则李延年,运筹则桑弘羊,奉使则张骞、苏武,将率则卫青、霍去病,受遗则霍光、金日䃅。其余不可胜纪。是以兴造功业,制度遗文,后世莫及。

孝宣承统,纂修洪业,亦讲论六艺,招选茂异,而萧望之、梁丘贺、夏侯胜、韦玄成、严彭祖、尹更始以儒术进,刘向、王褒以文章显,将相则张安世、赵充国、魏相、丙吉、于定国、杜延年,治民则黄霸、王成、龚遂、郑弘、召信臣、韩延寿、尹翁归、赵广汉、严延年、张敞之属,皆有功迹见述于后世。参其名臣,亦其次也。

严助,会稽人也。建元三年,闽越举兵围东瓯,东瓯告急。太尉田蚡以为越人相攻击,其常事,又数反覆,不足烦中国往救也,自秦时弃不属。于是助诘蚡曰:"特患力不能救,德不能覆,诚能何故弃之?且秦举咸阳弃之,何但越也!"上乃

士一齐出现。卜式选拔于放牧之人，桑弘羊选拔于商贩之辈，卫青发迹于奴仆，金日䃅来自于投降的俘虏。他们也都像昔日傅说、宁戚那样，出身于打墙养牛之辈呀！

汉朝得到贤人之多，在这一时期达到了顶点。论学问渊博，则有公孙弘、董仲舒、倪宽；论真干实行，则有石建、石庆；论朴实正直，则有汲黯、卜式；论推举贤才，则有韩安国、郑当时；论制定政令，则有赵禹、张汤；论文章辞采，则有司马迁、司马相如；论能言善辩，则有东方朔、枚皋；论交际酬答，则有严助、朱买臣；论历法计算，则有唐都、洛下闳；论协和音律，则有李延年；论国事策划，则有桑弘羊；论奉命出使，则有张骞、苏武；论领兵率军，则有卫青、霍去病；论接受遗诏（辅佐幼帝），则有霍光、金日䃅。其余人才多得不能一一列举。因此这一时期兴建的功业、遗留的法令、诗文，后世没有能赶上的。

宣帝继承大统后，继承、整治前朝大业，亦讲论礼、乐、射、御、书、数六艺，招纳选用才德出众之士。于是，萧望之、梁丘贺、夏侯胜、韦玄成、严彭祖、尹更始等人，以儒家的学术思想而被任用；刘向、王褒以其文章显扬于世；将相人才，则有张安世、赵充国、魏相、丙吉、于定国、杜延年；善于治理民事的则有黄霸、王成、龚遂、郑弘、召信臣、韩延寿、尹翁归、赵广汉、严延年、张敞一类人物。他们都有功勋业绩为后世所称述。考察宣帝的这些名臣，比武帝时期的又要稍差一些。

严助，会稽郡人。建元三年，闽越两国起兵包围了东瓯，东瓯向汉朝告急求援。太尉田蚡认为越人之间的互相征伐是经常发生的事，多次动乱，不须动用中国的力量去救援，且其从秦朝时已被舍弃而不隶属于中国。于是严助质问田蚡说："那时只是忧虑兵力不足以相救，恩德不足以覆盖，如果能的话，为什么会放弃它？况且秦朝连

遣助以节发兵，浮海救东瓯，遣两将军将兵诛闽越。淮南王安上书谏曰："今闻有司举兵，将以诛越，臣安窃为陛下重之。越，方外之地，翦发文身之民也，不可以冠带之国法度治也。三代之盛，胡、越不与受正朔，非强弗能服、威弗能制也，以为不居之地、不牧之民，不足以烦中国也。自汉初定以来七十二年，吴越人相攻击者，不可胜数，然天子未尝举兵而入其地也。"

"臣闻越非有城郭邑里也，处溪谷之间，篁竹之中，习于水斗，便于用舟，地深昧而多水险，中国之人，不知其势阻，虽百不当一。得其地，不可郡县也；攻之不可暴取也。以地图察其山川要塞，相去不过寸数，而间独数百千里，阻险林丛，弗能尽著，视之若易，行之甚难。越人名为藩臣，贡酎之奉，不输大内；越国僻远，珍奇之贡，宗庙之祭，皆不与也。大内，都内也。一卒之用，不给上事。自相攻击，而陛下以兵救之，是反以中国而劳蛮夷也。越人愚戆轻薄，负约反覆，其不用天子之法度，非一日之积也。壹不奉诏，举兵诛之，臣恐后兵革无时得息也。间者数年，岁比不登，赖陛下德泽振救之，得毋转死沟壑。今发兵行数千里，资衣粮，入越地，舆轿而逾领，轿，竹舆车也。领，山岭也。不通船车，运转皆担舆也。拕舟而入，水行数百千里，夹以深林丛竹，水道上下击石，林中多蝮蛇猛兽，夏月暑时，欧泄霍乱之病相随属也，曾未施兵接刃，死伤者必众矣。"

整个咸阳都放弃了,何只是越地呢!"武帝于是派严助持符节发兵,渡海去救援东瓯,派两位将军领兵讨伐闽越。淮南王刘安上书说:

"现在听到有关官员起兵,将要讨伐闽越。臣刘安私下认为陛下应慎重。越,是方域以外的地方,是剪发文身(未开化)的人,不可以用文明之国的法度去治理。在夏、商、周三代的强盛时期,胡越就不接受中国的历法。按当时的强大,不是不能降服他;按当时的威力不是不能控制他;而是认为对那样不能居住的地方、难以统治的人民,不值得烦劳中国去占据。从汉朝建国以来七十二年,吴越人之间互相攻击的事多得无法计算,可是皇帝并未曾起兵而进入该地。"

"臣听说越没有城郭邑里,人民居住在河流山谷之间、竹林之中,习惯在水里打斗,很会驾驶舟船;其地区山深谷暗且多水险,中原之人不熟悉其地形险阻,即使有一百人也抵不过其一人。占了他们的地方,不能够设置郡县;攻伐他们,不能很快夺取。从地图上察看那里的山川要塞,距离不过一寸多,但实际岂止数百里、上千里呢。且险阻丛林未能全部画出,看起来进攻很容易,实际攻打起来却很困难。越人名义上是藩臣,但进贡之物和宗庙祭品却不送至国都,连一个兵卒的费用也不供奉给朝廷。他们自相攻击而陛下却发兵救援,这反而是以中国之财去慰劳蛮夷。越人愚笨轻薄,违背和约,变化无常。他们不用天子的法度,是长期形成的风俗。如果一次不听从诏命,就发兵讨伐,我恐怕以后的战争是不会停止的了。再者,近来国内连年收成不好,都仰仗陛下施加恩泽来赈济,百姓才得以不背井离乡而死于沟壑。现在发兵行数千里,携带军需进入越地,抬着竹车翻山过岭,拖着舟船渡河下水;行军千百里,穿越于深林丛竹之中,水路上下游多石头,碰碰撞撞;林中多有毒蛇猛兽,夏季暑天,呕吐腹泻霍乱等疾病随时都会发生。还没有与敌人交战,死伤的肯定就

"前时南海王反,陛下先臣使将军间忌将兵击之,先臣,淮南厉王长也。会天暑多雨,楼船卒水居击櫂,未战而病死者过半。亲老哭泣,孤子啼号,破家散业,迎尸千里之外,裹骸骨而归。悲哀之气,数年不息,长老至今以为记。曾未入其地,而祸已至此矣。臣闻军旅之后,必有凶年。陛下德配天地,明象日月,恩至禽兽,泽及草木,一人有饥寒,不终其天年而死者,为之凄怆于心。今方内无狗吠之警,而使陛下甲卒死亡,暴露中原,霑渍山谷,边境之民,为之早闭晏开,朝不及夕,臣安窃为陛下重之。不习南方地形者,多以越为人众兵强,能难边城。为边城作难也。臣窃闻之,与中国异。限以高山,人迹绝,车道不通,天地所以隔外内也。且越人绵力薄材,不能陆战,又无车骑弓弩之用,然而不可入者,以保险。而中国之人,不能其水土也。兵未血刃,而病死者什二三,虽举越国而虏之,不足以偿所亡。"

"臣闻道路言,闽越王弟甲弑而杀之,甲以诛死,其民未有所属。陛下使重臣临存,施德垂赏,以招致之,此必委质为藩臣,世供贡职。陛下以方寸之印,丈二之组,镇抚方外,不劳一卒,不顿一戟,而威德并行。今以兵入其地,此必震恐,以有司为欲屠灭之也,必雉兔逃入山林险阻。背而去之,则复相群聚;留而守之,历岁经年,则士卒疲倦,食粮乏绝。男子不

已经很多了。"

"以前南海王反叛,陛下已故的臣子淮南王刘长派将军简忌领兵征讨,恰逢暑天多雨,楼船的士卒长居身中水上,再加上击楫行舟之役,还没有打仗,病死者已过半数;父老哭泣,孤儿哀号,破家散业,去到千里之外搬尸,收殓骨骸回来。那种悲哀的气氛,几年都未曾消去。年长的人至今都还记得,还未曾进入敌人领地,灾祸已到这种程度。我听说战争之后必有灾荒之年。陛下恩德可配天地,明察犹如日月,恩至禽兽,惠及草木。若一个人因有饥寒不能终其天年而死去,都会在心中为他伤悲。现在国内安静得连一点小惊忧都没有,却让陛下的甲胄士卒死亡,暴尸原野之中,血染山谷;边城的老百姓也因此早早关门、迟迟开门,朝不保夕。臣刘安私下替陛下感到为难。不熟悉南方地理与形势的人,大多认为越国是个人多兵强的地方,有能力在边城发难。臣私下听说,它和中原情况不同。高山阻隔,人迹罕到,车道不通,天地以此来隔绝内外。而且越人力气小,才能低,不能进行陆战,又没有车骑弓弩可用。然而他人不便侵入的原因,是因地形险要,而中原人不习惯其水土,战士还没有作战,因病死亡的人数就可达十之二三。即使把越国人全部都俘虏了,也不够补偿所死亡的士卒。"

"臣听到路人传言,闽越王的弟弟甲杀死国君;甲又因此被杀,闽越国的老百姓也没有了归属。陛下若派重臣前往抚慰,施予恩德、给以赏赐来招安他们,越国必然会委派人质,作汉朝的藩臣,世代来向朝廷进贡。陛下只用方寸大的印玺、丈二长佩印的丝带,就可安抚方外之地,不劳一兵一卒,不费一刀一枪,而使威德并行。现在如起兵进入闽越之地,这样必然使其震动、恐惧,认为汉室有关官吏要屠杀、消灭他们,必然像野鸡野兔一样逃进山林险阻之处。汉军离

得耕稼树种，妇人不得纺绩织纴；丁壮从军，老弱转饷，居者无食，行者无粮。民苦兵事，亡逃者必众，随而诛之，不可胜尽，盗贼必起。兵者凶事，一方有急，四面皆从。臣恐变故之生、奸邪之作，由此始也。《周易》曰：'高宗伐鬼方，三年而克之。'鬼方，小蛮夷；高宗，殷之盛天子也。以盛天子伐小蛮夷，三年而后克，言用兵之不可不重也。"

"臣闻天子之兵，有征而无战，言莫敢校也。如使越人蒙死徼幸，以逆执事之颜行，在前行，故曰颜也。厮舆之卒，有一不备而归者，虽得越王之首，臣犹窃为大汉羞之。陛下四海为境，九州为家，八薮为囿，江汉为池，生民之属，皆为臣妾。陛下垂德惠以覆露之，使元元之民，安生乐业，则泽被万世，施之无穷，天下之安，犹泰山而四维之也。夷狄之地，何足以为一日之间，而烦汗马之劳乎？"是时，汉兵遂出逾岭，适会闽越王弟余善杀王以降，汉兵罢。上嘉淮南之意。

吾丘寿王，字子赣，赵人也。丞相公孙弘奏言："民不得挟弓弩。十贼彍弩，百吏不敢前，害寡而利多，此盗贼所以繁也。禁民不得挟弓弩，则盗贼执短兵，短兵接则众者胜。以众吏捕寡贼，其势必得。盗贼有害无利，则莫犯法。臣愚以为，禁民无得挟弓弩便。"上下其议，寿王对曰："臣闻古者作五

此而去,他们又会群聚而出;若留兵驻守,年复一年,就会使士卒疲倦、食粮乏绝;致使男子不能耕地播种,妇女不得纺绩织布,年轻力壮者参军,老弱之人转运军饷;留在地方的无食,当兵远征的无粮。老百姓苦于战事,逃亡的人必然很多,就是随即处死他们,也是杀不完的,所以盗贼必然会兴起。打仗是凶事,一个地方军情紧急,四方都会跟从。恐怕变故的出现,奸邪的产生,就从此开始了。《周易》说:'商朝高宗讨伐鬼方,历时三年才将它攻克。'鬼方是个很小的蛮夷之国,高宗是殷商的英明天子,以英明天子讨伐小小蛮夷,三年才攻克,说明用兵不可不慎重考虑啊。"

"臣听说天子的用兵是有征讨但没有实际交战,意思是说没有人敢与之对抗。如果越人冒死出战、企图偶然获胜,来迎击主帅的先头部队,使我军哪怕是一个驾车的小卒因无防备而归降了敌人,即使取了越王的脑袋,臣私下也会为大汉王朝感到羞辱。陛下以四海为边境,以九州为家室,以八大湖沼为苑囿,以长江汉水为池沼,所有的生民都愿臣服效劳。陛下施予恩惠来养育他们,使众多百姓安于生计,乐其职业,就会使万世蒙受恩泽,延续无穷,从而使天下的安定像泰山那样稳固而又四面连接。对夷狄之地,哪里值得为了一时的闲暇,而烦扰于征战的劳苦呢?"这时候,汉朝军队已经开出,越过山岭,适逢闽越王兄弟余善杀死了闽越王而投降。汉军罢兵,武帝嘉许淮南王的这一番意见。

吾丘寿王,字子赣,越国人。丞相公孙弘上书说:"现应当不准百姓持有弓弩。有十个盗贼张满弓弩,一百个官役也不敢向前,这样对他们伤害少而好处多,这是盗贼所以发展得多的原因啊。禁令老百姓不得持有弓弩,那么盗贼就只能手持短武器,短武器相对搏,人多者就可获胜。以众多的官役捕捉比较少的盗贼,结果一定会将盗

兵,非以相害,以禁暴讨邪。安居则以制猛兽,而备非常;有事则以设守卫,而施行陈。及至周室衰微,诸侯力政,强侵弱,众暴寡,海内抗弊,巧诈并生,是以智者陷愚,勇者威怯,苟以得胜为务,不顾义理。故机变械饰,所以相贼害之具,不可胜数。秦兼天下,废王道,立私议,去仁恩,而任刑戮,堕名城,杀豪杰,销甲兵,折锋刃。其后民以耰锄揰梃相挞击,犯法滋众,盗贼不胜,至于赭衣塞路,群盗满山,卒以乱亡。"

"故圣王务教化而省禁防,知其不足恃也。今陛下昭明德,建太平,举俊材,兴学官,宇内日化,方外乡风,然而盗贼犹有者,郡国二千石之罪,非挟弓弩之过也。《礼》曰'男子生,桑弧蓬矢以举之。'明示有事也。大射之礼,自天子降及乎庶人,三代之道也。愚闻圣王合射以明教,未闻弓矢之为禁也。且所为禁者,为盗贼之以攻夺也。攻夺之罪死,然而不止者,大奸之于重诛,固不避也。臣恐邪人挟之,而吏不能止,良民以自备,而抵法禁,是擅贼威而夺民救也。窃以为无益于禁奸,而废先王之典,使学者不得习行其礼,不便。"书奏,上以难丞相弘,弘诎服焉。

贼擒获。盗贼有害无利，就没有人敢犯法。臣愚以为禁止老百姓持有弓弩为好。"皇上把这个奏议交下边讨论。寿王对答说："臣听说，古时候制造矛、戟、弓、剑、戈等五种兵器，不是用来互相伤害，而是用来禁止暴乱、讨伐叛逆。平时就用来捕杀猛兽以防不测；有战事就用来武装守卫、布设行列军阵。到了周王朝衰落时，诸侯竭力征讨，兵强者欺侮兵弱者，兵多者伤害兵少者，海内争相为害，奸巧欺诈并生。因此，聪明的陷害愚昧的，勇悍的威胁怯懦的，不择手段，以取得胜利为要务，不顾道义公理。所以弓弩机关、武器得以改进，用来互相伤害的器械不可胜数。秦朝兼并天下后，废除王道，兴立自己的政治主张，抛开仁爱恩义而滥用刑戮，毁名城，杀豪杰，销毁武器，损折锋刃。从那以后，老百姓用锄头、马鞭、棍棒互相打斗，犯法的人越来越多，盗贼不可胜数，以至到了穿囚服的犯人站满道路，群寇满山遍野，终于因此而亡国。"

"所以圣明的君主致力于教化而减少禁防举措，知道凭借禁止、防范是靠不住的。当今陛下昭示明德，建立太平，选拔贤才，兴办学府，国内一天天受到教化，方域之外也趋从教化，可是仍然还有盗贼，其罪责在于郡国官俸二千石的官吏，不是因持有弓弩的过错啊。《礼记》说：'生下男孩，让他用桑木作弓、蓬草作箭来玩耍。'明确表示国家会有战事。实行习射弓箭的仪礼，从天子到平民百姓，是夏、商、周三代的做法啊。臣听说圣明的君主把习射弓箭也算在宣扬教化之内，却没有听说把弓箭列为禁止之事的。况且之所以要禁止持有弓弩，是因为盗贼用它来抢劫掠夺。凡抢劫掠夺按罪要判处死刑，然而却禁止不了，那是因为大恶之人对于重刑本来就不打算躲避。臣担心奸邪之人持有弓弩而官吏不能禁止，良民用它来自卫防备却触犯法禁，这是助长了贼盗的威势而剥夺了良民自救的权力啊。

主父偃，齐国人也。上书阙下。所言九事，其八事为律令，一事谏伐匈奴。曰："臣闻国虽大，好战必亡；天下虽平，忘战必危。天下既平，春搜秋狝，所以不忘战也。且怒者，逆德也；兵者，凶器也；争者，末节也。故圣王重之。夫务战胜，穷武事，未有不悔者也。昔秦皇帝任战胜之威，并吞战国，海内为一，功齐三代，务胜不休，欲攻匈奴。"

"李斯谏曰：'夫匈奴，无城郭之居、委积之守，迁徙鸟举，难得而制。轻兵深入，粮食必绝；运粮以行，重不及事。得其地，不足以为利；得其民，不可调而守也。不可和调。胜必弃之，非民父母，靡獘中国，甘心匈奴，非完计也。'秦皇帝不听，遂使蒙恬将兵而攻胡，却地千里，以河为境，发天下丁男，以守北河。暴兵露师，十有余年，死者不可胜数，终不逾河而北。是岂人众之不足、兵革之不备哉？其势不可也。又使天下飞刍挽粟，转输北河，率三十钟而致一石，男子疾耕，不足于粮饷，女子纺绩，不足于帷幕。百姓靡獘，孤寡老弱不能相养，道死者相望，盖天下始叛也。及至高皇帝定天下，略地于边，闻匈奴聚代谷之外，而欲击之。"

我私下认为这无益于禁止奸邪,反而是废止了先王的礼典制度,使学者不能学习、行使先王的仪礼。这样的做法不利。"这封奏书上达后,武帝用以责难公孙弘,公孙弘为之折服。

主父偃,齐国人。曾向皇上上书,所说的九件事,其中有八件都是有关律令的,有一件是劝止征伐匈奴的。他说:"臣听说国家虽大,好战必亡;天下即使太平,忘战必然危殆。天下已经太平,春猎秋狩以习武事,就是为了不忘记战争。再说恼怒是违背道德的,兵器是不祥之物,争夺是卑下的行为,所以圣明的君主对此非常慎重。致力于战胜他人、穷兵黩武之事,没有不追悔的。从前秦始皇凭借战胜的威势,并吞了六国,使海内统一,其功业和夏、商、周三代等同。无休止地追求战争胜利,想要攻伐匈奴。"

"李斯曾进谏说:'匈奴没有城邑用来居住,没有蓄积的粮物可守,随处迁徙,如鸟一样飞来飞去,是难以俘获和制服的。轻兵深入,粮食必然接济不上;携运粮食前进,会因负重而贻误战事。夺得了他们的土地,不会有什么利益;俘获了他们的人民,也不能调和并保住他们。战胜了又必定会抛弃,这也不是民之父母所为。使中国民生凋蔽,却使匈奴快意,这不是完好的谋略。'秦始皇不听李斯的劝阻,遂派蒙恬领兵攻打匈奴,使其退却千里之地,遂以黄河为边界,调派天下丁男戍守北河。军队在外蒙受风日霜露十余年,死的人难以计数,但始终未能越过黄河向北挺进。这难道是因为人力不足、军备不完善吗?是客观形势不合宜啊!此外,让天下老百姓飞速拉运粮草,转送到黄河北段,大概发运三十钟粮而运到的仅有一石。男子拼命耕种也满足不了粮饷的需要,妇女日夜纺织也满足不了军队的需求,老百姓因此贫困凋蔽,孤寡老弱的人得不到赡养,道路上病饿而死者相望不绝,天下人开始反叛。等到高祖皇帝平定天下,夺取边

"御史成谏曰：'夫匈奴，兽聚而鸟散，从之如搏景，今陛下盛德攻匈奴，臣窃危之。'高帝不听，遂至代谷，果有平城之围。高帝悔之，乃使刘敬往结和亲，然后天下无干戈之事。故兵法曰：'兴师十万，日费千金。'秦常积众数十万人，虽有覆军杀将，系虏单于，适足以结怨深雠，不足以偿天下之费也。夫匈奴行盗侵驱，所以为业，天性固然。上自虞、夏、殷、周，禽兽畜之，不比为人。夫不上观虞、夏、殷、周之统，而下循近世之失，此臣之所以大恐，百姓所疾苦也。且夫兵久则变生，事苦则虑易。使边境之民，靡敝愁苦，将吏相疑而外市，与外国交市，若章邯之比也。故尉他、章邯得成其私，此得失之效也。"书奏召见，乃拜为郎中。

偃数上疏言事，岁中四迁。偃说上曰："古者，诸侯地不过百里，强弱之形易制。今诸侯或连城数十，地方千里，缓则骄奢，易为淫乱，急则阻其强而合从，以逆京师。今以法割削，则逆节萌起，前日朝错是也。今诸侯子弟或十数，而嫡嗣代立，余虽骨肉，毋尺地封，则仁孝之道不宣。愿陛下令诸侯得推恩分子弟，以地侯之。彼人人喜得所愿，上以德施，实分其国，必稍自销弱矣。"于是上从其计。

界之地,听说匈奴聚集在代谷之外,便想去攻打。"

"御史成进谏说:'匈奴的习性,好像鸟兽聚散一样,追赶他们就像捕捉影子。现在陛下以旺盛的气势去攻打匈奴,臣私下认为这是很危险的。'高祖皇帝不听劝告,于是率军到达代谷,结果发生了被围困于平城的事件。高祖皇帝很后悔,于是派遣刘敬前往匈奴缔结和亲,然后天下才无动用干戈之事。所以兵法上说:'兴师十万,日费千金。'秦朝当年经常在边地驻扎兵民达数十万人,虽然也有过歼灭敌军、斩杀敌将、俘虏单于之功,但恰恰会因此造成并加深仇恨,而不能够抵偿国家用于战争的耗费。匈奴行施盗窃、侵扰边境、追夺人畜,以此作为谋生手段,其天性本来如此,上到虞、夏、殷商时代,从来都是把他们当禽兽畜养,不与人同等看待。如果不上观虞、夏、殷商的传统纲纪,而往下因循近世的失误,这是臣之所以大为担忧的事,也是老百姓所埋怨苦恼的事啊。况且出兵在外时间一长就会发生变乱,所做的事情太苦人们就会变心。结果弄得边境之民贫困凋蔽而愁苦,将吏相互猜疑而对外暗做交易以牟利,所以尉佗、章邯就能实现他们的私欲,这些都是得失的证明啊!"奏书呈上后,主父偃被皇上召见,封为郎中。

他多次上疏言事,一年之中四次升官。主父偃进言说:"古代的诸侯国,土地不过百余里,强弱的形势容易控制。而今的诸侯,有的连城数十座,地方千里。对他们宽松,他们就骄奢,并容易导致风气不正,道德败坏。一旦其形势危急,就会倚仗其强大而联合起来反叛朝廷。假如要以法分割、削弱其势力,他们就会萌生反叛的思想。不久前晁错(主张削藩引起七国之乱)事件就是这样的例子啊。现在诸侯王的子弟有的多达十多个,而只有嫡长子世代嗣位,其余的人虽说也是骨肉之亲,却没有尺寸之地的封国,就使得仁孝之道不能

徐乐，燕人也。上书曰："臣闻天下之患，在于土崩，不在瓦解，古今一也。何谓土崩？秦之末世是也。陈涉无千乘之尊，身非王公大人名族之后，非有孔、曾、墨子之贤，陶朱、猗顿之富。然起穷巷，奋棘矜，偏袒大呼，天下从风，此其故何也？由民困而主不恤，下怨而上不知，俗以乱而政不修。此三者，陈涉之所以为资也。此之谓土崩。故曰：'天下之患，在乎土崩。'何谓瓦解？吴、楚、齐、赵之兵是也。七国谋为大逆，号皆称万乘之君，带甲数十万，威足以严其境内，财足以劝其士民，然不能西攘尺寸之地，而身为禽于中原者，此其故何也？非权轻于匹夫，而兵弱于陈涉也。当是之时，先帝之德未衰，而安土乐俗之民众，诸侯无境外之助。此之谓瓦解。故曰：'天下之患，不在瓦解。'由此观之，天下诚有土崩之势，虽布衣穷处之士，或首难而危海内，况三晋之君或存乎？天下虽未治也，诚能无土崩之势，虽有强国劲兵，不得还踵，而身为禽也，况群臣百姓，能为乱乎？此二体者，安危之明要，贤主之所留意而深察也。"

宣扬。希望陛下让诸侯广施其皇族恩德于所有子弟，给予他们封地，都成为侯爵。让他们人人欢喜地得到其所希望的。就皇上而言，施予了恩德，实际上是分割了诸侯王的封国，这就必然会使其势力逐渐地削弱。"武帝听从了主父偃这一谋略。

徐乐，燕国人。他上书说："臣听说天下的祸患在于土崩，不在于瓦解，古今的道理是一样的。什么是'土崩'？秦末的情况就是。陈涉没有诸侯那样的尊贵，本人也不是王公大臣、名门望族的后代，没有孔子、曾子、墨子的贤能和陶朱、猗顿那样的财富。然而他于穷巷起义，奋举戟柄，袒露右臂，大呼一声而天下闻风回应，这其中的原因是什么呢？是由于人民穷困而君主却不加体恤；下面怨声载道而上边却不知情；社会风气混乱而政事仍不加整治。这三条是陈涉所凭借的客观条件。这就叫'土崩'。所以说天下的祸患在于'土崩'。什么叫'瓦解'？吴、楚、齐、赵的军事状况就是。吴楚等七国图谋进行反叛，都号称为万乘之君，拥有军队数十万人，威力足以震慑国内，财力足以奖励士民，可是他们不能西进夺得尺寸之地，而自身却被朝廷所擒。这其中的原因是什么呢？不是他们的权势比不上常人，也不是他们的兵力比陈涉弱，而是因为在那时，先帝的恩泽还未衰减，安守故土、乐其习俗的百姓很多，诸侯又没有封国境外的援助。这就叫'瓦解'。所以说天下的祸患不在于瓦解。由此来看，天下如果真的有土崩之势，即使是身穿布衣、身处陋巷之人，只要有人带头发难，就可危及海内，何况像韩、赵、魏三晋之君这样的人或许还有在世的呢！天下虽然尚未太平，但如果没有土崩之势，即使有强国劲兵起来造反，恐怕他们尚未来得及转身撤退就会被擒，何况是群臣百姓，他们能造成动乱吗？这两个根本问题，是关系国家安危的明显关键，贤明的君主对此应该有所留意并认真省察啊！"

"间者,关东五谷数不登,年岁未复,民多穷困,重之以边境之事。推数循理而观之,民宜有不安其处者矣。不安故易动,易动者,土崩之势也。故贤主独观万化之原,明安危之机,修之庙堂之上,而销未形之患也。其要,期使天下无土崩之势而已矣。臣闻图王不成,其弊足以安。安则陛下何求而不得、何威而不成、奚征而不服哉?"

严安,临灾人也。以故丞相史上书曰:"臣闻邹子曰:'政教文质者,所以云救也。当时则用,过则舍之,有易则易之。故守一而不变者,未睹治之至也。'秦王并吞战国,称号皇帝,壹海内之政,坏诸侯之城。民得免战国,人人自以为更生。乡使秦缓其刑罚,薄赋敛,省徭役,贵仁义,贱权利,上笃厚,下佞巧,变风易俗,化于海内,则世世必安矣。秦不行是风,循其故俗,为智巧权利者进,笃厚忠正者退,法严令苛,谄谀者众,日闻其美,意广心逸,欲威海外。当是时,秦祸北构于胡,南挂于越,宿兵无用之地,进而不得退。行十余年,丁男被甲,丁女转输,苦不聊生,自经于道树,死者相望。"

"及秦皇帝崩,天下大叛,豪士并起,不可胜载也。然本皆非公侯之后,无尺寸之势,起闾巷,杖棘矜,应时而动,不谋而俱起,不约而同会,至乎伯王,时教使然也。秦贵为天

"近来关东五谷连年欠收，年景没有好转，百姓大多穷困，再加上边境的战事，推究规律，按常理来看，老百姓应该有不安于其处境的了。不安便容易骚动；容易骚动，就是土崩之势呀！所以贤明的君主，特别要看到万物变化的本源，明察安危的关键，整治于朝廷之上，从而消除尚未显露的祸患。其大要，就是要想办法使天下无土崩之势而已。臣听说即使谋求王道不成，虽存在一些弊病也还是可以保持天下安定的。只要天下安定，那么陛下还有什么期求不能满足？什么威严不能实现？征伐谁能不服呢？"

严安，临菑人，通过原丞相史的身份上书说："臣闻知《邹子》上说：'政教文辞之所以质朴，因为它说的是救世的问题，合乎时势就采用，过时就应舍弃，有应改的地方就改动，所以坚持一种观念而不加改变，从没有看到其治理得极好的。'秦王并吞列国，号称皇帝，统揽四海的政权，毁坏诸侯国的都城。民众得以免于战国纷争，人人因此自以为重获新生。假使那时秦朝宽松其刑罚，减轻赋敛，减少徭役，尊崇仁义，看轻权利，崇尚笃厚，鄙弃佞巧，移风易俗，教化施于海内，那么世世代代也就必然能安定了。但是秦朝不实行这样的教化，仍然沿袭旧日的习俗，使智巧嗜利的人入朝，将笃厚忠正的人贬退，法令严厉苛刻，谄媚奉承者众多，每天听到的尽是赞美之辞，雄心勃勃而狂放，还想使威风显扬于海外。当此之时，秦朝的祸患是北方结怨于匈奴，南方受越人牵制，驻兵于无用之地，进军后便不能撤退。这样经历了十多年，丁男披甲打仗，丁女转运军需，人民感到苦不聊生，上吊自杀于路边树上而死的人接连不断。"

"等到秦始皇死去，天下到处反叛，豪杰并起，不可胜记。然而，他们本来都不是公侯的后代，也没有丝毫的权势，起自闾巷，手持棍棒，应时而动，不加商议而共同造反，不约而同时会合，以至于

子,富有天下,灭世绝祀,穷兵之祸也。故周失之弱,秦失之强,不变之患也。今徇南夷,朝夜郎,降羌僰,略巂州,东夷也。建城邑,深入匈奴,燔其龙城,议者美之。此人臣之利,非天下之长策也。今中国无狗吠之警,而外累于远方之备,靡弊国家,非所以子民也;行无穷之欲,甘心快意,结怨于匈奴,非所以安边也;祸挐而不解,兵休而复起,近者愁苦,远者惊骇,非所以持久也。今天下锻甲磨剑,矫箭控弦,转输军粮,未见休时,此天下所共忧也。"

"夫兵久而变起,事烦而虑生。今外郡之地,或几千里,列城数十,带胁诸侯,非宗室之利也。上观齐晋所以亡,公室卑削,六卿大盛也;下览秦之所以灭,刑严文刻,欲大无穷也。今郡守之权,非特六卿之重也;地几千里,非特闾巷之资也;甲兵器械,非特棘矜之用也。以逢万世之变,则不可胜讳也。"天子纳之。

贾捐之,字君房,贾谊之曾孙也。元帝初,珠厓又反,发兵击之,诸县更叛,连年不定。上与有司议大发军,捐之建议以为不当击。上使侍中王商诘问捐之曰:"珠厓内属为郡久矣,今背叛逆节,而云不当击,长蛮夷之乱,亏先帝功德,经义

称王称霸。这都是当时的政教导致的。秦贵为天子,富有天下,然而终于亡国绝祀,都是由于穷兵黩武造成的祸害啊。所以说,周代失之于软弱,秦朝失之于强暴,都是不能因时变通的祸患。现在朝廷带兵巡行南夷;让夜郎国来朝贺;使羌、僰降服;夺取秽州(东夷之地),在那里建设城邑;深入匈奴之境,烧掉他们的龙城,评论者对此都予以赞美。这些只对臣子们有利,而不是国家的长远之策。现在国内没有一点小惊忧,对外却被远方的军备所累,使国家凋敝衰败,这不是爱护人民的做法。为满足无穷无尽的欲望而行事,只图称心快意,和匈奴结怨,这不是用来安定边境的办法。战祸纷乱而不能消除,军队撤回而又出动,近者愁苦,远者惊骇,这绝非长治久安的良策。现在天下的老百姓要锻造铠甲、磨砺刀剑,矫正、练习弓箭,转运军粮,从没有看到休止的时候,这些都是天下人所共同忧虑的事啊。"

"用兵时间长了就会引起变乱,事情繁杂了就会产生疑虑。现在边地属郡之地,有的将近千里,拥有数十座城邑,围绕并威胁着附近的诸侯王国,这对皇族宗室是不利的。上观齐、晋灭亡的原因,在于公室衰微,而六卿过于强盛;下看秦朝灭亡的原因,在于刑罚严酷,法令苛刻,欲望大而无穷。现在郡守手中的权力,不只是像六卿那么大;所占土地几千里,不是仅有闾巷中的资产;武器装备,不只是棍棒那样的效用;如碰到后世天下变乱的机会,那就不可讳言了。"天子采纳了这个奏言。

贾捐之,字君房,是贾谊的曾孙。元帝初年,珠崖郡又反叛了,朝廷发兵去征讨。其他一些郡县也跟着反叛,连年不能平定。元帝和有关官员商议准备大规模出动军队。贾捐之建议,认为不应当去攻打。皇帝派遣侍中王商质问捐之说:"珠崖归附汉室,作为边郡已很久了,现在背叛朝廷,不服节制,而你却说不应当发兵攻打,这是助长蛮

何以处之?"

捐之对曰:"孔子称尧曰'大哉'、韶曰'尽善'、禹曰'无间'。以三圣之德,地方不过数千里,欲与声教则治之,不欲与者不强治也。故君臣歌德,含气之物,各得其宜。武丁、成王,殷、周之大仁也,然地东不过江、黄,西不过氐、羌,南不过蛮荆,北不过朔方。是以颂声并作,视听之类,咸乐其生,越裳氏重九译而献,此非兵革之所能致。及其衰也,南征不还,秦兴兵远攻,贪外虚内,务欲广地,不虑其害,而天下溃叛。赖圣汉初兴,平定天下。"

"至孝文皇帝,闵中国未安,偃武行文,则断狱数百,民赋四十,丁男三年而一事。时有献千里马者,诏曰:'鸾旗在前,属车在后,吉行日五十里,师行三十里,朕乘千里之马,独先,安之?'于是还马,与道里费,而下诏曰:'朕不受献也,其令四方无求来献。'当此之时,逸游之乐绝,奇丽之赂塞,故谥为'孝文',庙称'太宗'。至孝武皇帝,太仓之粟,红腐而不可食;都内之钱,贯朽而不可校。乃探平城之事,录冒顿以来数为边害,籍兵厉马,因富民以攘服之。西连诸国,至于安息;东过碣石,以玄菟乐浪为郡;北却匈奴万里,制南海以为八郡。则天下断狱万数,民赋数百,造盐铁酒榷之利,以佐用

夷的叛乱，有损先帝的功德。按经书的义理，应当如何处置呢？"

贾捐之回答说："孔子曾经称赞唐尧说'伟大呀！'称赞虞舜时的韶乐，说'尽善尽美呀！'称赞大禹说'没有可报怨之处。'凭尧舜禹三位圣人的品德，当时辖治的地域也不过数千里，对于想接受其声威教化者就管理他们，不想接受其声威教化者就不勉强去管理他们。所以君臣共同歌唱美德，使有生命的物类，各得其宜。武丁、成王，是殷周很有仁德的人，但他们统治的地域东面不超过长江、黄河下游，西边没有越过氐族、羌族，南方没有越过蛮荆之地，北边没有越过朔方之邦。因此歌颂之声四起，有眼睛、耳朵的物类全都乐于自己的生活，越裳氏的使者借助语言翻译辗转前来朝贺，这些都不是使用武力征讨所能办到的。等到殷周衰败了，周昭王南征未能回京；秦始皇兴兵远攻，只贪图境外而使国内空虚，一心想扩大领土，却没有考虑到这样做的危害，以至天下人像大水破堤一样起来反叛。幸亏大汉王朝开始兴起，才平定了天下。"

"到汉文帝时，怜惜中国没有安定，便停止武备，施行文教，每年全国审判的案件有数百起，每人每年缴纳的赋税只有四十枚钱，成年男子每三年才服劳役一次。当时有人向皇帝贡献千里马，文帝颁诏说：'鸾旗车在前先行，随班的车在后紧跟，为吉事而出行一天五十里，军队行军一天三十里，朕骑千里马，独自先到哪儿去呢？'于是将千里马归还，并付给献马人回程的路费。又下诏书说：'朕不接受贡献，可下令四方之人不要再请求进献了。'就在这时期，闲游的娱乐禁绝了，珍奇美丽之物的赠送杜绝了，所以后来谥号为'孝文'，庙号称为太宗。到了武帝朝，太仓的存粮，发红腐烂而不能吃，京都蓄存的钱币，穿钱的绳子腐朽而无法点数。于是探究高祖被围平城的旧事，记录从冒顿单于以来侵扰边境所造成的边害，征集兵士、整饬

度,犹不能足。"

"当此之时,寇贼并起,军旅数发,父战于前,子斗于后,女子乘亭鄣,孤儿号于道,老母寡妇,饮泣巷哭,遥设虚祭,想魂乎万里之外。淮南王盗写虎符,公孙勇等诈为使者,是皆廓地泰大、征伐不休之故也。今天下独有关东,关东大者独有齐楚,民众久困,连年流离,离其城郭,相枕席于道路。人情莫亲父母,莫乐夫妇,至嫁妻卖子,法不能禁,义不能止,此社稷之忧也。"

"今陛下不忍悁悁之忿,欲驱士众挤之大海之中,快心幽冥之地,非所以救助饥馑,保全元元也。骆越之人,父子同川而浴,与禽兽无异,本不足郡县置也。独居一海之中,多毒草虫蛇水土之害,人未见虏,战士自死。又非独珠厓有珠犀瑇瑁也。弃之不足惜,不击不损威。其民譬犹鱼鳖,何足贪也!臣窃以往者羌军言之,暴师曾未一年,兵出不逾千里,费四十余万万,大司农钱尽,乃以少府禁钱续之。夫一隅为不善,费尚如此,况于劳师远攻,亡士无功乎!求之往古则不合,施之当今又不便。臣愚以为非冠带之国、《禹贡》所及、《春秋》所治,皆可且无以为。愿遂弃珠厓,专用恤关东为忧。"对奏,丞

军马,凭借富民的资财去进攻征服匈奴。西面联合诸国,直到安息;东边越过碣石,将玄菟、乐浪划为郡国;北边使匈奴退却万余里;征服南海划分为八郡,可是每年全国判决的狱案达一万多起,人头税增加到数百钱,谋取盐、铁、酒专卖之利来资助费用开支,还是不能满足军费。"

"这时候,贼寇遍地而起,军队频繁行动,父亲前边战死,儿子随后参战,妇女防守边疆险地的堡垒,孤儿号哭于路途,老母、寡妇在街巷里痛苦流泣,在遥远的故乡虚设灵堂祭祀,追悼千里之外的亡灵。淮南王偷写虎符,公孙勇等人假扮使者,这些都是因为大肆开疆拓土,征伐不休的缘故啊。而今,天下只有关东,关东的大国只有齐、楚。那里的老百姓长时间生活困苦,连年流离,离开他们的城郭,在路上纵横相卧。人之常情,亲近莫过于父母,相悦莫过于夫妇,至于出卖妻子儿女,法令无法禁止,理义不能阻挡,这是国家应当忧虑的。"

"现在陛下抑制不住忿怒之情,打算驱赶人民大众坠入大海之中,使其'快意'于幽冥之地,这绝非用以救助饥馑,保全老百姓的办法呀。骆越地方的人,父子在一条河水里洗浴,跟禽兽没有什么差别,本来就不值得在那里设置郡县。那里的人独自生活在海域之中,岛上多有毒草虫蛇和水患、土崩等灾害,人还未被俘虏,战士就已死亡。再者,不是仅仅珠崖有珍珠犀角玳瑁这些东西,放弃这类地方,不值得惋惜,不讨伐他们也不降低咱们的威望。该地的民众譬如鱼鳖,有什么值得贪求的呢?臣且从昔日对羌军作战说起吧。出师在外还不到一年,军队远征没有超过千里,耗费四十多万万,大司农府库的钱花完了,又用少府皇宫专用的钱来接续支出。对这样僻处一隅的地方,一时决策不当,费用尚且如此,何况现在劳师远征、伤亡军士

相于定国以为捐之议是。

上乃从之。遂下诏曰："珠厓虏杀吏民,背叛为逆,今议者或言可击,或言可守,或欲弃之,其指各殊。朕日夜惟思议者之言,羞威不行,则欲诛之;狐疑避难,则守屯田;通于时变,则忧万民。夫万民之饥饿,与远蛮之不讨,危孰大焉?且宗庙之祭,凶年不备,况避不嫌之辱哉!今关东大困,仓库空虚,无以相赡,又以动兵,非特劳民,凶年随之。其罢珠厓郡。"捐之数召见,言多纳用。时中书令石显用事,捐之数短显,以故不得官,后稀复见。

东方朔,字曼倩,平原人也。武帝即位,待诏金马门。建元三年,上始微行,北至池阳,西至黄山,南猎长杨,东游宜春,夜出夕还。后上以为道远劳苦,又为百姓所患,乃使吾丘寿王举籍阿城以南,盩厔以东,宜春以西,提封顷亩,及其价直,欲除以为上林苑,属之南山。寿王奏事,上大悦。

朔进谏曰："臣闻谦逊静悫,天表之应,应之以福;骄溢靡丽,天表之应,应之以异。今陛下累郎台,恐其不高;弋猎之

却没有什么功效呢！探求往古，没有与这种情况一样的。在现今环境，实施这种做法又很不利。以臣愚见，若不是讲究礼义的国家所为，也不是《禹贡》上所提及和《春秋》上所记述的做法，都可以暂且不要去实行。我希望当即放弃讨伐珠崖，而以专心救济关东地区为虑。"对策上奏后，丞相于定国认为贾捐之的建议是对的。

元帝采纳了这个建议，于是颁诏说："珠崖酋虏杀害我吏民，反叛作乱，现在参与讨论的人，有的说可以攻打，有的说可以屯守，有的建议把它放弃，大家的意向不一。朕日夜考虑建议者的话，惭愧于汉室的威严不能施行，就打算讨伐它；犹豫于避免战争造成的灾难，就想保持屯田之法；想到与时变通，则忧虑万民的疾苦。那么万民的饥饿，与不讨伐远方蛮夷相比，哪个危害更大呢？再说宗庙的祭祀，遭逢凶年便不能备办，何况还要避免使人不满的屈辱呢！现今关东十分困危，仓库空虚，没有可以供给的东西，如果再要动兵出战，不但劳民，凶荒之年也会随之而来。还是停止征讨珠崖吧！"贾捐之多次被召见，他的谏言多被采纳。当时中书令石显专权，捐之多次揭露石显的短处，因此不能再做官，后来也很少被皇上再召见。

东方朔，字曼倩，平原郡人。武帝即位后，做金马门待诏。建元三年，皇帝开始微服出行，北到池阳，西到黄山，南面到长杨宫打猎，东去宜春苑游览，往往是天不明就外出，晚上才回来。此后，武帝认为路远劳苦，又为沿途所见百姓的事增添忧虑，于是就让吾丘寿王统计并登记阿城以南、周至以东、宜春以西区域内的土地面积数和地亩价值，准备把这一地盘建修为"上林苑"，使它和终南山连接起来。寿王上奏办理的情况，皇上大为高兴。

东方朔却进谏说："臣听说做人谦逊、贞静诚实，上天就会报应，应之以福；骄横自满奢侈，上天也会报应，应之以怪异现象。现

处,恐其不广。如天不为变,则三辅之地,尽可以为苑,何必盩厔、鄠、杜乎!奢侈越制,天为之变,上林虽小,臣尚以为大也。夫南山,天下之大阻也,南有江淮,北有河渭,其地从汧陇以东,商雒以西,厥壤肥饶。汉兴,去三河之地,止霸产以西,都泾渭之南。此所谓天下陆海之地,秦之所以虏西戎、兼山东者也。其山出玉石,金、银、铜、铁、豫章、檀、柘,异类之物,不可胜原,此百工所取给,万民所仰足也。又有秔、稻、棃、栗、桑麻、竹箭之饶,贫者得以人给家足,无饥寒之忧。故酆、镐之间,号为土膏,其价亩一金。"

"今规以为苑,绝陂池水泽之利,而取民膏腴之地,上乏国家之用,下夺农桑之业,弃成功,就败事,损耗五谷,是其不可一也。且盛荆棘之林,而长养麋鹿,广狐菟之苑,大虎狼之墟,又坏人冢墓,发人室庐,令幼弱怀土而思,耆老泣涕而悲,是其不可二也。骑驰东西,车骛南北,又有深沟大渠,夫一日之乐,不足以危无隄之舆,不敢斥天子,故言舆。是其不可三也。故务苑囿之大,不恤农时,非所以强国富人也。夫殷作九市之宫,纣于宫中设九市也。而诸侯叛;灵王起章华之台,而楚人散;秦兴阿房之殿,而天下乱。粪土愚臣,忘生触死,逆盛意,犯隆指,罪当万死。"上乃拜朔为大中大夫给事中,赐黄金百斤,然遂起上林苑。

在陛下堆砌宫殿下的台阶，惟恐其不高；打猎的地方，惟恐其不广阔。如果上天不因此而示以怪异现象，那么京畿三辅所管辖的地方，都可以视为上林苑，何必圈定周至、鄠、杜之地呢！若奢侈超过规定的制度，上天就会因此而发生怪异，上林苑虽然小，臣还认为它大呢。终南山，是天下最险要的地方，南边有长江、淮河，北边有黄河、渭水，这地方从汧陇以东，商雒以西，其土壤肥沃。汉建国以后，抛弃洛阳三河之地，而在灞浐二水之西，泾渭二水之南建都，这里可说是天下物产丰富的'陆海'之地，也是秦王朝所以能够占有西戎兼并崤山以东的原因。终南山出玉石、金、银、铜、铁、樟木、檀木、柘树等珍奇之物，多得不可胜计，这些都是百工所采来供给官府、万民所仰赖其富足的东西。这里还出产粳稻、稻谷、梨、栗、桑麻、竹箭等富饶的农产品，贫穷的人靠这些丰衣足食，没有饥寒的愁苦。所以沣镐之间号称'土膏'（肥得流油的土地），其土地每亩价值一斤黄金。"

"现在将这里规划为上林苑，断绝了陂池水泽带来的利益，夺走了百姓肥沃的土地，对上使国家的财用、物资匮乏，对下使百姓丧失了农桑的产业，放弃成功之业，而趋就败坏之事，损耗减低粮食产量，这是不可规划为上林苑的第一条理由。再者，使荆棘丛林茂盛繁密，而来繁养麋鹿，扩展狐兔的场地，加大虎狼活动的土山，还要毁掉人家祖先的坟墓，拆毁人家居住的庐舍，使得幼弱的人产生怀念故土的思绪，年老长者泣涕悲恸，这是不可规划为上林苑的第二条理由。马队驰奔于东西，车驾纵横于南北，苑中又有深沟大渠，尽一日田猎之乐，不值得让没有防护的车与冒遭受危害的风险，这是不可规划为上林苑的第三条理由。只致力于苑围的扩大，而不体恤农时，这不是强国富民的措施啊。殷纣王建造设有九处市场的宫室而引起诸侯背叛；楚灵王建起章华之台而楚人离散；秦始皇修建阿房宫而

武帝时，公主贵人多逾礼制，天下侈靡趋末，百姓多离农亩。上从容问朔："朕欲化民，岂有道乎？"朔对曰："尧、舜、禹、汤、文、武、成、康，上古之事，经数千载，尚难言也，臣不敢陈。愿近述孝文皇帝之时，当世耆老，皆闻见之。贵为天子，富有四海，身衣弋绨，足履革舄，以韦带剑，莞蒲为席，衣縕无文，集上书囊，以为殿帷，以道德为丽，以仁义为准，于是天下望风成俗，昭然化之。今陛下以城中为小，图起建章，左凤阙，右神明，号称千门万户，木土衣绮绣，狗马被缋罽，宫人簪瑇瑁、垂珠玑，设戏车，教驰逐，饰文采，丛珍怪，撞万石之钟，击雷霆之鼓，作俳优，舞郑女。上为淫侈如此，而欲使民独不奢侈失农，事之难者也。陛下诚能用臣之计，推甲乙之帐，甲乙，帐名。燔之于四通之衢，却走马，示不复用，则尧舜之隆，宜可与比治矣。《易》曰：'正其本，万事理。失之豪厘，差以千里。'愿陛下留意察之。"

朔直言切谏，上常用之。设"非有先生"之论，其辞曰："非有先生仕吴，进不称往古以厉主意，退不扬君美以显其功，

天下大乱。我是粪土一样无用的愚臣,忘记生命而甘冒死罪,违逆皇上盛意隆旨,罪该万死。"武帝于是让东方朔做太中大夫给事中,赐黄金一百斤。不过武帝还是兴建了上林苑。

武帝时,皇室的公主贵人大多超越礼制,天下奢侈,追求享受,趋尚工商业,老百姓也多离开农田。皇帝闲谈时问东方朔:"朕想教化人民,有什么办法吗?"东方朔答道:"尧、舜、禹、汤、文、武、成康上古的事情,经过了几千年,是难以说清的,臣不敢胡乱陈述。愿意就近陈述孝文皇帝时的事情,这是当今年老的人都听到、看到的事。文帝贵为天子,富有四海,但身着黑色粗厚丝织衣服,脚上穿生皮做的鞋子;用熟牛皮做剑带,用莞草、蒲草编成坐席;穿粗劣衣服,且没有花纹,收集群臣上书的封袋作为殿中的帷帐;以有道德为美善,以行仁义为准则。因此天下人受其影响形成了节俭风俗,起到了明显的教化作用。现在陛下认为京都城郭小,规划修筑建章宫,左边是凤凰台,右边是神明台,号称'千门万户';在木料和土墙上包裹着有花纹的丝织物,给狗马穿戴上有彩色图案的毛织品;宫人们插着瑇瑁簪子,戴着珠玑耳坠;设计出供游戏的车子,教她们追逐游戏,装饰文采,丛集珍奇;撞击万石重的大钟,敲击声如雷霆的大鼓,排练表演杂戏,训练歌舞女乐。做君王的在上边淫侈如此,却想让民间不要奢侈、不失农时,这是难以办到的事情啊!陛下若真的采用臣的策划,推倒供天子娱乐的甲帐、乙帐,在交通要道处烧掉,撤去驰逐的马匹,表示不再用它游戏,那么就只有尧舜盛世可以和陛下相媲美了。《易经》说:'端正其根本,万事都可治理好;若失之毫厘,结果就会差之千里。'希望陛下留心详察上述之事。"

东方朔直言切谏,武帝往往采纳,并创作了《非有先生论》。其文章中说:"非有先生在吴国做官,他进见时不称颂往古之事来激励

默然无言者三年矣。吴王怪而问之,曰:'谈何容易!夫谈有悖于目、咈于耳、谬于心,而便于身者,或有悦于目、顺于耳、快于心,而毁于行者,非有明王圣主,孰能听之?'吴王曰:'何为其然也?中人以上,可以语上。先生试言,寡人将听焉。'先生对曰:'昔者,关龙逢深谏于桀,而王子比干直言于纣。此二臣皆极虑尽忠,闵主泽不下流,而万民骚动,故直言其失,切谏其邪者,将以为君之荣、除主之祸也。今则不然,反以为诽谤君之行,无人臣之礼,戮及先人,为天下笑,故曰谈何容易。'"

"'是以辅弼之臣瓦解,而邪谄之人并进,遂及飞廉、恶来革等,二人皆纣时佞臣也。二人皆诈伪,巧言利口,以进其身;阴奉雕琢刻镂之好,以纳其心;务快耳目之欲,以苟容为度。遂往不戒,身没被戮,宗庙崩阤,国家为墟。故卑身贱体,悦色微辞,愉愉呴呴,终无益于主上之治,则志士仁人不忍为也。将俨然作矜严之色,深言直谏,上以拂主之邪,下以损百姓之害,则忤于邪主之心。历于衰世之法如是,邪主之行,固足畏也,故曰谈何容易。'"

"于是吴王惧然易容,捐荐去几,危坐而听。先生曰:

君主的意旨，退朝后不传扬君主的善行来显扬其功绩，沉默无言已有三年了。吴王觉得奇怪就询问他，非有先生说：'向君主进言很不容易呀！进言有违背君主所见、背逆君主所闻、不符合君主心意却对君主自身有利的，也有使君主看得喜悦、听着顺耳、心中高兴却会毁坏君主品行的。如果没有圣明的君王，谁能接受这些话呢？'吴王说：'你为什么认为是这样呢？具有中等以上才智的人，都可以同他谈论高深的道理或学问。先生试着说说，寡人一定会认真听的。'先生对曰：'昔日，关龙逢极力劝谏夏桀，王子比干率直地向商纣进言。这两位大臣，都是竭尽思虑与忠诚，怜惜君主的恩泽不能传播到下层，以致万民骚动，所以直言君主的过失、恳切谏诤其恶行的人，那是为了君主的荣耀，消除君主的祸患。可是今天就不是这样的，反而认为这是诽谤君主的行为，缺乏做人臣的礼节，先人也跟着受辱，为天下人所耻笑，所以说向君主进言很不容易！'"

"'因此辅佐君王的重臣被分裂，而那些奸邪谄媚的人一齐入朝为官，甚至连飞廉、恶来都得到了重用。这两个人都是诡诈之人，以其花言巧语、能说善辩，来求得自身的进升；以暗地里进献纣王喜好的雕刻之器，以此得到君主的信任。他们努力使君主致力于耳目之欲，以苟且容身为做事的尺度。君主则往往不加戒备，以至于身被杀戮，宗庙崩毁，国家成为废墟。所以，自身故作卑贱，面带喜色，言辞婉转巧妙，语言温和动听，终究无益于主上的治国，确实是志士仁人不忍心干的事啊。他们显现出端庄严肃的容色，恳言直谏，上能纠正君主的邪念，下能减少百姓的祸害，那么就会与心术不正之君的心意抵触，就要经受衰败时代的严刑酷法。如果是这样，邪主的所作所为，必会令人畏惧啊！所以说，向君主讲言很不容易。'"

"此时，吴王惧然改变神色，撤去草席，离开靠身的桌几，端正

'接舆避世,箕子阳狂。此二子者,皆避浊世以全其身者也。使遇明王圣主得赐清燕之闲,宽和之色,发愤毕诚,图画安危,揆度得失,上以安主体,下以便万民,则五帝三王之道,可几而见也。故伊尹蒙耻辱、负鼎俎以干汤,太公钓于渭之阳,以见文王。心合意同,谋无不成,计无不从。深念远虑,引义以正其身,推恩以广其下,本仁祖义,哀有德,禄贤能,诛恶乱,总远方,壹统类,美风俗。此帝王所由昌也。上不变天性,下不夺人伦,则天地和洽,远方怀之,故号圣王。于是裂地定封,爵为公侯,传国子孙,名显后世,民到于今称之,以遇汤与文王也。太公、伊尹以如此,龙逢、比干独如彼,岂不哀哉!故曰谈何容易。'"

地坐着来听。非有先生说:'接舆远避社会,箕子佯装疯癫。这两位贤人,都是逃避污浊的世道来保全其身的。假使他们遇到圣明的君主,能赐予其清静闲适的生活,宽容温和的脸色,使其发愤竭尽忠诚,策划国家安危大事,考察国家政事得失,对上使君主身心安泰,对下使人民生活安逸,那么五帝三王的治世之道,差不多就可以看到了。所以伊尹蒙受曾为奴隶的耻辱,负鼎持俎去求见商汤;姜太公垂钓于渭水北岸以拜会周文王。君臣之间心合意同,谋无不成,计无不从。深思远虑,援引正义来端正其身,广施恩惠,扩展到天下之人;根据仁义的原则,使有德之人聚集,给贤能之才以厚禄;诛罚奸恶乱党,汇集远方之民,统一法令条例,使风俗美好,这些都是帝王得以昌盛的原因。在上不改变天性,对下不丧失人伦,那么天地就会和洽,远方之民就会归向他,所以叫做"圣王"。于是,进行裂土分封,给以公侯爵位,传国于子孙,声名著称于后世,人民到现在还在称颂他。这是因为伊尹和姜太公遇上了商汤和文王啊。太公、伊尹的结局如此显荣,而关龙逢、比干偏偏是那样的遭遇,难道不令人伤悲吗?所以说,向君主进言不容易呀!'"

卷十九　汉书（七）

传

朱云，字游，鲁人也。成帝时，故丞相安昌侯张禹，以帝师位特进，甚尊。云上书求见，公卿在前。云曰："今朝廷大臣，上不能匡主，下无以益民，皆尸位素餐，孔子所谓'鄙夫不可与事君'、'苟患失之，亡所不至'者也。臣愿赐尚方斩马剑，断佞臣一人，以厉其余。"上问："谁也？"对曰："丞相安昌侯张禹。"上大怒曰："小臣居下讪上，廷辱师傅，罪死不赦。"御史将云下，云攀殿槛，槛折。云呼曰："臣得下从龙逢、比干游于地下，足矣！未知圣朝何如耳？"御史遂将云去。于是左将军辛庆忌免冠解印绶，叩头殿下曰："此臣素著狂直于世，使其言是，不可诛；其言非，固当容之。臣以死争。"庆忌叩头流血。上意解，然后得已。及后当治殿槛，上曰："勿易！因而辑之，以旌直臣。"云自是之后不复仕。

梅福，字子真，九江人也。成帝委任大将军王凤，而京兆尹王章素忠直，讥凤，为凤所诛。群下莫敢正言，故福上书曰："臣闻箕子阳狂于殷，而为周陈《洪范》；叔孙通遯秦归汉，

传

朱云，字游，鲁地人。成帝时，原丞相安昌侯张禹，以成帝老师的地位，赐封特进之位。成帝非常尊重他。朱云上书求见成帝。三公九卿就在他面前，朱云说："当今朝廷的大臣，对上不能辅助皇上，对下没有利民之策，都是白吃俸禄的人，正如孔子所说的'庸人是不可以与之事奉君王的'。这样的人，如果担心失掉官位，就会什么事都干得出来。我希望皇上赐予我尚方署所造的斩马宝剑，斩杀一个巧言谄媚之臣，来警告激励其他的人。"成帝问："你要斩杀的人是谁？"朱云回答说："就是丞相安昌侯张禹。"皇上大怒，说："你一个小臣，身处低下之位而敢毁谤上级重臣，当庭侮辱朕的老师，其罪当死，不可赦免。"御史将朱云带出去，朱云手抓住殿旁的栏杆，栏杆被折断。朱云大声喊道："我能去跟随龙逄、比干游于九泉，也就知足了！但不知道圣上的朝廷将会如何啊！"御史便将朱云带走了。这时候左将军辛庆忌卸下官帽、解下官印，在殿下叩头说："朱云这人平日以狂直著称于当世，假使他说的话有道理，就不可以杀；他的话没有道理，本来就该宽容他。臣是以死来谏诤。"辛庆忌叩头流血。皇上内心豁然醒悟，情绪也随之缓和下来，从而赦免了朱云。到后来该修复殿上的栏杆时，皇上说："不要换掉折断的栏杆，加固修补一下就行了，用此来表彰直言之臣。"朱云从此以后，不再做官。

梅福，字子真，九江郡人。成帝委任王凤为大将军，而京兆尹王章素来忠心正直，劾奏讥刺王凤，被王凤诬陷至死。群臣没有人敢公正说话。因而梅福上书说："臣听说箕子在殷朝假装颠狂，而向周

制作仪品。夫叔孙先非不忠也，箕子非疏其家而叛亲也，不可为言也。昔高祖纳善若不及，从谏若转圜，听言不求其能，举功不考其素。陈平起于亡命，而为谋主；韩信拔于行阵，而建上将。故天下之士，云合归汉，争进奇异，智者竭其策，愚者尽其虑，勇士极其节，怯夫勉其死。合天下之智，并天下之威，是以举秦如鸿毛，取楚若拾遗。此高祖所以无敌于天下也。士者，国之重器。得士则重，失士则轻。《诗》云：'济济多士，文王以宁。'庙堂之议，非草茅所当言也。臣诚恐身涂野草，尸并卒伍，故数上书求见，辄报罢。"

"臣闻齐桓之时，有以九九见者，桓公不逆，欲以致大也。今臣所言，非特九九也，陛下拒臣者三矣，此天下士所以不至也。今陛下既不纳天下之言，又加戮焉。夫鷇鹊遭害，则仁鸟增逝；愚者蒙戮，则智士深退。间者愚民上疏，多触不急之法，或下廷尉而死者众。自阳朔以来，天下以言为讳，朝廷尤甚，群臣承顺上指，莫有执正。何以明其然也？取民所上书，陛下之所善者，试下之廷尉，廷尉必曰：'非所宜言，大不敬。'以此卜之一矣。故京兆尹王章，资质忠直，敢面引廷争，孝元皇帝擢之，以厉具臣，而矫曲朝。及至陛下，戮及妻子。

王陈述出《洪范》；叔孙通逃离秦地，归顺汉朝，制定了仪礼品级。叔孙通从前不是不忠于秦，箕子不是疏远了他的宗族而背叛亲属，那是因为他们不能直言进谏啊。当年汉高祖采纳善言唯恐不够，从谏好似转圆圜那么顺当，听谏言时不责求其才能，选用有功劳的人时不计较其往日的情况。陈平起用于逃亡者之中而成为主谋之臣，韩信选拔于行伍之列而立为上将。所以天下之士四面而至，归顺汉朝，争着奉献奇异本领。智者竭尽其策谋；愚者竭尽其思考；勇敢之士作战尽其操节；怯懦之人勉励自己不要怕死。集中天下人的智慧，合并天下人的威力，因此推翻秦朝像持鸿毛一样轻而易举，攻取楚国像捡回丢弃之物一样容易，这就是高祖所以能无敌于天下的原因。士人，是国家的重要人才，得到士则势重，失掉士则势轻。《诗经》说：'忠勇之臣多又多，文王善用，天下得安定祥和。'应在朝堂上发表的议论，不是在乡间草野之地所当讲的。我确实怕自己血污草野或被发配充军而尸体与卒伍同葬，所以多次上书求见皇上，却常被通知未被采纳。"

"臣听说齐桓公时，有以'九九乘法'求见的人，桓公也没有拒绝他，目的是想以此招来进献大事的人。而今臣所进言不只是'九九乘法'那样的小事，陛下拒绝我进见已多次了。这就是天下贤才所以不来的原因啊！现在陛下既不采纳天下人的建言，又杀戮他们。须知鹓鹰遭受伤害，鸾凤就会远远飞去；愚笨的人遭到杀戮，有识之士就会远远退避。近来愚民向朝廷上书，大多抵触于不紧要的法规，被送到廷尉处治罪，处死的很多。从改年号为阳朔以来，天下以谈论国事为忌讳，朝廷之上尤其严重，群臣都顺着皇上的意思，没有人主持正义。用什么来证明这种情况呢？可以把天下人所呈上的奏书拿来，挑出陛下认为好的，试送达廷尉处置，廷尉一定会说：'这不是

恶恶止其身。王章非有反叛之辜，而殃及家，折直士之节，结谏臣之舌，群臣皆知其非，然不敢争。天下以言为戒，最国家之大患也。"

隽不疑，字曼倩，勃海人也。为京兆尹，吏民敬其威信。始元五年，有一男子，乘黄犊车，建黄旐，衣黄襜褕，著黄冒，诣北阙，自谓为卫太子。诏使公卿将军杂识视。长安中吏民聚观者数万人。右将军勒兵阙下，以备非常。丞相御史中二千石至者，立莫敢发言。不疑后到，叱从吏使收缚。或曰："是非未可知，且安之。"不疑曰："昔蒯聩违命出奔，辄拒而不内，《春秋》是之。卫太子得罪先帝，亡不即死，今来自诣，此罪人也。"遂送诏狱。天子与大将军霍光，闻而嘉之，曰："公卿大臣，当用经术明于大谊。"由是名声重于朝廷，在位者皆自以不及也。廷尉验治，竟得奸诈。

疏广，字仲翁，东海人也。为太子太傅，兄子受为少傅。太子外祖父平恩侯许伯以为太子幼，白使其弟中郎将舜监护太子家。上以问广，广对曰："太子国储副君，师友必于天下英俊，

你等应该说的话,是对皇上莫大的不敬。'以此推断便一概可知了。本来,京兆尹王章禀性忠直,敢于当面引证,当廷争辩,孝元皇帝提拔了他,用以激励那些备位充数之臣,矫正朝廷的不正之风。到了陛下手里,却诛杀了他并连累其妻子儿女。就算憎恶坏人,也不过是杀其自身为止。王章并没有反叛之罪,而殃及全家,这挫伤了正直之士的气节,扎住了敢谏之臣的舌头。群臣都知道这样做是不对的,但却无人敢争辩。天下人以进言为禁戒,这是国家最大的忧患啊。"

隽不疑,字曼倩,勃海郡人。任京兆尹之职,官民都敬服他的威严与信誉。汉昭帝始元五年,有一个男子驾着一辆黄牛车,打着一面画有龙蛇的黄旗,穿着黄色短衣,戴着黄色帽子,来到未央宫北阙门,自称是卫太子刘据。昭帝诏令公卿、将军等人一同前往看个究竟。长安城中官吏和老百姓围观者数万人。右将军率领兵士到北阙,以防备意外的事故发生。当时丞相、御史和俸禄在二千石的官员来到现场的,呆立着没有人敢发言。隽不疑最后来到,他即责令跟从他的差役,将这个男子捆绑起来。有的人说:"是不是卫太子还没有弄清楚,暂且先稳住他。"隽不疑说:"昔日蒯聩违背王命而出奔,蒯聩的儿子蒯辄嗣位,拒不接纳蒯聩返卫,《春秋》认为这样做是对的。卫太子得罪先帝,逃亡后即使不死,今天自来京师,他也是个罪人。"于是就把这个男子送交诏狱审问。天子和大将军霍光听到这件事都赞许隽不疑说道:"公卿大臣应当用经术来阐明大义。"隽不疑因此在朝颇有声名,在位的官员都自认为不如他。经过廷尉验证审理,终于弄明白这一男子是个奸伪狡诈之徒。

疏广,字仲翁,东海郡人。任太子太傅,他哥哥的儿子疏受为少傅。太子刘奭的外祖父平恩侯许伯认为太子年幼,报告宣帝让他的弟弟中郎将许舜监护太子家。皇上问疏广,疏广回答说:"太子是储君

不宜独亲外家。且太子自有太傅、少傅,官属已备,今复使舜护太子家,示陋,非所以广太子德于天下也。"上善其言,以语丞相魏相,相免冠谢曰:"此非臣等所能及。"广由是见器重。

于定国,字曼倩,东海人也。其父于公为郡决曹,决狱平。罗文法者,于公所决皆不恨。郡中为之生立祠,名曰"于公祠"。定国少学法于父,为廷尉。其决疑平法,务在哀鳏寡,罪疑从轻,加审慎之心。朝廷称之曰:"张释之为廷尉,天下无冤民;于定国为廷尉,民自以为不冤。"迁御史大夫。为丞相。始定国父于公,其闾门坏,父老方共治之。于公谓曰:"少高大闾门,令容驷马高盖车。我治狱,未尝有所冤,子孙必有兴者。"至定国为丞相,子永为御史大夫,封侯传世云。

薛广德,字长卿,沛郡人也,为人温雅。及为三公,直言谏争。成帝幸甘泉,郊泰畤,礼毕,因留射猎。广德上书曰:"窃见关东困极,民人流离。陛下日撞亡秦之钟,听郑卫之乐,臣诚悼之。今士卒暴露,从官劳倦,愿陛下亟反宫,思与百姓同忧乐,天下幸甚。"上即日还。其秋,上酎祭宗庙,出便门,欲御楼船,广德当乘舆车,免冠顿首曰:"宜从桥。"诏曰:"大

副主,他的师友必须是天下的贤良且才智出众的人,不应该只亲近外戚。并且太子自有太傅和少傅监护,跟从的官员已齐备了,现在又让许舜监护太子家,这是把浅陋的见识,显示给天下人,不是以此向天下人大展太子德行的办法啊!"皇上称赞疏广的建言,并把这些话转告给丞相魏相,魏相卸下帽子惭愧的说:"这种见识不是臣等所能比得上的。"疏广因这件事很被器重。

于定国,字曼倩,东海郡人。他父亲于公是东海郡判决案件的决曹官,判案很公平。凡遭受到法律制裁的人,对于公所判决的案子都无怨言。郡里为还在世的于公建了立祠堂,名曰"于公祠"。定国少年时跟从父亲学习法律,后来做了掌管司法刑狱的廷尉。他判处疑案公正用法,务求做到哀怜鳏寡,罪证有疑点时从轻处治,更怀详察谨慎之心。朝廷称赞他说:"张释之做廷尉,天下没有受冤枉的人民;于定国做廷尉,人民自认为不受冤枉。"于定国被迁升为御史大夫,后官至丞相。当年,定国父亲于公所住巷子的门坏了,父老们正要一起整修,于公对大家说:"稍微把巷子的门修得高大一些,使其能让驷马高车通过。我办理狱案,从来没有冤枉的,后世子孙必定会有兴旺发达的人。"到于定国做丞相时,儿子于永为御史大夫,几代人都封侯传世。

薛广德,字长卿,沛郡人。他为人温和文雅。官到三公位置时,却能直言谏诤皇上。成帝驾幸甘泉宫,郊祭天神于泰畤坛,礼仪结束后,趁便留在那里射猎。薛广德上书说:"臣下看到函谷关以东的地方极度贫困,人民颠沛流离,而陛下每日敲撞着亡秦的钟鼓,聆听着郑卫的淫乐,臣的确为此感到伤心。现在士卒天天日晒雨淋,随从官员疲劳困倦,希望陛下赶快回宫,想着和老百姓同忧同乐,则天下大幸。"成帝当天就回到京都。这年秋天,成帝以醇酒去祭奠宗庙,出便

夫冠。"广德曰:"陛下不听臣,臣自刎以血污车轮,陛下不得入庙矣!"上不悦。先驱光禄大夫张猛进曰:"臣闻主圣臣直。乘船危,就桥安,圣主不乘危。御史大夫言可听。"乃从桥。

王吉,字子阳,琅邪人也。为谏大夫。是时宣帝颇修武帝故事,宫室车服,盛于昭帝时。外戚许、史、王氏贵宠,而上躬亲政事,任用能吏。吉上疏言得失曰:"陛下总万方,帝王图籍,日陈于前,惟思世务,将兴大平,诏书每下,民欣然若更生。臣伏而思之,可谓至恩,未可谓本务也。欲治之主不世出,公卿幸得遭遇其时,言听谏从,然未有建万世之长策,举明主于三代之隆者也,其务在于期会簿书、断狱听讼而已。此非太平之基也。"

"臣闻圣王宣德流化,必自近始。朝廷不备,难以言治;左右不正,难以化远。民者弱而不可胜,愚而不可欺也。圣主独行于深宫,得则天下称诵之,失则天下咸言之。行发于近,必见于远,谨选左右,审择所使。左右所以正身也,所使所以宣德也。今俗吏所以牧民者,非有礼义科指,可世世通行者也,独设刑法以守之。其欲治者,不知所由,以意穿凿,各取

门,打算乘楼船去。广德挡住皇帝所乘的车驾,脱帽叩头说:"应该从桥上走。"皇上颁诏说:"大夫戴上帽子。"广德说:"陛下如果不听臣的奉劝,臣将自刎,用鲜血来污溅车轮,陛下就不能入宗庙了。"皇上很不高兴。先驰光禄大夫张猛进谏说:"臣听说君主圣明,臣下就正直。乘船危险,过桥平安,圣明的君主不追从危险,御史大夫的话可以听取。"皇上于是从桥上走过。

王吉,字子阳,琅琊郡人,任谏议大夫。这时候宣帝很注重学习武帝时的政事,宫室车辆服饰比昭帝时还盛美。当时外戚许、史、王氏三姓受到贵宠,而宣帝自己亲理政务,任用贤能的官吏。王吉上书议论朝廷得失说:"陛下统领天下,将帝王用的地图和户籍册簿每天陈放在前,只想着世务,希望能创建太平盛世。诏书每次颁发下去,人民都高兴得犹如重新获得生命。臣低头沉思此事,认为君主的作为称得上是大恩,但这不可以说是皇上的本职工作。一心想使天下大治的君主,不是世代皆有的,公卿幸而遇到一心想图治的时代,君主对臣下言听谏从,然而臣下却未能确立能使万世安定的长远国策,从而把圣明的君主推举到夏、商、周三代君主的高度。其原因是他们只致力于文书簿册、定期例会、审判案件而已,这些都不是太平之世的根基。"

"臣听说圣王宣扬仁德推行教化,必然要从身边近处开始。朝廷还不具备德义,难以谈治理好天下;左右的臣子不够端正,难以使教化远播。人民,虽然力量薄弱,但却是不可战胜的;虽然显得愚昧,但却是不可欺侮的。圣主自己行事于深宫之中,事情做对了,天下人就称颂他;事情做错了,天下人都议论他。行为发生在皇上身边,一定会传扬到远方,要谨慎地选择左右之臣,详细地挑拣所派出的使者。慎选左右近臣是为了使君主正身,慎择派出的使者是为了宣扬

一切。是以百里不同风，千里不同俗，诈伪萌生，刑罚无极，质朴日销，恩爱寖薄。孔子曰：'安上治民，莫善于礼。'非空言也。"

"臣愿陛下承天心，发大业，与公卿大臣，延及儒生，述旧礼，明王制，驱一世之人，跻之仁寿之域，则俗何以不若成康、寿何以不若高宗？窃见当世趋务，不合于道者，谨条奏，唯陛下裁择焉。"吉意以为，"汉家列侯尚公主，诸侯则国人承翁主，娶天子女，则曰尚公主。国人娶诸侯女，曰承翁主也。使男事女，夫诎于妇，逆阴阳之位，故多女乱。古者衣服车马，贵贱有章，以褒有德，而别尊卑。今上下僭差，人人自制，是故贪财趋利，不畏死亡。周之所以能致治，刑措而不用者，以其禁邪于冥冥，绝恶于未萌也。"

又言："舜汤不用三公九卿之世，而举咎繇、伊尹，不仁者远。今使俗吏得任子弟，汉旧仪，子弟以父兄任为郎。率多骄傲，不通古今，至于积功治人，无益于民，此《伐檀》所为作也。宜明选求贤，除任子之令。外家及故人，可厚以财，不宜居位。去角抵，减乐府，省尚方，明视天下以俭。民见俭则归本，本立而末成。"其指如此，上以其言迂阔，不甚宠异也。吉遂谢病

君主德政。当今一般俗吏用于管理老百姓的办法,并没有可世世代代通行的礼义条文和政治意向,只是设置刑法来掌管其事。其中想治理好百姓的,也不知该从哪里着手,只是以自己的想法穿凿附会,各自选取一种权宜之计解决问题。所以百里范围内风气不同,千里路以内习俗各异,欺骗、诡诈之事萌生,刑罚的使用没有尽头,质朴的风气日见消失,怀念爱戴之情逐渐淡薄,孔子说:'让君主安宁、治理好人民,没有比礼更好的。'这不是一句空话。"

"臣希望陛下顺承天意,兴举大业,同公卿大臣以及儒家学者一起,讲述昔日礼义,阐明王者制度,使全国之人,达到有仁德而又长寿的境界。那样社会风气怎会比不上成康时代呢?寿命又怎会比不上殷高宗(其享国百年)呢?我私下看到当今社会的发展,趋向于不符合治国之道的现象。谨此分条上奏,希望陛下能裁夺选用。"王吉认为:"汉朝列侯娶公主为妻,诸侯国中的贵族娶诸侯之女为妻,使男子事奉女子,丈夫屈从妻子,颠倒了阴阳位置,所以常出现女人干扰政事。古代衣服车马贵贱有规章,用来褒扬有德之人而使尊卑有所区别。而今上下之间有僭越的错失,人人各自为政,所以贪财谋利,不怕死亡。周朝之所以能达到治世,刑罚搁置不用,其原因就是把邪念制止于未显露之时,把罪恶杜绝于未萌生之时。"

王吉还说:"虞舜、商汤不搞三公九卿的爵位继承制,选拔皋陶、伊尹,而使不仁义的人远离。而现今让一般官吏可以任用子弟(《汉旧仪》记载,子弟推举自家亲戚父兄来作郎官)为自己属从之官,这些人大多骄傲自满,不通古今之事,至于凭父兄积储的功绩来管理人,结果会无益于民,这就像《诗经·伐檀》一诗中所写的情况。应该公开选拔、访求贤人,废止任用子弟的法令。外戚家和亲朋故友,可多给他们些财物,不宜让他们做官。朝廷应停止角抵的游

归。

贡禹，字少翁，琅邪人也。元帝初即位，征为谏大夫，数虚己问以政事。是时年岁不登，郡国多困，禹奏言："古者宫室有制，宫女不过九人，秣马不过八匹；墙涂而不雕，木摩而不刻，车舆器物，皆不文画；苑不过数十里，与民共之；任贤使能，什一而税，无他赋敛繇戍之役；使民岁不过三日。故天下家给人足，颂声作。至高祖、孝文、孝景，循古节俭，宫女不过十余人，厩马百余匹。孝文皇帝衣绨履革，器无雕文金银之饰。后世争为奢，转转益甚，臣下亦相放效，衣服乱于主上，甚非宜，然非自知奢僭也。"

"今大夫僭诸侯，诸侯僭天子，天子过天道，其日久矣。承衰救乱，矫复古化，在于陛下。臣愚以为尽如大古难，宜少放古以自节焉。方今宫室已定，无可奈何矣，其余尽可减损，故时齐三服官，输物不过十笥，方今齐三服官，一岁费数巨万。蜀广汉主金银器，岁各用五百万。三工官，官费五千万，河内怀，蜀郡成都、广汉，皆有工官。工官，主漆器物。东西织室亦然。厩马食粟，将万匹。臣禹尝从之东宫，见赐杯案，尽文画，金

戏,减少乐府官员,减少尚方署制造的御用器玩,以节俭方针明示天下。百姓看到朝廷节俭,就会回归农业,农业发展了,工商之类的末业也会兴旺发达。"王吉的意向如此,成帝认为他的言论不切实际,因此也没有给以特殊的尊崇。王吉于是推说自己有病,回归家乡。

贡禹,字少翁,琅邪郡人。元帝初即皇帝位,贡禹被征召为谏大夫,元帝多次谦虚地向他询问治国之事。这时候,年头不好,粮食歉收,诸侯郡国大多生活艰难,贡禹上书奏说:"古代宫室有规定,宫女不超过九人,养马不超过八匹;宫墙只粉刷一下而不施以彩绘,栋梁之木只求光洁而不雕刻,车辆轿子和器物都不加装饰、描画;苑囿不过数十里,且和老百姓一同享有;任用贤能之人,按税收的十分之一征税,再没有别的赋敛徭戍的差使;使用百姓服劳役一年不超过三天。所以,天下家给人足,赢来了一片颂扬之声。到了汉高祖、文帝、景帝,遵照古制,实行节俭,宫女不过十余人,厩中养马百余匹。孝文皇帝穿着粗丝衣服,脚登皮制鞋子,器物上没有雕刻的花纹和金银装饰。后世却争为奢侈,几经转变,愈来愈厉害,臣子们也互相仿效,穿衣混乱到跟君主穿的差不多,这是非常不应该的。然而他们自己还不知道这样奢侈已超越了本分。"

"现在大夫冒用诸侯的职权行事,诸侯冒用天子的名义,天子超越了天道,这种现象由来久矣。承接衰世、拯救乱世,矫正恢复古代的风气,全在陛下。臣愚昧,认为完全像上古那样是很困难的,但应该稍稍仿效古制来自我节制呀!当前宫室已经修好了,这已是无可奈何的事了,其他的都可以减少或降低标准。过去齐郡制作三类服装的官衙,每年献纳的衣物不超过十竹箱,而当今齐郡制作三类官服的官衙,一年的费用高达数十万;蜀郡、广汉郡主管制金银器皿,一年各用五百万;三个主管制作器物的官衙,公家的花费达五千万。(河

银饰,非当所以赐食臣下也。东宫之费,亦不可胜计。天下之民,所为大饥饿死者是也。"

"今民大饥而死,人至相食,而厩马食粟,苦其大肥,气盛怒至,乃日步作之。王者受命于天,为民父母,固当若此乎?天不见邪?武帝时,又多取好女,至数千人,以填后宫。及弃天下,昭帝幼弱,霍光专事,不知礼正,妄多藏金钱财物,鸟兽鱼鳖,凡百九十物,尽瘞藏之。又皆取后宫女,置于园陵,大失礼,逆天心。昭帝晏驾,先复行之。至孝宣皇帝时,群臣亦随故事,甚可痛也!故使天下承化,及众庶葬埋,皆虚地上,以实地下。其过自上生,皆在大臣循故事之罪也。"

"唯陛下深察古道,从其俭者,大减损乘舆服御器物,三分去二;审察后宫,择其贤者,留二十人,余悉归之。诸陵园女无子者,宜皆遣。厩马可无过数十匹。独舍长安城南苑地,以为田猎之囿,自城西南至鄠,皆复其田,以与贫民。方今天下饥馑,可无大自损减以救之,称天意乎?天生圣人,盖为万民,非独使自娱乐而已也。当仁不让,独可以圣心参诸天地,揆之往古,不可与臣下议也。臣禹不胜拳拳,不敢不尽愚心。"

内怀郡、蜀郡成都、广汉郡,都有工官。工官负责漆器物品的制作。)掌握皇室织造的两个织室也是如此。厩中之马将近万匹。臣贡禹曾经随圣驾到太后宫,看到赏赐的杯子、桌案等物,全都是彩色刻画、金银装饰的,这些东西是不应用来赐给臣下做为食具的啊!太后宫中的费用也是难以计算。天下老百姓在大灾之年饿死的原因,就在这里。"

"现在老百姓因严重地饥荒而死亡,到了人吃人的地步,可皇宫马房的马仍以粮食饲养,还因其长得过肥而苦恼,这些马力气大而性暴烈,以至于要天天拉出去遛。做帝王的受命与上天,是人民的父母,就本该这样吗?难道上天会看不见吗?武帝时候,还大量征选漂亮姑娘,达到数千人,用以充实后宫。到他死后,昭帝幼弱,霍光专权,他不知道礼仪的正道,随便把大量收集的金钱财物、鸟兽鱼鳖,大概有一百九十多种,全部埋藏到陵墓中,又将后宫所有的宫女,安置在陵园里,这样做很不合乎礼制规定,违背了人的本性。昭帝驾崩,霍光又是这样办。到了孝宣皇帝时,群臣还是按照过去的旧例去做,真是很令人痛惜的事啊!这样做,使天下传承其习俗,及至一般庶民葬埋,都空耗地上之物,而来充实地下。这个错误是从君主开始的,都是由于大臣循旧例的罪过啊!"

"希望陛下能深刻体察古代的做法,依从其中节俭的体制,大大减少乘与和御用器物,应砍掉三分之二;详尽审查后宫,挑出贤慧的宫女留二十人,其余的都放她们回家;各个陵园的妇女没有生孩子的,也都应该予以遣返;厩中之马不要超过几十匹;只留下长安城南苑的农田做为田猎的园囿,从长安城西南到鄠县的上林苑都恢复为农田,用以分给贫民。当今天下出现灾荒,能不大大减少自己的耗费来救灾,以合乎上天的意旨吗?天生圣人(指皇帝),都是为了人民,不是只让他自己欢娱享乐就行了。当仁不让,只可以用圣人的心

天子纳善其忠,乃下诏,令太仆减食穀马,水衡减食肉兽,省宜春下苑,以与贫民。又罢角抵诸戏及齐三服官。迁禹为光禄大夫。

禹又言:"孝文皇帝时,贵廉洁,贱贪污,赏善罚恶,不阿亲戚,罪白者伏其诛,疑者以与民,无赎罪之法。故令行禁止,海内大化,与刑措无异。武帝始临天下,尊贤用士,辟地广境数千里。自见功大威行,遂纵嗜欲。用度不足,乃行一切之变,使犯法者赎罪,入穀者补吏。是以天下奢侈,官乱民贫,盗贼并起,亡命者众。郡国恐伏诛,则择便巧史书、习于计簿、能欺上府者,以为右职;奸轨不胜,则取勇猛能操切百姓、以苛暴威服下者,使居大位。故无义而有财者显于世,欺谩而善书者尊于朝,悖逆而勇猛者贵于官。"

"故俗皆曰:'何以孝悌为?财多而光荣。何以礼义为?史书而仕宦。何以谨慎为?勇猛而临官。'故黥劓而髡钳者,犹复攘臂,为政于世,而行虽犬彘,家富埶足,目指气使,是为贤耳。谓居官而致富者为雄桀,处奸而得利者为壮士。兄劝其弟,父勉其子,俗之坏败,乃至于是!察其所以然者,皆以犯法得赎罪、求士不得真贤、相守崇财利、诛不行之所致也。今欲兴至治致太平,宜除赎罪之法。相守选举不以实及有臧者,辄

怀来领悟天地之意,揣度往古之法,不宜和臣下商议。臣贡禹有无尽的恳切之意,不敢不竭尽我的愚心。"皇帝接纳贡禹的建言,并认为他很忠诚,于是就下诏让太仆减少谷物喂养马匹,让水衡官减少食肉的禽兽;缩小宜春下苑,把苑中土地让给贫民,还取消角抵等多种游戏及统一制作三季服装的管署。升迁贡禹为光禄大夫。

贡禹再次上书说:"孝文皇帝时,使廉洁之人尊贵,使贪污之人卑贱,奖赏好的惩罚坏的,不偏袒亲戚。罪行明了无误者接受应有的惩罚,罪证有疑点的从轻处理,取消以钱财赎罪之法。所以有令即行,有禁即止,国内深受教化,这与刑罚废弃不用没有什么差别。武帝开始君临天下时,尊重贤能,重用人才,扩展地域数千里,自己以为功绩很大、威风传扬,于是就放纵嗜欲。费用不够了,就实行一时权变之法,让犯法的人用钱财赎罪;缴纳谷物可等候补充官位的空缺。因此天下奢侈,国家混乱,百姓贫苦,盗贼纷起,亡命之徒一天天多起来。郡国害怕被处死,就挑选一些善于书写文书、熟习赋税收支、能够欺骗上级官府的人,担任部门正职;作奸犯科多得无法计算,就选用勇猛能胁制百姓、用苛刻残暴手段使下级害怕、服从的人,让他们担任重要官职。所以没有道义而有钱的人显贵于社会,善于欺骗和编造文书的人尊贵于朝廷;违法悖理但勇猛凶狠的人器重于官场。"

"所以民间都说:'为什么要孝敬父母友爱兄弟呢?财产多了就光荣;为什么要去讲求礼义呢?善于编造史书就可步入仕途;为什么要谨慎处事呢?勇猛就能当官。'所以,即使受过面部刺字、割掉鼻子、剃发钳颈等刑罚的人,还能再次挽起袖子,伸着胳膊从政于当世,而那些品行虽然如猪狗一样卑劣的人,却因家富势强,动目以指物,出气以使人,而被当作贤者。做官而能致富者称作才智出众之人,干坏事而能获利的人被称为壮士。兄长这样劝导弟弟,父亲这

行其诛,无但免官,则争尽力为善,贵孝悌,贱贾人,进真贤,举实廉,而天下治矣。"

"孔子,匹夫之人耳,以乐道正身不懈之故,四海之内,天下之君,微孔子之言,无所折中。况乎以汉地之广,陛下之德,处南面之尊,因天地之助,其于以变世易俗,调和阴阳,陶冶万物,化正天下,易于决流抑坠。坠,物欲坠落也。自成、康以来,几且千岁,欲为治者甚众,然而太平不复兴者,何也?以其舍法度而任私意,奢侈行而仁义废也。陛下诚深念高祖之苦,醇法太宗之治;正己以先下,选贤以自辅;开进忠正,致诛奸臣,远放谄佞;放出园陵之女,罢倡乐,绝郑声;去甲乙之帐,退伪薄之物,修节俭之化;驱天下之民,皆归于农。如此不懈,则三王可侔,五帝可及。唯陛下留意省察,天下幸甚。"上虽未尽从,嘉其质直之意,而省其半。

样鼓励儿子,社会风气的败坏,竟到了这种地步!考虑其成为这个样子的原因,都是因为犯了法可以赎罪、访求人才得到的不是真正的贤者、诸侯郡守都崇尚财利、该惩处的不惩处所造成的。今日要使良好风气兴起、实现安定昌盛、教化大行的政治局面,迎来天下太平,就应该废除赎罪之法。郡相和郡守选拔人才不属实,以及有通过贪污受贿获取官职的,就立即对其进行惩处,不仅仅是免官。那么,他们就会争相尽力做好事,重视孝悌,鄙贱商人,推荐真正的贤才,推举真实的廉吏,这样天下就可治理好了。

孔子,也不过是个普通百姓,因为喜好圣贤之道、端正自身、从不松懈而成圣贤。所以四海之内,天下的君主,如果没有孔子的言论,就没有标准来判断事情的正误。何况以汉朝地域之广、陛下高尚之德、又居天子之尊位、凭借上天的帮助,这对于按孔子的言行来改变社会风气、调和阴阳、陶冶万物、教化整治天下,容易得像决堤放水、遏制物体坠落一样。从周朝成王、康王以来,几乎将近一千年了,想治理好天下的君主非常之多,可是太平盛世却不能复兴的原因是什么呢?是因为他们抛开法规制度而听凭自己的心意去做,使奢侈畅行而仁义荒废的缘故。陛下如果能深刻领悟高祖建国的困苦险难,仿效道德风尚淳厚质朴的太宗文帝的治国方针,端正自身且率先垂范于下民,选任德才兼备者来辅佐自己,大开忠正者入朝之门,辞退、惩处奸臣,远离、放逐谗佞小人,放出陵园中的妇女,取消歌舞艺妓的乐舞,断绝郑卫淫荡之音,撤除以宝器装饰、供天子闲居的诸多宫帐,退回进献的非礼浮华轻巧之物,修行节俭的风气,促使天下的百姓都回归于农业,像这样坚持不懈,就可以等同于夏商周三代的君王,就可以比得上古时的五帝。敬请陛下留意省察,那么天下将会非常庆幸。"皇帝虽然没有全部听从贡禹的意见,但赞许他朴实正直

鲍宣，字子都，渤海人也。为谏大夫。以丁傅子弟并进，董贤贵幸，上书谏曰："窃见孝成皇帝时，外亲持权，人人牵引所私，以充塞朝廷，妨贤人路，浊乱天下，奢泰无度，穷困百姓。是以日蚀且十，彗星四起。危亡之征，陛下所亲见也，今奈何反覆剧于前乎？朝臣无有大儒骨鲠、白首耆艾、魁垒之士。魁垒，壮貌。论议通古今、喟然动众心、忧国如饥渴者，臣未见也。敦外亲小童，及幸臣董贤等，在公门省户下。陛下欲与此共承天地、安海内，甚难。今俗谓不智者为能，谓智者为不能。昔尧放四罪而天下服，今除一吏而众皆惑；古刑人尚服，今赏人反惑。请寄为奸，群小日进；国家空虚，用度不足；民流亡，去城郭；盗贼并起，吏为残贼，岁增于前。"

"凡民有七亡：阴阳不和，水旱为灾，一亡也；县官重责，更赋租税，二亡也；贪吏并公，受取不已，三亡也；豪强大姓，蚕食无厌，四亡也；苛吏繇役，失农桑时，五亡也；部落鼓鸣，男女遮列，六亡也；盗贼劫略，取民财物，七亡也。七亡尚可，又有七死：酷吏驱杀，一死也；治狱深刻，二死也；冤陷无辜，三死也；盗贼横发，四死也；怨雠相残，五死也；岁恶饥饿，

的心意,对他所批评的奢侈之物减去了一半。

鲍宣,字子都,渤海郡人。为汉哀帝谏议大夫。因皇太后丁姓和太皇太后傅姓两族子弟都入朝为官,董贤位尊且受君王宠信。鲍宣上书说:"我私下看到孝成皇帝时,外戚把持大权,人人都引荐其沾亲带故之人来充塞朝廷,妨害了贤人进取之路,使得天下混乱。他们奢侈没有节制,致使百姓穷困潦倒,因此日蚀发生了将近十次,彗星四次出现。这些危亡的征兆,都是陛下所亲眼看到的,现在为何会返回到以前的状况且比以前更严重呢?现今朝廷没有学问渊博、品性刚直的白发尊长和正直磊落之士;而那些言谈通晓古今、感叹能感动众人之心、忧心国事如饥似渴的人,臣也没有见到啊。皇上所厚爱的外戚中不懂事的孩童、及幸臣董贤等人,都处在朝廷官署的公门之内。陛下想和这些人一起恭奉天地,安定国家,这很难呀!当今一般人都认为不聪慧的人是'贤能',聪慧的人是'不贤能'。从前尧流放了共工、欢兜、三苗、鲧等四个罪人而令天下人钦服,而今陛下任命一个官吏大家却大惑不解;古代惩罚一个人大家尚且佩服,而今赏赐一个人群臣反而疑惑。大家相互勾结狼狈为奸,众多小人一天天被进用;国家空虚,财用不足;老百姓流散逃亡,离开城郭,盗贼四起,官吏也成了凶残暴虐的贼人,这种情况一年比一年厉害。"

"有七种原因会导致普通老百姓失其作业而无法生活下去。阴阳不调和,使气候变异导致水旱成灾,是其一;官府加重租税赋算,是其二;贪官污吏假公济私,榨取人民不止,是其三;豪强大姓,蚕食人民没完没了,是其四;苛刻的官吏滥派徭役,耽误农桑季节,是其五;部落之间常年混战,导致男女都参战,是其六;盗贼抢劫,掠夺百姓财物,是其七。这七种情况还不算厉害,更有七种致死的情况:被酷吏打死,是其一;审理狱案极为苛刻,是其二;冤枉诬陷无

六死也；时气疾疫，七死也。民有七亡，而无一得，欲望国安诚难；民有七死，而无一生，欲望刑措诚难。此非公卿守相贪残成化之所致邪？群臣幸得居尊官，食重禄，岂有肯加恻隐于细民，助陛下流教化者邪？志但在营私家，称宾客，为奸利而已。以苟容曲从为贤，以拱默尸禄为智，谓如臣宣等为愚。陛下擢臣岩穴，诚冀有益豪毛，岂徒欲使臣美食大官，重高门之地哉高门，殿名！"

"天下，乃皇天之天下也。陛下上为皇天子，下为黎庶父母，为天牧养元元，视之当如一，合《尸鸠》之诗。今贫民菜食不厌，衣又穿空，父子夫妇不能相保，诚可为酸鼻。陛下不救，将安所归命乎？奈何独私养外亲与幸臣董贤，多赏赐以大万数，使奴从宾客，浆酒霍肉，视酒如浆，视肉如霍也。苍头庐儿，皆用致富，非天意也。汉名奴为苍头，诸给殿中者，所居为庐，苍头侍从，因呼庐儿。及汝昌侯傅商，无功而封。夫官爵，非陛下之官爵，乃天下之官爵也。陛下取非其官，官非其人，而望天悦民服，不亦难乎！治天下者，当用天下之心为心，不得自专快意而已也。上之，皇天见谴；下之，黎庶恨怨。"上以宣名儒，优而纳之。

罪之人，是其三；盗贼横行于世，是其四；因怨仇而互相残杀，是其五；连年受灾歉收、百姓饥饿，是其六；季节性疾病、瘟疫，是其七。百姓有这七种导致死亡的情况，而享受不到朝廷一点恩德，想指望国家安定，的确很难；百姓有七种情况可能导致死亡而没有一条生路，想指望刑罚搁置不用，的确很难。这些不是朝廷三公九卿和郡守、诸侯宰相等贪婪残暴成风而导致的吗？群臣庆幸得做高官，享受丰厚的禄俸，哪里还有肯对小民百姓加以恻隐怜惜、辅助陛下传布教化的呢？他们的思想只在营求自己家族之利，使依附自己的人称心如意，都是为了以非法手段谋取私利而已。他们以屈从附和、违心顺从者为贤能之才；以拱手沉默什么事也不干者为明智之人；说像我鲍宣这样的人是愚蠢之辈。陛下选拔臣子于乡野岩穴之中，是真心希望臣子对朝廷哪怕是有微如毫毛的益处，难道只是想让臣子们吃美食、做大官、增加宫殿地面的承重吗？"

"天下，是皇天上苍的天下。陛下对上而言，是上天之子，对下而言，是黎民百姓的父母。既然是替上天来治理老百姓，对待他们就应一视同仁，正如《诗经·尸鸠》一诗所说的一样。当今贫民百姓连野菜都吃不饱，衣服又破烂透孔，父子夫妇，彼此不能相互保全，的确让人鼻子发酸（伤心流泪）。陛下不来救济，那他们将怎样活下去呢？为什么只偏袒、供养外戚和幸臣董贤之人？多次给他们的赏赐数以巨万计，使他们的仆从、门客视酒如淡浆，视肉如豆叶，使官署里的奴仆皆因此而致富。这不是上天的意旨啊！（汉朝命名奴仆为苍头，众多奔走于各殿之中的为侍从，所居住的居室为庐。苍头侍从。因此被呼称为庐儿。）及至汝昌侯傅商，没有功劳而受封，这官爵，不是陛下的官爵，而是天下人的官爵。陛下选赐的不是合适的官位，所封之官不是合适的人选，而希望上天喜悦、百姓敬服，不是很难吗！治理天下

宣复上书言："陛下父事天，母事地，子养黎民；即位以来，父亏明，母震动，子讹言相惊恐。今日蚀于三始，正月一日为岁之朝，月之朝，日之朝。始，犹朝也。诚可畏惧。小民正月朔日，尚恐毁败器物，何况于日亏乎！"

魏相，字弱翁，济阴人也，为丞相。宣帝与后将军赵充国等议，欲因匈奴衰弱，出兵击其右地，使不敢复扰西域。相上书谏曰："臣闻救乱诛暴，谓之义兵，兵义者王；敌加于己，不得已而起者，谓之应兵，兵应者胜；争恨小故，不胜愤怒者，谓之忿兵，兵忿者败；利人土地货宝者，谓之贪兵，兵贪者破；恃国家之大，矜民人之众，欲见威于敌者，谓之骄兵，兵骄者灭。此五者，非但人事，乃天道也。"

"间者匈奴常有善意，所得汉民，辄奉归之，未有犯于边境，虽争屯田车师，不足致意中。今闻诸将军欲兴兵入其地，臣愚不知此兵何名者也。今边郡困乏，父子共犬羊之裘，食草莱之实，常恐不能自存，难以动兵。'军旅之后，必有凶年'，言民以其愁苦之气，伤阴阳之和也。出兵虽胜，犹有后忧，恐灾害之变，因此以生。今郡国守相，多不实选；风俗尤薄，水旱

的人，应当以天下人的心愿为心愿，不能自己一个人感到快意就行了啊！如果那样，上边皇天会给以谴责，下边老百姓会怨恨。"皇上因为鲍宣是名儒，便优待于他而采纳了他的谏言。

鲍宣又上书说："陛下应把上天当作父亲那样事奉；把大地当作母亲那样事奉；把黎民当作子女那样养育。但即位以来，父（喻天）欠缺明亮，母（喻地）发生震动，子女（指民众）因一些谣传而惊恐不安。现在日蚀发生在正月初一（正月一日为一年之始。月之始。日之始。始犹朝也），这的确是很可怕的。老百姓在正月初一这天，尚且害怕损坏日用器物（损之不祥），何况日蚀发生在这天呢！"

魏相，字弱翁，济阴郡人，任丞相。宣帝和后将军赵充国等商议，打算乘匈奴衰弱，出兵袭击其西部地区，使匈奴不敢再侵扰我西部地区。魏相上书劝谏说："臣听说制止叛乱、讨伐暴君，叫做'义兵'，用兵坚持正义者可称王；敌人将战争强加于我们，出于不得已而起兵应敌者，叫做'应兵'，为应敌而出兵者必会胜利；好勇斗狠，因小事积怨，以至愤怒不能忍受者，叫做'忿兵'，因一时愤怒而出兵者，必会失败；贪图别人土地财宝的，叫做'贪兵'，因贪婪而出兵者必然破败；倚仗国家强大，自夸人口众多，显示威势想以此使人畏惧慑服者，叫做'骄兵'，因骄傲自大而出兵者必然灭亡。这五种情况，不仅是人情事理，也是上天的法则。"

"近来匈奴常有与朝廷亲善的意思。他们俘虏的汉民，总是送回来，没有侵犯边境的事，虽然在车师地方与汉争着屯田，但这不值得使陛下挂怀。现在听说诸位将军打算兴兵攻入匈奴地界，愚臣不知道这样的兵该叫什么兵。当今边境郡县人民生活困难，父亲和儿子共穿用一件皮衣，吃的是灰菜结的子，常常担心不能活下去，实在难以参与军事行动。'战争之后，必有荒年'，说的就是战争给百姓带

不时。案今年计，子弟杀父兄、妻杀夫者，凡二百二十二人。臣愚以为此非小变也。今左右不忧此，乃欲发兵报纤介之忿于远夷，殆孔子所谓'吾恐季孙之忧不在颛臾，而在萧墙之内'者也。愿陛下与有识者，详议乃可。"上从相言而止。

丙吉，字少卿，鲁国人也。代魏相为丞相。吉本起狱法小吏，及居相位，尚宽大，好礼让。尝出，逢清道群斗者，死伤横道，吉过之不问，掾史独怪之。吉前行，逢人逐牛，牛喘。吉止驻，使骑吏问："逐牛行几里矣？"掾史谓丞相前后失问。或以讥吉，吉曰："民斗相杀伤，长安令京兆尹，职所当禁备逐捕，岁竟丞相课其殿最，奏行赏罚而已。宰相不亲小事，非所当于道路问也。方春少阳用事，未可以热，恐牛近行用暑故喘，此时气失节，恐有所伤害也。三公典调和阴阳，职所当忧，是以问之。"掾史乃服，以吉知大体。

京房，字君明，东郡人也，以孝廉为郎。是时中书令石显专权，显友人五鹿充宗，为尚书令，与房同经，论议相非。二人用事，房尝宴见，问上曰："幽、厉之君何以危？所任者何人

来的愁苦之气，会伤害天地阴阳的和谐啊。出兵即使取胜，仍然会有战后的忧患，恐怕灾害与天时异变，会因此而发生。现在诸侯国相和郡守大多不是经过实际考察而选任的，社会风气衰微浅薄，水旱灾害不时发生。据今年的统计，子弟杀死父兄、妻子杀死丈夫的事情，就有二百二十二人，我认为这不是小事故啊。现在在皇帝身边的臣子不忧虑这样的情况，却打算发兵报复边远地方微小的怨恨，这大概就是孔子所说的'我恐怕季孙氏的忧患不在颛臾，而在自己内部'的道理吧。希望陛下和有识之士详细地商议一番才好。"皇上听从了魏相的话而停止向匈奴进兵。

丙吉，字少卿，鲁国人，接替魏相做丞相。丙吉出身于掌管刑狱法规的小官吏，等到任相位后，主张宽大，喜好礼让。丞相曾外出，正好遇到在清道时有群体殴斗者，死者和伤者横摆在路上，丙吉从那里经过而没有过问，其属下的掾史感到奇怪。丙吉继续向前走，碰到有人驾车赶牛，牛喘粗气。丙吉停下来，让骑马的官吏去问赶牛走了多少里路了。掾史说丞相该问的事不问，不该问的事却问。有人因此讥笑丙吉。丙吉说："民众斗殴，相互杀伤，长安县令、京兆尹应按其职责去防止或追捕，丞相只在年终考核他们的政绩，然后奏明皇上进行赏罚而已。宰相不亲自管理小事，是不应在道路上过问的。现在正是春天，时令当属'少阳'，还不到大热时节，我担心牛行程不远却如暑天一样热得喘粗气，这样的话，就是时令节气失调，恐怕有伤农事。朝廷二公掌管调和阴阳的事，论职责应当予以考虑的，因此要过问这件事。"属下官员们于是很佩服丙吉，认为他是识大局之才。

京房，字君明，东郡人，因举孝廉而做郎官。当时中书令石显在朝专权。石显的友人五鹿充宗做尚书令，和京房同在一起办公，他们所持的主张、意见不相同，但两人都当权。京房闲暇时入宫去见皇

也?"上曰:"君不明,而所任巧佞。"房曰:"知其巧佞而用之耶?将以为贤也?"上曰:"贤之。"房曰:"然则今何以知其不贤也?"上曰:"以其时乱而君危知之。"房曰:"若是,任贤必治,任不肖必乱,必然之道也。幽、厉何不觉寤而更求贤,曷为卒任不肖,以至于是?"上曰:"临乱之君,各贤其臣。令皆觉寤,天下安得危亡之君?"房曰:"齐桓公、秦二世,亦尝闻此君而非笑之,然则任竖刁、赵高,政治日乱,盗贼满山,何不以幽、厉卜之而觉寤乎?"上曰:"唯有道者,能以往知来耳。"房因免冠顿首,曰:"《春秋》纪二百四十二年灾异,以示万世之君。今陛下即位以来,日月失明,星辰逆行;山崩泉涌,地震石陨;夏霜冬雷,春凋秋荣;水旱螟虫,民人饥疫;盗贼不禁,刑人满市。《春秋》所记,灾异尽备。"

"陛下视今,为治耶,乱耶?"上曰:"亦极乱耳,尚何道!"房曰:"今所任用者谁与?"上曰:"然幸其愈于彼,又以为不在此人也。"房曰:"夫前世之君,亦皆然矣。臣恐后之视今,犹今之视前也。"上良久乃曰:"今为乱者谁哉?"房曰:"明主宜自知之。"上曰:"不知也。如知之,何故用之?"房

帝,他问皇帝说:"周代的幽王、厉王为什么处境危困?他们所任用的都是些什么人?"元帝说:"君主不英明,所任用的都是些巧言谄媚的佞臣。"京房说:"是明知他们是佞臣而任用呢?还是认为他们是贤臣而任用呢?"皇上说:"是认为他们是贤臣。"京房说:"既然这样,为什么现在知道他们不是贤者了呢?"皇上说:"从当时国家混乱、君主危困的现实而知道的。"京房说:"如此说来,任用贤者国家必治,任用不贤者国家必乱,这是必然的道理啊。幽王、厉王为什么不觉悟而另外求贤者,又为什么终于任用不贤者,以至到了这种地步?"皇上说:"面临国家混乱的君主都自认为他们的臣子是贤者,假使都能醒悟,天下哪还会有危亡的君主呢?"京房说:"齐桓公、秦二世也曾听到幽、厉两君而责怪讥笑他们,既然如此,却还是任用竖刁、赵高,使政治一天天混乱,盗贼满山。为什么不以幽、厉的情况来进行推断预测,从而醒悟过来呢?"皇帝说:"只有有道德的人才能以往事推知未来呀!"京房趁势脱下帽子叩头说:"《春秋》一书记载了二百四十二年的灾异现象,用来昭示万世的君主。而今陛下即位以来,日月亏失其明亮,星辰逆时而运行,山体崩裂而泉水涌现,地震发生而岩石陨落,夏天降霜而冬天响雷,春天草木凋谢而秋天却茂盛,水灾、旱灾、虫灾多生,人民遭受饥饿、瘟疫,盗贼不能禁止,受惩罚者遍于街市,凡《春秋》所记载的灾异现象全都发生了。"

"陛下看当今是治世呢?还是乱世呢?"皇上说:"已经乱到极点。还用说嘛!"京房说:"当今所重用的都是些什么人呢?"皇上说:"不错。我所任用的人,幸而还比竖刁、赵高之辈强。再说,发生上述灾异的责任,我认为还不在这些人身上。"京房说:"那些前世的君主也都是这么说的。臣恐怕后世人看今天,犹如今天的人看前世人一样啊!"皇上停了一会儿才说:"那么今天造成混乱的人到底

曰："上最所信任，与图事帷幄之中，进退天下之士者是矣。"房指谓石显。上亦知之，谓房曰："已谕。"房罢出。后石显、五鹿充宗皆疾房，欲远之，建言宜试以房为郡守。元帝于是以房为魏郡太守。显告房与张博通谋，非谤政治，归恶天子，诖误诸侯王。房博皆弃市。

盖宽饶，字次公，魏郡人也。为司隶校尉，刺举无所回避。公卿贵戚，及郡国吏，繇使至长安，莫敢犯禁，京师为清。为人刚直高节，志在奉公。以言事不当意，而为文法吏所诋挫。大夫郑昌上书颂宽饶曰："臣闻山有猛兽，藜藿为之不采；国有忠臣，奸邪为之不起。司隶校尉宽饶，居不求安，食不求饱，进有忧国之心，退有死节之义，上无许、史之属。许伯，宣帝后父也。史高，宣帝外家也。下无金、张之托，金日磾、张安世也。职在司察，直道而行，多仇少与。上书陈国事，有司劾以大辟。臣幸得从大夫之后，官以谏为名，不敢不言。"上不听，遂下宽饶吏。宽饶引佩刀，自刭北阙下，众莫不怜之。

诸葛丰，字少季，琅邪人也。为司隶校尉，刺举无所避。侍中许章奢淫不奉法度，宾客犯事，与章相连。丰按劾章，欲收之。章迫窘，驰车去，得入宫门自归。于是收丰节。丰上书谢曰："臣丰驽怯，文不足以劝善，武不足以执邪。陛下拜为司隶

是谁呢?"京房说:"明主应该自己知道的。"皇上说:"不知道呀,如果知道,为什么还要任用他们?"京房说:"皇上所最信任、并与他谋划大事于帷帐之中,从而左右天下之士进退的人就是呀。"京房所指的人就是石显,皇上心里也明白,就对京房说:"已明白了。"京房说完便出宫了。此后,石显、五鹿充宗都憎恨京房,打算让他远离朝廷,遂建议说,应任用京房为郡守。元帝于是任命京房为魏郡太守。石显又上告京房和张博,二人共同谋划诽谤朝廷政治,把坏事都归罪于天子,并牵累到诸侯王。京房和张博都被处斩而死。

盖宽饶,字次公,魏郡人,任司隶校尉。他弹劾检举从不回避当事人,凡公卿贵戚和郡国官吏派𫟛使来长安的,没有人敢犯禁令,京都因此清平。他为人刚直不阿,高风亮节,志在奉行公事,不徇私;后因言事不合上意而被执掌法令条文的官吏诋毁折挠。谏大夫郑昌上书称颂宽饶说:"臣听说山中有猛兽,灰菜藿子就没有人去采撷;国家有忠臣,奸邪之人因之就不敢活动。司隶校尉宽饶居不求安,食不求饱,入朝有忧国之心,退身有死节之义,上边没有像许伯、史高那样的外戚做靠山,下边没有像金日䃅、张安世那样的重臣托举,他的职责就在于掌管监察,以正直之道行事,仇人多而亲附者少,上书陈述国事,相关部门弹劾并判处死刑。臣幸蒙身列大夫之末位,官职名称是谏议大夫,所以不敢不提出谏议。"宣帝没有采纳郑昌的意见,遂将宽饶送交司法官处理。宽饶用佩刀自刭于北阙下,众人没有不怜惜同情他的。

诸葛丰,字少季,琅琊郡人,任司隶校尉,弹劾检举无所回避。侍中许章奢侈淫乱,不遵守法度,他的门客犯了事,与许章有牵连,诸葛丰调查弹劾许章,准备拘捕他。许章见处境窘迫,便驾车离府,得进宫门去向皇上投案自首。皇上于是收回诸葛丰的符节。诸葛丰上

校尉,未有以自效,故常愿捐一旦之命,而断奸臣之首,悬于都市,编书其罪,使四方明知为恶之罚,然后却就斧钺之诛,诚臣所甘心也。夫以布衣,尚犹有刎颈之交。今以四海之大,曾无伏节死义之臣,率尽苟合取容,阿党相为,念私门之利,忘国家之政。邪秽溷浊之气,上感于天,是以灾变数见,百姓困乏。此臣下不忠之效也,臣诚耻之无已。凡人情莫不欲安存而恶危亡,然忠臣直士,不避患害者,诚为君也。臣窃不胜愤懑,愿赐清宴,唯陛下裁幸。"上不许。

是后所言益不用。丰复上书言:"臣闻伯奇孝而弃于亲,子胥忠而诛于君,隐公慈而杀于弟,叔武弟而杀于兄。夫以四子之行,屈平之材,然犹不能自显,而被刑戮,岂不足以观哉!使臣杀身以安国,蒙诛以显君,臣诚愿之。独恐未有云补,而为众邪所排。令谗夫得遂,正直之路壅塞,忠臣沮心,智士杜口,此愚臣之所惧也。"

刘辅,河间人也,为谏大夫。会成帝欲立赵婕伃为皇后,辅上封事曰:"今乃触情纵欲,倾于卑贱之女,欲以母天下,不畏乎天,不愧于人,惑莫大焉。里语曰:'腐木不可以为柱,卑

书辞职,说:"臣诸葛丰才能低下、性格怯弱,论文才不能够勉励人积极向善,论武力不能够擒拿奸邪之人。陛下封臣为司隶校尉,却未能以自身之长来报效君主。所以常希望能舍弃个人性命,来砍下奸臣的头颅,挂悬于都市;编写出奸臣的罪行录,让四方百姓明确地了解作恶应受到的处罚,然后退身回去接受杀头的惩处,的确臣也是甘心情愿的。作为平民,还有同生死共患难的朋友,现在以四海之大,却没有为节义而赴死的臣子,大都是苟合上意而求得容身,阿谀结党而相互照应之辈;他们只顾念私门的利益,忘却国家政事。邪恶污浊之气撼动上天,因此灾变多次出现,老百姓生活穷困。这是臣下没有尽心竭力地后果啊!臣确实为此觉得羞愧不已。按人之常情,无不想安宁过日子而厌恶危亡。然而忠臣直士,不逃避危害,的确是为了君主呀!臣私下不胜抑郁烦闷,希望能赐臣以清静安闲(指退休)。请陛下裁决。"皇上不允许。

从此以后对诸葛丰的进言愈加不予采用,而诸葛丰又上书说:"臣听说伯奇是个孝子却被他父亲遗弃;伍子胥是个忠臣却被君主杀害;鲁隐公是个仁慈的人却被他的弟弟杀死;叔武对兄长很恭顺,但被他的哥哥追杀。凭上述四个人的品行、屈原的才学,然而还不能使自己显贵反而遭受杀戮,难道这还不足以警示人吗!让臣杀身来安定国家,受诛来显扬君主,臣的确是愿意这样做的。只是恐怕还没有什么补益,就被一些奸邪之人所排挤。当前,进谗之人得志,正直的言路被堵塞,忠臣心意颓丧,智士闭口不言,这是愚臣所担心忧虑的事啊。"

刘辅,是河间人,任谏大夫。时逢成帝打算立赵倢伃(赵飞燕)为皇后,刘辅呈上密奏说:"陛下现在竟动情纵欲,倾心于卑贱出身的女子,想让她来母仪天下,不畏惧上天,不惭愧于人民,再没有比

人不可以为主。'天人之所不与，必有祸而无福，市道皆共知之，朝臣莫肯一言，臣窃伤心。自念得以同姓拔擢，尸禄不忠，污辱谏争之官，不敢不尽死，唯陛下察焉。"书奏，上使侍御史收缚辅，系掖庭秘狱，群臣莫知其故。

于是左将军辛庆忌、右将军廉褒、光禄勋师丹、太中大夫谷永，俱上书曰："臣闻明主垂宽容之听，崇谏争之官，广开忠直之路，不罪狂狷之言。然后百僚在位，竭忠尽谋，不惧后患；朝廷无谄谀之士，元首无失道之愆。窃见谏大夫刘辅，前以县令求见，擢为谏大夫，此其言必有卓诡切至当圣心者，故得拔至于此。旬日之间，收下秘狱。臣等愚以为，辅幸得托公族之亲，在谏臣之列，新从下土来，未知朝廷体，独触忌讳，不足深过。小罪宜隐忍而已。如有大恶，宜暴治理官，与众共之。今天心未豫，豫，悦豫也。灾异屡降，水旱迭臻，方当隆宽广问、褒直尽下之时也。而行惨急之诛于谏争之臣，震惊群下，失忠直心。假令辅不坐直言，所坐不著，天下不可户晓。同姓近臣，本以言显，其于治亲养忠之义，诚不宜幽囚于掖庭狱。公卿以下，见陛下进用辅亟，而折伤之暴，人有惧心，莫敢尽节正言，非所以昭有虞之听、广德美之风也。臣等窃深伤之，唯陛下留神省察。"上乃减死罪。

这更糊涂的事了。俗话说：'腐朽的木头不可用来做柱子，卑贱的人不可以做人主。'上天和人民都不赞许，必然会有祸而无福，这是市人和路人都明白的道理，朝臣们没有人肯说一句话，臣私下感到伤心。我想，自己因为是汉室同宗而被提拔，若白受禄俸而不尽忠，就会辱没身居劝谏的官位，所以不敢不冒死来劝谏，希望陛下明察。"密封之书上奏后，皇上派侍御史将刘辅捆绑收捕，投入掖庭秘密监狱，群臣没有人知道这是怎么一回事。

于是左将军辛庆忌、右将军廉褒、光禄勋师丹、太中大夫谷永，共同上书说："臣听说圣明的君主能宽容地听取下边的谏言，尊崇谏诤的官员，广开忠诚正直之路，不怪罪狂妄褊急之人的话。只有这样才能使朝中百官安居其位，竭尽忠诚与智谋，不害怕有后患，朝廷就会没有谄媚阿谀的人，皇帝就不会有不合道义的过失。我们私下看到谏大夫刘辅，以前以县令身分求见，被提升为谏议大夫，这足见他的话必然有高超奇异、切合圣上心意之处，所以才能被提拔到这一职位。在十天之内，就被拘捕投入秘密监狱。臣等愚鲁，认为刘辅有幸能凭借其为皇族的亲属，位居谏臣的行列。他刚从偏远的地方来，还不晓得朝廷的体制规矩，偶尔触犯忌讳，不值得大责他的过失；对其小罪应该克制忍耐一下。如果犯有大恶，那就应该由法官公开治罪，令众人知其罪而处罚他。现在上天之心尚不愉悦，灾害变异现象不断降临，水旱灾害连连发生，正该是大开言路、广行聘问、褒扬正直、宽以待下的时候，却怎能对谏诤之臣施行严刻峻急的诛杀，让群臣感到震惊，从而失去忠直之心呢？假使刘辅不犯直言之过，所犯之过又不显著，就不能让天下家喻户晓。同姓的近臣，本应以敢言而显扬，这从管理宗亲、培育忠臣的意义上说，也的确不应当将他囚禁在掖庭狱中。公卿以下看到陛下进用刘辅这么快，而挫伤他却这样

郑崇，字子游，本高密人也。哀帝擢为尚书仆射。数求见谏争，上初纳用之。每见曳革履，上笑曰："我识郑尚书履声。"久之，上欲封祖母傅太后从弟商，崇谏曰："孝成皇帝封亲舅五侯，天为赤黄昼昏，日中有黑气。今祖母从昆弟二人已侯。孔乡侯，皇后父；高武侯以三公封，尚有因缘。今无故欲复封商，坏乱制度，逆天人心，非傅氏之福也。臣愿以身命当咎。"崇因持诏书案起。持当受诏书案起去。傅太后大怒曰："何有为天子，乃反为一臣所专制邪！"上遂下诏，封商为汝昌侯。崇又以董贤贵宠过度，数谏，由是重得罪，数以职事见责，发疾颈痈，欲乞骸骨，不敢。尚书令赵昌佞谄，素害崇，知其见疏，因奏崇与宗族通，疑有奸，请治。上责崇曰："君门如市，何以欲禁切主上？"崇对曰："臣门如市，臣心如水。愿得考覆。"上怒，下崇狱，穷治，死狱中。

荀悦《纪》论曰："夫臣下之所以难言者何也？言出乎口，则咎悔及之矣。故举过扬非，则刺上之讥。言而当，则耻其胜己也；言而不当，则贱其愚也。先己而同，则恶其夺己之明也；后己而同，则以为顺从也。违下从上，则以为谄谀也。违上从下，则以为雷同也。与

突然,使人人都害怕,从而没有人敢尽心竭力讲实话。这不是发扬虞舜善于听取进言、光大其美好德行的风气啊!臣等私下对此深感伤悲,请陛下省察。"皇上于是减免了刘辅的死刑。

郑崇,字子游,本来是高密人。哀帝提升他为尚书仆射,他多次请求拜见(皇上)来进谏诤之言,皇上最初大都接纳采用。每每看到他拖着皮靴走路,皇上笑着说:"我能听出郑尚书的脚步声。"过了很长时间,皇上打算进封祖母傅太后的堂弟傅商。郑崇进谏说:"孝成帝封五位亲舅侯爵,天空出现赤黄颜色,白天昏暗,太阳中有一股黑气。现在,祖母堂兄弟中已有两人封了侯。孔乡侯是皇后的父亲,高武侯是因三公之位封侯,这还有依据。现在无缘无故又要封傅商,这是毁坏、搞乱制度,悖逆天心、人心,不是给傅氏带来福祉啊!臣情愿拿身家性命阻止这一错误决定。"郑崇遂扶撑着用于起草诏书的桌案站起身就走开了。傅太后大怒说:"哪里有做天子的,反而被一个臣子独断专行而被制约的事呢?"皇上于是下诏,封傅商为汝昌侯。郑崇又因董贤受贵宠过度,多次进谏,因此大为得罪皇帝,数次因职务所关的事情被谴责,致使郑崇发病,颈部长了疮,想请求辞官还乡,又不敢。尚书令赵昌为人谄媚奉承,平日常想陷害郑崇,现在得知郑崇被皇上疏远了,因此奏报说郑崇与其宗族来往频繁,有叛逆嫌疑,请求皇上治罪。皇上斥责郑崇说:"你自己门庭若市,为什么想制约君主呢?"郑崇回答说:"臣门庭若市,但臣内心清净如水。希望得以查核。"皇上发怒,将郑崇下狱,穷追不饶。郑崇最终死在狱中。

荀悦的《汉纪》评论说:臣下之所以难以言说,是为什么呢?言语说出口,灾祸就到来了。所以对君上检举过失,传扬错误,就会被认为是指责讽刺君上的劝谏。言语得当,君主会因臣下超过自己而感到耻辱;言语不得当,君主会轻贱他为下愚。若先于君主说出相同的想法,君主就会憎恨他比

众言，则以为顺负也。违众独言，则以为专美也。言而浅露，则简而薄之；深妙弘远，则不知而非之。特见独知，则众其盖之，虽是而不见称；与众同智，则以为附随也，虽得之，不以为功。据事尽理，则以为专必；谦让不争，则以为易穷。言而不尽，则以为怀隐进说；竭情，则谓之不知量。言而不效，则受其怨责；言而事效，则以为固当也。或利于上，不利于下；或便于右，不便于左；或合于前，而忤于后。夫能应事当理，决疑定功，发情起意，值所欲闻，不害上下，无妨于时，言立而策成，始无咎悔，若此之比，百不一遇，又智之所见，万不一及也。且犯颜冒死，下之所难言也；拂旨忤情，上之所难闻也。以难言之臣，忤难闻之主，以万不一及之智，求百不一遇之时，此下情所以常不通也。非唯君臣而已，凡言亦皆如之，是乃仲尼所以发愤嗟叹，称'吾欲无言'者也。"

萧望之，字长倩，东海人也，为谏大夫。出为平原太守，上

自己圣明；后于自己说出相同的看法，就会认为只是顺从而已。违背下面而顺从上面，就会被认为是谄媚阿谀；违逆上面而顺从下面，就会被认为是不辨是非、随声附和。与大众共言，就会被认为是顺应依恃大众。离开大众而独自进言，就会被认为是独享美名。言语浅显，会因简易而被轻视；若所说深奥微妙，广大深远，就会因无知而被反对。独特的见解仅一人知道，那么大众就会共同遮盖他，即使所言正确也不被称誉；若和众人谋略智慧相等，就会被认为是附属追从他人，即使所说的话得到采用，也不会被认为有功。根据事实，合乎道理，就会被认为是专一不易；倘若谦虚退让，不与人争，就会被轻视理屈辞穷。言说而不完全，就会被认为是知而不言，言而不尽。若向君主尽心竭力地述说，就会被认为是不自量力。所言的事应验效果不明显，就会受君主的埋怨责怪；若所言的事应验有实效，则会被认为本来就当如此。所说的话或有利于君上而不利于臣下，或有利于右职尊位者，而不利于左职卑位者，或符合于前辈年长者，而违逆于后生晚辈者。但凡能够处理世务而又合理解决疑难问题，建立功业，起心动念皆为肺腑之言，又遇到想听忠言的君主，所进之言又不伤害君臣上下，对时势也没有妨害，进言得以确立，策略得以成就，自开始就没有受到灾祸，像这样的例子，一百个人当中也遇不到一个，再加上有智慧的远见者，一万人当中也找不出一个能达到的。况且触犯君主的面子是要冒着杀头的危险的，这是臣下难以进言的原因；而忠言往往总是违背君主的命令，违逆君主的心意，这也是君主难以听得进去的原因。用难以进言的臣子，违逆难以听进规劝的君主，凭借一万人当中没有一人能达到的智慧，希求一百人中也没有一人遇到的时机，这就是下臣的心意常常不能与上通达的原因。不只是君臣之间是这样，凡是言说都是如此，这就是孔子之所以感慨万千，觉得自己也将无话可说（我不想再说什么）的原因了。

萧望之，字长倩，东海郡人，在朝为谏大夫，后出任为平原郡

疏曰："陛下哀愍百姓，恐德化之不究，悉出谏官，以补郡吏，所谓忧其末而忘其本者也。朝无争臣，则不知过；国无达士，则不闻善。愿陛下选明经术、温故知新、通于几微谋虑之士，以为内臣，与参政事。诸侯闻之，则知国家纳谏忧政，无有阙遗。若此不怠，成康之道，其庶几矣！外郡不治，岂足忧哉？"书闻，征入守少府，为御史大夫。

五凤中，匈奴大乱，议者多曰，匈奴为害日久，可因其坏乱，举兵灭之。诏问望之，对曰："春秋晋士丐帅师侵齐，闻齐侯卒而还，君子大其不伐丧，以为恩足以服孝子，谊足以动诸侯。前单于慕化乡善，遣使请求和亲，海内欣然，夷狄莫不闻。不幸为贼臣所杀，今而伐之，是乘乱而幸灾也，彼必奔走远遯。不以义动兵，恐劳而无功。宜遣使者吊问，辅其微弱，救其灾患。四夷闻之，咸贵中国之仁义，必称臣服从，此德之盛也。"上从其议。宣帝寝疾，选大臣可属者，引外属侍中史高、太子太傅望之、少傅周堪，至禁中，拜高为车骑将军、望之为前将军、堪为光禄大夫，皆受遗诏辅政。孝元皇帝即位，望之堪本以师傅见尊重，数宴见，言治乱，陈王事。望之选白宗室明经达学刘更生与金敞，并拾遗左右。四人同心谋议，多所匡正。

太守时，上疏说："陛下怜悯同情老百姓，唯恐道德教化不能周遍天下，把在朝的谏官，全下放到地方，用以补充郡县的官吏，这是担忧小事而忘却了根本的职责啊。假使朝廷没有谏诤之臣，那么君王就不了解自己的过失；国家没有通达世理之士，君王就听不到善言。希望陛下选用通晓经术、能温故而知新、通晓事物隐微之理、多谋善思之士来做宫廷的近臣，跟他们商议政事。诸侯王听到任用这样的人，就能知道皇上听纳谏言、忧虑国政、事无缺漏。能如此做且不松懈，那么和周成王、周康王的治国之道相比，也就差不多了。至于地方郡县还没有治理好，难道值得担忧吗？"皇上看到奏书后，征召萧望之入朝掌管少府，任御史大夫。

宣帝五凤年间，匈奴骚乱，朝议者多认为匈奴为害时间很久，现在可趁其混乱举兵讨伐，皇帝征求萧望之意见，萧望之说："春秋时晋国士丐率师进攻齐国，听说齐侯环死了，便率师返回。君子称赞他不讨伐有国丧的国家，认为这样做的恩惠足以使孝子钦服，道义足以使诸侯感动。此前匈奴单于仰慕汉朝教化而向往与汉亲善，派使者前来请求和亲，海内欢欣，夷狄之国没有不知道的。不幸单于被贼臣杀害。若此时讨伐匈奴，那是乘人危乱而幸灾乐祸，他们必然会逃奔到远方去。不因正义而兴兵，恐怕劳而无功。应该派出使者前往吊唁慰问，协助其微弱的王室，救助其发生的灾难。四周边境的少数民族听到汉朝这样做，都会敬重中国的仁义行为，必然会臣服顺从。这是最大的德行啊。"皇上听从了萧望之的意见。后来宣帝卧病不起，选择可以托咐后事的大臣，召引外亲侍中乐陵侯史高、太子太傅萧望之、少傅周堪到宫中，拜史高为车骑将军、望之为前将军、周堪为光禄大夫，都接受遗诏辅佐朝政。孝元皇帝即位，萧望之、周堪本来都因做过老师而被尊重，在皇帝公余时多次被召见，谈论国家治

中书令弘恭、石显久典枢机，与车骑将军高为表里，论议常持故事，不从望之等。望之以为中书政本，宜以贤明之选，自武帝游宴后庭，故用宦者，非国旧制，又违古不近刑人之义，白欲更置士人，由是大与高、恭、显忤。恭、显令郑朋、华龙二人告望之等谋欲罢车骑将军，疏退许、史状，候望之出休日，令朋、龙上之。事下弘恭。恭、显奏："望之、堪、更生朋党相称举，数谮大臣，毁离亲戚，欲以专擅权势。为臣不忠，诬上不道，请召致廷尉。"时上初即位，不省召致廷尉为下狱也，可其奏。后上召堪、更生，曰："系狱。"上大惊，责恭、显，皆叩头谢。上曰："令出视事。"恭、显因使高言："上新即位，而先验师傅，即下狱，宜因决免。"于是望之、堪、更生皆免为庶人。

后数月，赐望之爵关内侯，给事中。恭、显等知望之素高节，不诎辱，白："望之前辅政，欲专权擅朝；幸得不坐，复赐爵邑，与闻政事，不悔过服罪，深怀怨望，自以托师傅，怀终不坐。非颇诎望之于牢狱，塞其怏怏心，则圣朝无以施恩厚。"上曰："萧太傅素刚，安肯就吏？"显等曰："人命至重，望之所坐，语言薄罪，必无所忧。"上乃可其奏。显等封以付谒者，因

乱得失,陈述治国之道。萧望之选荐了皇族中通晓经术、通达各种学问的刘更生和金敞在元帝身边任职,随时补正其缺点过失。这四个人同心共议,对皇上的过错多有纠正。

中书令弘恭、石显长期掌管朝廷重要机构,与车骑将军史高内外呼应,议论朝事经常坚持旧日的典章制度,不听从萧望之等人的意见。望之认为中书令是为政的枢纽,应该让贤明的人担任。自从武帝游乐宴饮于后宫起才任用宦官,这不是国家的旧制,而且又违背了古代不接近受过宫刑人的道理。于是禀明皇上,打算更换为士人来担任,由此与史高、弘恭、石显大相抵触。弘恭、石显令郑朋、华龙二人上告望之等图谋要罢免车骑将军、疏远贬退外戚许嘉、史高的情状,等候望之离朝休假之日,让郑朋、华龙呈给皇上。皇上将此事下交弘恭处理。弘恭、石显奏报说:"望之、周堪、更生为朋党,互相称誉举荐,多次说坏话诬陷大臣,毁谤离间皇室亲戚,想独揽权势。其做臣子不忠心,欺骗皇上无道,请求交给廷尉处置。"当时,元帝刚刚即位,不懂"召致廷尉"就是下狱的意思,便批准了他们的奏疏。后来皇上要召见周堪、更生,说已打入监牢。皇上大惊,责问弘恭、石显,他们都叩头谢罪。皇上说:"传令放他们出来做事。"恭、显借机让史高说:"皇上新即位,要先查验师傅,既然已经下狱,应该借此判处免职。"于是望之、周堪、更生都被免为庶人。

此后过了几个月,赐望之关内侯的爵位,任给事中之职。弘恭、石显等知道望之平日有高尚的节操,不肯屈服受屈辱,(于是)建议皇上说:"望之以前辅政,想独揽朝廷大权,有幸没有因此被判刑,又赏赐给爵位封地,让他参与政事,他不悔过服罪,还深怀怨恨,自以为是受先帝之托的师傅,怀有终究不会判自己罪行的想法,不稍让望之受点牢狱之屈,来遏止他不服气的心态,那圣朝就没有办法

急发车骑,驰围其第。使者至,召望之。望之仰天叹曰:"吾尝备位将相,年逾六十矣!老入牢狱,苟求生活。不亦鄙乎!"竟自杀。天子闻之惊,拊手曰:"果杀吾贤傅!"是时太官方上昼食,上乃却食,为之涕泣,哀恸左右。显等免冠谢,良久然后已。

表现出给他所施的恩德厚重。"皇上说："萧太傅平素刚直，怎肯听从官吏的处置？"石显等说："人命案是最重的罪，望之所犯的罪，是言谈之类的轻罪，他一定没有什么可忧虑的。"皇上允准了他们的奏言。石显等人将奏书密封交付传达通报之人，趁势急速出动车骑，跑去包围了萧望之的府第。使者来到后，召见望之。望之仰天长叹说："我曾经愧居将相，年纪已过六十岁了，老了却进入牢狱，苟且活着，这不是鄙视羞辱人吗？"竟然自杀。天子听到这件事很震惊，击掌说："果然害死了我贤德的师傅啊！"当时太官正给皇上端来午饭，皇上不吃，让撤去饭食，为萧望之死去之事哭泣。悲痛至极，感动了身边的人也悲痛大哭，石显等脱下帽子表示认错谢罪。过了好久才算完。

卷二十　汉书（八）补

萧祥剑　补辑

传

匡衡字稚圭，东海承人也。衡射策甲科，以不应令除为太常掌故，调补平原文学。学者多上书荐衡经明，当世少双，令为文学，就官京师；后进皆欲从衡平原，衡不宜在远方。事下太子太傅萧望之、少府梁丘贺问，衡对《诗》诸大义，其对深美。望之奏衡经学精习，说有师道，可观览。宣帝不甚用儒，遣衡归官。而皇太子见衡对，私善之。会宣帝崩，元帝初即位。乐陵侯史高以外属为大司马车骑将军，领尚书事，辟衡为议曹史，荐衡于上。上以为郎中，迁博士、给事中。

是时，有日蚀、地震之变。上问以政治得失，衡上疏曰："臣闻五帝不同礼，三王各异教，民俗殊务，所遇之时异也。陛下躬圣德，开太平之路，闵愚吏民触法抵禁，比年大赦，使百姓得改行自新，天下幸甚。臣窃见大赦之后，奸邪不为衰止，今日大赦，明日犯法，相随入狱，此殆导之未得其务也。盖保民者，'陈之以德义'，'示之以好恶'，观其失而制其宜，故动之而和，绥之而安。今天下俗贪财贱义，好声色；上侈靡，廉耻之节薄，淫辟之意纵，纲纪失序，疏者逾内；亲戚之恩薄，婚姻之党隆；苟合侥幸，以身设利。不改其原，虽岁赦

传

匡衡，字稚圭，东海郡承县人。匡衡在射策时拈到甲科的策问，但因为对答不符合甲科条令，因此只被任命为太常掌故，后选任为平原郡文学。很多学者都上书推举匡衡精通经典，当世无双，应任命为文学，去京师为官，且说后学之辈都愿跟从匡衡到平原郡学习，匡衡不应该在远离京师的地方做官。皇上把这件事交太子太傅萧望之、少府梁丘贺前往询问，匡衡用《诗经》大义回答，回答得十分深刻、精彩。萧望之上奏称匡衡精通经学，讲说有师道传承，可供观览。宣帝不大任用儒者，便遣匡衡仍回平原郡担任原职。但是，皇太子看到匡衡的策对后，私下里很赏识他。宣帝驾崩，元帝即位，乐陵侯史高以外戚被任命为大司马车骑将军，兼任尚书，任命匡衡为议曹史，将他推荐给皇上，皇上让他做郎中，后升为博士，兼任给事中。

这时，发生了日食、地震等灾异变化，皇上询问这些变化与政治得失的关系，匡衡上疏说："臣听说五帝之礼不相同，三王的政教各异，民情风俗很不同，原因在于时代变化了。陛下躬行圣德，开启天下太平之路，怜悯触犯了法律禁令的愚昧官吏和百姓，年年大赦，让百姓改正行为，自我革新，的确是天下的幸事。臣私下看到，大赦之后，巧佞奸邪没有减少，今天大赦，明天又犯法，紧跟着又入狱，这大概是劝导百姓不得要领吧！一般说，教养百姓，如《孝经》所说，要'陈述道德仁义给他们听''公布好坏标准给他们看'，观察他们的失误而明确其行为规范，因此行动会促进和睦，抚慰会导向安定。现在天下的风俗是贪取财利、鄙视仁义，喜好声色享乐，崇尚奢侈生活，

之,刑犹难使错而不用也。"

"臣愚以为宜一旷然大变其俗。孔子曰:'能以礼让为国乎,何有?'朝廷者,天下之桢干也。公卿大夫相与循礼恭让,则民不争;好仁乐施,则下不暴;上义高节,则民兴行;宽柔和惠,则众相爱。四者,明王之所以不严而成化也。何者?朝有变色之言,则下有争斗之患;上有自专之士,则下有不让之人;上有克胜之佐,则下有伤害之心;上有好利之臣,则下有盗窃之民,此其本也。今俗吏之治,皆不本礼让,而上克暴,或忮害好陷人于罪,贪财而慕势。故犯法者众,奸邪不止;虽严刑峻法,犹不为变,此非其天性,有由然也。"

"臣窃考《国风》之诗,《周南》《召南》被贤圣之化深,故笃于行而廉于色。郑伯好勇,而国人暴虎;秦穆贵信,而士多从死;陈夫人好巫,而民淫祀;晋侯好俭,而民畜聚;太王躬仁,邠国贵恕。由此观之,治天下者审所上而已。今之伪薄忮害,不让极矣。臣闻教化之流,非家至而人说之也。贤者在位,能者布职,朝廷崇礼,百僚敬让,道德之行,由内及外,自

廉耻的气节衰薄,荒淫邪僻的心意放纵无忌,国家纲纪丧失其正常秩序,关系较远的外戚之家超过了同姓骨肉的本家,亲戚之间的恩情淡薄,借婚姻结党之风盛行,相互之间苟且侥幸行事,卖身求荣。如果不从源头上加以纠正,虽然每年都大赦一次,刑法也很难置而不用。"

"以臣愚见,应该彻底改变这种风气。孔子说:'能以礼节谦让治理国家,治国何难之有?'朝廷,是支撑天下的梁柱。公卿大夫之间相互遵循礼节,恭敬谦让,那么百姓就不会互相争斗;大臣们爱好仁义,乐于施舍,那么百姓就不会使用暴力;上面崇尚高风亮节,那么百姓就会注重品行;上面温柔宽大,那么百姓就会相互爱护。以上四点,是开明的君主之所以能够不行严刑峻法而改变天下风气的原因。为什么呢?因为朝廷上有冲动无理的争论言行,下面就有争斗的祸患;上面有独断专权的人,下面就会有不谦让的人;上面有争胜的大臣,下面就会有相互伤害之心;上面有贪财好利之臣,下面就会有偷盗行窃之民。这是造成社会风气变化的根本原因。当今俗吏治理国家,都不根据礼节谦让的原则,而推崇强暴取胜,贪取财利并倾慕权势。因此犯法的人很多,奸邪之行不能得到制止,即使用严厉的刑法,仍然不能改变这种状况。这不是他们的天性,而是由于当政者没有教化好。"

"我个人研究《诗经·国风》,其中的《周南》《召南》之诗,因受圣贤的教化很深,因此表现得品行忠厚、不淫其色而知廉耻。(此外)郑庄公崇尚勇武,其国人就空手搏虎;秦穆公注重信誉,士人就多以死相从;陈胡公夫人爱好巫术,百姓就大肆祭祀;晋昭公喜好节俭,他的百姓就积财聚物;周太王躬行仁义,邠国人就崇尚宽恕。从以上可以看出,治理国家关键在于考察所崇尚的东西罢了。时下的风

近者始，然后民知所法，迁善日进而不自知。是以百姓安，阴阳和，神灵应，而嘉祥见。《诗》曰：'商邑翼翼，四方之极；寿考且宁，以保我后生'此成汤所以建至治，保子孙，化异俗而怀鬼方也。今长安天子之都，亲承圣化，然其习俗无以异于远方，郡国来者无所法则，或见侈靡而放效。此教化之原本，风俗之枢机，宜先正者也。"

"臣闻天人之际，精祲有以相荡，善恶有以相推，事作乎下者象动乎上，阴阳之理各应其感，阴变则静者动，阳蔽则明者暗，水旱之灾随类而至。今关东连年饥馑，百姓乏困，或至相食，此皆生于赋敛多，民所共者大，而吏安集之不称之效也。陛下祗畏天戒，哀闵元元，大自减损，省甘泉，建章官卫，罢珠崖，偃武行文，将欲度唐、虞之隆，绝殷、周之衰也。诸见罢珠崖诏书者，莫不欣欣，人自以将见太平也。宜遂减宫室之度，省靡丽之饰；考制度，修外内；近忠正，远巧佞；放郑、卫，进雅、颂；举异材，开直言；任温良之人，退刻薄之吏；显洁白之士，昭无欲之路；览六艺之意，察上世之务；明自然之道，博和睦之化，以崇至仁，匡失俗，易民视，令海内昭然咸见本朝之所贵，道德弘于京师，淑问扬乎疆外，然后大化可成，

俗,虚伪浅薄、嫉妒陷害,不谦让到了极点。我听说教化的普及,并不是要挨家挨户去对每个人进行说教,只要贤德的人处在正位,有才能的人安排到适合的职位,朝廷崇尚礼节,百官注重谦让,道德教化由内而外,从身边开始,然后百姓知道了效法的准则,不知不觉就会变得善良起来。这样,百姓安乐,阴阳和合,神灵感应,喜庆吉祥的祥瑞就会出现。《诗经》说:'商都的礼俗昭然可以仿效,是天下四方的榜样。我王长寿安康,以此来保全子孙后代。'这正是成汤之所以实现国家大治,保全子孙,改变异方风俗,使远方之人归附自己的原因。现在长安是天子建都的地方,亲自承受圣上的教化,但是长安的习俗无异于偏远之地,从地方郡国来的人无以效法,有的看到奢侈靡乱的风气反而仿效。这是教化的根本,是扭转风俗的关键所在,应该首先予以端正。"

"我听说天地与人之间,阴阳之气相互感应(形成灾异或祥瑞),善与恶相互衍化,在人间发生的事情,在上天一定有征兆产生。阴阳之气的变动感应着相应的人事变动,阴变为阳则静就转化为动,阳被遮蔽则明就会变暗,洪涝或干旱的灾异也就随着到来。现在关东年年饥荒,百姓贫乏穷困,有的地方到了人食人的地步,这都是由于赋税太多,百姓上缴的过多,而官吏安顿百姓不称职的缘故。陛下敬畏上天的警告,爱惜怜悯百姓,自己很节约俭省,减少甘泉宫、建章宫的卫兵,撤销珠崖郡,放弃武力讨伐,推行文治,这将超过尧舜那样的盛世,而避免像殷周末世那样的衰落。大家看到罢置珠崖郡的诏书后,没有不欣喜的,人人都以为将要看到太平盛世了。因此,陛下应该立即减少宫殿皇室的费用,省却奢靡华丽的装饰;修定规章制度,整治朝廷内外;重用忠良正直之臣,疏远巧言佞色之徒;禁止郑、卫淫声,宣扬《雅》《颂》礼乐;推举有卓异才能的人,广开

礼让可兴也。"

上说其言，迁衡为光禄大夫、太子少傅。时，上好儒术文辞，颇改宣帝之政，言事者多进见，人人自以为得上意。又傅昭仪及子定陶王爱幸，宠于皇后、太子。衡复上疏曰："臣闻治乱安危之机，在乎审所用心。陛下圣德天覆，子爱海内，然阴阳未和，奸邪未禁者，殆论议者未丕扬先帝之盛功，争言制度不可用也，务变更之；所更或不可行，而复复之，是以群下更相是非，吏民无所信。臣窃恨国家释乐成之业，而虚为此纷纷也。愿陛下详览统业之事，留神于遵制扬功，以定群下之心。大雅曰：'无念尔祖，聿修厥德。'孔子著之《孝经》首章，盖至德之本也。《传》曰：'审好恶，理情性，而王道毕矣。'能尽其性，然后能尽人物之性；能尽人物之性，可以赞天地之化。治性之道，必审己之所有余，而强其所不足。盖聪明疏通者戒于大察，寡闻少见者戒于雍蔽，勇猛刚强者戒于大暴，仁爱温良者戒于无断，湛静安舒者戒于后时，广心浩大者戒于遗忘。必审己之所当戒，而齐之以义，然后中和之化应，而巧伪之徒不敢比周而望进。唯陛下戒所以崇圣德。"

直言相进的管道；任用仁慈贤良的人，罢免残忍刻薄的酷吏；表彰高洁清白之士，博览六艺的大意；明察前代治国的要领，通晓自然变化之道；推广和睦相处的风气，来推崇至高无上的仁政；匡正败坏的风俗，改变百姓追求的欲望；让世人都清楚地知道朝廷所推崇树立的榜样，让道德风气在京师弘扬光大，让好的名声远播到国外去。之后，教化就可以实现，明礼谦让的风气就可以兴起了。"

　　皇上听了他的话后很高兴，升匡衡为光禄大夫、太子少傅。这时，皇上喜好儒家的学术和文章，对宣帝时的政策改动很多，上疏谈论政事的人多得到皇上的召见，人人都自以为自己所讲的称皇上的心意。同时，傅昭仪和她的儿子定陶王刘康受到皇帝的宠爱，超过了皇后、皇太子。匡衡便又上疏说："我听说国家治乱安危的关键，在于审察自己的用心。陛下圣德如同天覆地载，仁爱遍布海内，但是阴阳之气尚未和洽，奸邪没有得到禁止，其原因在于上疏议论政事的人，没有弘扬先帝的丰功伟绩，都争相述说先帝的制度不可以再延续，务必要加以改变，而改变后的有些制度却又不能够推行，于是又把旧的制度恢复过来，于是使得百官是非不清，官吏和百姓没有可以相信的准则。我私下裏很遗憾国家废除百姓已经乐于接受的功业，而徒劳地进行各种变更。希望陛下详察帝王之业，注重遵循先帝的制度，弘扬先王的功业，以此来稳定百官臣僚的心思。《诗经·大雅·文王》说：'常思念你的先祖，称述发扬他的美德。'孔子把这句话写在《孝经》的第一章，其原因就在于这是圣德的根本所在。书上说：'察视善恶，调理性情，而王道也就在其中完成了。'能够完全实现自己的天性，然后才能完全实现百姓和万物的作用。完全实现百姓和万物的作用，就可以赞颂天地的生化。疏通性情的方法，一定要分辨自己拥有的特长，然后勉力于弥补自己的不足。一般说来，聪明通

"臣又闻室家之道修,则天下之理得。故《诗》始《国风》。《礼》本《冠》《婚》。始乎《国风》,原情性而明人伦也;本乎《冠》《婚》,正基兆而防未然也。福之兴莫不本乎室家,道之衰莫不始乎阃内。圣人动静游燕,所亲物得其序;得其序,则海内自修,百姓从化。如当亲者疏,当尊者卑,则佞巧之奸因时而动,以乱国家。故圣人慎防其端,禁于未然,不以私恩害公义。陛下圣德纯备,莫不修正,则天下无为而治。《诗》云:'于以四方,克定厥家。'传曰:'正家而天下定矣。'"

衡为少傅数年,数上疏陈便宜,及朝廷有政议,傅经以对,言多法义。上以为任公卿,由是为光禄勋、御史大夫。建昭三年,代韦玄成为丞相,封乐安侯,食邑六百户。

达的人，应戒除过分的明察；孤陋寡闻的人，应避免闭塞不通；勇猛刚强的人，应杜绝过于暴烈；仁慈厚爱、温和善良的人，应警惕不够果断；沉着安静、行动舒缓的人，应防止错过时机；心思广大的人，应戒备遗忘事情。一定要仔细分辨自己应当警戒小心的地方，并在道德礼仪上不断约束，这样才能实现性情的中和有度，使得巧佞虚伪之徒不敢相互勾结，企望进身。望陛下有所戒备，以便弘扬圣德。"

"臣还听说，如果明了治家之道，也就懂得了治国的道理。因此《诗经》以《国风·关雎》为开端，《仪礼》以《士冠礼》《士婚礼》为根本。以《国风·关雎》为开端的原因，在于推究人的情性从而讲明人伦之道；以《士冠礼》《士婚礼》为根本的原因，在于奠定基础而防患于未然。福分的兴旺无不以家庭为根基，而治国之道的衰微也无不是从家中开始的。因此圣王不论是动静、游玩宴乐，他接触的事物无论大小贵贱，都有各自的次序。万物能各自得到自己应处的地位，天下自然而然就会得到治理，百姓也就会听从教化。应当亲近的人反而被疏远，应当尊敬的人反而被轻视，奸佞巧诈之徒就会趁机而动，来扰乱国家。因此圣人谨慎地防止这种事情发生，把它们禁止在没有发生之前，不因为个人恩怨而损害国家的大义。如果陛下具备纯洁的圣德，没有什么事物得不到端正，那么国家就可以达到无为而治。《诗经》说：'要治理国家，应当首先治理他的家庭。'经传上说：'治理好了家庭，然后国家就可以稳定。'"

匡衡在任太子少傅的几年中，多次上疏陈述朝廷应该做的事情。遇到朝廷有政事需要议论，匡衡总是依据经义来回答，言谈多符合法度义理。皇上认为匡衡可以担任公卿的职责，因此任命他为光禄勋、御史大夫。建昭三年，接替韦玄成担任丞相，受封乐安侯，享有食邑六百户。

元帝崩,成帝即位。衡上疏戒妃匹,劝经学威仪之则,曰:"陛下秉至孝,哀伤思慕不绝于心,未有游虞弋射之宴,诚隆于慎终追远,无穷已也。窃愿陛下虽圣性得之,犹复加圣心焉。诗云'茕茕在疚',成王丧毕思慕,意气未能平也,盖所以就文、武之业,崇大化之本也。臣又闻之师曰:'妃匹之际,生民之始,万福之原。'婚姻之礼正,然后品物遂而天命全。孔子论诗,以《关雎》为始,言太上者民之父母。后、夫人之行不侔乎天地,则无以奉神灵之统而理万物之宜。故《诗》曰'窈窕淑女,君子好仇'。言能致其贞淑,不贰其操,情欲之感无介乎容仪,宴私之意不形乎动静,夫然后可以配至尊而为宗庙主。此纲纪之首,王教之端也。自上世已来,三代兴废,未有不由此者也。愿陛下详览得失盛衰之效以定大基,采有德,戒声色,近严敬,远技能。"

"窃见圣德纯茂,专精《诗》《书》,好乐无厌。臣衡材驽,无以辅相善义,宣扬德音。臣闻'六经'者,圣人所以统天地之心,著善恶之归,明吉凶之分,通人道之正,使不悖于其本性者也。故审'六艺'之指,则人天之理可得而和,草木昆

元帝去世后,成帝即位,匡衡上疏告诫皇上慎重处理配偶的选择,讲述经学、礼节的法则,说:"陛下秉性孝敬,对元帝哀悼思慕不已,没有进行游乐、射猎的宴庆,这诚然是谨守孝道,时时刻刻不忘治国的根本。卑臣希望陛下虽然天性已经至孝,还要进一步地加以努力。《诗经·周颂·闵予小子》说:'多么忧愁啊,仿佛在病中一般。'说的是成王在丧事完毕之后,仍思念哀悼先王,胸中意气久久不能平息,这也正是周成王能够成就周文王、周武王开创的功业、弘扬圣人教化的根本原因。臣又听老师说:'选择配偶的时候,是人生的开端,是一切幸福的根本。'婚姻的大礼确定,然后万事才可以成就,而天命也可以得到保全。孔子论述《诗经》,把《关雎》作为开篇,意思是说高居于尊位的皇帝和后妃,是百姓的父母,帝王妻妾的品行如果不能与天地相匹配,就无法敬奉神灵的统绪并调理万物的事宜。《诗经·周南·关雎》篇说:'温柔娴静、品行端庄的淑女,才是君子追求的好配偶。'讲的是能够保持贞洁、端庄的品行,没有三心二意的行为,情欲的感触不会在容貌仪表中显露出来,亲昵的私情不会在举止言谈中表现出来。只有这样,才配得上拥有至尊地位的皇上,才能主持祭祀宗庙。这是社会秩序和国家法纪的首要之点,也是圣王教化的开端。从上古以来,夏商周三代的兴废,没有不是从这点开始的。希望陛下详察前人得失兴衰的经验教训,来奠定治国的基础,选择有贤德的配偶,戒除对歌舞和女色的喜好,亲近端庄恭敬的贤妃,疏远虽有技能而没有德行的小人。"

"臣看见皇上圣德纯正善美,精通《诗经》《书经》,喜好音乐而不厌倦。臣才资驽钝,没有什么可以用来辅助治国大义、宣扬圣上德音。我听说六经是圣人用来统揽天地之心,分别善恶的标准,明晓吉凶的规律,通向人道的正路,使人不违背自己的本性的著作。如

虫可得而育,此永永不易之道也。及《论语》《孝经》,圣人言行之要,宜究其意。"

"臣又闻圣王之自为动静周旋,奉天承亲,临朝享臣,物有节文,以章人伦。盖钦翼祗栗,事天之容也;温恭敬逊,承亲之礼也;正躬严恪,临众之仪也;嘉惠和说,飨下之颜也。举错动作,物遵其仪,故形为仁义,动为法则。孔子曰:'德义可尊,容止可观,进退可度,以临其民。是以其民畏而爱之,则而象之。'《大雅》云:'敬慎威仪,惟民之则。'诸侯正月朝觐天子,天子惟道德,昭穆穆以视之,又观以礼乐,飨醴乃归。故万国莫不获赐祉福,蒙化而成俗。今正月初幸路寝,临朝贺,置酒以飨万方,传曰'君子慎始',愿陛下留神动静之节,使群下得望盛德休光,以立基桢,天下幸甚。"上敬纳其言。子咸亦明经,历位九卿。家世多为博士者。

孔光字子夏,孔子十四世之孙也。会元寿元年正月朔日有蚀之,后十余日傅太后崩。是月,征光诣公车,问日蚀事。光对曰:"臣闻日者,众阳之宗,人君之表,至尊之象。君德衰微,阴道盛强,侵蔽阳明,则日蚀应之。《书》曰:'羞用五事,

果能考察六经的要旨，人与天之间的关系可以达到和谐，花草树木、昆虫鸟兽就能够得到繁殖。这是永远不变的道理。至于《论语》《孝经》二书，是记载孔子言谈举止的纲要之作，应该深刻领会它们的内涵。"

"臣又听说圣王的言行举止，无论奉事上天、侍奉父母、君临朝廷、任用臣僚，事事都合礼节制度，以彰显人伦大道。恭敬谨慎，敬畏战栗，是奉事上天的礼仪；温和、恭敬、谦逊，是侍奉双亲的礼节；端庄自身，严谨恭敬，是治理百姓的威仪；和颜悦色，慈善仁惠，是对待臣下的礼仪。如果言行举止，事事都遵循礼仪，那么他的形象就成为仁义的象征，其行动就成为众人效法的榜样。孔子说：'品德仁义能够受人尊敬，容貌举止可供效法，进退处世符合法度，这样来治理百姓，那么百姓就会敬畏爱戴他，就会效法他。'《诗经·大雅》说：'恭敬严谨的威仪，是百姓效法的榜样。'诸侯在正月都来朝廷拜见皇上，皇上依据道德礼仪，以严明肃穆的礼仪接见他们，并表演礼乐，以醴酒宴乐，之后才让他们回去，因此各诸侯国都得到皇上所赐的福祉，都接受圣上的教化，而改进风俗。今年正月初皇上将在正殿接受百官朝贺，摆设酒宴款待八方来宾。经传上说'君子谨慎于开始'，希望陛下注意举止的礼节，让百官、百姓能够仰望到您盛德的光彩，以建立治国的根基。这样，将是天下的幸运！"皇上慎重地采纳了他的建言。匡衡的儿子匡咸也通晓经义，曾官居九卿职务。其后代出了很多经学博士。

孔光，字子夏，是孔子第十四代孙。适逢元寿元年正月初一发生了日食，其后十多天傅太后去世。当月，皇上征召孔光到公车府，询问有关日食的事情。孔光回答说："我听说太阳是一切阳性事物的本源，是国君的代表，是至高无上的尊严的象征。君主的德行衰微，臣

建用皇极。'如貌、言、视、听、思失，大中之道不立，则咎征荐臻，六极屡降。皇之不极，是为大中不立。其传曰：'时则有日月乱行。'谓朓、侧匿，甚则薄蚀是也。又曰'六沴'之作，岁之朝曰三朝，其应至重。乃正月辛丑朔日有蚀之，变见三朝之会。上天聪明，苟无其事，变不虚生。《书》曰'惟先假王正厥事'，言异变之来，起事有不正也。臣闻师曰，天左与王者，故灾异数见，以谴告之，欲其改更。若不畏惧，有以塞除，而轻忽简诬，则凶罚加焉，其至可必。《诗》曰：'敬之敬之，天惟显思，命不易哉。'又曰：'畏天之威，于时保之。'皆谓不惧者凶，惧之则吉也。"

"陛下圣德聪明，兢兢业业，承顺天戒，敬畏变异，勤心虚己，延见群臣，思求其故，然后敕躬自约，总正万事，放远谗说之党，援纳断断之介，退去贪残之徒，进用贤良之吏，平刑罚，薄赋敛，恩泽加于百姓，诚为政之大本，应变之至务也。天下幸甚。《书》曰'天既付命正厥德'，言正德以顺天也。又曰'天棐谌辞'，言有诚道，天辅之也。明承顺天道在于崇德博施，加精至诚，孳孳而已，俗之祈禳小数，终无益于

子兴盛强大，侵犯遮蔽了太阳的光明，那么日食现象就会随之发生。《书经》说要'进用貌、言、视、听、思五事'、'建用广大中正之道'，如果貌、言、视、听、思五方面有过失，中正之道没有确立，那么凶祸的现象就会逐渐产生，上天给予的凶、恶、疾、贫、弱、忧六种惩罚和灾异就会频繁发生。广大而不中正，就称之为'大中不立'，书上说'这个时候就会经常发生日月乱行'，日月不是行得快了，就是转得慢了，甚而至于发生日食的现象。书上又说'六种恶气堵塞'，正月初一乃是岁之朝、月之朝、日之朝，其感应很强。正月辛丑初一发生日食，是灾异出现在三朝之会。上天是聪慧明察的，如果世间没有什么事情，变异的现象是不会平白无故发生的。《书经》说'先代至道之王必正其事'，是指变异现象的产生，起因是由于有不正常的事情发生。我听老师说，上天为了辅助君主，就让灾异现象多次出现，以此来告诫君主，要他改变过失。如果君主不感到畏惧，还遮掩敷衍，轻视忽略上天的告诫，欺瞒上天，那么惩罚性的灾难就必定降临，那是无疑的。《诗经》说：'敬服上天，敬服上天，上天无比神明，承受天命难之又难啊！'又说：'敬畏天的威力，才能保全平安。'这些都是说不敬畏上天就会遭受凶祸，敬畏上天就会吉利。"

"陛下德行高尚，明察事理，戒慎恐惧；敬承顺从上天的告诫，敬畏各种变异现象；勤勤恳恳，虚怀若谷；召见百官群僚，反思寻求变异的原因，然后以身作则，自我约束；总理、纠正万事，疏远结党营私的小人，接纳忠诚不二的好人；罢免贪婪残暴的酷吏，进用贤明忠良的官员；公正地赏罚惩处，减轻赋税，把恩泽施加给百姓，这确实是处理朝政的根本，是应付各种灾异的首要任务。这是国家的万幸。《尚书》说：'既然接受了天命，就应该自正其德。'指的是实行德政来顺应上天。又说'上天辅助至诚之辞'，指的是如果有忠诚之心，

应天塞异,销祸兴福,较然甚明,无可疑惑。"书奏,上说,赐光束帛,拜为光禄大夫,秩中二千石,给事中,位次丞相。

薛宣字赣君,东海郯人也。成帝初即位,宣为中丞,执法殿中,外总部刺史。上疏曰:"陛下至德仁厚,哀闵元元,躬有日仄之劳,而亡佚豫之乐,允执圣道,刑罚惟中。然而嘉气尚凝,阴阳不和,是臣下未称,而圣化独有不洽者也。臣窃伏思其一端,殆吏多苛政,政教烦碎,大率咎在部刺史。或不循守条职,举错各以其意,多与郡县事,至开私门,听谗佞,以求吏民过失,谴呵及细微,责义不量力。郡县相迫促,亦内相刻,流至众庶。是故乡党阙于嘉宾之欢,九族忘其亲亲之恩,饮食周急之厚弥衰,送往劳来之礼不行。夫人道不通。则阴阳否隔,和气不兴,未必不由此也。《诗》云:'民之失德,干糇以愆。'鄙语曰:'苛政不亲,烦苦伤恩。'方刺史奏事时,宜明申敕,使昭然知本朝之要务。臣愚不知治道,唯明主察焉。"上嘉纳之。

上天就会辅助他。明智地接受顺应天道,在于增进德行、广施恩泽、加致精诚、毫不懈怠罢了。世俗所用的求福除祸的小术,最终无益于顺应上天、消除灾祸、祈求福祉,这是昭然显明的,没有什么可以疑惑。"奏书递上,皇上看了很高兴,赏赐给孔光束帛,拜他为光禄大夫,俸禄中二千石,任给事中,官位仅次于丞相。

薛宣,字赣君,是东海郯县人。当时,成帝刚刚登上帝位,薛宣任御史中丞,负责监察朝廷中的执法情况,及统管地方部刺史。他上奏疏说:"陛下德行至高,仁慈厚道,怜爱百姓,身体有太阳开始偏西还没来得及吃饭的劳苦,而没有舒服安逸的享乐,诚恳地坚持圣人的大道,施行刑罚非常公正,可是吉祥的气象还没有形成,阴阳没有调和。这是因为臣子不称职,而且圣明的教化还有不和谐的地方。我私下考虑,其中一个原因大概是官吏大多实行苛政,政令和教化繁杂细碎。这其中大部分罪过在部刺史身上,他们有的不遵守规定的职责,举动各自按照自己的心意,经常干预郡县的事务,甚至开启行私请托的门路,听信中伤谄媚之言,来搜求官吏百姓的过错,责备喝斥隐微的过失,不根据能力而一味责求行为的合宜。郡和县相互催促,它们各自内部之间也很苛刻,这种风气也传布到了百姓中。所以乡里缺少接待贵客的喜悦,九族之人忘记了他们之间亲戚的情义,供奉饮食救助危急的忠厚品德更加衰退,送走离开的人、慰劳归来的人的礼节不再施行。社会的道德规范不通行,那么就会阴阳闭塞不通。和顺的气象不兴盛,未必不是因为这个原因。《诗经》说:'人们失去情谊,多是饮食小事上丧失了和气。'俗语说:'政治苛暴人们就不亲附,徭役烦苦就会有损于皇恩。'当刺史禀告政事的时候,应该明确地告诫他们,使他们清楚地知道本朝的要紧事务。我很愚昧不懂得治理国家的道理,希望圣上明察。"皇上赞许并采纳了他的意见。

谷永字子云，长安人也。建昭中，御史大夫繁延寿闻其有茂材，除补属，举为太常丞，数上疏言得失。建始三年冬，日食、地震同日俱发，诏举方正直言极谏之士。太常阳城侯刘庆忌举永待诏公车，对曰："陛下秉至圣之纯德，惧天地之戒异，饬身修政，纳问公卿，又下明诏，帅举直言，燕见紬绎，以求咎愆，使臣等得造明朝，承圣问。臣材朽学浅，不通政事。窃闻明王即位，正五事，建大中，以承天心，则庶征序于下，日月理于上；如人君淫溺后宫，般乐游田，五事失于躬，大中之道不立，则咎征降而六极至。凡灾异之发，各象过失，以类告人。乃十二月朔戊申，日食婺女之分，地震萧墙之内，二者同日俱发，以丁宁陛下，厥咎不远，宜厚求诸身。意岂陛下志在闺门，未恤政事，不慎举错，娄失中与？内宠大盛，女不遵道，嫉妒专上，妨继嗣与？古之王者废五事之中，失夫妇之纪，妻妾得意，谒行于内，势行于外，至覆倾国家，或乱阴阳。昔褒姒用国，宗周以丧，阎妻骄扇，日以不臧，此其效也。经曰：'皇极，皇建其有极。'传曰：'皇之不极，是谓不建。时则有日月乱行。'"

谷永，字子云，是长安人。建昭年间，御史大夫繁延寿听说他有优秀的才能，拜任他为自己的属吏，后举荐他为太常丞，他多次上奏疏谈论政治得失。建始三年冬季，日食和地震同日发生，皇帝命令选拔贤良方正中敢于直言能够尽力劝谏的士人，太常阳城侯刘庆忌推荐谷永为待诏公车。谷永对答道："陛下秉承至圣的纯正品德，忧惧天地以异象显示的警告，整饬自身，修治国政，询问并采纳公卿的建议，又颁下英明的命令，让众官推举敢于直言的人，抽空召见他们以探究异变发生的原委，来寻求上天降罪的原因，使我们这些士人得以到圣明的朝廷上来，接受圣上的询问。臣才能不佳、学问浅薄，不通晓政事。私下里听说圣明的君主即位，要端正貌、言、视、听、思五事，建立帝王统治的准则，来顺从上天的心意，这样众多吉祥的征兆才会在下面序列出现，日月在天上运行才会有规律。如果君王过分地沉溺在后宫，安于享乐和出游打猎，自身失掉了对五事的修正，大中至正的准则不能确立，那么灾祸的征兆就将降临，而显示惩诫的六种灾异现象就会出现。凡是灾祸异象的出现，各自象征着过失，按类警告世人。于是在十二月初一戊申，日食在婺女之时，地震在萧墙之内，两者同日发生，来再三告示陛下，这些过失不在远方，应当深切地在自己身上寻找原因。臆想难道是因为陛下留心女色，不忧虑政事，不慎重举止，行为屡次失去中正的准则吗？或者是因为宠爱姬妾很过分，女子不遵守妇道，因为嫉妒都想独自占有圣上，从而妨碍了子孙的兴旺吗？古代的君王有的败坏了五事的中正，丧失了夫妇间的纲纪，妻子姬妾得到了宠爱，在内有所请求就一定会得到实行，在外擅用权力，以至于倾覆国家，迷惑扰乱阴阳之序。从前褒姒当权，西周因此丧国；阎妻骄宠日甚，因此出现日食。这是异象的征验啊！经书上说：'帝王统治天下的准则，就是要建立起大中至正的政治。'经传上

"陛下践至尊之祚为天下主,奉帝王之职以统群生,方内之治乱,在陛下所执。诚留意于正身,勉强于力行,损燕私之闲以劳天下,放去淫溺之乐,罢归倡优之笑,绝却不享之义,慎节游田之虞,起居有常,循礼而动,躬亲政事,致行无倦,安服若性。经曰:'继自今嗣王,其毋淫于酒,毋逸于游田,惟正之共。'未有身治正而臣下邪者也。治远自近始,习善在左右。昔龙管纳言,而帝命惟允;四辅既备,成王靡有过事。诚敕正左右齐栗之臣,戴金貂之饰、执常伯之职者,皆使学先王之道,知君臣之义,济济谨乎,无敖戏骄恣之地,则左右肃艾,群僚仰法,化流四方。经曰:'亦惟先正克左右。'未有左右正而百官枉者也。"

"治天下者尊贤考功则治,简贤违功则乱。诚审思治人之术,欢乐得贤之福;论材选士,必试于职。明度量以程能,考功实以定德;无用比周之虚誉,毋听浸润之谮诉,则抱功修职之吏无蔽伤之忧;比周邪伪之徒不得即工,小人日销,俊艾日隆。经曰:'三载考绩,三考黜陟幽明。'又曰:'九德咸事,俊艾在官。'未有功赏得于前,众贤布于官而不治者也。臣闻

说：'统治准则不中正，这称作不建，此时就会出现日月运行混乱的现象。'"

"陛下登上最尊贵的帝位做了天下的君主，接受帝王的职责来统治众生，四方之内的太平与不太平，都在陛下的掌握之中。您果真能留意修正自身，努力尽自己的力量做事，减少私人宴饮的空闲来操劳天下的事，远离过分沉溺的逸乐，停止倡优艺人娱乐的享受，拒绝贡献而不受，谨慎地节制出游打猎的玩乐，起居有一定的规律，遵循礼法来做事，亲自治理政事，致力于实际行动而没有倦怠，安心地从事这一切像天性一样自然。经书上说：'从今以后继承祖业的君王，不要过多沉溺于酒宴，不要放纵于出游打猎，只应该恭谨地修正自身。'没有君主自身修治中正而臣下奸邪的。治理远方要从治理近处开始，学习好的品行要从亲近的人开始。从前舜臣龙主管出入王命，而舜的命令就诚信允当；四辅已经完备，成王没有过失。您果真能告诫饬正左右掌管万事的大臣，以及戴着金貂之饰、掌握侍中职责的人，都让他们学习先王之道，懂得君臣之间的大义，众人都学会谨慎守信，没有嬉戏骄横放纵的过失，那么左右的大臣就会恭敬平顺，群僚就会仰视效法，教化就会流传到四方。经书上说：'要先整顿制约左右近臣。'没有左右近臣正直而百官不正的。"

"统治天下的人尊重贤才、考论功绩天下就会太平，轻慢贤才、不论功绩天下就会混乱。果真能仔细地考虑治理民众的方法，为得到贤能的人而欢喜，论才能选拔士人，务必在一定的职位上加以试用，明确规定考核标准来衡量他们的能力，考查功绩的实际情况来评定他们的德行，不要采用结党营私的人虚伪的赞美之辞，不要听受积渐日深的诬陷之言，那么拥有功绩、勤于职守的官吏就不会有优点被隐蔽、受到中伤的忧虑，结党营私邪恶诡诈的人就不能得到官

灾异，皇天所以谴告人君过失，犹严父之明诫。畏惧敬改，则祸销福降；忽然简易，则咎罚不除。经曰：'飨用五福，畏用六极。'传曰：'六沴作见，若不共御，六罚既侵，六极其下。'"

对奏，天子异焉，特召见永。其夏，皆令诸方正对策。永对毕，因曰："臣前幸得条对灾异之效，祸乱所极，言关于圣聪。书陈于前，陛下委弃不纳，而更使方正对策，背可惧之大异，问不急之常论，废承天之至言，角无用之虚文，欲末杀灾异，满谰诬天，是故皇天勃然发怒，甲巳之间暴风三溱，拔树折木。此天至明不可欺之效也。"

上使尚书问永，受所欲言。永对曰："臣闻王天下有国家者，患在上有危亡之事，而危亡之言不得上闻。如使危亡之言辄上闻，则商、周不易姓而迭兴；三正不变改而更用，夏、商之将亡也。行道之人皆知之，晏然自以若天有日莫能危，是故恶日广而不自知，大命倾而不寤。《易》曰：'危者有其安者也，亡者保其存者也。'臣闻三代所以陨社稷丧宗庙者，皆由

位，小人一天天减少，俊杰之士就会一天天多起来。经书上说："三年一次考核官吏的功绩，考核三次后就罢退那些缺乏实绩的官吏，升迁那些功绩卓著的官吏。'又说：'具有九德的人都任用做事，俊杰治能之士都有官位。'没有论功行赏实行在前、众多有才智的人安置在官位上，而国家不太平的。我听说灾祸异象，是皇天用来责备告诫人君过失的，就像严厉的父亲明白告诫儿子一样。害怕担忧而恭谨地改正，那么灾祸就会消失，福气就会降临；忽视轻慢这些告诫，灾祸的惩罚就不会消除。经书上说：'行事适合天意，五福就会降临；行事违背天意，六极就会降临。'经传上说：'六种灾气兴起显现，如果不恭敬地修德来御灾，六种惩罚就会侵入，六种灾异的现象就会降临。'"

对策呈上，天子很惊异，特意召见谷永。当年夏天，命令各位贤良方正都来对答策问，谷永对答完毕，接着说道："我先前有幸得以逐条奏对灾异的效验、祸乱的凶灾，言辞关系到您听纳的圣明。奏书陈述在前，陛下舍弃不采纳，却又进一步让贤良方正对答策问，不正视值得忧惧的、不寻常的现象，询问不紧急的平常之论，废止顺承天意的至理之言，竟相呈献无用的空话，想要抹杀灾异，欺罔污蔑天意，因此皇天勃然发怒，甲巳之间暴风刮了三次，树木被拔起折断。这是天帝最为圣明不可欺罔的征验啊。"

皇上派尚书询问谷永，记录下他要说的话。谷永对答说："臣听说作为天下之主、据有国家的人，所忧患的是有危身亡国的行为，而告诫危亡的话却不能够被听闻。假如告诫危亡的话让君主能马上听到，那么商朝和周朝就不会改变姓氏而交替兴起，夏商周三代就不会改变正朔而更替统绪。夏朝和商朝将要灭亡了，道路上的行人都知道，君主却安然地自以为像太阳在天上一样没有谁能危害他，因

妇人与群恶沉湎于酒。《书》曰：'乃用妇人之言，自绝于天。四方之逋逃多罪。是宗是长，是信是使。'《诗》云：'燎之方阳，宁或灭之。赫赫宗周，褒姒灭之。'《易》曰：'濡其首，有孚失是。'《易》曰：'在中馈，无攸遂。'言妇人不得与事也。《诗》曰：'懿厥哲妇，为枭为鸱。匪降自天，生自妇人。'王者必先自绝，然后天绝之。王者以民为基，民以财为本，财竭则下畔，下畔则上亡。是以明王爱养基本，不敢穷极，使民如承大祭。"

元延元年，为北地太守。时灾异尤数，永当之官，上使卫尉淳于长受永所欲言。永对曰："臣闻事君之义，有言责者尽其忠，有官守者修其职。臣永幸得免于言责之辜，有官守之任，当毕力遵职，养绥百姓而已，不宜复关得失之辞。忠臣之于上，志在过厚，是故远不违君，死不忘国。昔史鱼既没，余忠未讫，委柩后寝，以尸达诚；汲黯身外思内，发愤舒忧，遗言李息。经曰：'虽尔身在外，乃心无不在王室。'臣永幸得给事中出入三年，虽执干戈守边垂，思慕之心常存于省闼，是以敢越郡吏之职，陈累年之忧。"

此过恶日益严重自己却不知道,政权倾覆自己却不能醒悟。《周易》上说:'能够考虑到危险才能保有安定,能够想到灭亡才能够存在。'我听说夏商周三代社稷灭亡、宗庙丧失的原因,都是由于君主和妇人及一些恶人沉湎于饮酒作乐。《周书》上说:'采用妇人之言,是自绝于天。''容纳四方逃亡多罪的人,尊崇并抬高他们,亲信并使用他们。'《诗经》中说:'火烧得正烈,难道有能灭掉它的人吗?赫赫宗周,是褒姒灭亡了它呀!'《周易》中说:'饮酒浸湿其头,信用因此丧失。'《周易》说:'居中主食,没有什么可成就的。'是说妇人不能参与政事。《诗经》上说:'那多谋多虑的妇人,实际上和枭鸱一样不祥呀!''不是从天而降,而是由妇人而生。'帝王一定先自取灭亡,然后上天才灭绝他。帝王以百姓为基础,百姓以财产为根本,财产枯竭了百姓就会叛乱,百姓叛乱国家就会灭亡。因此圣明的君主爱惜休养根本,不敢穷尽百姓的财力,使用民力如承大祭一样谨慎。"

元延元年,谷永做了北地郡太守。当时灾祸异象特别多,谷永应当赴任,皇上派卫尉淳于长听受谷永要说的话。谷永对答道:"臣听说奉事君主的大义,有进言职责的人要竭尽他的忠诚,有官位职守的人要勤于他的职守。臣谷永有幸得以避免不进忠直之言的罪过,而拥有居官守职的责任,本应当全力遵守职责,教养安抚百姓,不应该再涉及关于政治得失的言词。忠诚的大臣对于君主,志在尽量奉献自己的忠心,因此虽远离京城也不会背叛君主,即将赴死也不会忘记国家。从前史鱼已死,余存的忠诚没有终止,命儿子将自己的灵柩放在后堂,用尸体传达忠诚;汲黯身在朝外而想着朝廷,显露愤懑舒展忧怨,留言给李息。经书上说:'即使你身在朝廷外,心开时不在于室。'臣谷永有幸做给事中出入朝廷三年,而今即便就要持着戈矛守护边疆之地,思念的心却常存宫中。因此敢于

"臣闻天生蒸民,不能相治,为立王者以统理之。方制海内非为天子,列土封疆非为诸侯,皆以为民也。垂三统,列三正,去无道,开有德,不私一姓,明天下乃天下之天下,非一人之天下也。王者躬行道德,承顺天地,博爱仁恕,恩及行苇,籍税取民不过常法,宫室车服不逾制度,事节财足,黎庶和睦,则卦气理效,五征时序,百姓寿考,庶草蕃滋,符瑞并降,以昭保右。失道妄行,逆天暴物,穷奢极欲,湛湎荒淫,妇言是从,诛逐仁贤,离逖骨肉,群小用事,峻刑重赋,百姓愁怨,则卦气悖乱,咎征着邮,上天震怒,灾异屡降,日月薄食,五星失行,山崩川溃,水泉涌出,妖孽并见,荓星耀光,饥馑荐臻,百姓短折,万物夭伤。终不改寤,恶洽变备,不复谴告,更命有德。《诗》云:'乃眷西顾。此惟予宅。'"

"夫去恶夺弱,迁命贤圣,天地之常经,百王之所同也。《易》曰:'屯其膏,小贞吉,大贞凶。'王者遭衰难之世,有饥馑之灾,不损用而大自润,故凶;百姓困贫无以共求,愁悲怨恨,故水。《诗》云:'凡民有丧,扶服救之。'《论语》曰:'百姓不足,君孰予足?'臣闻上主可与为善而不可与为恶,下主可与为恶而不可与为善。陛下天然之性,疏通聪敏,上主之姿

超越郡守的职责,陈述多年的忧虑。"

"我听说天生众民,相互不能治理,就设立君王来统领治理他们。划定海内疆域不是为了天子,分封土地不是为了诸侯,都是为了治理百姓。流传三统历法,排列三正次序,抛弃暴虐无道,扩展仁厚有德,不偏私于一姓,从而彰显出天下乃是天下人的天下,不是一个人的天下。君王亲自施行道义仁德,承合顺应天地,博爱宽厚,恩泽布及路边芦苇一样微贱的人,收纳赋税、取用民财不超过常行的法度,宫室车马服用不逾越制度,做事节俭财产富足,百姓和睦,就会阴阳和顺,五种自然现象按时间先后出现,百姓长寿,草木生长繁茂,祥瑞的征兆一齐降临,来显示上天的庇护和扶助。若是无道而行为荒诞,违逆天意残害生物,穷奢极欲,沉湎于逸乐而荒废政事,听从妇人之言,诛杀放逐仁厚贤能的人,离弃骨肉,众小人当权,严峻刑法,加重赋税,百姓愁苦怨恨,就会阴阳悖乱,通过灾兆显示君主的过失,上天盛怒,灾祸异象多次发生,日月相掩而食,五星失去正常的运行,大山崩塌,江河溃决,泉水涌出,妖孽同时出现,孛星放光,荒年相连,百姓夭折,万物早亡。倘若一直不改悔醒悟,使得罪过广布、变异备具,上天就不再责备告诫,而会另外扶立有德的人。《诗经》说:'于是眷然西望,而给予他宅居。'"

"除去恶弱的旧君,改立贤圣的新君,是天地不变的法则,历代帝王都是一样的。《周易》中说:'屯积膏脂,占卜小事吉,占卜大事凶。'君主遭逢衰败艰难之世,有饥荒的灾害,不减少用度,反而更加润益自己,因此会有凶祸;百姓困顿贫乏,无法供给君主的需求,愁苦悲愤怨恨的情绪滋生,因此会出现水灾。《诗经》中说:'百姓有悲伤的事,伏地爬行来赈救他们。'《论语》中说:'百姓不富足,君主怎能富足?'臣听说有道明君可与他一起做善事而不能与他一

也。少省愚臣之言，感寤三难，深畏大异，定心为善，捐忘邪志，毋贰旧怨，厉精致政，至诚应天，则积异塞于上，祸乱伏于下，何忧患之有？窃恐陛下公志未专，私好颇存，尚爱群小，不肯为耳。"对奏，天子甚感其言。

　　杜邺字子夏，本魏郡繁阳人也。邺少孤，其母张敞女。邺壮，从敞子吉学问，得其家书，以孝廉为郎。元寿元年正月朔，上以皇后父孔乡侯傅晏为大司马卫将军，而帝舅阳安侯丁明为大司马骠骑将军。临拜，日食，诏举方正直言。扶阳侯韦育举邺方正，邺对曰："臣闻阳尊阴卑，卑者随尊，尊者兼卑，天之道也。是以男虽贱，各为其家阳；女虽贵，犹为其国阴。故礼明三从之义，虽有文母之德，必系于子。春秋不书纪侯之母，阴义杀也；昔郑伯随姜氏之欲，终有叔段篡国之祸；周襄王内迫惠后之难，而遭居郑之危。汉兴，吕太后权私亲属，又以外孙为孝惠后。是时继嗣不明，凡事多暗，昼昏冬雷之变，不可胜载。窃见陛下行不偏之政，每事约俭，非礼不动，诚欲正身与天下更始也。然嘉瑞未应，而日食、地震、民讹言行筹，传相惊恐。案春秋灾异，以旨象为言语，故在于得一类而达之也。日食，明阳为阴所临。坤卦乘离，明夷之象也。坤以法地，为土为母，以安静为德。震，不阴之效也。臣闻野鸡著怪，高宗深

起做恶事,无道昏君可与他一起做恶事而不能与他一起做善事。陛下天然的品性,通达聪慧,是上主的姿质。只要能稍稍省思恩臣的话,感悟三种灾难,深深忧惧大的异象,下定决心推行善政,抛弃忘掉邪恶的心志,不要再犯以前的过失,振作精神致力于治理,以最大的诚意感应上天,那么天上积久的异象就会被遏止,地下的灾祸叛乱就会被降伏,还有什么忧虑担心的!臣私下担心的是陛下治理国家的心志不能专一,私人的爱好存留颇多,还留恋宠爱众多小人,不肯真心去做啊!"奏对进上,天子很为他的话感动。

杜邺,字子夏,本是魏郡繁阳人。杜邺年少丧父母,他的母亲是张敞的女儿,因此杜邺壮年时跟随舅舅张吉学习,得到了其家传之书。因举孝廉做了郎官。元寿元年正月朔日,皇上任用皇后的父亲孔乡侯傅晏做大司马卫将军,任用帝舅阳安侯丁明做大司马骠骑将军。到授官时,发生了日食,皇上下令推举方正直言的士人。扶阳侯韦育举荐杜邺方正,杜邺对奏说:"我听说阳者尊贵阴者卑贱,卑贱者跟随尊贵者,尊贵者兼管卑贱者,这是上天的规律。因此男子虽然卑贱,也各自是家里的阳者;女子虽然尊贵,仍是国中的阴者。因此在礼法上要明确三从的规范,即使有文母的德行,一定也要受她儿子的约束。《春秋》不记载纪侯的母亲,是因为妇道衰减。从前郑伯听从姜氏的欲望,终于发生叔段篡国的祸乱;周襄王在国内迫于惠后之难,而遭到移居郑国的危亡。汉朝兴起,吕太后依仗权势偏私亲属,又让外孙女做孝惠皇后,那时继嗣不明确,凡事多隐晦,白昼昏暗冬季打雷之类的异象,多得记载不过来。臣私下裹见陛下施行不偏颇的政治,每事节约俭省,凡事不合礼法就不去做,确实是想修正自身与天下一起更化布新。然而好的兆象还没有应验,却发生了日食、地震。百姓听到谣言行筹占卜,相互传说惊惶不安。据《春秋》记

动;大风暴过,成王怛然。愿陛下加致精诚,思承始初,事稽诸古,以厌下心,则黎庶群生无不说喜,上帝百神收还威怒,祯祥福禄何嫌不报。"

王嘉,字公仲,平陵人也,建平三年代平当为丞相。嘉为人刚直严毅有威重,上甚敬之。哀帝初立,欲匡成帝之政,多所变动。嘉上疏曰:"臣闻圣王之功在于得人。孔子曰:'材难,不其然与。'今诸大夫有材能者甚少,宜豫畜养可成就者,则士赴难不爱其死。临事仓卒乃求,非所以明朝廷也。"嘉因荐儒者公孙光、满昌及能吏萧咸、薛修等,皆故二千石有名称。天子纳而用之。

是时,侍中董贤爱幸于上,上欲侯之而未有所缘,傅嘉劝上因东平事以封贤。上于是定躬、宠告东平本章,掇去宋弘,更言因董贤以闻,欲以其功侯之,皆先赐爵关内侯。顷之,欲封贤等。上心惮嘉,乃先使皇后父孔乡侯傅晏持诏书视丞相御史。于是嘉与御史大夫贾延上封事言:"窃见董贤等三人始赐爵,众庶匈匈,咸曰贤贵,其余并蒙恩,至今流言未解。陛

载,灾异是上天以景象旨意作为言语告诫人,所以在于获知一类旨喻后来知晓其他的事。日食,表明阳被阴所覆盖,《坤》卦凌于《离》卦之上,是《明夷》的卦象。《坤》用来效法地,为土为母,以安静为德。地震,是不守'阴'道的效验。我听说野鸡显登鼎怪异之象,殷高宗深被触动;大风猛烈地刮过,成王因此惊恐不安。希望陛下更加精心专诚,考虑承继国初的隆盛,凡事多考查古例,满足百姓的心意,那么黎民百姓就没有不高兴的,上帝百神收回威势和怒气,还哪里用得着忧虑祯祥福禄不来回报呢!"

　　王嘉,字公仲,平陵人。建平三年,他代替平当做了丞相。王嘉为人刚直严毅而且很有威望,皇上非常敬重他。哀帝刚刚即位时,想要匡正成帝在政事上的失误,在人事上多有变动,王嘉就上疏说:"我听说成就圣王的功绩在于得到人才。孔子说:'贤才难得,不是这样的吗?'现今朝中诸多的大夫有杰出才能的很少,应该预先扶植培养可以做出成就的人。这样,在国家危急的时刻就会有士人会为了赴救国难而不吝惜性命。如果到了面临患乱才再匆促间寻求这样的人才,这不是治明朝廷的办法啊。"王嘉于是就举荐了儒者公孙光、满昌以及能干的官吏萧咸、薛修等人,他们都是原来食俸二千石官吏中有很好的声名而且被人称颂的。天子接纳了王嘉的意见并任用了他们。

　　此时,侍中董贤被皇帝喜爱宠信,皇帝想封他为侯却没有合适的机会,傅嘉劝皇上借着东平王之事来封赏董贤。皇上因此决定更改息夫躬、孙宠告发东平王谋反的奏章,去掉了宋弘的名字,改称是因为董贤而听到了这件事,想通过这个功劳来封董贤为侯,将他们三个人都先赐爵为关内侯。过了不久,想册封董贤等人,皇帝心中忌惮王嘉,于是先派皇后的父亲孔乡侯傅晏拿着诏书去给丞相和御史看。于是王嘉与御史大夫贾延进上密封的奏书说:"臣等私下里看见

下仁恩于贤等不已，宜暴贤等本奏语言，延问公卿、大夫、博士、议郎，考合古今，明正其义，然后乃加爵土。不然，恐大失众心，海内引领而议。臣嘉、臣延材驽不称，死有余责。知顺指不迕，可得容身须臾。所以不敢者，思报厚恩也。"上感其言，止。数月，遂下诏封贤等。

直后数月，日食，举直言。嘉复奏封事曰："臣闻咎繇戒帝舜曰：'亡敖佚欲有国，兢兢业业，一日二日万机。'箕子戒武王曰：'臣无有作威作福，亡有玉食；臣之有作威作福玉食，害于而家，凶于而国，人用侧颇辟，民用僭慝。'言如此则逆尊卑之序，乱阴阳之统，而害及王者，其国极危。国人倾仄不正，民用僭差不一，此君不由法度，上下失序之败也。武王躬履此道，隆至成康。自是以后，纵心恣欲，法度陵迟，至于臣弑君，子弑父，父子至亲，失礼患生。何况异姓之臣？孔子曰：'道千乘之国，敬事而信，节用而爱人，使民以时。'孔子曰：'危而不持，颠而不扶，则将安用彼相矣。'臣嘉幸得备位，窃内悲伤不能通愚忠之信，身死有益于国，不敢自惜。唯陛下慎己之所独乡，察众人之所共疑。往者宠臣邓通、韩嫣骄贵失度，逸豫无厌，小人不胜情欲，卒陷罪辜。乱国亡躯，不终其禄，所谓爱之适足以害之者也。宜深览前世，以节贤宠，全安

董贤等三人刚刚被赐爵,就引来众人的纷纷议论,都说董贤显贵了,其余的人都跟着一起蒙受恩宠,到现在流言还没有消散。陛下不断地施加给董贤等人仁爱恩惠,应该公开董贤等人奏本上的进言,再询问公卿、大夫、博士、议郎等人的意见,研究综合古今之制,辨明其是否合义,这样以后才可以进行加爵封地。如果不是这样(而是随便地加爵封地),恐怕会大失民心,引来天下人的伸颈议论。臣王嘉、臣贾延愚钝无能不称职,即使死了也难逃罪责。明明知道顺从而不违逆圣上的旨意,能够得以片刻的容身,而之所以不敢顺从圣上旨意的原因,是希望报答君主您的厚恩啊。"皇上被他们的话所感动,就中止了这件事,过了几个月,最终还是下命令封赏董贤等人。

(封赏董贤后)过了几个月,发生了日食,皇上就下诏推举敢于直言进谏的人,王嘉又进上密封的奏书说:"臣下听说皋陶告诫帝舜说:'拥有国家的人,不可以傲慢,不可以放纵自己的欲望,时刻要谨慎戒惧,以此来处理成千上万的国事。'箕子告诫武王说:'做臣下的应该没有作威作福的,没有吃精美食物的。如果作为臣下作威作福,吃精美食物的,对你的家会有损害,对你的国会不吉祥,众人会因此偏邪不正,百姓会因此变得虚假邪恶。'如果这样就会违背尊卑的次序,扰乱阴阳的纲纪,进而损害到君王,他的国家也就岌岌可危了。居住在城邑里的人偏邪不正,百姓因此虚假邪恶不专一,这是君王不遵守自己应守的规矩、上下丧失应有的秩序所造成的民风衰败呀。周武王亲自躬行这些法度,因此国家一直到隆盛成康时代。自成康以后,君主放任心意纵容欲望,法度渐趋衰败,以致到了臣下弑杀君主,儿子弑杀父亲的地步。父子之间是世间最为亲密的关系,却由于礼法的丧失导致竟然做儿子的会厌恨父亲的存在,何况本来就和君主不同姓而且没有亲情关系的臣下呢?孔子说:'治理

其命。"于是上寝不说,而愈爱贤,不能自胜。

初,廷尉梁相与丞相长史、御史中丞及五二千石杂治东平王云狱。时冬月未尽二旬,而相心疑云冤,狱有饰辞,奏欲传之长安,更下公卿复治。尚书令鞠谭、仆射宗伯凤以为可许。天子以相等皆见上体不平,外内顾望,操持两心,幸云逾冬,无讨贼疾恶主雠之意,制诏免相等皆为庶人。后数月大赦,嘉奏封事荐相等明习治狱,"相计谋深沉,谭颇知雅文,凤经明行修,圣王有计功除过,臣窃为朝廷惜此三人"。书奏,上不能平。

后二十余日,嘉封还益董贤户事,上乃发怒,召嘉诣尚书,责问以:"相等前坐在位不尽忠诚,外附诸侯,操持两心,

拥有一千辆兵车的大国,应敬谨地处事而有信用,崇尚节俭而爱惜百姓,在闲暇之时才使用民力。'孔子说:'国家倾危了却不能支撑,国家颠覆了却不能扶持,那还任用他做臣相干什么呢?'臣王嘉愧居相位,私下裏内心悲伤不能传达我忠诚的心意;如果我死了对国家有益,那么我不敢吝惜自己的生命。希望陛下能够谨慎地对待自己的偏好,体察众人共同的疑虑。过去,宠臣邓通、韩嫣因为尊贵骄纵而失去了节制,放纵游乐而不知道满足,小人不能够战胜自己邪恶的欲望,最终身陷罪咎。这样的人祸乱国家以致丢掉自己的性命,不能始终享有他的那一份俸禄。这正是所谓的宠爱他就是害了他啊。陛下您应该借鉴前代的经验,从而节制对董贤的宠爱,以此保全他的性命。"于是皇上逐渐开始不高兴了,反而更加宠爱董贤,无法自拔。

当初,廷尉梁相和丞相长史、御史中丞以及五位俸禄二千石的官吏共同会审东平王刘云之案。当时冬月还没过二旬,而梁相怀疑刘云是被冤枉的,认为狱状有不实的言辞,于是就上奏书要求将此案件转到长安,再下达给公卿们重新会审。尚书令鞠谭、仆射宗伯凤认为可以准许。哀帝认为梁相等人都见皇上身体不好,内外犹豫观望,心怀二意,希望刘云活过冬天可以减免死刑,心里没有讨伐叛贼的罪恶、憎恶主上的仇敌之意,于是就下诏令将梁相等人罢除官职,贬为庶人。此后过了几个月,哀帝(因为日食)大赦天下,王嘉进上密封的奏书举荐梁相等人善于审理案件,说:"梁相计谋深沉,鞠谭很会写作雅正的文辞,宗伯凤通晓经典、品行修持都很好,圣明的君主都应该计算大臣的功劳而免除其罪过,臣私下裏替朝廷惋惜这三个人(被免为庶人)。"奏书递上之后,哀帝很不高兴。

此后过了二十多天,王嘉封还哀帝给董贤增加封户的诏书,哀帝于是发怒了,召王嘉到尚书那裏,责问他说:"梁相等人前次因在

背人臣之义。今所称相等材美,足以相计除罪。君以道德,位在三公,以总方略一统万类分明善恶为职,知相等罪恶陈列,著闻天下,时辄以自劾。今又称誉相等,云为朝廷惜之。大臣举错,恣心自在,迷国罔上,近由君始,将谓远者何?对状。"嘉免冠谢罪。事下将军中朝者,光禄大夫孔光、左将军公孙禄、右将军王安、光禄勋马宫、光禄大夫龚胜劾嘉迷国罔上不道,请与廷尉杂治。胜独以为嘉备宰相,诸事并废,咎由嘉生;嘉坐荐相等,微薄,以应迷国罔上不道,恐不可以示天下。遂可光等奏。

有诏假谒者节,召丞相诣廷尉诏狱。使者既到府,掾史涕泣,共和药进嘉,嘉不肯服。主簿曰:"将相不对理陈冤,相踵以为故事,君侯宜引决。"使者危坐府门上。主簿复前进药,嘉引药杯以击地,谓官属曰:"丞相幸得备位三公,奉职负国,当伏刑都市以示万众。丞相岂儿女子邪,何谓咀药而死?"嘉遂装出,见使者再拜受诏,乘吏小车,去盖不冠,随使者诣廷尉。廷尉收嘉丞相、新甫侯印绶,缚嘉载致都船诏狱。

上闻嘉生自诣吏,大怒,使将军以下与五二千石杂治。吏

官位不能够尽其忠诚,对外依附诸侯,怀持二心,违背了做臣子的道义,所以降罪,现在你反而称赞梁相等人很有才能,足以计其功劳而免其罪过。您因为有道德品行,官居三公之位,以总筹方略、统一万类、分明善恶作为你的职责,你知道梁相等人的罪恶已经公布了,天下人都已经知道了。当时你也检举了自己的过失。现在你又来称誉梁相等人,说为朝廷惋惜他们。大臣的行为举动,任凭自己的心意所在,迷乱国家欺罔主上的臣子,就从你开始,更何况在远处做官的人呢!你要如实陈述事状!"王嘉于是脱掉朝冠请罪。哀帝将此事下达给将军和九卿大臣审理。光禄大夫孔光、左将军公孙禄、右将军王安、光禄勋马宫、光禄大夫龚胜一起弹劾王嘉迷乱国家、欺罔圣上、不守道义,请求与廷尉对他进行共同会审。龚胜个人认为王嘉官居宰相,各项事情都被废止,灾祸是因为王嘉引起的,如果只以举荐梁相等人治王嘉之罪,这太轻微了,要用迷乱国家、欺罔皇上、不守道义来治罪,不这样恐怕不能显示给天下人看。皇上于是同意了孔光等人的奏请。

有诏令暂借给谒者符节,召丞相到廷尉诏狱。使者到了王嘉的府上,掾史哭泣着一起和药给王嘉,王嘉不肯服用。主簿说:"将相不面对法官陈述冤情,这样沿袭已成旧例,丞相您应该喝药自杀。"使者端坐在府门上(逼迫王嘉喝药)。主簿又上前进药,王嘉拿过药杯掷到地上,对属吏说:"丞相有幸得以位居三公,奉行职事时有负国家,应当伏刑都市来警示世人。丞相我难道是一个小女子吗?为什么要吃药自杀?"王嘉于是着装出门,见到使者拜了两拜接受了圣旨,乘坐着卒吏的小车,去掉车盖免冠,跟随使者拜见廷尉。廷尉收回了王嘉的丞相新甫侯的印绶,将王嘉绑着用车载到都船诏狱。

皇上听说王嘉自己活着去见了官吏,非常愤怒,派将军以下的官

诘问嘉,嘉对曰:"案事者思得实。窃见相等前治东平王狱,不以云为不当死,欲关公卿示重慎;置驿马传囚,势不得逾冬月,诚不见其外内顾望阿附为云验。复幸得蒙大赦,相等皆良善吏,臣窃为国惜贤,不私此三人。"狱吏曰:"苟如此,则君何以为罪?犹当有以负国,不空入狱矣。"吏稍侵辱嘉,嘉喟然仰天叹曰:"幸得充备宰相,不能进贤,退不肖,以是负国,死有余责。"吏问贤、不肖主名。嘉曰:"贤,故丞相孔光、故大司空何武,不能进;恶,高安侯董贤父子,佞邪乱朝,而不能退。罪当死,死无所恨。"嘉系狱二十余日,不食欧血而死。

嘉为相三年诛,国除。死后上览其对而思嘉言,复以孔光代嘉为丞相,征用何武为御史大夫。元始四年,诏书追录忠臣,封嘉子崇为新甫侯,追谥嘉为"忠侯"。

赞曰:王嘉之争,哀哉。故曰"依世则废道,违俗则危殆"。此古人所以难受爵位者也。

儒林传

古之儒者,博学乎"六艺"之文。"六艺"者,王教之典籍,先圣所以明天道、正人伦、致至治之成法也。周道既衰,

员和五个二千石官吏一起会审王嘉。狱吏责问王嘉,王嘉回答说:"考问事情的人希望得到事情的真相。我私下见梁相等人以前处理东平王一案,并不认为刘云不应该被处死,只是事情涉及到公卿应该要显示慎重;(梁相等人)备置驿马转送囚犯(到京城),势必不能超过冬月,我确实没有发现他们内外观望阿附刘云的证据。恰好那时蒙受皇上大赦,梁相等人都是善良的官吏,我私下替国家爱惜贤才,不是偏爱这三个人啊。"狱吏说:"假如是这样,那么你为什么认为判处你的罪名是应该的呢?您一定是辜负了国家,不是无罪而入狱的吧。"狱吏稍稍侵辱王嘉,王嘉就喟然仰天长叹道:"我有幸得以充任宰相,不能够举拔贤才、罢退愚才,因此而有负于国家,死有余责啊。"狱吏于是就询问贤与不肖的人的名字,王嘉说:"贤才,就是故丞相孔光、故大司空何武,不能举拔;恶人,就是高安侯董贤父子,谄媚邪僻扰乱朝廷,却不能将其罢免。我罪该万死,所以死而无恨了。"王嘉被关在狱中二十多天,不吃食物,口吐鲜血而死。

王嘉担任丞相三年被诛杀,封国被削除。他去世后皇上读他的临终答辞而思考他的话,于是用孔光代替王嘉做了丞相,征用何武做了御史大夫。元始四年,皇帝下诏书追录忠臣,封王嘉的儿子王崇为新甫侯,追封王嘉谥号为忠侯。

论赞说:"王嘉的谏诤,很悲哀啊!"因此有人说"顺应世俗就会使道义衰败,违背世俗就会使自身危险",这正是古人难以接受封爵进官的原因了。

儒林传

古代的儒者,对六艺中的文章都广泛地学习。六艺是古圣先王教化民众的经典,是古圣先王用来明天道、正人伦、达到天下大治

坏于幽、厉,礼乐征伐自诸侯出,陵夷二百余年而孔子兴,衷圣德遭季世,知言之不用而道不行。乃叹曰:"凤鸟不至,河不出图,吾已矣夫!文王既没,文不在兹乎?"于是应聘诸侯,以答礼行谊。西入周,南至楚,畏匡厄陈,奸七十余君。适齐闻《韶》,三月不知肉味;自卫反鲁,然后乐正,《雅》《颂》各得其所。究观古今篇籍,乃称曰:"大哉。尧之为君也,唯天为大,唯尧则之。巍巍乎其有成功也,焕乎其有文章。"又曰:"周监于二代,郁郁乎文哉。吾从周。"于是叙《书》则断《尧典》,称《乐》则法《韶舞》,论《诗》则首《周南》。缀周之礼,因鲁《春秋》,举十二公行事,绳之以文、武之道,成一王法,至获麟而止。盖晚而好《易》,读之韦编三绝,而为之传。皆因近圣之事,以立先王之教,故曰:"述而不作,信而好古。下学而上达,知我者其天乎!"

弘为学官,悼道之郁滞,乃请曰:"丞相、御史言,制曰:'盖闻导民以礼,风之以乐。婚姻者,居室之大伦也。今礼废乐崩,朕甚愍焉,故详延天下方闻之士,咸登诸朝。其令礼官劝学,讲议洽闻,举遗兴礼,以为天下先。太常议,予博士弟子,崇乡里之化,以厉贤材焉。'谨与太常臧、博士平等议。曰:'闻三代之道,乡里有教,夏曰校,殷曰庠,周曰序。其劝善也,显之朝廷;其惩恶也,加之刑罚。故教化之行也,建首

的成法。周道衰微,坏于幽厉之时,礼乐征伐出自诸侯,衰落二百多年后孔子兴起,由于圣德遭逢末世,知道言不被用,大道不能通行,于是孔子慨叹道:"凤鸟不来,河不出图,我实施大道没有指望了啊!""文王已死,礼乐文化之传承岂不在我这里吗?"于是应聘于诸侯,以答礼行义。向西入周,向南到楚,受惊于匡,断粮于陈,拜谒七十多个国君。到齐听到《韶》乐,三月不知肉味;从卫返鲁,然后音乐得以修正,《雅》《颂》各得其所。仔细观察古今篇籍,于是称赞道:"尧做君主真伟大啊!只有天最大,尧效法它。他的成就多么高啊,他的礼乐法度多么美好啊!"又说:"周借鉴夏商,礼乐文化隆盛,我赞同周。"于是整述《尚书》便从《尧典》开始,称乐便以《韶舞》为法,论《诗》则以《周南》为首。追随周礼,按照鲁《春秋》,列举鲁国十二公期间的行事,用文武之道为标准,成为大一统之王者的不易之法,到获麟为止。晚年喜欢《易》,读《易》次数太多而使连缀竹简的皮带断了好几次,而且还为《易》作了传。都是以近代圣王之事,来确立先王之教。所以孔老夫子说:"我只是传承上古圣贤的道统而没有自己的创作发明,对古圣先贤传下来的教诲深信不疑。""下学人事,上达天命,知道我的大概只有天吧。"

公孙弘做学官时,痛心大道的衰微,于是奏请说:"丞相、御史说,诏书说'听说要以礼指导人民,以乐施行教化。婚姻,是男女结合的大伦。现在礼崩乐坏,朕很感伤,所以延用天下有道博闻之士,都录用于朝廷。应当令礼官劝学,讲释经义,广博见闻,举求遗逸的典籍,兴盛礼仪,作为天下的榜样。太常讨论,给博士配备弟子,崇尚乡里教化,以劝勉贤才。'谨与太常臧、博士平等商议道:'听说三代之道,乡里有教育之所,夏称校,殷称庠,周称序。劝勉善行,使之昭显于朝廷;惩治恶行,便施以刑罚。所以教化的实行,建立首善之地

善自京师始,由内及外。'今陛下昭至德,开大明,配天地,本人伦,劝学兴礼,崇化厉贤,以风四方,太平之原也。"制曰:"可。"自此以来,公卿大夫士吏彬彬多文学之士矣。

申公,鲁人也。见上,上问治乱之事。申公时已八十余,老,对曰:"为治者不在多言,顾力行何如耳。"

严彭祖字公子,东海下邳人也。彭祖为宣帝博士,至河南郡太守,以高第入为左冯翊,迁太子太傅,廉直不事权贵。或说曰:"天时不胜人事。君以不修小礼曲意,亡贵人左右之助。经谊虽高,不至宰相。愿少自勉强。"彭祖曰:"凡通经术,固当修行先王之道,何可委曲从俗,苟求富贵乎?"彭祖竟以太傅官终。

循吏传

黄霸字次公,淮阳阳夏人也。以廉称,察补河东均输长,复察廉为河南太守丞。霸为人明察内敏,又习文法,然温良有让,足知,善御众。为丞,处议当于法,合人心,太守甚任之,吏民爱敬焉。时,上垂意于治,数下恩泽诏书,吏不奉宣。太守霸为选择良吏,分部宣布诏令,令民咸知上意,使邮亭乡官皆畜鸡豚,以赡鳏寡贫穷者。然后为条教,置父老师帅伍长,班行之于民间,劝以为善防奸之意,及务耕桑,节用殖财,种树畜养,去食谷马。米盐靡密,初若烦碎,然霸精力能推行之。吏民见者,语次寻绎,问它阴伏,以相参考。尝欲有所司

从京师开始,由内及外。'现在陛下昭明至德,开大明,配天地,以人伦为本,劝学兴礼,崇尚教化,勉励贤才,来教化四方,这是太平的本源。"武帝制诏说道:"很好。"从此以后,文质彬彬、博学多才的公卿大夫士吏变得多起来了。

申公,鲁人。到朝廷后,拜见皇上,皇上询问国家兴衰的事。申公当时已八十多岁,年老,答道:"国家安定不在于多说,要看怎样勉力行事。"

严彭祖字公子,东海下邳人。彭祖是宣帝博士,官至河南、东郡太守。因高第入朝为左冯翊,升任太子太傅,他为人廉直不事奉权贵。有人劝说道:"天命不能胜任人事,您因为不行小礼曲意,没有贵人左右帮助,经义虽然高深,也做不到宰相。希望您稍为勉强一下自己!"彭祖说:"大凡通晓经术之人,本应修行先王大道,怎么能委曲随俗、苟且求取富贵呢?"彭祖最终任太傅官一直到死。

循吏传

黄霸,字次公,淮阳郡阳夏县人,以廉洁被察知后升补为河东郡均输长,后又因廉洁被察知而升为河南郡太守丞。黄霸为人善于观察,且思维敏捷,又熟习法律条文,待人接物温良谦让,能体家人,善于团结众人。做太守丞时,处事议政合乎法度,顺应人心,太守十分信任他,老百姓也敬爱他。当时皇上正专心于治理天下,多次下达诏书给民众,但有的官吏却不让百姓知道。太守黄霸却专门选择了优秀的下属吏员,分到各处去发布皇上诏令,让民众都能知道皇上的旨意。他还让邮亭乡官都养上鸡和猪,以赡养鳏寡贫穷的人。然后又制订了条令教则,发给各方父老、师帅和伍长等基层小吏,由其颁行于民间,劝说百姓严防奸盗,并安心于农耕蚕桑之业,节约使用货物资

察,择长年廉吏遣行,属令周密。吏出,不敢舍邮亭,食于道旁,乌攫其肉。民有欲诣府口言事者适见之,霸与语,道此。后日吏还谒霸,霸见迎劳之,曰:"甚苦!食于道旁乃为乌所盗肉。"吏大惊,以霸具知其起居,所问豪氂不敢有所隐。鳏寡孤独有死无以葬者,乡部书言,霸具为区处,某所大木可以为棺,某亭猪子可以祭,吏往皆如言。其识事聪明如此,吏民不知所出,咸称神明。奸人去入它郡,盗贼日少。霸力行教化而后诛罚,务在成就全安长吏。许丞老,病聋,督邮白欲逐之。霸曰:"许丞廉吏,虽老,尚能拜起送迎,正颇重听,何伤?且善助之,毋失贤者意。"或问其故,霸曰:"数易长吏,送故迎新之费及奸吏缘绝簿书盗财物,公私费耗甚多,皆当出于民,所易新吏又未必贤,或不如其故,徒相益为乱。凡治道,去其泰甚者耳。"自汉兴,言治民吏,以霸为首。

财、种树木、养牲畜,去掉浮华奢侈的浪费。像米粒盐粒一样细密的公事,最初显得烦杂碎乱,然而黄霸却全力以赴地加以推行。官吏民众凡可遇见的人,黄霸都要从其言行中了解有用的情况,询问事情的来笼去脉,以资参考。曾经遇有密事调查,于是择派一位老成的廉吏前往访察,并令其绝不能泄露机密。廉吏依言出发,途中易服微行,不敢住在驿亭,饿了便躲在路边悄悄地吃些食物,这时忽有一只乌鸦飞来抢走了他手裹拿的肉。百姓中正好有一个要到郡府陈报事情的人看到这一情况,便与黄霸讲了此事。日后那廉吏回来拜见黄霸,黄霸迎上前慰劳他,说:"太辛苦了!在路上吃饭还被乌鸦抢走了肉。"廉吏大惊,以为黄霸对他外出的起居情况都已知晓,所以对黄霸问及的调查结果便不敢有丝毫的隐瞒。郡中若有鳏寡孤独的人死了没钱安葬的,由乡吏上书报知,黄霸都能为他们分别妥善处理,告其某处有棵大树可做棺椁之材,某亭有头小猪可以做宰祭之用,乡吏依令去取,果然都像黄霸所说的一样。黄霸了解情况清晰明了到这样的程度,官吏民众不知底细的人,都称他是神明。奸盗也只好转移到其他的郡中,所以本郡的盗贼就逐渐的减少了。黄霸尽力施行教化,然后才使用刑罚,注意成全维护下属官吏。许县县丞年纪老了,耳朵也聋了,督邮报告黄霸想要辞退他,黄霸说:"许县县丞是廉洁的官吏,虽然上了年纪,但还能应付官场拜起送迎之类的例行公事,即使很聋,又有何妨呢?还是好好地帮助他,不要让贤德的人失望。"有人请教他其中的缘故,黄霸道:"一再更换长吏,送旧迎新的费用,以及奸猾官吏乘机销毁帐册文书而盗窃财物,公家和私人的损失很大,所有的费用都得百姓供给,换上的新官又未必贤德,或者还不如他的前任,白白地反复加剧混乱。大凡治民的道理,主要是做得不要太过头罢了。"自从汉朝兴起,讲到治理地方官吏民众的,还是以黄

硃邑字仲卿，庐江舒人也。少时为舒桐乡啬夫，廉平不苟，以爱利为行，未尝笞辱人，存问耆老孤寡，遇之有恩，所部吏民爱敬焉。迁补太守卒史，举贤良为大司农丞，迁北海太守，以治行第一入为大司农。为人淳厚，笃于故旧，然性公正，不可交以私。天子器之，朝廷敬焉。身为列卿，居处俭节，禄赐以共九族乡党，家亡余财。初，邑病且死，属其子曰："我故为桐乡吏，其民爱我，必葬我桐乡。后世子孙奉尝我，不如桐乡民。"及死，其子葬之桐乡西郭外，民果共为邑起冢立祠，岁时祠祭，至今不绝。

　　龚遂字少卿，山阳南平阳人也，以明经为官。宣帝即位。不久，渤海左右郡岁饥，盗贼并起，二千石不能禽制。上选能治者，丞相、御史举遂可用，上以为渤海太守。时，遂年七十余。召见，形貌短小，宣帝望见，不副所闻，心内轻焉，谓遂曰："渤海废乱，朕甚忧之。君欲何以息其盗贼，以称朕意？"遂对曰："海濒遐远，不沾圣化，其民困于饥寒而吏不恤，故使陛下赤子盗弄陛下之兵于潢池中耳。今欲使臣胜之邪，将安之也？"上闻遂对，甚说。答曰："选用贤良，固欲安之也。"遂曰："臣闻治乱民犹治乱绳，不可急也。唯缓之，然后可治。臣愿丞相、御史且无拘臣以文法，得一切便宜从事。"上许焉，

霸为第一。

朱邑字仲卿,庐江郡舒县人。他年轻时曾任舒县桐乡负责听讼收赋税的啬夫一职,办事清廉公正,不施苛政,以仁爱之心为民谋利,未曾笞打欺辱过乡人,关心爱护年迈老人和孤儿寡母,对他们多有恩惠,因此他所在地区的官吏民众都很敬重喜爱他。后来他调任太守卒吏,又因被推举为贤良而被任用为大司农丞,后又调任北海郡的太守,接着又因治理情况和品行出类拔萃而升任大司农。朱邑为人淳厚,珍重故旧之情,然而又秉性正派,公事上不徇私情。因此天子器重他,朝廷官员也敬重他。朱邑身为列卿,家中却十分节俭,所得俸禄和赏赐都与家乡父老共用,自家却没有多余的钱财。当初朱邑病危之时,曾嘱咐儿子说:"我原是桐乡的小官,当地的人民爱护我,死后我也一定要埋葬在桐乡。后代子孙祭祀我,不如桐乡的父老乡亲。"待他死后,他的儿子便把他埋葬在桐乡西城的外面,人民果然为朱邑起坟墓立祠堂,每年按时祭祀,到今天也从未断绝。

龚遂,字少卿,是山阳郡南平阳县人。因通晓经术而做了官,刘贺被废黜后,宣帝即位。过了几年,渤海附近郡县闹灾荒,饥民纷纷起来造反,太守制服不了他们。宣帝想要选一位能够治理渤海的人,丞相和御史大夫推荐龚遂,认为可用,宣帝就任命他做渤海太守。那时龚遂已经七十多岁了,宣帝召见时,望见他形貌矮小,与自己听到的不相符合,心里有点看不起他,就问他说:"渤海郡法纪废弛,饥民作乱,我非常担忧。您准备用什么办法来平息郡中盗贼,好让我放心?"龚遂回答说:"无非是因为渤海远在海边,没有受过圣朝的教化,那儿的百姓饥寒交迫,而地方官吏又不加体恤,所以才逼得皇上的子民盗了皇上的兵器在水塘中戏耍罢了,并不是有意存心叛乱啊!如今不知是要我去镇压他们呢,还是去安抚他们呢?"宣

加赐黄金，赠遣乘传。遂见齐俗奢侈，好末技，不田作，乃躬率以俭约，劝民务农桑。春夏不得不趋田亩，秋冬课收敛，益蓄果实菱芡。劳来循行，郡中皆有蓄积，吏民皆富实，狱讼止息。上甚重之，以官寿卒。

酷吏传

孔子曰："导之以政，齐之以刑，民免而无耻；导之以德，齐之以礼，有耻且格。"老氏称："上德不德，是以有德；下德不失德，是以无德。法令滋章，盗贼多有。"信哉是言也！法令者，治之具，而非制治清浊之原也。昔天下之罔尝密矣，然奸轨愈起，其极也，上下相遁，至于不振。当是之时，吏治若救火扬沸，非武健严酷，恶能胜其任而愉快乎？言道德者，溺于职矣。故曰："听讼吾犹人也，必也使无讼乎！下士闻道大笑之。"非虚言也。汉兴，破觚而为圜，斫雕而为朴，号为罔漏吞舟之鱼，而吏治蒸蒸，不至于奸，黎民艾安。由是观之，在彼不在此。

帝听了龚遂的对答,非常高兴,回答道:"选用贤良,本来就是为了安抚百姓啊!"龚遂说:"我听说治乱民就像理乱绳一样,是急不来的啊。只有从容和缓,然后才能治理。我请求丞相和御史大夫暂且不要用一般法令条文约束我,让我根据实际情况自行处置。"宣帝同意了,额外赏赐了黄金,派他赴任。龚遂眼看渤海地方风俗奢侈,喜欢工商业,轻视农耕,于是亲自带头厉行节俭劝导百姓务农种桑,春夏两季劝百姓到田野耕作,到了秋冬就督促他们收割,还让家家户户多储果实、菱角、芡实之类。由于龚遂的巡视劝勉,郡中都有积蓄,官吏和百姓都殷实富足,诉讼案件也没有了。龚遂很受宣帝器重,在任上寿终。

酷吏传

孔子说:"用政令来要求他们,用刑罚来惩治他们,人民只是暂时免于罪过,却不会有廉耻之心;如果用道德来教导他们,用礼教来教化他们,人民不但会有廉耻之心,而且会因此而纠正自己的行为。"老子说:"上德是合乎自然的,是真正的有德;下德是人为营造的,其实是无德。法令繁多则巧诈滋生,所以盗贼日渐增多。"这确实是至理名言啊!法令,是统治的工具,而并不是统治好坏的根源。从前天下法网曾经很严密,但盗贼却日益增多。到达极点时,造成了君臣、人民之间因害怕而互相躲避,以致天下沦丧。那时候,官吏治理的作风就象救猛火、扬盛沸一样,若不使用强硬严酷的办法,又怎么能治理好国家让人舒适呢?这是主张德政之人的失职啊!所以孔子说:"审理诉讼,我和别人差不多,一定要使诉讼的案件完全消灭才好!"老子也说:"庸人不明大道,所以妄加耻笑。"这都不是假话啊。汉代兴起后,破方成圆,去繁就简,法网极为宽疏,号称能漏过

严延年字次卿，东海下邳人也。延年为人短小精悍，敏捷于事，虽子贡、冉有通艺于政事，不能绝也。吏忠尽节者，厚遇之如骨肉，皆亲乡之，出身不顾，以是治下无隐情。然疾恶泰甚，中伤者多，尤巧为狱文，善史书，所欲诛杀，奏成于手，中主簿亲近史不得闻知。奏可论死，奄忽如神。冬月，传属县囚，会论府上，流血数里，河南号曰"屠伯"。令行禁止，郡中正清。初，延年母从东海来，欲从延年腊，到洛阳，适见报囚。母大惊，便止都亭，不肯入府。延年出至都亭谒母，母闭阁不见。延年免冠顿首阁下，良久，母乃见之，因数责延年："幸得备郡守，专治千里，不闻仁爱教化，有以全安愚民，顾乘刑罚多刑杀人，欲以立威，岂为民父母意哉？"延年服罪，重顿首谢，因自为母御，归府舍。母毕正腊，谓延年："天道神明，人不可独杀。我不意当老见壮子被刑戮也！行矣！去女东归，扫除墓地耳。"遂去，归郡，见昆弟宗人，复为言之。后岁余，果败，东海莫不贤知其母。

吞舟的大鱼。但是吏治却蒸蒸日上，盗乱不兴，民生安定，宇内承平。由此看来，吏治的关键并不在法律的严酷啊。

严延年，字逸卿，东海郡下邳县人。严延年身材短小，精明强干，办事灵活快捷，即使是历史上以精通政务著称的子贡、冉有等人，也未必能胜过他。郡府的吏员忠诚奉公的，严延年就会像自家人一样优待他们，亲近他们并一心为他们着想。居官办事，不顾个人得失，所以在他管辖的区域之内没有什么事情是他不知道的。然而严延年痛恨坏人坏事太过，被他伤害的人很多。他尤其擅长写狱辞，又善于写官府文书，想要诛杀的人，就亲手写成奏摺，连专门掌管文书的主簿，以及最接近他的属吏，都无从得知。奏准判定一个人的死罪，迅速得就像神明一样。到了冬天行刑时，他就命令所属各县把囚犯解送到郡上，集中在郡府统一处死，一时血流数里，所以河南郡人都称他为"屠伯"。在他的辖区裹，有令则行，有禁则止，全郡上下一派清明。当初，严延年的母亲从东海郡来，打算与严延年一起行腊祭礼。刚到洛阳，正好碰上他在处决犯人。他母亲很震惊，便住在道旁的亭舍，不肯进入郡府。严延年出城到亭舍去拜见母亲，母亲关门不见。严延年在门外脱帽叩头，过了好一阵，母亲才见他，因此斥责他说："你有幸当了一郡太守，治理方圆千里的地方，没听说你以仁爱之心教化百姓，以保全百姓使他们平安，反而利用刑罚大肆杀人，想以此来建立威信，难道身为老百姓的父母官是该这样行事的吗？"严延年赶忙认错，重重地叩头谢罪。于是亲自为母亲驾车，一同回郡府去。正腊的祭祀完毕后，母亲对严延年说："苍天在上，明察秋毫，岂有乱杀人而不遭报应的？想不到我人老了还要亲眼看着壮年的儿子身受刑戮！我走啦！离开你回到东边的家乡去，为你准备好葬身之地。"于是母亲就这样走了。回到本郡，见着兄弟本家之人，又把以

货殖传

在民上者，道之以德，齐之以礼，故民有耻而且敬，贵谊而贱利。此三代之所以直道而行，不严而治之大略也。

秦杨以田农而甲一州，翁伯以贩脂而倾县邑，张氏以卖酱而隃侈，质氏以洒削而鼎食，浊氏以胃脯而连骑，张里以马医而击钟，皆越法矣。然常循守事业，积累赢利，渐有所起。至于蜀卓、宛孔、齐之刀间，公擅山川铜铁鱼盐市井之入，运其筹策，上争王者之利，下锢齐民之业，皆陷不轨奢僭之恶。又况掘冢搏掩，犯奸成富，曲叔、稽发、雍乐成之徒，犹夏齿列，伤化败俗，大乱之道也。

游侠传

孔子曰："天下有道，政不在大夫。"百官有司奉法承令，以修所职，失职有诛，侵官有罚。夫然，故上下相顺，而庶事理焉。

上所言对他们说了。过了一年多，严延年果然出事了。东海郡人没有不称颂严母贤明智慧的。

货殖传

在上位的领导者要用伦理道德来引导民众，用礼制来统一民众的思想，所以民众就会有廉耻感而且又有诚敬心，会重视仁义而轻视财利。这就是夏、商、周三代之所以能沿着正确的道路前行（人人行事公正），不需要采用严酷的政治而能让天下大治的治国方略。

秦杨凭借拥有大片田地而富甲一州；翁伯凭借贩卖油而成为县邑的首富；张氏靠卖酱致富，生活奢侈，超越礼制；质氏靠磨刀发家，列鼎而食；浊氏靠卖肉干富家，侍从的车骑前呼后拥；张里凭借医马而打钟奏乐，生活奢华。他们的生活都超越了礼法的规定。但是他们通常还都是固守自己的事业，一点点地积累盈利，逐渐发家致富。至于蜀人卓氏、宛人孔氏、齐人刀闲，他们公然占有山川、铜铁、鱼盐市场的收益，运筹谋划，上同帝王争利，对下专有平民的生业，他们都陷入了违法、奢侈、犯上的邪恶。更何况那些通过盗墓、赌博、抢劫、犯法奸诈而致富的人，如曲叔、稽发、雍乐成之流，他们依然和善良的人齐齿并列，不受惩罚，这是败坏风俗，损伤教化，导致社会大乱的行径啊。

游侠传

孔子说："天下太平，国家的政权就不会下移到大夫的手中。"百官都能够遵法听命，各司其职，为官失职会得到查处，侵犯他人职权会得到惩罚，这样一来，全国上下的关系就能够通顺，各种事情都能够得到治理。

楼护字君卿，齐人。父世医也，护少随父为医长安，出入贵戚家。护诵医经、本草、方术数十万言，长者咸爱重之，共谓曰："以君卿之材，何不宦学乎？"由是辞其父，学经传，为京兆吏数年，甚得名誉。初，护有故人吕公，无子，归护。护身与吕公、妻与吕妪同食。及护家居，妻子颇厌吕公。护闻之，流涕责其妻子曰："吕公以故旧穷老托身于我，义所当奉。"遂养吕公终身。

佞幸传

石显字君房，济南人。少坐法腐刑，为中黄门，以选为中尚书。显为人巧慧习事，能探得人主微指，内深贼，持诡辩以中伤人，忤恨睚眦，辄被以危法。初元中，前将军萧望之及光禄大夫周堪、宗正刘更生皆给事中，望之领尚书事，知显专权邪辟，建白以为："尚书百官之本，国家枢机，宜以通明公正处之。武帝游宴后庭，故用宦者。非古制也。宜罢中书宦官，应古不近刑人。"元帝不听，由是大与显忤。后皆害焉，望之自杀，堪、更生废锢，不得复进用。

楼护，字君卿，齐国人。家族世代为医。楼护少年时跟随父亲在长安行医，经常出入于权贵人家。楼护能够背诵医经、本草、方术近十万余字，长者见到他没有不器重他的，都对他说："以你的才学，怎么不去学习，以后做官呢？"于是，楼护就辞别父亲，去学习经传，后来担任京兆尹的属吏多年，很有名誉。当初，楼护有一个老朋友叫做吕公，吕公没有子嗣，便在楼护家寄住。楼护与吕公、楼妻与吕公的老伴在一起吃饭。等到楼护免官居家后，楼护的妻子就很厌烦吕公在家里吃住。楼护知道了这件事情后，便哭泣着责怪他的妻子说："吕公因为故旧之情和孤苦穷老而寄住到我们家里，从朋友的道义上来说我们应该奉养他们。"于是，他们夫妻俩就奉养吕公终身。

佞幸传

石显，字君房，济南人；年轻时受过腐刑，后来担任中黄门官职，又被选为掌管文书章奏的中尚书。石显为人机灵聪明，深谙事理，能够揣摩到皇帝的心思，内心极其狡诈，常用颠倒是非的言论暗中打击别人，一点小事就记恨于人，让人受到严酷的刑法处置。初元年间，前将军萧望之和光禄大夫周堪、宗正刘更生都担任给事中。萧望之主管尚书之事，知道石显是一个专权奸邪的小人，就向元帝陈述其意见说："（传递章折奏书的）尚书是百官的根本，国家政权的关键，应该要让公正通明的人担任这一职务。过去，武帝日夜游宴于后宫，所以才重用宦官，这是不符合古制的。应该罢免担任中书之职的宦官，顺应古代的礼制，不能让受过腐刑的人在君王之侧。"元帝没有采纳萧望之的建议，因此萧望之惹得石显非常恼怒。后来，萧望之等人都遭到石显的迫害，萧望之被逼自杀，周堪、刘更生被罢黜官职，不再任用。

初,显闻众人匈匈,言己杀前将军萧望之。望之当世名儒,显恐天下学士姗己,病之。是时,明经著节士琅邪贡禹为谏大夫,显使人致意,深自结纳。显因荐禹天子,历位九卿,至御史大夫,礼事之甚备。议者于是称显,以为不妒譖望之矣。显之设变诈以自解,免取信人主者,皆此类也。

元帝晚节寝疾,定陶恭王爱幸,显拥祐太子颇有力。元帝崩,成帝初即位,迁显为长信中太仆,秩中二千石。显失倚,离权数月,丞相御史条奏显旧恶,及其党牢梁、陈顺皆免官。显与妻子徙归故郡,忧满不食,道病死。诸所交结,以显为官,皆废罢。

外戚传

夏之兴也以涂山,而桀之放也用末喜;殷之兴也以有娀及有新女,而纣之灭也嬖妲己;周之兴也以姜嫄及太任、太姒,而幽王之禽也淫褒姒。故《易》基《乾坤》,《诗》首《关雎》,《书》美厘降,《春秋》讥不亲迎。夫妇之际,人道之大伦也。礼之用,唯昏姻为兢兢。夫乐调而四时和,阴阳之变,万物之统也,可不慎与!人能弘道,末如命何?甚哉,妃匹之爱,君不能得之臣,父不能得之子,况卑下乎?既欢合矣,或不能成子

当初，石显听到众人对他议论纷纷，说他杀了前将军萧望之。萧望之是当世的大儒，在全国很有影响。石显恐惧天下饱学之士都来讥讽自己，为此而患了心病。这时，明了经典而且品行高洁的琅邪人贡禹担任谏大夫，石显趁机派人向贡禹问好，拉拢贡禹。石显因此把贡禹推荐给皇帝，让贡禹先后位列九卿，官至御史大夫，礼节非常完备。议论的人因此而称颂石显，认为石显并没有谗害萧望之。石显就是如此的处心积虑玩弄阴谋诡计，来解除自己的祸患，以取得皇帝的信任的。

元帝晚年卧病，当时元帝的次子定陶恭王很受宠爱，石显拥护皇太子却非常积极有力。于是，元帝死后，成帝刚一即位，就把石显调到长信宫作中太仆，官禄是中二千石。石显失去依靠之后，失权不到几个月，丞相御史就向皇帝列举石显以前的罪恶，他的党羽牢梁、陈顺都被免官。石显和他的妻儿返回故乡，一路上忧心难安，吃不下东西，就这样病死在路上。之前通过巴结石显而获得官位的人，全都被罢免。

外戚传

夏朝的兴起是源于大禹娶了涂山氏为妻，而夏桀遭到放逐则是由于宠爱末喜；殷代的兴起离不开有娀氏和有㜪女氏，而商纣的灭亡则是由于宠信妲己；周朝的兴起有赖于姜嫄、太任和太姒，而幽王被戎狄擒捉则是因为与褒姒淫乐。因此《易经》从《乾》《坤》二卦为起始（乾为男，坤为女），《诗经》以《关雎》为首篇（说明夫妇是人伦之始），《尚书》赞美唐尧把两个女儿嫁给虞舜，《春秋》讽刺鲁隐公娶妻而不亲自迎娶。夫妇关系是五伦关系的根本。礼法中婚姻之事要格外谨慎而行。音律和谐，四时才能和谐。阴阳的变化，是万物

姓；成子姓矣，而不能要其终。岂非命也哉？孔子罕言命，盖难言之，非通幽明之变，恶能识乎性命？

孝成班婕妤，帝初即位选入后宫。始为少使，蛾而大幸，为婕妤。成帝游于后庭，尝欲与婕妤同辇载，婕妤辞曰："观古图画，贤圣之君皆有名臣在侧，三代末主乃有嬖女。今欲同辇，得无近似之乎？"上善其言而止。太后闻之，喜曰："古有樊姬，今有班婕妤。"婕妤诵《诗》及《窈窕》《德象》《女师》之篇，每进见上疏，依则古礼。鸿嘉三年，赵飞燕谮告许皇后、班婕妤挟媚道，祝诅后宫，詈及主上。许皇后坐废。孝问班婕妤，婕妤对曰："妾闻'死生有命，富贵在天'。修正尚未蒙福，为邪欲以何望？使鬼神有知，不受不臣之诉。如其无知，诉之何益？故不为也。"上善其对，怜悯之，赐黄金百斤。

赞曰：《易》著吉凶而言谦盈之效，天地鬼神至于人道靡

成化的根本，又怎么能够不慎重呢！人能够弘扬世间的大道，对待天命却无可奈何。夫妇之间的感情是超过一切的，即使凭着君主的尊贵，也不能夺取臣子的所爱，凭着父亲的尊贵，也不能夺取儿子的所爱。更何况低贱之辈呢！因为欢爱而结为夫妻之后，有的人却不能生儿育女，有的生养了儿女，却又不能一起白头偕老，这些难道不正是天命吗？孔子很少谈论天命，大概是由于难以讲述清楚。如果不是通达明了阴阳的变易，又怎么能够知晓性命呢？

孝成帝的妃子班婕妤，在成帝刚刚即位的时候就被选入后宫。开始的时候是做少使，很快就深得成帝的宠爱，被封为婕妤。有一次，成帝在后宫游玩，曾经打算和班婕妤一同乘坐车子。班婕妤推辞说道："臣妾观察自古以来的图画，发现圣明的君主身旁坐的都是有名的大臣，只有夏商周三代时的亡国之君身边才会有宠幸的女子，现在陛下若是与我同乘一辆车，不就和那些亡国的君主差不多了吗？"成帝认为她说的很有道理，于是就作罢了。太后听说了这件事后，高兴地说道："古时候楚国有一位樊姬，现在又有了班婕妤。"班婕妤诵读《诗经》和《窈窕》《德象》《女师》等文章。每次被成帝召见或是上疏言事，都完全依照古礼而行事。鸿嘉三年，赵飞燕诬陷许皇后、班婕妤行妇人媚道，并且说她祝告鬼神，使之加祸于后宫。甚至谩骂皇上。许皇后得罪被废。孝成帝审问班婕妤时，她回答说："臣妾我听说：'死生有命，富贵在天。善良正直尚且还没有能得到福分，做那些邪僻之事又想得到什么呢？假如鬼神有知，就不会接受这种丧失为臣之礼的祷告；假如鬼神无知，那么向它们祷告就不会有任何作用，所以我不做这种事情。"成帝认为她说的很有理，非常怜悯她，就赏赐给了她黄金一百斤。

（班固）评论说：《易经》在显扬吉凶的规律时说明谦虚就会

不同之。夫女宠之兴,由至微而体至尊,穷富贵而不以功,此固道家所畏,祸福之宗也。

增益,盈满就会亏缺的效验,从天地鬼神以至到人道没有不是如此的。受帝王宠爱的女子,她们的发迹可以由最卑下的地位一跃到最尊崇的地位,不需要立下任何功劳就能达到富贵的极点,这本来就是道家所畏惧的,是祸与福的根源啊。